跟名师学习，少走弯路，争取轻松、顺利-
加薪！用实力说话！

U0593474

初级会计实务

2019年度全国会计专业技术初级资格考试

名家辅导

全国会计专业技术初级资格考试辅导专家组 编

经济管理出版社
ECONOMY & MANAGEMENT PUBLISHING HOUSE

图书在版编目（CIP）数据

初级会计实务 / 全国会计专业技术初级资格考试辅导专家组编. —北京：经济管理出版社，2019.1
ISBN 978-7-5096-6361-5

Ⅰ. ①初… Ⅱ. ①全… Ⅲ. ①会计实务—资格考试—自学参考资料 Ⅳ. ①F23

中国版本图书馆 CIP 数据核字（2019）第 015480 号

组稿编辑：勇　生
责任编辑：魏晨红
责任印制：黄章平
责任校对：董杉珊

出版发行：经济管理出版社
　　　　　（北京市海淀区北蜂窝 8 号中雅大厦 A 座 11 层　100038）
网　　　址：www. E-mp. com. cn
电　　　话：（010）51915602
印　　　刷：三河市延风印装有限公司
经　　　销：新华书店
开　　　本：787mm × 1092mm/16
印　　　张：25.5
字　　　数：559 千字
版　　　次：2019 年 2 月第 1 版　2019 年 2 月第 1 次印刷
书　　　号：ISBN 978-7-5096-6361-5
定　　　价：68.00 元

前　言
(课程优惠券使用说明)

本书配套课程包括课程视频、详细辅导文字资料（Word 格式，高亮着色标注、圈划考点和重点）、在线模拟考试和练习、互动答疑，以及其他附赠增值服务。

★优惠措施

为了感谢广大读者的支持与厚爱、回馈读者，经济管理出版社和中华第一财税网（又名"智董网"，http://www.tax.org.cn）联手推出以下优惠活动：

凡购买本纸质图书的读者，凭购书发票或购物小票、在线支付成功订单截图（连同在中华第一财税网选购课程时注册的用户名称，按网页说明发给网站管理员），购买本书配套课程时享受优惠 100 元的待遇（名额有限，先到先得）。优惠后，本考试科目配套课程仅需 380 元（480 元–100 元=380 元，市场价 1980 元、推广期价格为 480 元）。

一、课程视频

您不必在教室，就可以用一台电脑、一部智能手机、一部平板或一台智能电视机，还可以重复学习……

您从此可以随时随地进行学习，高度利用排队、等地铁、坐公交、睡觉前等闲散时间，想学就学，随开随学，不用担心错过一堂精彩教学视频，从而提高效率……

您不必再花 3 天时间花几千元坐飞机去某大城市参加培训，现在只需区区几百元即可学习名家更系统、更深入、更管用的课程！

(一) 学习平台

本课程视频支持 Windows 系统、苹果 Mac 系统、安卓手机和平板电脑、苹果 iPnone 手机和平板电脑（iOS）等各种平台播放。

授权本书配套课程绑定您提交的 1 台电脑和 1 台移动设备，有额外需求的可另外联系销售人员。

在线支付时，本书配套课程的下载地址同步发送到您注册时填写的邮箱，请将作品下载到您本地自己的设备来学习（不必一直联网）。

(二) 网络地址

网络地址如下（还可扫右侧二维码识别）：

电脑端：http://course.tax.org.cn/cv-942.html

移动端：http://course.tax.org.cn/3g/Course/View.aspx?id=942

二、电子资料

(一) 阅读平台

加密后的 MS Office 文档,在安装有 Windows 系统的电脑、安装有苹果 OSX 系统的 Mac 电脑以及安装有安卓系统、苹果 iOS 系统、Windowsphone 等系统的各种移动设备 (如平板电脑、手机) 都可以打开阅读。

付款完毕后,请按照提示页面中的下载地址,将本书配套课程下载到自己的设备。打开 Microsoft Office 中 Word 软件后,请在联网的状态下输入管理员发给您的账户名称和密码。

(二) 网络地址

网络地址如下 (还可扫右侧二维码识别):

电脑端:http://shop.tax.org.cn/class.asp?id=107

移动端:http://shop.tax.org.cn/MOBILE/list.asp?id=107

三、机考题库

中华第一财税网考练系统,为学员提供考前练习、模拟机考。功能包括常规练习、章节练习、每日一练、测试试题、模拟试题、历年真题、错题本、试题收藏等。为学员精选考题,押题命中率高;考题紧扣考试大纲,为学员提供重点、疑点、难点强化练习;学员可以自主收藏好题,重复练习错题;可以通过考试分析报告预测考分,然后有针对性地加强自身薄弱考点的复习。

网络地址如下 (还可扫右侧二维码识别):

电脑端:http://course.tax.org.cn/examlist/type-0/,id-24.html

移动端:http://course.tax.org.cn/3g/exam/list.aspx?id=24

四、互动答疑

中华第一财税网问答频道,为学员搭建考前复习过程中考试内容的互动问答平台。

网络地址如下 (还可扫右侧二维码识别):

电脑端:http://course.tax.org.cn/asklist/id-99.html

移动端:http://course.tax.org.cn/3g/ask/list.aspx?id-99

★联系方式

购买过程中若遇到问题,可通过在线客服、QQ (736505653)、微信号 (www-tax-org-cn)、微信公众号 (zhdycsw)、电子邮件 (market@tax.org.cn) 等方式联系工作人员。

本书配套课程著作权归智董集团旗下智董集团科技 (深圳) 有限公司所有,严禁分发、复制、翻录等行为。

以上活动解释权归智董集团科技 (深圳) 有限公司所有。

目　录

第一部分　考试介绍

以下是广大考生关心的 2019 年度全国会计专业技术初级资格考试相关问题：

一、总体情况

由财政部、人力资源和社会保障部共同组织的全国会计专业技术资格考试（以下简称会计资格考试）是我国评价选拔会计人才、促进会计人员成长成才的重要渠道，也是落实会计人才强国战略的重要措施。

为适应经济社会改革发展新要求，会计资格考试制度不断自我革新和完善，建立了既具中国特色又体现对外开放的制度体系，在为我国财税改革和经济社会发展提供会计人才支撑方面持续发挥着积极的作用。

全国会计资格考试共分初级、中级、高级三个级别，考试方式已全部实现无纸化。

截至 2018 年，累计有 4665 万余人报名参加全国会计资格考试，约 722 万余人通过考试取得了初级、中级会计资格或高级会计师评审资格，其中，初级 510 万余人，中级 196 万余人，高级 16 万余人。

二、报名条件

报名参加初级会计资格考试的人员，应具备下列条件：

（1）坚持原则，具备良好的职业道德品质。

（2）认真执行《中华人民共和国会计法》和国家统一的会计制度，以及有关财经法律、法规、规章制度，无严重违反财经纪律的行为。

（3）履行岗位职责，热爱本职工作。

（4）具备国家教育部门认可的高中毕业（含高中、中专、职高和技校）及以上学历。

三、考试科目

初级会计资格考试共设置两个科目，分别为《初级会计实务》和《经济法基础》。

四、命题依据

2019年度初级会计资格考试命题以《2019年度初级会计资格考试大纲》为依据，考试内容不超出考试大纲的范围。

五、试题题型

2019年度初级会计资格考试《初级会计实务》《经济法基础》两个科目试题全部为客观题，题型与2018年度相同，为单项选择题、多项选择题、判断题、不定项选择题。

六、考试方式、答题要求

全国初级会计资格全部实行无纸化考试，考试在计算机上进行。试题、答题要求和答题界面在计算机显示屏上显示，考生应使用计算机鼠标和键盘在计算机答题界面上进行答题。

七、无纸化考试说明

(一) 考试操作说明

1. 系统登录

进入答题系统后，请根据提示输入准考证号和证件号码，点击"登录"按钮进入系统等待界面。

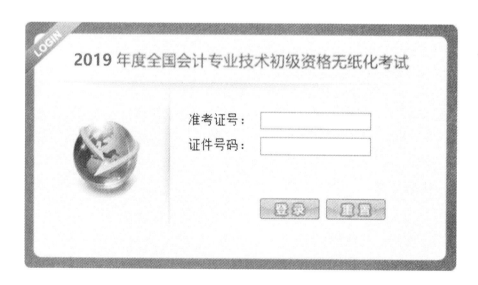

2. 系统等待界面

系统等待界面是考试前的一个提示界面，登录后请认真核对屏幕左上方的基本信息。利用考前等待时间认真阅读考试重要提示（包括考务要求和操作说明）。点击"考务要求"按钮，进入考务要求具体说明；点击"操作说明"按钮，进入操作步骤具体说明。考试开始后，系统将自动进入答题界面。

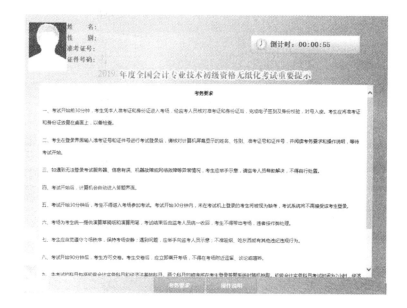

3. 答题界面

答题界面上方为标题栏，左下方为题号列表区，右下方为试题区。

（1）标题栏。标题栏中间位置为本场考试科目名称，左侧为考生基本信息，包括考生照片、姓名、性别、准考证号和证件号码。右侧为本场考试科目剩余时间信息和"交卷"按钮。

（2）题号列表区。

1）根据考试科目不同，题目类型分为单项选择题、多项选择题、判断题、不定项选择题。题号右方的"*"表示该小题还未作答，"?"表示该小题做过标记。考生可以通过题号列表查看本考试科目全套试卷的作答情况（包括每道试题的已答或未答状态、标记状态），还可点击各题号按钮，直接进入各试题进行答题或检查。

2）点击题号列表右侧的蓝色按钮，可以隐藏题号列表，增加试题区可视区域。

3）题号列表下方为"计算器"按钮，点击该按钮可调出计算器。

①考试系统使用的计算器为操作系统自带计算器（下图为不同操作系统下的计算器界面）。

②点击"查看"菜单按钮，计算器可在标准型、科学型等不同类型间变换，满足考生的不同需求。

（3）试题区域。

1）单项选择题。单项选择题答题时，考生直接用鼠标点击备选项中认为正确的选项前的按钮即可。如需修改答案，用鼠标点击其他备选项前的按钮，原选择的选项将被自动替换。如需撤销已经选中的选项，再次点击该选项前的按钮即可。

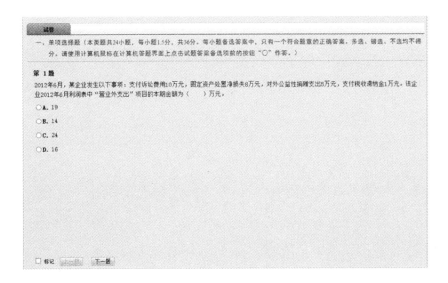

2）多项选择题。多项选择题答题时，考生直接用鼠标点击备选项中认为正确的选项前的按钮即可。如需撤销已经选中的选项，再次点击该选项前的按钮即可。

3）判断题。判断题答题时，考生直接用鼠标点击备选项中认为正确的选项前的按钮即可。如需修改答案，用鼠标点击其他备选项前的按钮，原选择的选项将被自动替换。如需撤销已经选中的选项，再次点击该选项前的按钮即可。

4）不定项选择题。
①不定项选择题答题时，考生直接用鼠标点击备选项中认为正确的选项前的按钮

即可。如需撤销已经选中的选项，再次点击该选项前的按钮即可。

②用鼠标左右拖动题干与题目之间的分栏条，可增加题干或题目的可视区域。

③用鼠标上下拖动滚动条，可改变题干或题目的可视区域。

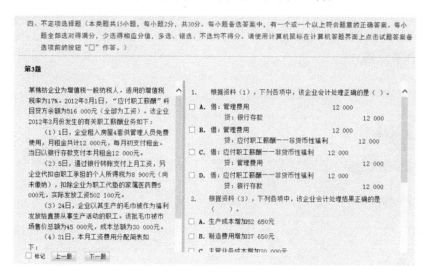

4. 其他功能介绍

（1）本考试科目剩余时间，提示考生合理控制答题进度；在每科目考试剩余 10 分钟时，会弹出窗口提示考生，考生点击"返回作答"按钮，窗口立即消失；不点击此按钮，窗口则在 10 秒后自动消失。

（2）考生在答题过程中，如对当前试题选项不确定，可点击"标记"前的选择框（下图方框处）进行标记，以方便回看该试题；用鼠标再次点击该选择框可以取消该试题标记。被标记的试题，会在题号右方以"？"进行显示。对试题所做的标记，不会被作为答题结果，也不会影响考生得分。考生如合理使用试题标记功能，可以在大量的试题中快速查找到需要重点检查的试题。

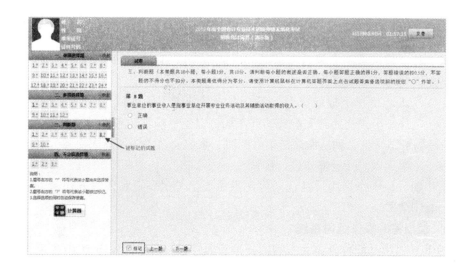

（3）在不定项选择题答题过程中，考生可以改变题干文字的背景颜色。选中题干文字，点击试题上方的"标记题干"按钮（下图方框处），文字的背景颜色将变为黄色。选中已改变背景颜色的文字，点击试题上方的"取消标记"按钮（下图方框处），文字的背景颜色将恢复成原来的颜色。改变文字的背景颜色，不会被作为答题结果，也不会影响考生得分情况。考生如合理使用改变文字背景颜色功能，可以帮助梳理答题思路，快速作答试题。

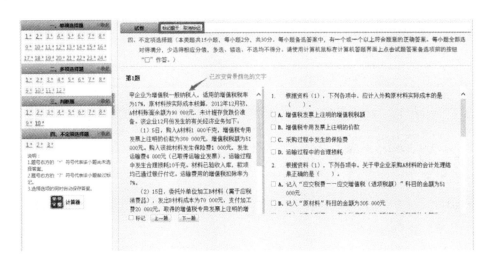

5. 结束考试

（1）提前交卷。如考生决定结束本考试科目作答，可以点击屏幕上方的"交卷"按钮结束本考试科目答题，进入下一科目考试。

此时，如考生某一科目所有题目均未作答，系统将提示本考试科目尚未作答，请返回继续作答。如考生某一科目有部分题目未作答，系统将提示本考试科目未作答题目数量，考生可返回作答或确定交卷。考生如连续两次确认交卷，将不能再返回本考试科目继续作答。考生在提前交卷前，请务必仔细检查自己的答题完成情况，点击两次"确定交卷"按钮将结束本考试科目答题，提交本考试科目答题结果。考生确定交卷后，将不能再返回本考试科目继续作答。

初级会计资格考试两个科目考试时间不能相互借用，两个科目需分别交卷；交卷后，将不能返回本考试科目作答。

考生在个人考试机上提前交卷，不会影响其他考生的考试过程。考生在交卷后，请务必尽快整理好个人物品并安静地离开考场，以免影响其他考生继续答题。

（2）整场考试结束。到达考试结束时间时，系统会自动为所有未交卷的考生统一交卷。此时，考生无须对交卷操作进行确认。

郑重声明：该操作指南旨在让考生熟悉无纸化考试环境和作答方式，正式考试系统可能会有细微差别。

（二）模拟答题操作练习系统

2019 年初级会计职称考试大家都准备得怎么样了？财政部发布 2019 年度全国会计

专业技术初级资格无纸化考试模拟答题系统，帮助各位考生在考前尽早熟悉无纸化答题界面和流程，对考生非常有帮助。希望大家多多练习，顺利过关。

（1）进入2019年度全国会计专业技术初级资格无纸化考试模拟答题系统。建议考生使用IE8、IE9、IE10登录系统并进入全屏模式（按F11）进行练习。进入模拟练习系统后，如果您使用IE10浏览器，请先点击地址栏中的"启用兼容性视图"按钮。

（2）根据系统提示输入"准考证号"和"证件号码"开始初级会计职称无纸化考试。请使用准考证号：11111111111，证件号码：1111111111111111。

（3）认真阅读"考生须知"和"操作说明"，页面右上角"倒计时"结束后将自动获取试题。

（4）正式答题前，浏览 2019 年度全国会计专业技术初级资格无纸化考试演示版页面相关信息，了解界面显示及功能操作，开始模拟答题。

注：因考试政策、内容不断变化与调整，中华第一财税网提供的以上信息仅供参考，具体试题评分规则及答题规范，请考生以考试管理部门公布的内容为准。

（三）答题演示

请用手机、平板电脑等移动设备扫描观看：

网络地址（可用移动设备扫码）：http://www.tax.org.cn/cjkjde-mo.asp

（四）无纸化考试考场规则

考试开始前 30 分钟，考生凭本人准考证和有效身份证件进入考场，完成电子签到及身份校验后对号入座，将准考证和有效身份证件放置在桌面上方，以备检查。考试开始 30 分钟后，考生不得进入考场参加考试。

考场为考生统一提供演算用纸和演算用笔，考试结束后由监考人员统一收回，考生不得带出考场，违者按违纪处理。

考生进入考场时，应将准考证和有效身份证件之外的其他物品（手机、电子设备应设置成关机状态）存放在监考人员指定的物品存放处，违者按违纪处理。

考生入座后，在考试系统登录界面输入准考证号和有效身份证件号进行考试登录，登录后认真核对考试机屏幕显示的照片、姓名、性别、准考证号和有效身份证件号等信息，等待考试开始。

考生应自觉遵守考场秩序，尊重并自觉接受监考人员的监督和检查，保持考场安静，遇到问题应当举手向监考人员示意。

考试过程中，如出现考试机黑屏、断网、断电、无法登录考试系统、信息有误、运行故障等异常情况，考生应及时举手示意，请监考人员帮助解决，不得自行处置。考试结束后，考试管理机构将不再受理上述问题。在异常情况处置期间，考生应在座位上安静等待，听从监考人员的安排与引导。根据处置时间，将按照《全国会计专业技术资格无纸化考试突发事件应急预案》，相应延长相关考生的考试时间或更改其考试批次。

考试开始 30 分钟后，未进行电子签到的考生视为缺考，考试系统不再接受该考生登录。

考生在进入考场电子签到后不得随意离场，如确有特殊情况需要暂时离开考场，必须经监考人员同意并由指定的工作人员陪同，凭本人有效身份证件出入考场。考生在考试中途暂离考场，其离场时间计入本人的考试时间。

考试开始 90 分钟后，考生方可交卷。考试结束时，系统自动为所有未交卷的考生统一交卷。

交卷后，考生应当立即离开考场，不得关闭考试机，不得在考场附近逗留、交谈或喧哗。

因未按要求操作所造成的一切后果由考生本人自负。

考生在考试期间违纪、违规的，按照《专业技术人员资格考试违纪违规行为处理规定》（人社部令第 31 号）进行处理。

八、考试时间及时长

2019 年度初级资格考试于 2019 年 5 月 11 日开始进行。

《经济法基础》科目的考试时长为 1.5 小时，《初级会计实务》科目的考试时长为 2 小时，两个科目连续考试，时间不能混用。

九、评分原则

各科目每类试题分值及得分规则在试卷每类试题前说明，实行计算机阅卷。

第二部分　考试辅导

第一章　会计概述

第一节　会计综述

一、会计概念

会计是以货币为主要计量单位，以凭证为主要依据，借助专门的技术方法，对特定主体的经济活动进行完整的、连续的、系统的核算和监督，以提供与财务状况、经营成果和现金流量等有关的经济信息和反映管理层受托责任履行情况为主要目标的一种经济管理活动。

目前，财务会计、管理会计与企业税务会计（纳税会计）已成为现代企业会计体系中的三大重要组成部分。

【多项选择题】（2015）下列关于会计的说法中，正确的有（　　）。

A. 会计以货币作为主要计量单位

B. 会计是对特定主体的经济活动进行确认、计量、记录和报告

C. 会计是对特定主体的经济活动进行核算和监督

D. 会计是一种经济管理活动

【答案】 ABCD

【判断题】（2015）会计是以货币为主要计量单位，运用一系列专门方法，核算和监督任意单位经济活动的一种行政管理工作。（　　）

【答案】 ×

【点拨】 会计是以货币为主要计量单位，运用一系列专门方法，核算和监督一个单位经济活动的一种经济管理活动。

二、会计职能

会计具有会计核算和会计监督两项基本职能，以及预测经济前景、参与经济决策、评价经营业绩等拓展职能。

会计核算是会计最基本的职能。

【多项选择题】（2016）下列各项中，属于会计职能的有（　　）。

A. 会计核算　　　　　　　　B. 会计监督

C. 参与经济决策　　　　　　D. 评价经营业绩

【答案】 ABCD

【点拨】选项 A、B 属于基本职能；选项 C、D 属于拓展职能。

【单项选择题】（2015）会计的拓展职能不包括（ ）。

A. 预测经济前景　　　　　B. 监督企业管理层受托责任履行情况

C. 参与经济决策　　　　　D. 评价经营业绩

【答案】B

【点拨】会计的拓展职能主要有预测经济前景、参与经济决策、评价经营业绩。

【判断题】（2016）会计服务于企业，因此它只能核算和监督企业的经济活动。
（ ）

【答案】×

【点拨】会计服务于企业，它可以核算和监督企业的经济活动，还具有预测经济前景、参与经济决策、评价经营业绩等拓展职能。

小知识
会计核算与会计监督的关系

会计核算与会计监督是相辅相成、辩证统一的。会计核算是会计监督的基础，没有核算提供的各种信息，监督就失去了依据；会计监督又是会计核算质量的保障，只有核算没有监督，就难以保证核算提供信息的质量。

【多项选择题】关于会计核算与会计监督职能关系的表述中，正确的有（ ）。

A. 会计核算是会计监督效果的保障　　B. 会计核算是会计监督的基础

C. 会计监督是会计核算质量的保障　　D. 会计监督是会计核算的基础

【答案】BC

【点拨】会计核算与会计监督是相辅相成、辩证统一的。会计核算是会计监督的基础，没有核算提供的各种信息，监督就失去了依据；会计监督又是会计核算质量的保障，只有核算没有监督，就难以保证核算提供信息的质量。

【判断题】（2015）会计核算是会计监督的基础，没有会计核算，会计监督就失去了依据。（ ）

【答案】√

三、会计目标

会计目标是向财务报告使用者提供与企业财务状况、经营成果和现金流量等有关的会计信息，反映企业管理层受托责任履行情况，有助于财务报告使用者做出经济决策。

四、会计基本假设

（一）会计基本假设的概念

会计的基本假设是指一般在会计实践中长期奉行，不需证明便为人们所接受的前提条件。

财务会计要在一定的假设条件下才能确认、计量、记录和报告会计信息，所以会计假设也称为会计核算的基本前提。

（二）会计基本假设的构成

我国会计基本准则明确了四个基本假设，即会计主体、持续经营、会计分期和货币计量。

1. 会计主体

《企业会计准则——基本准则》第五条规定：企业应当对其本身发生的交易或者事项进行会计确认、计量和报告。

会计主体又称为会计实体、会计个体，是指会计信息所反映的特定单位，它规范了会计工作的空间范围。

小知识
会计主体与法律主体的区别

会计主体不同于法律主体。一般来说，法律主体往往是一个会计主体。例如，一个企业作为一个法律主体，应当建立会计核算体系，独立地反映其财务状况、经营成果和现金流量。但是，会计主体不一定是法律主体。例如，在企业集团的情况下，一个母公司拥有若干个子公司，企业集团在母公司的统一领导下开展生产经营活动。母子公司虽然是不同的法律主体，但是，为了全面反映企业集团的财务状况、经营成果和现金流量，就有必要将这个企业集团作为一个会计主体，编制合并会计报表。

2. 持续经营

《企业会计准则——基本准则》第六条规定：企业会计确认、计量和报告应当以持续经营为前提。

持续经营是指在可以预见的将来，企业将会按当前的规模和状态继续经营下去，不会停业，也不会大规模削减业务。

3. 会计分期

《企业会计准则——基本准则》第七条规定：企业应当划分会计期间，分期结算账目和编制财务会计报告。会计期间分为年度和中期。中期是指短于一个完整的会计年度的报告期间。

会计分期又称会计期间，是指将一个企业持续经营的生产经营活动划分为一个个连续的、长短相同的期间。

在会计分期前提下，会计应当划分会计期间，分期结算账目和编制财务会计报告。会计期间分为年度、半年度、季度和月度。年度、半年度、季度和月度均按公历起讫日期确定。半年度、季度和月度均称为会计中期。中期是指短于一个完整的会计年度的报告期间。

会计分期的目的，是将持续经营的生产经营活动划分成连续、相等的期间，据以结算盈亏，按期编报财务会计报告，从而及时向各方面提供有关企业财务状况、经营成果和现金流量的信息。

4. 货币计量

《企业会计准则——基本准则》第八条规定：企业会计应当以货币计量。

货币计量是指会计主体在会计核算过程中采用货币作为计量单位，计量、记录和报告会计主体的生产经营活动。

记账本位币是指企业经营所处的主要经济环境中的货币。

在货币计量前提下，企业会计应当以货币计量。在我国，企业会计通常应当以人民币为记账本位币。业务收支以人民币以外的货币为主的企业，可以选定其中一种货币作为记账本位币，但是编报的财务会计报告应当折算为人民币。在境外设立的中国企业向境内报送的财务会计报告，应当折算为人民币。

【单项选择题】(2016) 会计基本假设不包括的是 （　　）。

A. 会计主体　　　　B. 持续经营　　　　C. 会计分期　　　　D. 实物计量

【答案】D

【点拨】会计基本假设包括会计主体、持续经营、会计分期和货币计量。

五、会计基础

(一) 会计基础的概念

会计基础是指会计确认、计量、记录和报告的基础。

(二) 会计基础的分类

1. 权责发生制

在企业会计核算以权责发生制为基础的情况下，凡是当期已经实现的收入和已经发生或应当负担的费用，不论款项是否收付，都应当作为当期的收入和费用；凡是不属于当期的收入和费用，即使款项已在当期收付，也不应当作为当期的收入和费用。有时，企业发生的货币收支业务与交易或事项本身并不完全一致。例如，款项已经收到，但销售并未实现；或者款项已经支付，但并不是为本期生产经营活动而发生的。

为了明确会计核算的确认基础，更真实地反映特定会计期间的财务状况和经营成果，就要求企业在会计核算过程中以权责发生制为基础。

【单项选择题】根据权责发生制原则，以下属于本期的收入和费用的是 （　　）。

A. 支付明年的房屋租金

B. 本期已经收款，但商品尚未制造完成

C. 当期按照税法规定预缴的税费

D. 商品在本期销售，但货款尚未收到

【答案】D

【点拨】本题考核权责发生制的特点。权责发生制要求凡是当期已经实现的收入和已经发生或应负担的费用，无论款项是否支付，都应当作为当期的收入和费用。

【单项选择题】(2015) 某企业 2013 年 12 月发生下列支出：年初支付本年度保险费 2400 元，本月摊销 200 元；支付下年第一季度房屋租金 3000 元；支付本月办公开支 800 元。则在权责发生制下确认本月费用为 （　　）元。

A. 1000　　　　　B. 800　　　　　C. 3200　　　　　D. 3000

【答案】A

【点拨】权责发生制下，凡是应属本期的收入和费用，不管其款项是否收付，均作为本期的收入和费用入账。本月费用 $= 200 + 800 = 1000$ （元）。

2. 收付实现制

收付实现制是指以实际收到或支付现金作为确认收入和费用的标准。

在我国，政府会计由预算会计和财务会计构成。其中，预算会计采用收付实现制，国务院另有规定的，依照其规定；财务会计采用权责发生制。

六、会计信息质量要求

（一）会计信息质量要求的概念

会计信息质量要求是对企业财务报告所提供会计信息质量的基本要求，是使财务报告所提供会计信息对投资者等信息使用者决策有用应具备的基本特征。

会计信息质量的高低是评价会计工作成败的标准。

（二）会计信息质量要求的构成

会计信息质量要求的构成见表 1-1。

表 1-1 会计信息质量要求的构成

构成	要求	内容阐释说明
可靠性	可靠性要求企业应当以实际发生的交易或者事项为依据进行确认、计量、记录和报告，如实反映符合确认和计量要求的会计要素及其他相关信息，保证会计信息真实可靠、内容完整。	可靠性是高质量会计信息的重要基础和关键所在。 如果企业以虚假的交易或者事项进行确认、计量、记录和报告，属于违法行为，不仅会严重损害会计信息质量，而且会误导投资者，干扰资本市场，导致会计秩序、财经秩序混乱。
相关性	相关性要求企业提供的会计信息应当与投资者等财务报告使用者的经济决策需要相关，有助于投资者等财务报告使用者对企业过去、现在或未来的情况作出评价或者预测。	相关的会计信息应当能够有助于使用者评价企业过去的决策，证实或者修正过去的有关预测，因而具有反馈价值。 相关的会计信息还应当具有预测价值，有助于使用者根据财务报告提供的会计信息预测企业未来的财务状况、经营成果和现金流量。
可理解性	可理解性要求企业提供的会计信息应当清晰明了，便于投资者等财务报告使用者理解和使用。	企业编制财务报告、提供会计信息的目的在于使用，要想让使用者有效使用会计信息，就应当让其了解会计信息的内涵，弄懂会计信息的内容，这就要求财务报告提供的会计信息应当清晰明了，易于理解。 只有这样，才能提高会计信息的有用性，实现财务报告的目标，满足向投资者等财务报告使用者提供决策有用信息的要求。
可比性	可比性要求企业提供的会计信息应当相互可比。	主要包括两层含义： 1. 同一企业不同时期可比 即同一企业不同时期发生的相同或者相似的交易或者事项，应当采用一致的会计政策，不得随意变更。 但是，如果按照规定或者在会计政策变更后能够提供更可靠、更相关的会计信息，企业可以变更会计政策。 有关会计政策变更的情况，应当在附注中予以说明。 2. 不同企业相同会计期间可比 即不同企业同一会计期间发生的相同或者相似的交易或者事项，应当采用规定的会计政策，确保会计信息口径一致、相互可比，以使不同企业按照一致的确认、计量、记录和报告要求提供有关会计信息。

构成	要求	内容阐释说明
实质重于形式	实质重于形式要求企业应当按照交易或者事项的经济实质进行会计确认、计量、记录和报告，不仅仅以交易或者事项的法律形式为依据。	在实际工作中，交易或者事项的外在法律形式并不总能完全反映其实质内容，企业发生的交易或者事项在多数情况下，其经济实质和法律形式是一致的。但在有些情况下会出现不一致。例如，以融资租赁方式租入的资产，虽然从法律形式来讲企业并不拥有其所有权，但是由于租赁合同规定的租赁期相当长，往往接近于该资产的使用寿命；租赁期结束时承租企业有优先购买该资产的选择权；在租赁期内承租企业有权支配资产并从中受益等，从其经济实质来看，企业能够控制融资租入资产所创造的未来经济利益，在会计确认、计量、记录和报告时就应当将以融资租赁方式租入的资产视为企业的资产，在资产负债表中进行反映。
重要性	重要性要求企业提供的会计信息应当反映与企业财务状况、经营成果和现金流量有关的所有重要交易或者事项。	在实务中，如果某会计信息的省略或者错报会影响投资者等财务报告使用者据此做出决策，该信息就具有重要性。重要性的应用需要依赖职业判断，企业应当根据其所处环境和实际情况，从项目的性质和金额大小两方面加以判断。例如，企业发生的某些支出，金额较小，从支出的受益期来看，可能需要在若干会计期间进行分摊，但根据重要性要求，可以一次性计入当期损益。
谨慎性	谨慎性要求企业对交易或者事项进行会计确认、计量、记录和报告应当保持应有的谨慎，不应高估资产或者收益、低估负债或者费用。	在市场经济环境下，企业的生产经营活动面临着许多风险和不确定性，会计信息质量的谨慎性要求，需要企业在面临不确定性因素的情况下做出职业判断时，应当保持应有的谨慎，充分估计到各种风险和损失，既不高估资产或者收益，也不低估负债或者费用。例如，企业对售出商品可能发生的保修义务确认预计负债、对可能承担的环保责任确认预计负债等，就体现了会计信息质量的谨慎性要求。
及时性	及时性要求企业对于已经发生的交易或者事项，应当及时进行确认、计量、记录和报告，不得提前或延后。	在会计确认、计量、记录和报告过程中贯彻及时性要求： (1) 要求及时收集会计信息，即在交易或者事项发生后，及时收集整理各种原始单据或者凭证。 (2) 要求及时处理会计信息，即按照会计准则的规定，及时对交易或者事项进行确认或者计量，并编制财务报告。 (3) 要求及时传递会计信息，即按照国家规定的有关时限，及时地将编制的财务报告传递给财务报告使用者，便于其及时使用和决策。

【多项选择题】（2015）下列会计核算，符合会计信息质量的谨慎性要求的有（   ）。

A. 固定资产采用加速折旧法计提折旧　　　B. 对无形资产计提减值准备

C. 应收账款计提坏账准备　　　D. 对存货计提跌价准备

【答案】ABCD

【多项选择题】（2015）为了充分体现会计信息质量的及时性要求，企业正确的做法有（   ）。

A. 及时收集整理各种会计凭证

B. 对已经发生的交易或事项及时进行确认

C. 对已经发生的交易或事项及时进行计量

D. 及时编制并对使用者报送相关的财务报告

【答案】ABCD

第二节　会计要素

一、会计要素综述

（一）会计要素的概念

会计要素也称财务报表要素，是会计核算对象的基本分类，是设定财务报表结构和内容的依据，也是进行确认和计量的依据。

（二）会计要素的分类

会计要素按照其性质可分为：

1. 侧重于反映企业的财务状况的要素

包括资产、负债、所有者权益。

2. 侧重于反映企业的经营成果的要素

包括收入、费用和利润。

【多项选择题】（2016）下列各项反映企业经营成果的会计要素有（　　）。

A. 利润　　　　　　B. 费用　　　　　　C. 收入　　　　　　D. 所有者权益

【答案】ABC

【点拨】所有者权益是反映企业财务状况的要素。

【判断题】（2016）会计要素中既有反映财务状况的要素，又有反映经营成果的要素。（　　）

【答案】√

【点拨】资产、负债和所有者权益是反映财务状况的要素，收入、费用和利润是反映经营成果的要素。

二、会计要素的确认条件

（一）资产的定义及其确认条件

1. 资产的定义

资产是指企业过去的交易或者事项形成的，由企业拥有或者控制的，预期会给企业带来经济利益的资源。

2. 资产的特征

（1）资产应为企业拥有或者控制的资源。

（2）资产预期会给企业带来经济利益。

（3）资产是由企业过去的交易或者事项形成的。

3. 资产的确认条件

（1）与该资源有关的经济利益很可能流入企业。

（2）该资源的成本或者价值能够可靠地计量。

【单项选择题】（2015）下列应确认为企业资产的是（　　）。

A. 长期闲置且不再具有使用和转让价值的厂房

B. 已超过保质期的食品

C. 自然使用寿命已满但仍在使用的设备

D. 已签订合同拟于下月购进的材料

【答案】C

【点拨】资产是指企业过去的交易或事项形成的、由企业拥有或者控制的、预期会给企业带来经济利益的资源。选项 A、B 不能为企业带来经济利益，不确认为资产；选项 D 属于未来发生的交易或事项，不确认为资产。

【多项选择题】(2016) 下列各项，属于企业资产的有 (　　)。

A. 已经购入但尚未付款的一批商品

B. 签订了购销合同，计划在下月购买的一批原材料

C. 对外出租的一台设备，租期为 1 年

D. 租入的办公楼一栋，租期为 1 年

【答案】AC

【点拨】选项 A 中，尚未付款并不影响该商品的所有权已经为企业所拥有，符合资产的定义；选项 B 中，购销合同已经签订，但交易并未发生，不符合资产的定义；选项 C 中，对外出租 1 年的设备，其所有权仍归企业所有，符合资产的定义；选项 D 中，租入的办公楼，所有权或控制权仍归出租方，不是租入企业的资产。

（二）负债的定义及其确认条件

1. 负债的定义

负债是指企业过去的交易或者事项形成的，预期会导致经济利益流出企业的现时义务。

2. 负债的特征

负债的特征如表 1-2 所示。

表 1-2　负债的特征

特征	内容阐释说明
负债是企业承担的现时义务	现时义务是指企业在现行条件下已承担的义务。 未来发生的交易或者事项形成的义务，不属于现时义务，不应当确认为负债。
负债预期会导致经济利益流出企业	预期会导致经济利益流出企业是负债的一个本质特征，只有在履行义务时会导致经济利益流出企业的，才符合负债的定义。 在履行现时义务清偿负债时，导致经济利益流出企业的形式多种多样，例如，用现金偿还或以实物资产形式偿还；以提供劳务形式偿还；部分转移资产、部分提供劳务形式偿还，将负债转为资本等。
负债是由企业过去的交易或者事项形成的	负债应当由企业过去的交易或者事项所形成。 只有过去的交易或事项才形成负债，企业将在未来发生的承诺、签订的合同等交易或者事项，不形成负债。

3. 负债的确认条件

（1）与该义务有关的经济利益很可能流出企业。预期会导致经济利益流出企业是负债的一个本质特征。

在实务中，企业履行义务所需流出的经济利益带有不确定性，尤其是与推定义务相关的经济利益通常需要依赖大量的估计。因此，负债的确认应当与经济利益流出企业的不确定性程度的判断结合起来。

（2）未来流出的经济利益的金额能够可靠地计量。负债的确认在考虑经济利益流出企业的同时，对于未来流出的经济利益的金额应当能够可靠计量。

（三）所有者权益的定义及其确认条件

1. 所有者权益的概念

所有者权益是指企业资产扣除负债后，由所有者享有的剩余权益。公司的所有者权益又称股东权益。

所有者权益是所有者对企业资产的剩余索取权，它是企业的资产扣除债权人权益后应由所有者享有的部分，既可反映所有者投入资本的保值增值情况，又体现了保护债权人权益的理念。

2. 所有者权益的构成

所有者权益的来源包括所有者投入的资本、其他综合收益、留存收益等，通常由股本（或实收资本）、资本公积（含股本溢价或资本溢价、其他资本公积）、其他综合收益、盈余公积和未分配利润等构成。

（1）所有者投入的资本。所有者投入的资本是指所有者投入企业的资本部分，它既包括构成企业注册资本或者股本的金额，也包括投入资本超过注册资本或股本部分的金额，即资本溢价或股本溢价，这部分投入资本作为资本公积（资本溢价）反映。

（2）其他综合收益。其他综合收益是指企业根据会计准则规定未在当期损益中确认的各项利得和损失。

（3）留存收益。留存收益是指企业从历年实现的利润中提取或形成的留存于企业的内部积累，包括盈余公积和未分配利润。

【多项选择题】（2016）留存收益是企业历年实现的净利润留存于企业的部分，主要包括（　　）。

A. 本年利润　　　B. 资本公积　　　C. 盈余公积　　　D. 未分配利润

【答案】 CD

【点拨】 留存收益主要包括盈余公积和未分配利润。

3. 所有者权益的确认条件

所有者权益的确认和计量主要依赖于资产和负债的确认和计量，所有者权益体现的是所有者在企业中的剩余权益。

（四）收入的定义及其确认条件

1. 收入的定义

收入是指企业在日常活动中形成的、会导致所有者权益增加的、与所有者投入资本无关的经济利益的总流入。

2. 收入的特征

收入的特征如表1-3所示。

表1-3　收入的特征

特征	内容阐释说明
收入是企业在日常活动中形成的	日常活动是指企业为完成其经营目标所从事的经常性活动，以及与之相关的活动。例如，工业企业制造并销售产品，就属于企业的日常活动。
收入是与所有者投入资本无关的经济利益的总流入	收入应当会导致经济利益的流入，从而导致资产的增加。例如，企业销售商品，应当收到现金或者有权在未来收到现金，才表明该交易符合收入的定义。 但是在实务中，经济利益的流入有时是所有者投入资本的增加导致的，所有者投入资本的增加不应当确认为收入，应当将其直接确认为所有者权益。
收入会导致所有者权益的增加	与收入相关的经济利益的流入应当会导致所有者权益的增加，不会导致所有者权益增加的经济利益的流入不符合收入的定义，不应确认为收入。 例如，企业向银行借入款项，虽然也导致经济利益流入企业，但该流入并不导致所有者权益的增加，反而使企业承担了一项现时义务。因此，企业对于因借入款项所导致的经济利益的增加，不应将其确认为收入，应当确认为一项负债。

3. 收入的确认条件

企业收入的来源渠道多种多样，不同收入来源的特征虽然有所不同，但其收入确认条件却是相同的。

当企业与客户之间的合同同时满足下列条件时，企业应当在客户取得相关商品控制权时确认收入：

（1）合同各方已批准该合同并承诺将履行各自义务。

（2）该合同明确了合同各方与所转让商品或提供劳务相关的权利和义务。

（3）该合同有明确的与所转让商品或提供劳务相关的支付条款。

（4）该合同具有商业实质，即履行该合同将改变企业未来现金流量的风险、时间分布或金额。

（5）企业因向客户转让商品或提供劳务而有权取得的对价很可能收回。

（五）费用的定义及其确认条件

1. 费用的定义

费用是指企业在日常活动中发生的、会导致所有者权益减少的、与向所有者分配利润无关的经济利益的总流出。

2. 费用的特征

费用的特征如表1-4所示。

表1-4　费用的特征

特征	内容阐释说明
费用是企业在日常活动中形成的	费用必须是企业在日常活动中形成的。 日常活动产生的费用通常包括营业成本（主营业务成本和其他业务成本）、税金及附加、销售费用、管理费用、财务费用等。 将费用界定为日常活动形成的，目的是将其与损失相区分，企业非日常活动形成的经济利益的流出不能确认为费用，而应当计入损失。
费用是与向所有者分配利润无关的经济利益的总流出	费用的发生应当会导致经济经济利益的流出，从而导致资产的减少或者负债的增加，其表现形式包括现金或者现金等价物的流出，存货、固定资产和无形资产等的流出或者消耗等。 企业向所有者分配利润也会导致经济利益的流出，而该经济利益的流出属于所有者权益的抵减项目，不应确认为费用，应当将其排除在费用的定义之外。

特征	内容阐释说明
费用会导致所有者权益的减少	与费用相关的经济利益的流出应当会导致所有者权益的减少，不会导致所有者权益减少的经济利益的流出不符合费用的定义，不应确认为费用。

3. 费用的确认条件

（1）与费用相关的经济利益应当很可能流出企业。

（2）经济利益流出企业的结果会导致资产的减少或者负债的增加。

（3）经济利益的流出额能够可靠地计量。

（六）利润的定义及其确认条件

1. 利润的定义

利润是指企业在一定会计期间的经营成果。

通常情况下，如果企业实现了利润，表明企业的所有者权益将增加；反之，如果企业发生亏损（即利润为负数），表明企业的所有者权益将减少。

2. 利润的构成

利润包括收入减去费用后的净额、直接计入当期利润的利得和损失等。

（1）收入减去费用后的净额。收入减去费用后的净额反映的是企业日常活动的业绩。

（2）直接计入当期利润的利得和损失。直接计入当期利润的利得和损失是指应当计入当期损益、会导致所有者权益发生增减变动的、与所有者投入资本或者向所有者分配利润无关的利得或损失。

其中，利得是指由企业非日常活动所形成的、会导致所有者权益增加的、与所有者投入资本无关的经济利益的流入；损失是指由企业非日常活动所发生的、会导致所有者权益减少的、与向所有者分配利润无关的经济利益的流出。

3. 利润的确认条件

利润的确认主要依赖于收入和费用，以及利得和损失的确认，其金额的确定也主要取决于收入、费用、利得和损失金额的计量。

三、会计要素计量属性及其应用原则

（一）会计计量概念

会计计量是为了将符合确认条件的会计要素登记入账并列报于财务报表而确定其金额的过程。

（二）会计计量属性构成

会计计量属性构成见表1-5。

表1-5　会计计量属性构成

构成	内容阐释说明
历史成本	历史成本又称实际成本，是指取得或制造某项财产物资时所实际支付的现金或者现金等价物。 采用历史成本计量时，资产按照其购置时支付的现金或现金等价物的金额，或者按照购置时所付出对价的公允价值计量。负债按照其因承担现时义务而实际收到的款项或者资产的金额，或者承担现时义务的合同金额，或者按照日常活动中为偿还负债预期需要支付的现金或者现金等价物的金额计量。
重置成本	重置成本又称现行成本，是指按照当前市场条件，重新取得同样一项资产所需支付的现金或现金等价物金额。 采用重置成本计量时，资产按照现在购买相同或者相似资产所需支付的现金或者现金等价物的金额计量。负债按照现在偿付该项债务所需支付的现金或者现金等价物的金额计量。
可变现净值	可变现净值，是指在生产经营过程中，以预计售价减去进一步加工成本和销售所必需的预计税金、费用后的净值。 采用可变现净值计量时，资产按照其正常对外销售所能收到现金或者现金等价物的金额，扣减该资产至完工时估计将要发生的成本、估计的销售费用以及相关税费后的金额计量。
现值	现值，是指对未来现金流量以恰当的折现率进行折现后的价值，是考虑货币时间价值因素等的一种计量属性。 采用现值计量时，资产按照预计从其持续使用和最终处置中所产生的未来净现金流入量的折现金额计量。负债按照预计期限内需要偿还的未来净现金流出量的折现金额计量。
公允价值	公允价值是指市场参与者在计量日发生的有序交易中，出售一项资产所能收到或者转移一项负债所需支付的价格。

【单项选择题】（2015）（　　）是指取得或制造某项财产物资时所实际支付的现金或现金等价物。

A. 历史成本　　　B. 重置成本　　　C. 可变现净值　　　D. 公允价值

【答案】A

【点拨】历史成本又称实际成本，是指取得或制造某项财产物资所实际支付的现金或者现金等价物。

【判断题】现值又称实际成本，是指取得或制造某项财产物资时所实际支付的现金或者现金等价物。（　　）

【答案】×

【点拨】历史成本又称实际成本，是指取得或制造某项财产物资时所实际支付的现金或者现金等价物。现值是指对未来现金流量以恰当的折现率进行折现后的价值，是考虑货币时间价值因素等的一种计量属性。

【单项选择题】下列各项中，按照当前市场条件重新取得同样一项资产所需支付的金额进行计量的会计计量属性是（　　）。

A. 公允价值　　　B. 历史成本　　　C. 现值　　　D. 重置成本

【答案】D

【点拨】重置成本又称现行成本，是指按照当前市场条件，重新取得同样一项资产所需支付的现金或现金等价物金额。

【单项选择题】下列经济业务中，应当采用重置成本核算的是（　　）。

A. 库存现金盘盈　　　　　　　　B. 存货盘亏

C. 固定资产盘亏　　　　　　　　D. 固定资产盘盈

【答案】D

【点拨】由于盘盈的固定资产没有入账价值，应当以重置成本入账，即参照与该项资产规格型号相同、新旧程度相同的资产的目前市场价值入账。

【单项选择题】资产按照其正常对外销售所能收到的现金或者现金等价物的金额扣减该资产至完工时估计将要发生的成本、估计的销售费用以及相关税费后的金额计量，其会计计量属性是（　　）。

A. 重置成本　　B. 可变现净值　　C. 历史成本　　D. 公允价值

【答案】B

【点拨】在可变现净值计量属性下，资产按照其正常对外销售所能收到的现金或者现金等价物的金额扣减该资产至完工时估计将要发生的成本、估计的销售费用以及相关税费后的金额计量。

【判断题】企业采用重置成本、可变现净值、现值和公允价值计量的，应当保证所确定的会计要素的金额能够取得并可靠计量。（　　）

【答案】√

第三节　会计等式

会计等式又称会计恒等式、会计方程式或会计平衡公式，是运用数学方程的原理来描述会计对象各要素之间数量关系的一种表达方式。

一、会计等式的表现形式

1. 财务状况等式、基本会计等式或静态会计等式

资产=负债+所有者权益

这一等式反映了企业在某一特定时点资产、负债和所有者权益三者之间的平衡关系，该等式被称为财务状况等式、基本会计等式或静态会计等式，它既是复式记账法的理论基础，也是编制资产负债表的依据。

【单项选择题】(2015)（　　）是复式记账的理论基础，是余额试算平衡的理论依据，也是编制资产负债表的理论依据。

A. 会计科目　　　　　　　　　　B. 账户

C. 资产=负债+所有者权益　　　　D. 收入−费用=利润

【答案】C

【点拨】资产=负债+所有者权益，被称为财务状况等式、基本会计等式或静态会计等式，是复式记账的理论基础，也是编制资产负债表的理论依据。

2. 经营成果等式或动态会计等式

在不考虑利得和损失的情况下：

收入–费用=利润

这一等式反映了企业利润的实现过程，称为经营成果等式或动态会计等式。

收入、费用和利润之间的上述关系，是编制利润表的依据。

二、交易或事项对会计等式的影响

企业发生的交易或事项按其对财务状况等式的影响不同，可以分为以下 9 种基本类型：

（1）一项资产增加、另一项资产等额减少的经济业务。

（2）一项资产增加、另一项负债等额增加的经济业务。

（3）一项资产增加、另一项所有者权益等额增加的经济业务。

（4）一项资产减少、另一项负债等额减少的经济业务。

（5）一项资产减少、另一项所有者权益等额减少的经济业务。

（6）一项负债增加、另一项负债等额减少的经济业务。

（7）一项负债增加、另一项所有者权益等额减少的经济业务。

（8）一项所有者权益增加、另一项负债等额减少的经济业务。

（9）一项所有者权益增加、另一项所有者权益等额减少的经济业务。

以财务状况等式为例，上述 9 类基本经济业务的发生均不影响会计等式的平衡关系，具体分为三种情形：基本经济业务（1）、（6）、（7）、（8）、（9）使会计等式左右两边的金额保持不变；基本经济业务（2）、（3）使会计等式左右两边的金额等额增加；基本经济业务（4）、（5）使会计等式左右两边的金额等额减少。

每一项经济业务的发生，都必然会引起会计等式的一边或两边有关项目相互联系地发生等量变化，即当涉及会计等式的一边时，有关项目的金额发生相反方向的等额变动；当涉及会计等式的两边时，有关项目的金额发生相同方向的等额变动，但始终不会影响会计等式的平衡关系。

【判断题】（2015）经济业务的发生，都会引起会计恒等式两边同时发生变化。（ ）

【单项选择题】一项资产增加、一项负债等额增加的经济业务发生后，都会使财务状况等式左右两边的金额（ ）。

A. 发生同增的变动　　　　　　B. 发生同减的变动

C. 不会变动　　　　　　　　　D. 发生不等额变动

【答案】A

【点拨】本题考核交易或事项对于会计等式的影响。资产=负债+所有者权益，一项资产增加，同时一项负债等额增加，使等式两端同时发生增加变动，选项 A 正确。

第四节 会计科目和账户

一、会计科目

(一) 会计科目的概念

会计科目简称科目，是指在企业会计核算中，为了分析、反映和监督各种经济业务，而对会计核算对象的具体内容进行分类核算的项目。

【单项选择题】(2015) 会计科目是对 ( ) 的具体内容进行分类核算的项目。

A. 会计对象　　　　B. 会计要素　　　　C. 账户　　　　D. 会计信息

【答案】B

【点拨】会计要素是对会计对象的基本分类，会计科目是指对会计要素的具体内容进行分类核算的项目。

(二) 会计科目的分类

1. 按反映的经济内容分类

会计科目按反映的经济内容的分类如表 1-6 所示。

表 1-6 会计科目按反映的经济内容的分类

类别	概念	内容阐释说明
资产类科目	是对资产要素的具体内容进行分类核算的项目。	按资产的流动性分为反映流动资产的科目和反映非流动资产的科目。 反映流动资产的科目主要有 "库存现金""银行存款""应收账款""原材料""库存商品" 等科目。 反映非流动资产的科目主要有 "长期股权投资""长期应收款""固定资产""在建工程""无形资产" 等科目。
负债类科目	是对负债要素的具体内容进行分类核算的项目。	按负债的偿还期限长短分为反映流动负债的科目和反映非流动负债的科目。 反映流动负债的科目主要有 "短期借款""应付账款""应付职工薪酬""应交税费" 等科目。 反映非流动负债的科目主要有 "长期借款""应付债券""长期应付款" 等科目。
共同类科目	是既有资产性质又有负债性质的科目。	主要有 "清算资金往来""货币兑换""套期工具""被套期项目" 等科目。
所有者权益类科目	是对所有者权益要素的具体内容进行分类核算的项目。	主要有 "实收资本"(或 "股本")"资本公积""其他综合收益""盈余公积""本年利润""利润分配""库存股" 等科目。
成本类科目	是对可归属于产品生产成本、劳务成本等的具体内容进行分类核算的项目。	主要有 "生产成本""制造费用""劳务成本""研发支出" 等科目。
损益类科目	是对收入、费用等要素的具体内容进行分类核算的项目。	其中，反映收入的科目主要有 "主营业务收入""其他业务收入" 等科目。 反映费用的科目主要有 "主营业务成本""其他业务成本""销售费用""管理费用""财务费用" 等科目。

2.按提供信息的详细程度及其统驭关系分类

（1）总分类科目。总分类科目又称总账科目或一级科目，是对会计要素的具体内容进行总括分类，提供总括信息的会计科目。

（2）明细分类科目。明细分类科目又称明细科目，是对总分类科目作进一步分类，提供更为详细和具体会计信息的科目。

如果某一总分类科目所辖的明细分类科目较多，可在总分类科目下设置二级明细科目，在二级明细科目下设置三级明细科目，以此类推。二级明细科目是对总分类科目进一步分类的科目，三级明细科目是对二级明细科目进一步分类的科目。

二、账户

（一）账户的概念

账户是根据会计科目设置的，具有一定格式和结构，用于分类反映会计要素增减变动情况及其结果的载体。

小知识
为什么在设置会计科目后，还必须开设相应的账户

会计科目仅是对会计要素的具体内容进行分类核算的项目，它不能反映交易或事项的发生所引起的会计要素各项目的增减变动情况和结果。各项核算指标的具体数据资料，只有通过账户记录才能取得。因此，在设置会计科目后，还必须根据规定的会计科目开设相应的账户，以便对交易或事项进行系统、连续的记录，向有关各方提供有用的会计信息。

（二）账户的分类

同会计科目分类相对应，账户可以根据其核算的经济内容、提供信息的详细程度及其统驭关系进行分类。

根据核算的经济内容，账户分为资产类账户、负债类账户、共同类账户、所有者权益类账户、成本类账户和损益类账户；根据提供信息的详细程度及其统驭关系，账户分为总分类账户和明细分类账户。

【单项选择题】下列各项中，不属于资产类科目的是（　　）。

A.预收账款　　　　B.库存现金　　　　C.应收账款　　　　D.预付账款

【答案】A

【点拨】选项A属于负债类科目。

【单项选择题】（2016）某企业"原材料"账户月初借方余额为165000元，本月借方发生额为235000元，月末借方余额为128000元。则其本月贷方发生额为（　　）元。

A.58000　　　　B.107000　　　　C.272000　　　　D.400000

【答案】C

【点拨】原材料属于资产类账户，月末余额=月初余额+本月借方发生额−本月贷方发生额，则本月贷方发生额=165000+235000−128000=272000（元）。

【判断题】会计期末凡是没有余额的账户均为损益类账户（　　）。

【答案】×

【点拨】成本类账户中的制造费用账户会计期末也可能没有余额，但不属于损益类账户。

（三）账户的结构

账户是用来连续、系统、完整地记录企业经济活动的，因此必须具有一定的结构。

账户的基本结构分为左右两方，一方登记增加，另一方登记减少。至于账户左右两方的名称，用哪一方登记增加、哪一方登记减少，要取决于所采用的记账方法和该账户所记录的经济内容。

账户的期初余额、期末余额、本期增加发生额、本期减少发生额统称为账户的四个金额要素。四个金额要素之间的关系，如下面的公式所示：

期末余额=期初余额+本期增加发生额–本期减少发生额

第五节　借贷记账法

我国《企业会计准则》规定，企业、行政单位和事业单位会计核算采用借贷记账法记账。

小知识

复式记账法

1. 概念

复式记账法是指对于每一笔经济业务，都必须用相等的金额在两个或两个以上相互联系的账户中进行登记，全面、系统地反映会计要素增减变化的一种记账方法。

2. 分类

复式记账法分为借贷记账法、增减记账法、收付记账法等。

【单项选择题】目前，我国采用的复式记账法主要是（　　）。

A. 增减记账法　　　　　　　　B. 收付记账法

C. 借贷记账法　　　　　　　　D. 单式记账法

【答案】C

【点拨】本题考核复式记账法的应用。复式记账法分为借贷记账法、增减记账法、收付记账法等。我国会计准则规定，企业、行政单位和事业单位会计核算采用借贷记账法记账，选项C正确。

一、借贷记账法的概念

借贷记账法是以"借"和"贷"作为记账符号的一种复式记账法。

二、借贷记账法的账户结构

借贷记账法下，账户的左方称为借方，右方称为贷方。所有账户的借方和贷方按相反方向记录增加数和减少数，即一方登记增加额，另一方就登记减少额。至于"借"

表示增加，还是"贷"表示增加，则取决于账户的性质与所记录经济内容的性质。

通常情况下，资产类、成本类和费用类账户的增加用"借"表示，减少用"贷"表示；负债类、所有者权益类和收入类账户的增加用"贷"表示，减少用"借"表示。

【单项选择题】（2016）在借贷记账法下，"贷"表示（   ）。

A. 资产的减少或权益的增加　　　　B. 资产的增加或权益的减少

C. 资产的减少或权益的减少　　　　D. 资产的增加或权益的增加

【答案】 A

【点拨】 通常情况下，资产类、成本类和费用类账户的增加用"借"表示，减少用"贷"表示；负债类、所有者权益类和收入类账户的增加用"贷"表示，减少用"借"表示。

（一）资产类和成本类账户的结构

在借贷记账法下，资产类、成本类账户的借方登记增加额；贷方登记减少额；期末余额一般在借方，有些账户可能无余额。其余额计算公式为：

期末借方余额=期初借方余额+本期借方发生额−本期贷方发生额

资产类和成本类账户结构用 T 形账户表示为：

借方	资产类和成本类账户		贷方
期初余额	×××	本期减少额	×××
本期增加额	×××		×××
	×××		……
	……		
本期借方发生额合计	×××	本期贷方发生额合计	×××
期末余额	×××		

（二）负债类和所有者权益类账户的结构

在借贷记账法下，负债类、所有者权益类账户的借方登记减少额；贷方登记增加额；期末余额一般在贷方，有些账户可能无余额。其余额计算公式为：

期末贷方余额=期初贷方余额+本期贷方发生额−本期借方发生额

负债类和所有者权益类账户结构用 T 形账户表示为：

借方	负债类和所有者权益类账户		贷方
本期减少额	×××	期初余额	×××
	×××	本期增加额	×××
	……		×××
			……
本期借方发生额合计	×××	本期贷方发生额合计	×××
		期末余额	×××

（三）损益类账户的结构

损益类账户主要包括收入类账户和费用类账户。

在借贷记账法下，收入类账户的借方登记减少额；贷方登记增加额。本期收入净额在期末转入"本年利润"账户，用以计算当期损益，结转后无余额。

收入类账户结构用 T 形账户表示为：

借方		收入类账户	贷方	
本期减少额	×××	本期增加额		×××
本期转出额	×××			×××
	......			......
本期借方发生额合计	×××	本期贷方发生额合计		×××

在借贷记账法下，费用类账户的借方登记增加额；贷方登记减少额。本期费用净额在期末转入"本年利润"账户，用以计算当期损益，结转后无余额。

费用类账户结构用 T 形账户表示为：

借方		费用类账户	贷方	
本期增加额	×××	本期减少额		×××
	×××	本期转出额		×××
	......			......
本期借方发生额合计	×××	本期贷方发生额合计		×××

【单项选择题】下列关于借贷记账法下账户的结构说法错误的是（　　）。

A. 损益类账户和负债类账户结构类似

B. 资产类账户和成本类账户结构相似

C. 所有者权益类账户和损益类账户中的收入类账户结构相似

D. 损益类账户期末结转后一般无余额

【答案】A

【点拨】本题考核借贷记账法下账户的结构。在借贷记账法下，损益类账户包括收入类账户和费用类账户，收入类账户借方登记减少额、贷方登记增加额，账户结构与负债类账户类似，但费用类账户借方登记增加额、贷方登记减少额，账户结构与负债类账户相反，选项 A 错误。

【多项选择题】（2015）下列账户中，期末余额一般在借方的有（　　）。

A. 库存现金　　　B. 应收账款　　　C. 预付账款　　　D. 资本公积

【答案】ABC

【点拨】资产类、成本类的期末余额一般为借方余额，负债类、所有者权益类的期末余额一般为贷方余额，其中库存现金、应收账款和预付账款都是资产类账户，资本公积是所有者权益类账户。故选 ABC。

三、借贷记账法的记账规则

记账规则是指采用某种记账方法登记具体经济业务时应当遵循的规律。

借贷记账法的记账规则是"有借必有贷，借贷必相等"。即任何经济业务的发生总会涉及两个或两个以上的相关账户，一方（或几方）记入借方，另一方（或几方）必须记入贷方，记入借方的金额等于记入贷方的金额。如果涉及多个账户，记入借方账户金额的合计数等于记入贷方账户金额的合计数。

【判断题】（2015）复式记账法的记账规则是：有借必有贷，借贷必相等。（　　）

【答案】×

【点拨】目前世界上普遍采用的复式记账方法是借贷记账法，借贷记账法的记账规则是：有借必有贷，借贷必相等。

【单项选择题】（2016）借贷记账法的记账规则是（　　）。

A. 资产=负债+所有者权益　　　　　B. 以"借""贷"为记账符号

C. 借方记增加，贷方记减少　　　　D. 有借必有贷，借贷必相等

【答案】D

【点拨】借贷记账法的记账规则为"有借必有贷，借贷必相等"。

四、借贷记账法下的账户对应关系与会计分录

（一）账户对应关系

账户对应关系是指采用借贷记账法对每笔交易或事项进行记录时，相关账户之间形成的应借、应贷的相互关系。存在对应关系的账户称为对应账户。

（二）会计分录

1. 会计分录的概念

会计分录简称分录，是对每项经济业务列示出应借、应贷的账户名称（科目）及其金额的一种记录。

在我国，会计分录记载于记账凭证中。

2. 会计分录的要素

会计分录由应借应贷方向、相互对应的科目及其金额三个要素构成。

3. 会计分录的分类

按照所涉及账户的多少，会计分录分为简单会计分录和复合会计分录。

（1）简单会计分录。简单会计分录是指只涉及一个账户借方和另一个账户贷方的会计分录，即一借一贷的会计分录。

（2）复合会计分录。复合会计分录是指由两个以上（不含两个）对应账户组成的会计分录，即一借多贷、多借一贷或多借多贷的会计分录。

复合会计分录实际上是由若干简单会计分录复合而成的，但为了保持账户对应关系清晰，一般不应把不同经济业务合并在一起，编制多借多贷的会计分录。一笔复合会计分录可以分解为若干简单的会计分录，而若干笔相关简单的会计分录又可复合为一笔复合会计分录，复合或分解的目的是便于会计工作和更好地反映经济业务的实质。

【单项选择题】（2016）某企业购买机器设备，该设备已经安装使用，价款共计40000元（不考虑增值税），用银行存款10000元支付部分价款，其余款项下月结算，则该项经济业务中"固定资产"账户的对应账户是（　　）。

A. 预付账款　　　　　B. 其他应付款　　　　C. 应付账款　　　　D. 生产成本

【答案】 C

【点拨】 本题发生的经济业务应作会计分录：借"固定资产"，贷"银行存款""应付账款"。

五、借贷记账法下的试算平衡

（一）试算平衡的概念

试算平衡是指根据借贷记账法的记账规则和资产与权益（负债和所有者权益）的恒等关系，通过对所有账户的发生额和余额的汇总计算和比较，来检查账户记录是否正确的一种方法。

（二）试算平衡的分类

1. 发生额试算平衡

发生额试算平衡是指全部账户本期借方发生额合计与全部账户本期贷方发生额合计保持平衡，即：

全部账户本期借方发生额合计=全部账户本期贷方发生额合计

发生额试算平衡的直接依据是借贷记账法的记账规则，即"有借必有贷，借贷必相等"。

【单项选择题】 发生额试算平衡法是根据（　　）确定的。

A. 借贷记账法的记账规则　　　　　B. 经济业务内容

C. 资产=负债+所有者权益　　　　　D. 经济业务类型

【答案】 A

【点拨】 本题考核试算平衡的理论依据，发生额试算平衡法的根据是借贷记账法的记账规则，即"有借必有贷、借贷必相等"。

2. 余额试算平衡

余额试算平衡是指全部账户借方期末（初）余额合计与全部账户贷方期末（初）余额合计保持平衡，即：

全部账户借方期末（初）余额合计=全部账户贷方期末（初）余额合计

余额试算平衡的直接依据是财务状况等式，即：

资产=负债+所有者权益

【多项选择题】（2015）下列各项中，属于试算平衡的公式有（　　）。

A. 全部账户本期借方发生额合计=全部账户本期贷方发生额合计

B. 全部资产账户本期借方发生额合计=全部负债账户本期贷方发生额合计

C. 全部账户期初借方余额合计=全部账户期初贷方余额合计

D. 全部账户期末借方余额合计=全部账户期末贷方余额合计

【答案】 ACD

【点拨】发生额试算平衡公式：全部账户本期借方发生额合计=全部账户本期贷方发生额合计，选项 A 正确；余额试算平衡公式：全部账户借方期末（初）余额合计=全部账户贷方期末（初）余额合计，选项 C、D 正确。

【多项选择题】(2016) 下列选项中属于借贷记账法下试算平衡的方法有（　　）。

A. 发生额试算平衡　　　　　　　　B. 增加额试算平衡

C. 余额试算平衡　　　　　　　　　D. 减少额试算平衡

【答案】AC

【点拨】借贷记账法下的试算平衡的方法包括发生额试算平衡和余额试算平衡。

（三）试算平衡表的编制

试算平衡是通过编制试算平衡表进行的。

试算平衡表通常是在期末结出各账户的本期发生额合计和期末余额后编制的，试算平衡表中一般应设置"期初余额""本期发生额"和"期末余额"三大栏目，其下分设"借方"和"贷方"两个小栏。各大栏中的借方合计与贷方合计应该平衡相等；否则，便存在记账错误。

为了简化表格，试算平衡表也可只根据各个账户的本期发生额编制，不填列各账户的期初余额和期末余额（见表 1-7）。

表 1-7　总分类账户试算平衡表

2018 年 1 月 31 日　　　　　　　　　　　　　　　　　　　　单位：元

账户名称	期初余额		本期发生额		期末余额	
	借方	贷方	借方	贷方	借方	贷方
合计						

试算平衡只是通过借贷金额是否平衡来检查账户记录是否正确的一种方法。如果借贷双方发生额或余额相等，表明账户记录基本正确，但有些错误并不影响借贷双方的平衡，因此，试算不平衡，表示记账一定有错误，但试算平衡时，不能表明记账一定正确。

不影响借贷双方平衡关系的错误通常有：

（1）漏记某项经济业务，使本期借贷双方的发生额等额减少，借贷仍然平衡。

（2）重记某项经济业务，使本期借贷双方的发生额等额虚增，借贷仍然平衡。

（3）某项经济业务记录的应借、应贷科目正确，但借贷双方金额同时多记或少记，且金额一致，借贷仍然平衡。

（4）某项经济业务记错有关账户，借贷仍然平衡。

（5）某项经济业务在账户记录中，颠倒了记账方向，借贷仍然平衡。

（6）某借方或贷方发生额中，偶然发生多记和少记并相互抵销，借贷仍然平衡。

由于账户记录可能存在这些不能由试算平衡表发现的错误，所以需要对一切会计记录进行日常或定期的复核，以保证账户记录的正确性。

【单项选择题】（2016）下列记账错误中，通过试算平衡可以发现的是（ ）。

A. 一笔购入固定资产的业务登记了两次

B. 一笔销售商品的业务未被登记

C. 用银行存款 500 元购买办公用品，被错记为：借记"银行存款"500 元，贷记"管理费用"500 元

D. 用现金支付出差人员差旅费借款 1000 元，被错记为：借记"其他应收款"1000元，贷记"库存现金"10000 元

【答案】D

【点拨】选项 D 的错误会导致借方发生额不等于贷方发生额，通过试算平衡是可以发现的。

【多项选择题】下列错误事项不能通过试算平衡查找的有（ ）。

A. 某项经济业务未入账　　　　　B. 某项经济业务重复记账

C. 应借应贷账户中借贷方向颠倒　D. 应借应贷账户中金额不等

【答案】ABC

【点拨】选项 ABC 都不会影响借贷平衡关系，所以不能通过试算平衡查找出来。

第六节　会计凭证

一、会计凭证概述

（一）会计凭证的概念

会计凭证是指记录经济业务，明确经济责任，在法律上具有证明效力，作为记账依据的书面证明，是登记账簿的依据。

【单项选择题】（2015）（ ）是记录交易或者事项发生完成情况的书面证明，也是登记账簿的依据。

A.科目汇总表　　　B.原始凭证　　　C.会计凭证　　　D.记账凭证

【答案】C

【点拨】会计凭证是记录交易或事项发生完成情况的书面说明，也是登记账簿的依据。

（二）会计凭证的分类

会计凭证按照填制程序和用途可分为：

1. 原始凭证

原始凭证又称单据，是指在经济业务发生或完成时取得或填制的，用以记录或证明经济业务的发生或完成情况的原始凭据。

原始凭证的作用主要是记载经济业务的发生过程和具体内容。

常用的原始凭证有现金收据、发货票、增值税专用（或普通）发票、差旅费报销单、产品入库单、领料单等。

2. 记账凭证

记账凭证又称记账凭单，是指会计人员根据审核无误的原始凭证，按照经济业务的内容加以归类，并据以确定会计分录后填制的会计凭证，作为登记账簿的直接依据。

记账凭证的作用主要是确定会计分录，进行账簿登记，反映经济业务的发生或完成情况，监督企业经济活动，明确相关人员的责任。

二、原始凭证

（一）原始凭证的种类

1. 按取得来源分类

原始凭证按照取得来源，可分为：

（1）自制原始凭证。自制原始凭证是指由本单位有关部门和人员，在执行或完成某项经济业务时填制的，仅供本单位内部使用的原始凭证，如领料单（见表1-8）、产品入库单、借款单等。

表1-8　领料单

领料部门：　　　　　　　　　　　　　　　　　　　　　　　　　发料仓库：

用途：　　　　　　　　　　　　年　月　日　　　　　　　　　　编号：

编号	材料名称	规格	单位	请领数量	实发数量	备注

制单：　　　　　　审核：　　　　　　领料人：　　　　　　发料人：

（2）外来原始凭证。外来原始凭证是指在经济业务发生或完成时，从其他单位或个人直接取得的原始凭证，如购买原材料取得的增值税专用发票，职工出差报销的飞机票、火车票和餐饮费发票等。

【单项选择题】(2016) 在下列原始凭证中，属于外来原始凭证的是（　　）。

A. 增值税专用发票　　　B. 工资计算表　　　　C. 出库单　　　　　D. 限额领料单

【答案】A

【点拨】本题考核原始凭证的分类。选项BCD属于自制原始凭证。

2. 按格式分类

原始凭证按照格式的不同，可分为：

（1）通用凭证。通用凭证是指由有关部门统一印制、在一定范围内使用的具有统一格式和使用方法的原始凭证。

通用凭证的使用范围因制作部门的不同而有所差异，既可以分地区、分行业使用，也可以全国通用，如某省印制的在该省份通用的发票、收据等，由中国人民银行制作的在全国通用的银行转账结算凭证，由国家税务总局统一印制的全国通用的增值税专用发票等。

（2）专用凭证。专用凭证是指由单位自行印制、仅在本单位内部使用的原始凭证，如领料单、差旅费报销单、折旧计算表、工资费用分配表等。

3. 按填制的手续和内容分类

原始凭证按照填制的手续和内容，可分为：

（1）一次凭证。一次凭证是指一次填制完成，只记录一笔经济业务且仅一次有效的原始凭证，如收据、收料单、发货票、银行结算凭证等（见表1-9）。

表1-9 发货票

购买单位：

结算方式：　　　　　　　　　　年 月 日　　　　　　　　　　编号：

品名规格	单位	数量	单价	金额

会计：　　　　　　复核：　　　　　　制单：

（2）累计凭证。累计凭证是指在一定时期内多次记录发生的同类型经济业务且多次有效的原始凭证，如限额领料单（见表1-10）。

累计凭证的特点是在一张凭证内可以连续登记相同性质的经济业务，随时结出累计数和结余数，并按照费用限额进行费用控制，期末按实际发生额记账。

表1-10 限额领料单

领料部：　　　　　　　　　　　　　　　　　　　发料仓库：

用途：　　　　　　　　　年 月 日　　　　　　　编号：

材料编号	材料名称	规格	计量单位	计划单价	领用限额	全月实额	
						数量	金额
领用日期	请领数量	实发数量		领料人签章	发料人签章	限额结余数量	

供应部门负责人：　　　　　领料部门负责人：　　　　　仓库负责人：

【多项选择题】 "限额领料单"属于（　　）。

A. 累计凭证   B. 记账凭证   C. 汇总凭证   D. 自制原始凭证

【答案】AD

【点拨】限额领料单属于自制原始凭证和累计原始凭证。

（3）汇总凭证。汇总凭证是指对一定时期内反映经济业务内容相同的若干张原始凭证，按照一定标准综合填制的原始凭证。

汇总原始凭证合并了同类型经济业务，简化了记账工作。

发料凭证汇总表是一种常用的汇总凭证（见表1-11）。

表1-11　发料凭证汇总表

年　月

材料＼借方科目	生产成本	制造费用	管理费用	销售费用	合计
合计					

【单项选择题】（2016）原始凭证按照填制手续及内容不同，可以分为（   ）。

A. 收款凭证、付款凭证和转账凭证   B. 一次凭证、累计凭证和汇总凭证

C. 外来凭证和自制凭证   D. 通用凭证和专用凭证

【答案】B

【点拨】原始凭证按照填制手续及内容不同分为一次凭证、累计凭证和汇总凭证。选项A是记账凭证按照其反映的经济业务的内容分类；选项C是原始凭证按照来源不同分类；选项D是原始凭证按照格式不同分类。

（二）原始凭证的基本内容

原始凭证的格式和内容因经济业务和经营管理的不同而有所差异，但原始凭证应当具备以下基本内容（也称原始凭证要素）：

（1）凭证的名称。

（2）填制凭证的日期。

（3）填制凭证单位名称和填制人姓名。

（4）经办人员的签名或者盖章。

（5）接受凭证单位名称。

（6）经济业务内容。

（7）数量、单价和金额。

【多项选择题】下列各项中属于原始凭证应具备的基本内容的有（   ）。

A. 记账符号   B. 交易或事项的内容

C. 经办人员签名或盖章   D. 填制凭证的日期

【答案】BCD

【点拨】原始凭证的格式和内容因经济业务和经营管理的不同而有所差异，但原始凭证应当具备以下基本内容（也称原始凭证要素）：①凭证的名称；②填制凭证的日期；③填制凭证单位名称和填制人姓名；④经办人员的签名或者盖章；⑤接受凭证单位名称；⑥经济业务内容；⑦数量、单价和金额。

（三）原始凭证的填制要求

1. 原始凭证填制的基本要求

原始凭证填制的基本要求如表1-12所示。

表1-12 原始凭证填制的基本要求

要求	内容阐释说明
记录真实	原始凭证所填列经济业务的内容和数字，必须真实可靠，符合实际情况。
内容完整	原始凭证所要求填列的项目必须逐项填列齐全，不得遗漏或省略。 原始凭证中的年、月、日要按照填制原始凭证的实际日期填写；名称要齐全，不能简化；品名或用途要填写明确，不能含糊不清；有关人员的签章必须齐全。
手续完备	单位自制的原始凭证必须有经办单位相关负责人的签名盖章；对外开出的原始凭证必须加盖本单位公章或者财务专用章；从外部取得的原始凭证，必须盖有填制单位的公章或者财务专用章；从个人取得的原始凭证，必须有填制人员的签名或盖章。
书写清楚、规范	原始凭证要按规定填写，文字要简明，字迹要清楚，易于辨认，不得使用未经国务院公布的简化汉字。 大小写金额必须符合填写规范，小写金额用阿拉伯数字逐个书写，不得连笔字。在金额前要填写人民币符号"¥"，且与阿拉伯数字之间不得留有空白。金额数字一律填写到角、分，无角无分的，写"00"或符号"—"；有角无分的，分位写"0"，不用符号"—"。大写金额用汉字壹、贰、叁、肆、伍、陆、柒、捌、玖、拾、佰、仟、万、亿、元、角、分、零、整等，一律用正楷或行书字体书写。大写金额前未印有"人民币"字样的，应加写"人民币"三个字且和大写金额之间不得留有空白。大写金额到元或角为止的，后面要写"整"或"正"字；有分的，不写"整"或"正"字，如小写金额为¥1007.00，大写金额应写成"壹仟零柒元整"。
编号连续	各种凭证要连续编号，以便检查。如果凭证已预先印定编号，如发票、支票等重要凭证，在因错作废时，应加盖"作废"戳记，妥善保管，不得撕毁。
不得涂改、刮擦、挖补	原始凭证金额有错误的，应当由出具单位重开，不得在原始凭证上更正。原始凭证有其他错误的，应当由出具单位重开或更正，更正处应当加盖出具单位印章。
填制及时	各种原始凭证一定要及时填写，并按规定的程序及时送交会计机构审核。

【单项选择题】(2015) 签发一张支票，小写金额为¥1008.21，则大写金额为（　　）。

A. 人民币壹仟零捌元贰角壹分整　　　　B. 人民币壹仟零零捌元贰角壹分

C. 人民币壹仟零捌元贰角壹分　　　　　D. 壹仟零捌元贰角壹分

【答案】C

【点拨】大写金额前未印有"人民币"字样的，应加写"人民币"三个字且和大写金额之间不得留有空白。大写金额写到元或角为止的，后面要写"整"或"正"字，有分的，不写"整"或"正"字。

2. 自制原始凭证填制的基本要求

自制原始凭证填制的基本要求如表1-13所示。

表 1-13 自制原始凭证填制的基本要求

项目	内容阐释说明
一次凭证	应在经济业务发生或完成时，由相关业务人员一次填制完成。该凭证往往只能反映一项经济业务，或者同时反映若干项同一性质的经济业务。 一次凭证有些是自制的原始凭证，如收料单、领料单、工资结算表、制造费用分配表等；有些是外来的原始凭证，如增值税专用发票、税收缴款书、各种银行结算凭证等。
累计凭证	应在每次经济业务完成后，由相关人员在同一张凭证上重复填制完成。 该凭证能在一定时期内不断重复地反映同类经济业务的完成情况。 最典型的累计凭证是限额领料单。
汇总凭证	应由相关人员在汇总一定时期内反映同类经济业务的原始凭证后填制完成。 该凭证只能将类型相同的经济业务进行汇总，不能汇总两类或两类以上的经济业务。

（四）原始凭证的审核

为了如实反映经济业务的发生和完成情况，充分发挥会计的监督职能，保证会计信息的真实、完整，会计人员必须对原始凭证进行严格审核。

原始凭证的审核内容见表 1-14。

表 1-14 原始凭证的审核内容

内容	内容阐释说明
审核原始凭证的真实性	其真实性的审核包括凭证日期是否真实、业务内容是否真实、数据是否真实等。 对外来原始凭证，必须有填制单位公章或财务专用章和填制人员签章；对自制原始凭证，必须有经办部门和经办人员的签名或盖章。此外，对通用原始凭证，还应审核凭证本身的真实性，以防作假。
审核原始凭证的合法性、合理性	审核原始凭证所记录经济业务是否符合国家法律法规，是否履行了规定的凭证传递和审核程序；审核原始凭证所记录经济业务是否符合企业经济活动的需要，是否符合有关的计划和预算等。
审核原始凭证的完整性	审核原始凭证各项基本要素是否齐全，是否有漏项情况，日期是否完整，数字是否清晰，文字是否工整，有关人员签章是否齐全，凭证联次是否正确等。
审核原始凭证的正确性	审核原始凭证记载的各项内容是否正确，包括： （1）接受原始凭证单位的名称是否正确。 （2）金额的填写和计算是否正确。 阿拉伯数字分位填写，不得连写。小写金额前要标明"￥"字样，中间不能留有空位。大写金额前要加"人民币"字样，大写金额与小写金额要相符。 （3）更正是否正确。 原始凭证记载的各项内容均不得涂改。原始凭证金额有错误的，应当由出具单位重开，不得在原始凭证上更正。原始凭证有其他错误的，应当由出具单位重开或者更正，更正处应当加盖出具单位公章或财务专用章。

三、记账凭证

（一）记账凭证的种类

记账凭证通常按照其反映的经济业务的内容来划分，见表 1-15。

表 1-15 记账凭证的种类

类别	概念	内容阐释说明
收款凭证	收款凭证是指用于记录库存现金和银行存款收款业务的记账凭证。	收款凭证根据有关库存现金和银行存款收入业务的原始凭证填制，是登记库存现金日记账、银行存款日记账以及有关明细分类账和总分类账等账簿的依据，也是出纳人员收讫款项的依据。
付款凭证	付款凭证是指用于记录库存现金和银行存款付款业务的记账凭证。	付款凭证根据有关库存现金和银行存款支付业务的原始凭证填制，是登记库存现金日记账、银行存款日记账以及有关明细分类账和总分类账等账簿的依据，也是出纳人员支付款项的依据。
转账凭证	转账凭证是指用于记录不涉及库存现金和银行存款业务的记账凭证。	转账凭证根据有关转账业务的原始凭证填制，是登记有关明细分类账和总分类账等账簿的依据。

（二）记账凭证的基本内容

记账凭证的基本内容包括：

（1）填制凭证的日期。

（2）凭证编号。

（3）经济业务摘要。

（4）会计科目。

（5）金额。

（6）所附原始凭证张数。

（7）填制凭证人员、稽核人员、记账人员、会计机构负责人、会计主管人员签名或者盖章。

收款和付款记账凭证还应当由出纳人员签名或者盖章。

（三）记账凭证的填制要求

1. 记账凭证填制的基本要求

记账凭证的填制除要做到内容完整、书写清楚和规范外，还必须符合下列要求：

（1）除结账和更正错账可以不附原始凭证外，其他记账凭证必须附原始凭证。

（2）记账凭证可以根据每一张原始凭证填制，或根据若干张同类原始凭证汇总填制，也可根据原始凭证汇总表填制；但不得将不同内容和类别的原始凭证汇总填制在一张记账凭证上。

（3）记账凭证应连续编号。凭证应由主管该项业务的会计人员，按业务发生的顺序并按不同种类的记账凭证采用"字号编号法"连续编号，如银收字 1 号、现收字 2 号、现付字 1 号、银付字 2 号。如果一笔经济业务需要填制两张以上（含两张）记账凭证的，可以采用"分数编号法"编号，如转字 31/3 号、转字 32/3 号、转字 33/3 号。

为便于监督，反映付款业务的会计凭证不得由出纳人员编号。

【单项选择题】一笔经济业务需要填制两张以上（含两张）记账凭证时，可以采用（　）编号。

A. 分数编号法　　　　　　　　　　B. 整数编号法

C. 原始凭证分割单法　　　　　　　D. 凭证复制法

【答案】A

【点拨】如果一项经济业务需要填制两张以上（含两张）记账凭证时，可以采用"分数编号法"编号。

（4）填制记账凭证时若发生错误，应当重新填制。

已经登记入账的记账凭证在当年内发现填写错误时，可以用红字填写一张与原内容相同的记账凭证，在摘要栏注明"注销某月某日某号凭证"字样，同时再用蓝字重新填制一张正确的记账凭证，注明"订正某月某日某号凭证"字样。如果会计科目没有错误，只是金额错误，也可以将正确数字与错误数字之间的差额另编一张调整的记账凭证，调增金额用蓝字，调减金额用红字。

发现以前年度记账凭证有错误的，应当用蓝字填制一张更正的记账凭证。

（5）记账凭证填制完成后，如有空行，应当自金额栏最后一笔金额数字下的空行处至合计数上的空行处划线注销。

2. 收款凭证的填制要求

（1）收款凭证左上角的"借方科目"按收款的性质填写"库存现金"或"银行存款"。

（2）日期填写的是填制本凭证的日期。

（3）右上角填写填制收款凭证的顺序号。

（4）"摘要"填写所记录经济业务的简要说明。

（5）"贷方科目"填写与收入"库存现金"或"银行存款"相对应的会计科目。

（6）"记账"是指该凭证已登记账簿的标记，防止经济业务重记或漏记。

（7）"金额"是指该项经济业务的发生额。

（8）该凭证右边"附件×张"是指该记账凭证所附原始凭证的张数。

（9）最下边分别由有关人员签章，以明确经济责任。

3. 付款凭证的填制要求

付款凭证是根据审核无误的有关库存现金和银行存款的付款业务的原始凭证填制的。

付款凭证的填制方法与收款凭证基本相同，不同的是在付款凭证的左上角应填列贷方科目，即"库存现金"或"银行存款"科目，"借方科目"栏应填写与"库存现金"或"银行存款"相对应的一级科目和明细科目。

对于涉及"库存现金"和"银行存款"之间的相互划转业务，如将现金存入银行或从银行提取现金，为了避免重复记账，一般只填制付款凭证，不再填制收款凭证。

出纳人员在办理收款或付款业务后，应在原始凭证上加盖"收讫"或"付讫"的戳记，以免重收重付。

【判断题】（2016）对于单位提取现金的业务，编制银行存款付款凭证；向银行存入现金的业务，编制现金付款凭证。（ ）

【答案】√

4. 转账凭证的填制要求

转账凭证通常是根据有关转账业务的原始凭证填制的。

转账凭证中"总账科目"和"明细科目"栏应填写应借、应贷的总账科目和明细科目，借方科目应记金额应在同一行的"借方金额"栏填列，贷方科目应记金额应在同一行的"贷方金额"栏填列，"借方金额"栏合计数与"贷方金额"栏合计数应相等。

（四）记账凭证的审核

为了保证会计信息的质量，在记账之前应由有关稽核人员对记账凭证进行严格的审核。审核的内容主要包括：

（1）记账凭证是否有原始凭证为依据，所附原始凭证或记账凭证汇总表的内容与记账凭证的内容是否一致。

（2）记账凭证各项目的填写是否齐全，如日期、凭证编号、摘要、会计科目、金额、所附原始凭证张数及有关人员签章等。

（3）记账凭证的应借、应贷科目以及对应关系是否正确。

（4）记账凭证所记录的金额与原始凭证的有关金额是否一致，计算是否正确。

（5）记账凭证中的记录是否文字工整、数字清晰，是否按规定进行更正等。

（6）出纳人员在办理收款或付款业务后，是否已在原始凭证上加盖"收讫"或"付讫"的戳记。

四、会计凭证的保管

1. 会计凭证保管的概念

会计凭证的保管是指会计凭证记账后的整理、装订、归档和存查工作。

任何单位在完成经济业务手续和记账后，必须将会计凭证按规定的立卷归档制度形成会计档案资料，妥善保管，防止丢失，不得任意销毁，以便日后随时查阅。

2. 会计凭证保管的要求

会计凭证的保管要求主要有：

（1）会计机构在依据会计凭证记账以后，应定期（每天、每旬或每月）对各种会计凭证进行分类整理，将各种记账凭证按照编号顺序，连同所附的原始凭证一起加具封面和封底，装订成册，并在装订线上加贴封签。会计凭证封面应注明单位名称、凭证种类、凭证张数、起止号数、年度、月份、会计主管人员和装订人员等有关事项，会计主管人员和保管人员等应在封面上签章。

从外单位取得的原始凭证遗失时，应取得原签发单位盖有公章的证明，并注明原始凭证的号码、金额、内容等，由经办单位会计机构负责人、会计主管人员和单位负责人批准后，才能代作原始凭证。若确实无法取得证明的，如车票丢失，则应由当事人写明详细情况，由经办单位会计机构负责人、会计主管人员和单位负责人批准后，代作原始凭证。

（2）会计凭证应加贴封条，防止抽换凭证。

原始凭证不得外借，其他单位如有特殊原因确实需要使用时，经本单位会计机构负责人、会计主管人员批准，可以复制。向外单位提供的原始凭证复制件，应在专设的登记簿上登记，并由提供人员和收取人员共同签名或者盖章。

（3）原始凭证较多时，可单独装订，但应在凭证封面注明所属记账凭证的日期、编号和种类，同时在所属的记账凭证上应注明"附件另订"及原始凭证的名称和编号，以便查阅。对各种重要的原始凭证，如押金收据、提货单等，以及各种需要随时查阅和退回的单据，应另编目录，单独保管，并在有关的记账凭证和原始凭证上分别注明日期和编号。

（4）每年装订成册的会计凭证，在年度终了时可暂由单位会计机构保管一年，期满后应当移交本单位档案机构统一保管；未设立档案机构的，应在会计机构内部指定专人保管。出纳人员不得兼管会计档案。

（5）严格遵守会计凭证的保管期限要求，期满前不得任意销毁。

第七节　会计账簿

一、会计账簿的概念

会计账簿简称账簿，又叫账册，是指以会计凭证为依据，全面、系统和连续地记录、反映企业经济活动的，具有一定格式的簿籍。

小知识
会计账簿和会计凭证的异同

会计账簿和会计凭证都是记录经济业务的会计资料，但二者记录的方式不同。

会计凭证对经济业务的记录是零散的，不能全面、连续、系统地反映和监督经济业务内容；会计账簿对经济业务的记录是分类、序时、全面、连续的，能够把分散在会计凭证中的大量核算资料加以集中，为经营管理提供系统、完整的核算资料。

二、会计账簿的内容

会计账簿的基本内容包括：

（一）封面

主要用来标明账簿的名称，如总分类账、各种明细分类账、库存现金日记账、银行存款日记账等。

（二）扉页

主要用来列明会计账簿的使用信息，如科目索引、账簿启用和经管人员一览表等（见表1-16）。

（三）账页

是账簿用来记录经济业务的主要载体，包括账户的名称、日期栏、凭证种类和编号栏、摘要栏、金额栏，以及总页次和分户页次等基本内容。

三、会计账簿的种类

（一）按用途分类

会计账簿按照用途，可以分为序时账簿、分类账簿和备查账簿。

表 1-16 账簿启用登记和经管人员一览表

账簿名称：＿＿＿＿＿＿＿＿＿＿ 单位名称：＿＿＿＿＿＿＿＿＿＿

账簿编号：＿＿＿＿＿＿＿＿＿＿ 账簿册数：＿＿＿＿＿＿＿＿＿＿

账簿页数：＿＿＿＿＿＿＿＿＿＿ 启用日期：＿＿＿＿＿＿＿＿＿＿

会计主管：＿＿＿＿＿＿＿＿＿＿ 记账人员：＿＿＿＿＿＿＿＿＿＿

移交日期			移交人		接管日期			接管人		会计主管	
年	月	日	签名	签章	年	月	日	签名	签章	姓名	主管

1. 序时账簿

序时账簿又称日记账，是按照经济业务发生时间的先后顺序逐日、逐笔登记的账簿。

在我国企业、行政事业单位中，库存现金日记账和银行存款日记账是应用比较广泛的日记账。

2. 分类账簿

（1）概念。分类账簿是指按照分类账户设置登记的账簿。

分类账簿是会计账簿的主体，也是编制财务报表的主要依据。

（2）分类。账簿按其反映经济业务的详略程度，可分为总分类账簿和明细分类账簿。

1）总分类账簿。总分类账簿简称总账，是根据总分类账户开设的，总括地反映某类经济活动。

总分类账簿主要为编制财务报表提供直接数据资料，通常采用三栏式（见表 1-17）。

表 1-17 总分类账

第 页

年		凭证		摘要	借方	贷方	借或贷	余额
月	日	种类	编号					

2）明细分类账簿。明细分类账簿简称明细账，是根据明细分类账户开设的，用来提供明细的核算资料。

明细分类账簿可采用的格式主要有三栏式明细账（格式与三栏式总分类账相同）、数量金额式明细账等。

3. 备查账簿

备查账簿又称辅助登记簿或补充登记簿，是对某些在序时账簿和分类账簿中未能记载或记载不全的经济业务进行补充登记的账簿。

例如，反映企业租入固定资产的"租入固定资产登记簿"、反映为其他企业代管商品的"代管商品物资登记簿"等。

备查账簿只是对其他账簿记录的一种补充，与其他账簿之间不存在严密的依存和勾稽关系。

备查账簿根据企业的实际需要设置，没有固定的格式要求。

（二）按账页格式分类

会计账簿按账页格式的分类如表 1–18 所示。

表 1–18　会计账簿按账页格式的分类

类别	概念	内容阐释说明
三栏式账簿	是设有借方、贷方和余额三个金额栏目的账簿	各种日记账、总账以及资本、债权、债务明细账都可采用三栏式账簿。三栏式账簿又分为设对方科目和不设对方科目两种。区别是在摘要栏和借方科目栏之间是否有一栏"对方科目"。设有"对方科目"栏的，称为设对方科目的三栏式账簿；不设有"对方科目"栏的，称为不设对方科目的三栏式账簿。其格式与总账的格式基本相同。
多栏式账簿	是在账簿的两个金额栏目（借方和贷方）按需要分设若干专栏的账簿	这种账簿可以按"借方"和"贷方"分设专栏，也可以只设"借方"或"贷方"专栏，设多少栏则根据需要确定。收入、成本、费用明细账一般采用多栏式账簿。
数量金额式账簿	是在账簿的借方、贷方和余额三个栏目内，每个栏目再分设数量、单价和金额三小栏，借以反映财产物资的实物数量和价值量的账簿	原材料、库存商品等明细账一般采用数量金额式账簿。

（三）按外形特征分类

会计账簿按照外形特征，可以分为订本式账簿、活页式账簿、卡片式账簿（见表1–19）。

表 1–19　会计账簿按外形特征的分类

类别	概念	内容阐释说明
订本式账簿	订本式账簿简称订本账，是在启用前将编有顺序页码的一定数量账页装订成册的账簿。	订本账的优点是能避免账页散失和防止抽换账页；缺点是不能准确为各账户预留账页。订本式账簿一般适用于重要的和具有统驭性的总分类账、库存现金日记账和银行存款日记账。
活页式账簿	活页式账簿简称活页账，是将一定数量的账页置于活页夹内，可根据记账内容的变化随时增加或减少部分账页的账簿。	活页式账簿的优点是记账时可以根据实际需要，随时将空白账页装入账簿，或抽去不需要的账页，便于分工记账；缺点是如果管理不善，可能会造成账页散失或故意抽换账页。活页式账簿一般适用于明细分类账。
卡片式账簿	卡片式账簿简称卡片账，是将一定数量的卡片式账页存放于专设的卡片箱中，可以根据需要随时增添账页的账簿。	在我国，企业一般只对固定资产的核算采用卡片账形式，也有少数企业在材料核算中使用材料卡片。

四、会计账簿的启用与登记要求

启用会计账簿时，应当在账簿封面上写明单位名称和账簿名称，并在账簿扉页上附启用表。启用订本式账簿应当从第一页到最后一页顺序编定页数，不得跳页、缺号。使用活页式账簿应当按账户顺序编号，并须定期装订成册，装订后再按实际使用的账页顺序编定页码，另加目录以便于记明每个账户的名称和页次。

为了保证账簿记录的正确性，必须根据审核无误的会计凭证登记会计账簿，并符合有关法律、行政法规和国家统一的会计制度的规定。

（1）登记会计账簿时，应当将会计凭证日期、编号、业务内容摘要、金额和其他有关资料逐项记入账内。

账簿记录中的日期，应该填写记账凭证上的日期；以自制原始凭证（如收料单、领料单等）作为记账依据的，账簿记录中的日期应按有关自制凭证上的日期填列。

（2）为了保持账簿记录的持久性，防止涂改，登记账簿必须使用蓝黑墨水或碳素墨水书写，不得使用圆珠笔（银行的复写账簿除外）或者铅笔书写。以下情况可以使用红墨水记账：

1）按照红字冲账的记账凭证，冲销错误记录。

2）在不设借贷等栏的多栏式账页中，登记减少数。

3）在三栏式账户的余额栏前，如未印明余额方向的，在余额栏内登记负数余额。

4）根据国家规定可以用红字登记的其他会计记录。

除上述情况外，不得使用红色墨水登记账簿。

【单项选择题】下列各项中，不可以用红色墨水记账的是（ ）。

A. 冲账的记账凭证，冲销错误记录

B. 在不设借贷等栏的多栏式账页中，登记减少数

C. 在三栏式账户的余额栏前，印明余额方向的，在余额栏内登记负数余额

D. 在三栏式账户的余额栏前，未印明余额方向的，在余额栏内登记负数余额

【答案】C

【点拨】在三栏式账户的余额栏前，未印明余额方向的，在余额栏内登记负数余额。

（3）会计账簿应当按照连续编号的页码顺序登记

记账时发生错误或者隔页、缺号、跳行的，应在空页、空行处用红色墨水划对角线注销，或者注明"此页空白"或"此行空白"字样，并由记账人员和会计机构负责人（会计主管人员）在更正处签章。

（4）凡需要结出余额的账户，结出余额后，应当在"借或贷"栏目内注明"借"或"贷"字样，以示余额的方向；对于没有余额的账户，应在"借或贷"栏内写"平"字，并在"余额"栏"元"位处用"0"表示。

库存现金日记账和银行存款日记账必须逐日结出余额。

（5）每一账页登记完毕时，应当结出本页发生额合计及余额，在该账页最末一行"摘要"栏注明"转次页"或"过次页"，并将这一金额记入下一页第一行有关金额栏内，在该行"摘要"栏注明"承前页"，以保持账簿记录的连续性，便于对账和结账。

（6）账簿记录发生错误时，不得刮擦、挖补或用褪色药水更改字迹，而应采用规定的方法更正。

五、会计账簿的格式与登记方法

（一）日记账的格式与登记方法

日记账是按照经济业务发生或完成的时间先后顺序逐日逐笔进行登记的账簿。

设置日记账的目的是使经济业务的时间顺序清晰地反映在账簿记录中。

在我国，大多数企业一般只设库存现金日记账和银行存款日记账。

1. 库存现金日记账的格式与登记方法

库存现金日记账是用来核算和监督库存现金日常收、付和结存情况的序时账簿。

库存现金日记账的格式主要为三栏式。

库存现金日记账必须使用订本账。

三栏式库存现金日记账是用来登记库存现金的增减变动及其结果的日记账。设有借方、贷方和余额三个金额栏目，一般将其分别称为收入、支出和结余三个基本栏目。三栏式库存现金日记账由出纳人员根据库存现金收款凭证、库存现金付款凭证和银行存款付款凭证，按照库存现金收、付款业务和银行存款付款业务发生时间的先后顺序逐日逐笔登记。

三栏式库存现金日记账的登记方法如表 1-20 所示。

表 1-20　三栏式库存现金日记账的登记方法

项目	内容阐释说明
日期栏	记账凭证的日期，应与库存现金实际收付日期一致。
凭证栏	登记入账的收付款凭证的种类和编号，如："库存现金收（付）款凭证"，简写为"现收（付）"；"银行存款收（付）款凭证"，简写为"银收（付）"。凭证栏还应登记凭证的编号数，以便于查账和核对。
摘要栏	摘要说明登记入账的经济业务的内容。
对方科目栏	库存现金收入的来源科目或支出的用途科目。如银行提取现金，其来源科目（即对方科目）为"银行存款"。
收入、支出栏（或借方、贷方）	库存现金实际收付的金额。

每日终了，应分别计算库存现金收入和付出的合计数，并结出余额，同时将余额与出纳人员的库存现金核对。如账款不符应查明原因，记录备案。月终同样要计算库存现金收、付和结存的合计数。

2. 银行存款日记账的格式与登记方法

银行存款日记账是用来核算和监督银行存款每日的收入、支出和结余情况的账簿。

银行存款日记账应按企业在银行开立的账户和币种分别设置，每个银行账户设置一本日记账。由出纳人员根据与银行存款收付业务有关的记账凭证，按时间先后顺序逐日逐笔进行登记。根据银行存款收款凭证和有关的库存现金付款凭证（如现金存入银行的业务）登记银行存款收入栏，根据银行存款付款凭证登记其支出栏，每日结出存款余额。

银行存款日记账的格式与库存现金日记账相同，可以采用三栏式，也可以采用多栏式。多栏式可以将收入和支出的核算在一本账上进行，也可以分设"银行存款收入日记账"和"银行存款支出日记账"两本账。其格式和登记方法与"库存现金日记账"和"库存现金支出日记账"基本相同。

银行存款日记账的登记方法与库存现金日记账的登记方法基本相同。

（二）总分类账的格式与登记方法

总分类账是按照总分类账户分类登记以提供总括会计信息的账簿。

总分类账最常用的格式为三栏式，设有借方、贷方和余额三个金额栏目。

总分类账的登记方法因登记的依据不同而有所不同。经济业务少的小型单位的总分类账，可以根据记账凭证逐笔登记；经济业务多的大中型单位的总分类账，可以根据记账凭证汇总表（又称科目汇总表）或汇总记账凭证等定期登记。

（三）明细分类账的格式与登记方法

明细分类账是根据有关明细分类账户设置并登记的账簿。它能提供交易或事项比较详细、具体的核算资料，以弥补总账所提供核算资料的不足。因此，各单位在设置总账的同时，还应设置必要的明细账。

明细分类账一般采用活页式账簿、卡片式账簿。明细分类账一般根据记账凭证和相应的原始凭证来登记。

根据各种明细分类账所记录经济业务的特点，明细分类账的常用格式主要包括：

1. 三栏式

三栏式账页是设有借方、贷方和余额三个栏目，用以分类核算各项经济业务，提供详细核算资料的账簿，其格式与三栏式总账格式相同。

2. 多栏式

多栏式账页将属于同一个总账科目的各个明细科目合并在一张账页上进行登记，即在这种格式账页的借方或贷方金额栏内按照明细项目设若干专栏。这种格式适用于收入、成本、费用类科目的明细核算。

3. 数量金额式

数量金额式账页适用于既要进行金额核算又要进行数量核算的账户，如原材料、库存商品等存货账户，其借方（收入）、贷方（发出）和余额（结存）都分别设有数量、单价和金额三个专栏。数量金额式账页提供了企业有关财产物资数量和金额收、发、存的详细资料，从而能加强财产物资的实物管理和使用监督，保证财产物资的安全完整。

（四）总分类账与明细分类账的平行登记

平行登记是指对所发生的每项经济业务都要以会计凭证为依据，一方面记入有关总分类账户，另一方面记入所辖明细分类账户的方法。

总分类账户与明细分类账户平行登记的要点如表1-21所示。

表 1–21　总分类账户与明细分类账户平行登记的要点

项目	内容阐释说明
方向相同	在总分类账户及其所辖的明细分类账户中登记同一项经济业务时，方向通常相同。即在总分类账户中记入借方，在其所辖的明细分类账户中也应记入借方；在总分类账户中记入贷方，在其所辖的明细分类账户中也应记入贷方。
期间一致	发生的经济业务，记入总分类账户和所辖明细分类账户的具体时间可以有先后，但应在同一个会计期间记入总分类账户和所辖明细分类账户。
金额相等	记入总分类账户的金额必须与记入其所辖的一个或几个明细分类账户的金额合计数相等。

【多项选择题】下列各项中，属于总分类账户与明细分类账户平行登记的要点的有（　　　）。

A. 方向相同　　　　　B. 金额相等　　　　　C. 期间一致　　　　D. 记账人员相同

【答案】ABC

【点拨】总分类账户与明细分类账户平行登记的要点主要有如下三点：①方向相同；②期间一致；③金额相等。

【判断题】(2015) 总分类账户与明细分类账户必须平行登记。（　　　）

【答案】√

六、对账与结账

（一）对账

对账是对账簿记录所进行的核对，也就是核对账目。

对账工作一般在记账之后结账之前，即在月末进行。

对账一般分为账证核对、账账核对、账实核对。

【多项选择题】(2016) 对账工作包括（　　　）。

A. 账证核对　　　　B. 账实核对　　　　C. 账账核对　　　　D. 账表核对

【答案】ABC

【点拨】对账一般分为账证核对、账账核对、账实核对。

1. 账证核对

账证核对是指将账簿记录与会计凭证核对，核对账簿记录与原始凭证、记账凭证的时间、凭证字号、内容、金额等是否一致，记账方向是否相符，做到账证相符。

【单项选择题】关于账证核对，以下说法中错误的是（　　　）。

A. 账证核对是指在登记账簿后，将账簿记录与会计凭证进行核对

B. 核对的内容包括时间、凭证字号、内容、金额、记账方向等

C. 账证核对只是核对账簿记录和记账凭证，与原始凭证无关

D. 账证核对往往是在试算平衡发现记账错误后按照一定的线索进行的

【答案】C

【点拨】账证核对是指记完账后，要将账簿记录与会计凭证进行核对，核对账簿记录与原始凭证、记账凭证的时间、凭证字号、内容、金额等是否一致，记账方向

是否相符。

2. 账账核对

账账核对的内容如表 1-22 所示。

表 1-22 账账核对的内容

项目	内容阐释说明
总分类账簿之间的核对	按照"资产=负债+所有者权益"这一会计等式和"有借必有贷、借贷必相等"的记账规则，总分类账簿各账户的期初余额、本期发生额和期末余额之间存在对应的平衡关系，各账户的期末借方余额合计和贷方余额合计也存在平衡关系。通过这种等式和平衡关系，可以检查总账记录是否正确、完整。
总分类账簿与所辖明细分类账簿之间的核对	总分类账各账户的期末余额应与其所辖各明细分类账的期末余额之和核对相符。
总分类账簿与序时账簿之间的核对	主要是指库存现金总账和银行存款总账的期末余额，与库存现金日记账和银行存款日记账的期末余额之间的核对。
明细分类账簿之间的核对	例如，会计机构有关实物资产的明细账与财产物资保管部门或使用部门的明细账定期核对，以检查余额是否相符。核对方法一般是由财产物资保管部门或使用部门定期编制收发结存汇总表报会计机构核对。

3. 账实核对

账实核对是指各项财产物资、债权债务等账面余额与实有数额之间的核对。

账实核对的内容主要包括：

（1）库存现金日记账账面余额与现金实际库存数逐日核对是否相符。

（2）银行存款日记账账面余额与银行对账单余额定期核对是否相符。

（3）各项财产物资明细账账面余额与财产物资实有数额定期核对是否相符。

（4）有关债权债务明细账账面余额与对方单位债权债务账面记录核对是否相符。

【多项选择题】（2016）下列属于账实核对的有（   ）。

A. 现金日记账账面余额与现金实际库存数的核对

B. 银行存款日记账账面余额与银行对账单的余额核对

C. 财产物资明细账账面余额与财产物资实存数额的核对

D. 应收、应付款明细账账面余额与债务、债权单位账面记录的核对

【答案】ABCD

（二）结账

结账是将账簿记录定期结算清楚的会计工作。

在一定时期结束时（如月末、季末或年末），为编制财务报表，需要进行结账，具体包括月结、季结和年结。结账的内容通常包括两个方面：一是结清各种损益类账户，据以计算确定本期利润；二是结出各资产、负债和所有者权益账户的本期发生额合计和期末余额。

结账的要点主要有：

（1）对不需按月结计本期发生额的账户，如各项应收、应付款明细账和各项财产物资明细账等，每次记账以后，都要随时结出余额，每月最后一笔余额是月末余额。月

末结账时，只需要在最后一笔经济业务记录下面通栏划单红线，不需要再次结计余额。

（2）库存现金、银行存款日记账和需要按月结计发生额的收入、费用等明细账，每月结账时，要在最后一笔经济业务记录下面通栏划单红线，结出本月发生额和余额，在摘要栏内注明"本月合计"字样，并在下面通栏划单红线。

（3）对于需要结计本年累计发生额的明细账户，每月结账时，应在"本月合计"行下结出自年初起至本月末止的累计发生额，登记在月份发生额下面，在摘要栏内注明"本年累计"字样，并在下面通栏划单红线。12月末的"本年累计"就是全年累计发生额，全年累计发生额下面通栏划双红线。

【单项选择题】（2015）下列各项中，应通栏划双红线的是（   ）。

A. 每月结账时，最后一笔经济业务记录后

B. 结出本月发生额和余额后，在"本月合计"行下

C. 1~11 月月末结出本年累计发生额后

D. 12 月末结出全年累计发生额后

【答案】 D

【点拨】 选项 ABC 应在下面通栏划单红线。

（4）总账账户平时只需结出月末余额。

年终结账时，为总括反映全年各项资金运动情况的全貌，核对账目，要将所有总账账户结出全年发生额和年末余额，在摘要栏内注明"本年合计"字样，并在合计数下面通栏划双红线。

（5）年度终了结账时，有余额的账户，应将其余额结转下年，并在摘要栏注明"结转下年"字样；在下一会计年度新建有关账户的第一行余额栏内填写上年结转的余额，并在摘要栏注明"上年结转"字样，对年末有余额账户的余额如实地在账户中加以反映，以免混淆有余额的账户和无余额的账户。

七、错账更正的方法

在记账过程中，可能由于种种原因会使账簿记录发生错误。对于发生的账簿记录错误，应当采用正确、规范的方法予以更正，不得涂改、挖补、刮擦或者用药水消除字迹，不得重新抄写。

错账更正的方法一般有划线更正法、红字更正法和补充登记法三种（见表 1-23）。

表 1-23 错账更正的方法

方法	适用情形	更正方法
划线更正法	在结账前发现账簿记录有文字或数字错误，而记账凭证没有错误，应当采用划线更正法。如记账凭证中的文字或数字发生错误，在尚未过账前，也可用划线更正法更正。	更正时，可在错误的文字或数字上划一条红线，在红线的上方填写正确的文字或数字，并由记账人员和会计机构负责人（会计主管人员）在更正处盖章，以明确责任。需要注意的是，更正时不得只销错误数字，应将全部数字划销，并保持原有数字清晰可辨，以便审查。例如，把"3457"元误记为"8457"元时，应将错误数字"8457"全部用红线注销后，再写上正确的数字"3457"，而不是只删改一个"8"字。

续表

方法	适用情形	更正方法
红字更正法	红字更正法，适用于两种情形：记账后发现记账凭证中应借、应贷会计科目有错误所引起的记账错误。	更正方法：用红字填写一张与原记账凭证完全相同的记账凭证，在摘要栏内写明"注销某月某日某号凭证"，并据以用红字登记入账，以示注销原记账凭证，然后用蓝字填写一张正确的记账凭证，并据以用蓝字登记入账。
	记账后发现记账凭证和账簿记录中应借、应贷会计科目无误，只是所记金额大于应记金额所引起的记账错误。	更正方法：按多记的金额用红字编制一张与原记账凭证应借、应贷科目完全相同的记账凭证，在摘要栏内写明"冲销某月某日第×号记账凭证多记金额"，以冲销多记的金额，并据以用红字登记入账。
补充登记法	记账后发现记账凭证和账簿记录中应借、应贷会计科目无误，只是所记金额小于应记金额时，应当采用补充登记法。	更正方法：按少记的金额用蓝字填制一张与原记账凭证应借、应贷科目完全相同的记账凭证，在摘要栏内写明"补记某月某日第×号凭证少记金额"，以补充少记的金额，并据以用蓝字登记入账。

【判断题】错账更正的方法一般有划线更正法、红字更正法和补充登记法三种。（　　）

【答案】√

【多项选择题】下列各项中，关于划线更正法表述正确的有（　　）。

A. 更正时，可在错误的文字或数字上划一条红线

B. 在红线的上方填写正确的文字或数字，并由记账及会计机构负责人在更正处盖章

C. 对于错误的数字，可只更正其中的错误数字

D. 对于文字错误，可只划去错误的部分

【答案】ABD

【点拨】划线更正法对于错误的数字，应全部划红线更正，不得只更正其中错误的数字。

【判断题】（2016）在账簿记录中有可能出现红字。（　　）

【答案】√

【点拨】下列情况下，可以使用红色墨水记账：

（1）按照红字冲账的记账凭证，冲销错误记录。

（2）在不设借贷等栏的多栏式账页中，登记减少数。

（3）在三栏式账户的余额栏前，如未印明余额方向的，在余额栏内登记负数余额。

（4）根据国家统一的会计制度的规定可以用红字登记的其他会计记录。

第八节　账务处理程序

账务处理程序亦称会计核算组织程序，是指对会计数据的记录、归类、汇总、呈报的步骤和方法。具体是指填制会计凭证，根据凭证登记账簿，根据账簿记录提供会计信息这一过程的步骤和方法。

企业常用的账务处理程序主要有记账凭证账务处理程序、汇总记账凭证账务处理

程序和科目汇总表账务处理程序，它们之间的主要区别是登记总分类账的依据和方法不同。

一、记账凭证账务处理程序

（一）记账凭证账务处理程序的概念

记账凭证账务处理程序，是指对发生的经济业务，先根据原始凭证或汇总原始凭证填制记账凭证，再直接根据记账凭证登记总分类账的一种账务处理程序。

采用记账凭证账务处理程序，可以直接根据记账凭证对总分类账进行逐笔登记。

（二）记账凭证账务处理程序的适用情形

记账凭证账务处理程序适用于规模较小、经济业务量较少的单位。

（三）记账凭证账务处理程序的具体步骤

具体步骤包括：

（1）根据原始凭证填制汇总原始凭证。

（2）根据原始凭证或汇总原始凭证，填制收款凭证、付款凭证和转账凭证，也可以填制通用记账凭证。

（3）根据收款凭证和付款凭证逐笔登记库存现金日记账和银行存款日记账。

（4）根据原始凭证、汇总原始凭证和记账凭证，登记各种明细分类账。

（5）根据记账凭证逐笔登记总分类账。

（6）期末，将库存现金日记账、银行存款日记账和明细分类账的余额与有关总分类账的余额核对相符。

（7）期末，根据总分类账和明细分类账的记录，编制财务报表。

记账凭证账务处理程序如图 1-1 所示：

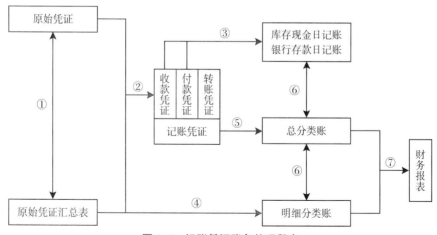

图 1-1　记账凭证账务处理程序

（四）记账凭证账务处理程序的优缺点

1. 优点

简单明了，易于理解，总分类账可以较详细地反映经济业务的发生情况。

2. 缺点

登记总分类账的工作量较大。

二、汇总记账凭证账务处理程序

(一) 汇总记账凭证账务处理程序的概念

汇总记账凭证账务处理程序是指先根据原始凭证或汇总原始凭证填制记账凭证，定期根据记账凭证分类编制汇总收款凭证、汇总付款凭证和汇总转账凭证，再根据汇总记账凭证登记总分类账的一种账务处理程序。

汇总记账凭证是指对一段时间内同类记账凭证进行定期汇总而编制的记账凭证。

采用汇总记账凭证账务处理程序，可以先根据记账凭证编制汇总记账凭证，再根据汇总记账凭证登记总分类账。

(二) 汇总记账凭证账务处理程序的适用情形

汇总记账凭证账务处理程序适合于规模较大、经济业务较多的单位。

(三) 汇总记账凭证账务处理程序的步骤

步骤包括：

(1) 根据原始凭证填制汇总原始凭证。

(2) 根据原始凭证或汇总原始凭证填制收款凭证、付款凭证和转账凭证，也可以填制通用记账凭证。

(3) 根据收款凭证、付款凭证逐笔登记库存现金日记账和银行存款日记账。

(4) 根据原始凭证、汇总原始凭证和记账凭证登记各种明细分类账。

(5) 根据各种记账凭证编制有关汇总记账凭证。

(6) 根据各种汇总记账凭证登记总分类账。

(7) 期末，将库存现金日记账、银行存款日记账和明细分类账的余额与有关总分类账的余额核对相符。

(8) 期末，根据总分类账和明细分类账的记录编制财务报表。

汇总记账凭证账务处理程序如图 1-2 所示。

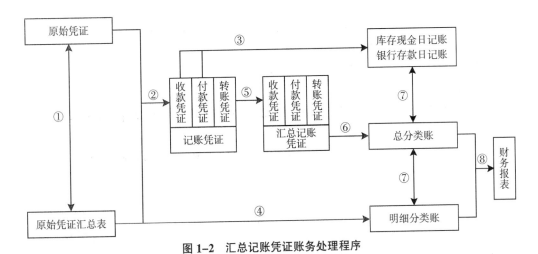

图 1-2 汇总记账凭证账务处理程序

（四）汇总记账凭证账务处理程序的优缺点

1. 优点

减轻了登记总分类账的工作量。

2. 缺点

当转账凭证较多时，编制汇总转账凭证的工作量较大，并且按每一贷方账户编制汇总转账凭证，不利于会计核算的日常分工。

三、科目汇总表账务处理程序

（一）科目汇总表账务处理程序的概念

科目汇总表账务处理程序又称记账凭证汇总表账务处理程序，是指根据记账凭证定期编制科目汇总表，再根据科目汇总表登记总分类账的一种账务处理程序。

科目汇总表又称记账凭证汇总表，是企业定期对全部记账凭证进行汇总后，按照不同的会计科目分别列示各账户借方发生额和贷方发生额的一种汇总凭证。

采用科目汇总表账务处理程序，是先将所有记账凭证汇总编制成科目汇总表，然后以科目汇总表为依据登记总分类账。

（二）科目汇总表账务处理程序的适用情形

科目汇总表账务处理程序适用于经济业务较多的单位。

（三）科目汇总表账务处理程序的具体步骤

具体步骤包括：

（1）根据原始凭证填制汇总原始凭证。

（2）根据原始凭证或汇总原始凭证填制记账凭证。

（3）根据收款凭证、付款凭证逐笔登记库存现金日记账和银行存款日记账。

（4）根据原始凭证、汇总原始凭证和记账凭证，登记各种明细分类账。

（5）根据各种记账凭证编制科目汇总表。

（6）根据科目汇总表登记总分类账。

（7）期末，将库存现金日记账、银行存款日记账和明细分类账的余额同有关总分类账的余额核对相符。

（8）期末，根据总分类账和明细分类账的记录，编制财务报表。

科目汇总表账务处理程序如图 1-3 所示。

（四）科目汇总表账务处理程序的优缺点

1. 优点

减轻了登记总分类账的工作量，易于理解，方便学习，并可做到试算平衡。

2. 缺点

科目汇总表不能反映各个账户之间的对应关系，不利于对账目进行检查。

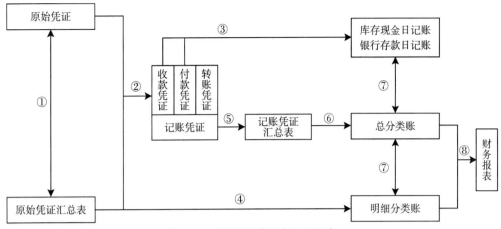

图 1-3 科目汇总表账务处理程序

【判断题】科目汇总表账务处理程序可以减轻登记总分类账的工作量，易于理解，方便学习，但不能进行试算平衡。（　　）

【答案】×

【点拨】采用科目汇总表账务处理程序，可以减轻登记总分类账的工作量，易于理解，方便学习，并可做到试算平衡。

第九节　财产清查

一、财产清查的概念

财产清查是指通过对货币资金、实物资产和往来款项等财产物资进行盘点或核对，确定其实存数，查明账存数与实存数是否相符的一种专门方法。

二、财产清查的种类

财产清查的种类如表 1-24 所示。

表 1-24　财产清查的种类

分类方法	类别	内容阐释说明
按照清查范围分类	全面清查	全面清查是指对所有的财产进行全面的盘点和核对。 需要进行全面清查的情况通常有： (1) 年终决算前。 (2) 在合并、撤销或改变隶属关系前。 (3) 中外合资、国内合资前。 (4) 股份制改造前。 (5) 开展全面的资产评估、清产核资前。 (6) 单位主要领导调离工作岗位前等。

分类方法	类别	内容阐释说明
按照清查范围分类	局部清查	局部清查是指根据需要只对部分财产进行盘点和核对。 局部清查的范围和对象，应根据业务需要和相关具体情况而定。 （1）一般而言，对于流动性较大的财产物资，如原材料、在产品、产成品，应根据需要随时轮流盘点或重点抽查。 （2）对于贵重财产物资，每月都要进行清查盘点。 （3）对于库存现金，每日终了，应由出纳人员进行清点核对。 （4）对于银行存款，企业至少每月同银行核对一次。 （5）对债权、债务，企业应每年至少同债权人、债务人核对1~2次。
按照清查的时间分类	定期清查	定期清查是指按照预先计划安排的时间对财产进行的盘点和核对。 定期清查一般在年末、季末、月末进行。
	不定期清查	不定期清查是指事前不规定清查日期，而是根据特殊需要临时进行的盘点和核对。 不定期清查主要在以下情况下进行： （1）财产物资、库存现金保管人员更换时，要对有关人员保管的财产物资、库存现金进行清查，以分清经济责任，便于办理交接手续。 （2）发生自然灾害和意外损失时，要对受损失的财产物资进行清查，以查明损失情况。 （3）上级主管、财政、审计和银行等部门，对本单位进行会计检查，应按检查的要求和范围对财产物资进行清查，以验证会计资料的可靠性。 （4）进行临时性清产核资时，要对本单位的财产物资进行清查，以便摸清家底。
按照清查的执行系统分类	内部清查	内部清查是指由本单位内部自行组织清查工作小组所进行的财产清查工作。 大多数财产清查都是内部清查。
	外部清查	外部清查是指由上级主管部门、审计机关、司法部门、注册会计师等根据国家有关规定或情况需要对本单位进行的财产清查。 一般来讲，进行外部清查时应有本单位相关人员参加。

【单项选择题】（2016）财产清查按照（　　）的不同，可以分为全面清查和局部清查。

A. 清查的范围　　　　B. 清查的时间　　　　C. 清查的内容　　　　D. 清查的地点

【答案】A

【点拨】财产清查按照清查的范围的不同，可以分为全面清查和局部清查，选项A正确。

【判断题】按照清查的时间不同，财产清查可以分为定期清查和不定期清查。（　　）

【答案】√

【点拨】按照清查的时间不同，财产清查可以分为定期清查和不定期清查；按照清查的范围不同，财产清查可以分为全面清查和局部清查。

三、财产清查的程序

财产清查程序一般包括：

（1）建立财产清查组织。

（2）组织清查人员学习有关政策规定，掌握有关法律、法规和相关业务知识，以提高财产清查工作的质量。

（3）确定清查对象、范围，明确清查任务。

（4）制定清查方案，具体安排清查内容、时间、步骤、方法，以及必要的清查前准备。

（5）清查时本着先清查数量、核对有关账簿记录等，后认定质量的原则进行。

（6）填制盘存清单。

（7）根据盘存清单，填制实物、往来账项清查结果报告表。

四、财产清查的方法

（一）货币资金的清查方法

1. 库存现金的清查

库存现金的清查是采用实地盘点法确定库存现金的实存数，然后与库存现金日记账的账面余额相核对，确定账实是否相符。

库存现金清查一般由主管会计或财务负责人和出纳人员共同清点出各种面值钞票的张数和硬币的个数，并填制库存现金盘点报告表。

对库存现金进行盘点时，出纳人员必须在场，有关业务必须在库存现金日记账中全部登记完毕。

盘点时，一方面要注意账实是否相符，另一方面还要检查现金管理制度的遵守情况，如库存现金有无超过其限额，有无白条抵库、挪用、舞弊等情况。

盘点结束后，应填制"库存现金盘点报告表"，作为重要原始凭证。

2. 银行存款的清查

银行存款的清查是采用与开户银行核对账目的方法进行的，即将本单位银行存款日记账的账簿记录与开户银行转来的对账单逐笔进行核对，来查明银行存款的实有数额。

银行存款的清查一般在月末进行。

将截止到清查日所有银行存款的收付业务都登记入账后，对发生的错账、漏账应及时查清更正，再与银行的对账单逐笔核对。如果二者余额相符，通常说明没有错误；如果二者余额不相符，则可能是企业或银行一方或双方记账过程有错误或者存在未达账项。

小知识
未达账项和银行存款余额调节表

未达账项是由于结算凭证在企业与银行之间或收付款银行之间传递需要时间，造成企业与银行之间入账的时间差，一方收到凭证并已入账，另一方未收到凭证因而未能入账形成的账款。

未达账项一般分为四种情况（见表1-25）。

任何一种未达账项的存在，都会使企业银行存款日记账的余额与银行开出的对账单的余额不符。所以，在与银行对账时首先应查明是否存在未达账项，如果存在未达账项，就应当编制"银行存款余额调节表"，据以调节双方的账面余额，确定企业银行存款实有数。

表 1-25　未达账项的情况

项目	内容阐释说明
1. 企业已收款记账，银行未收款未记账的款项	企业已将收到的购货单位开出的转账支票送存银行并且入账，但是，因银行尚未办妥转账收款手续而没有入账。
2. 企业已付款记账，银行未付款未记账的款项	企业开出的转账支票已经入账，但是，因收款单位尚未到银行办理转账手续或银行尚未办妥转账付款手续而没有入账。
3. 银行已收款记账，企业未收款未记账的款项	企业委托银行代收的款项，银行已经办妥收款手续并且入账，但是，因收款通知尚未到达企业而使企业没有入账。
4. 银行已付款记账，企业未付款未记账的款项	企业应付给银行的借款利息，银行已经办妥付款手续并且入账，但是，因付款通知尚未到达企业而使企业没有入账。

银行存款的清查按以下步骤进行：

（1）根据经济业务、结算凭证的种类、号码和金额等资料，逐日逐笔核对银行存款日记账和银行对账单，凡双方都有记录的，用铅笔在金额旁打上记号"√"。

（2）找出未达账项（即银行存款日记账和银行对账单中没有打"√"的款项）。

（3）将日记账和对账单的月末余额及找出的未达账项填入"银行存款余额调节表"，并计算出调整后的余额。

（4）将调整平衡的"银行存款余额调节表"，经主管会计签章后，呈报开户银行。

银行存款余额调节表的编制是以双方账面余额为基础，各自分别加上对方已收款入账而己方尚未入账的数额，减去对方已付款入账而己方尚未入账的数额。其计算公式如下：

$$\begin{array}{c}\text{企业银行存款}\\\text{日记账余额}\end{array} + \begin{array}{c}\text{银行已收}\\\text{企业未收款}\end{array} - \begin{array}{c}\text{银行已付}\\\text{企业未付款}\end{array} = \begin{array}{c}\text{银行对账单}\\\text{存款余额}\end{array} + \begin{array}{c}\text{企业已收}\\\text{银行未收款}\end{array} - \begin{array}{c}\text{企业已付}\\\text{银行未付款}\end{array}$$

（二）实物资产的清查方法

实物资产主要包括固定资产、存货等。

实物资产的清查就是对实物资产在数量和质量上进行的清查。

常用的清查方法主要包括以下两种：

1. 实地盘点法

通过点数、过磅、量尺等方法来确定实物资产的实有数量。

实地盘点法适用范围较广，在多数财产物资清查中都可以采用。

2. 技术推算法

利用技术方法对财产物资的实存数进行推算，故又称估推法。

采用这种方法，对于财产物资不是逐一清点计数，而是通过量方、计尺等技术推算财产物资的结存数量。

技术推算法只适用于成堆量大而价值不高，难以逐一清点的财产物资的清查，例如露天堆放的煤炭等。

对于实物的质量，应根据不同的实物采用不同的检查方法。例如，有的采用物理方法、有的采用化学方法来检查实物的质量。

在实物清查过程中，实物保管人员和盘点人员必须同时在场。

对于盘点结果，应如实登记盘存单，并由盘点人和实物保管人签字或盖章，以明确经济责任。

盘存单既是记录盘点结果的书面证明，也是反映财产物资实存数的原始凭证（见表 1-26）。

表 1-26　盘存单

单位名称：　　　　盘点时间：　　　　编号：　　　　财产类别：　　　　存放地点：

编号	名称	计量单位	数量	单价	金额	备注

盘点人：　　　　　　　　　　　　　保管人：

为了查明实存数与账存数是否一致，确定盘盈或盘亏情况，应根据盘存单和有关账簿记录，编制实存账存对比表。实存账存对比表是用以调整账簿记录的重要原始凭证，也是分析产生差异的原因、明确经济责任的依据（见表 1-27）。

表 1-27　实存账存对比表

单位名称：　　　　　　　　　　　年　月　日

编号	类别及名称	计量单位	单价	实存		账存		对比结果				备注
				数量	金额	数量	金额	盘盈		盘亏		
								数量	金额	数量	金额	

（三）往来款项的清查方法

往来款项主要包括应收、应付款项和预收、预付款项等。

往来款项的清查一般采用发函询证的方法进行核对。清查单位应在其各种往来款项记录准确的基础上，按每一个经济往来单位填制"往来款项对账单"一式两联，其中一联送交对方单位核对账目，另一联作为回单联。对方单位经过核对相符后，在回单联上加盖公章退回。如有数字不符，对方单位应在对账单中注明情况退回本单位，本单位进一步查明原因，再行核对。

往来款项清查以后，将清查结果编制"往来款项清查报告单"，填列各项债权、债务的余额。对于有争执的款项以及无法收回的款项，应在报告单上详细列明情况，以便及时采取措施进行处理，避免或减少坏账损失。

五、财产清查结果的处理

对于财产清查中发现的问题，如财产物资的盘盈盘亏、毁损或其他各种损失，应核实情况，调查分析产生的原因，根据"清查结果报告表""盘点报告表"等已经查实的数据资料，填制记账凭证，记入有关账簿，使账簿记录与实际盘存数相符，同时根据管理权限，将处理建议报股东大会或董事会，或经理（厂长）会议或类似机构批准。

财产清查产生的损益，企业应于期末前查明原因，并根据企业的管理权限，经股东大会或董事会，或经理（厂长）会议或类似机构批准后，在期末结账前处理完毕。如果在期末结账前尚未经批准，在对外提供财务报表时，先按上述规定进行处理，并在附注中作出说明；其后批准处理的金额与已处理金额不一致的，调整财务报表相关项目的期初数。

【多项选择题】 财产清查中查明的各种财产物资的盘亏，根据不同的原因，报经审批后可能记入的账户有（   ）。

A．"营业外支出"   B．"管理费用"

C．"其他应收款"   D．"营业外收入"

【答案】 ABC

【点拨】 财产物资的盘亏，如果是管理不善造成的损失，应该计入"管理费用"科目，如果有责任人赔偿，应该计入"其他应收款"科目，如果是自然灾害造成的，应该计入"营业外支出"科目。

【判断题】 企业现金清查中，经检查仍无法查明原因的现金溢余，经批准后应冲减管理费用。（   ）

【答案】 ×

【点拨】 企业现金清查中，经检查仍无法查明原因的现金溢余，经批准后应计入"营业外收入"科目。

【单项选择题】 企业在现金清查中发现有待查明原因的现金短缺或溢余，已按管理权限批准，下列各项中，有关会计处理不正确的是（   ）。

A．属于无法查明原因的现金溢余，应借记"待处理财产损溢"科目，贷记"营业外收入"科目

B．属于应由保险公司赔偿的现金短缺，应借记"其他应收款"科目，贷记"待处理财产损溢"科目

C．属于应支付给有关单位的现金溢余，应借记"待处理财产损溢"科目，贷记"其他应付款"科目

D．属于无法查明原因的现金短缺，应借记"营业外支出"科目，贷记"待处理财产损溢"科目

【答案】 D

【点拨】 现金溢余报经批准后的相关会计处理为：

借：待处理财产损溢

　　贷：其他应付款（支付给有关人员或单位）

　　　　营业外收入（无法查明原因）

现金短缺报经批准后的相关会计处理为：

借：其他应收款（责任人或保险公司赔偿）

管理费用（无法查明原因）

　　贷：待处理财产损溢

所以选项 D 不正确。

第十节　财务报告

一、财务报告的概念

　　财务报告又称财务会计报告，是指企业对外提供的反映企业某一特定日期的财务状况和某一会计期间的经营成果、现金流量等会计信息的文件。

二、财务报告的目标

　　财务报告的目标是向财务报告使用者提供与企业财务状况、经营成果和现金流量等有关的会计信息，反映企业管理层受托责任履行情况，有助于财务报告使用者作出经济决策。

　　财务报告使用者通常包括投资者、债权人、政府及其有关部门、社会公众等。满足投资者的信息需要是企业财务报告编制的首要出发点。由于投资者是企业资本的主要提供者，如果财务报告能够满足这一群体的会计信息需求，通常情况下也可以满足其他使用者的大部分信息需求。

三、财务报告的构成

　　财务报告包括财务报表和其他应当在财务报告中披露的相关信息和资料（见表1-28）。

表 1-28　财务报告的构成

构成		内容阐释说明
财务报表	资产负债表	资产负债表是反映企业在某一特定日期的财务状况的会计报表。
	利润表	利润表是反映企业在一定会计期间的经营成果的会计报表。
	现金流量表	现金流量表是反映企业在一定会计期间的现金和现金等价物流入和流出的会计报表。
	所有者权益（或股东权益）变动表	所有者权益变动表是反映构成所有者权益各组成部分当期增减变动情况的会计报表。
	附注	附注是财务报表不可或缺的组成部分，是对在资产负债表、利润表、现金流量表和所有者权益变动表等报表中列示项目的文字描述或明细资料，以及对未能在这些报表中列示项目的说明等。
其他应当在财务报告中披露的相关信息和资料		

财务报表是对企业财务状况、经营成果和现金流量的结构性表述。

一套完整的财务报表至少应当包括资产负债表、利润表、现金流量表、所有者权益（或股东权益）变动表以及附注。

资产负债表、利润表和现金流量表分别从不同角度反映企业的财务状况、经营成果和现金流量。

第二章 资 产

第一节 资产概述

一、资产的概念

资产是指企业过去的交易或事项形成的、由企业拥有或控制的、预期会给企业带来经济利益的资源。

【单项选择题】 下列各项中，企业应将其确认为一项资产的是（ ）。

A. 盘亏的存货　　　　　　　　　B. 计划 2 个月后购买的商品

C. 以融资租赁方式租入的固定资产　　D. 以经营租赁方式租入的固定资产

【答案】 C

【点拨】 选项 A，盘亏的存货预期无法为企业带来经济利益，因此不属于企业的资产；选项 B，属于未来计划购入的资产，企业目前并未拥有或控制，不能确认为资产；选项 C，根据实质重于形式原则，应确认为企业的资产；选项 D，以经营租赁方式租入的固定资产，企业只是拥有使用权，不拥有所有权或控制权，不属于企业的资产。

【单项选择题】 下列各项中不会引起企业资产总额发生变化的是（ ）。

A. 购入原材料一批，款项尚未支付　　B. 销售商品一批，款项尚未收到

C. 接受新投资者货币资金投资　　　　D. 从银行提取备用金

【答案】 D

【点拨】 选项 D 属于资产内部一增一减，其总额不发生变化。

二、资产的分类

资产的分类如表 2-1 所示。

表 2-1　资产的分类

分类方法	类别	内容阐释
按照是否具有实物形态	有形资产	
	无形资产	
按照来源不同	自有资产	
	租入资产	

续表

分类方法	类别	内容阐释
按照流动性不同	流动资产	货币资金 交易性金融资产 应收票据 应收账款 预付款项 应收利息 应收股利 其他应收款 存货等
	非流动资产	债权投资 其他债券投资 长期应收款 长期股权投资 投资性房地产 固定资产 无形资产及其他资产等

【判断题】采用重置成本计量时，资产应当按照现在购买相同或者相似资产所需支付的现金或者现金等价物的金额计量。（　　）

【答案】√

【点拨】题干表述正确。

【多项选择题】下列各项中，属于企业流动资产的有（　　）。

A. 职工预借的差旅费　　　　　B. 购买原材料预付的货款

C. 外购的专利技术　　　　　　D. 已出租的仓库

【答案】AB

【点拨】选项 A，计入"其他应收款"科目；选项 B，计入"预付账款"科目，属于流动资产。选项 C，计入"无形资产"科目；选项 D，计入"投资性房地产"科目，属于非流动资产。

【多项选择题】下列各项中，属于企业非流动资产的有（　　）。

A. 固定资产清理　　　　　　　B. 一年内到期的非流动资产

C. 交易性金融资产　　　　　　D. 长期股权投资

【答案】AD

【点拨】交易性金融资产和一年内到期的非流动资产属于流动资产，固定资产清理和长期股权投资则属于非流动资产。选项 A、D 正确。

第二节　货币资金

一、货币资金的概念、构成

货币资金是指企业生产经营过程中处于货币形态的资产，包括库存现金、银行存款和其他货币资金。

二、库存现金

（一）库存现金的概念

库存现金是指存放于企业财会部门、由出纳人员经管的货币。

库存现金是企业流动性最强的资产，企业应当严格遵守国家有关现金管理制度，正确进行现金收支的核算，监督现金使用的合法性与合理性。

（二）现金管理制度

主要内容如表2-2所示。

表 2-2　企业现金管理制度

项目	内容阐释说明
现金的使用范围	企业可用现金支付的款项有： （1）职工工资、津贴； （2）个人劳务报酬； （3）根据国家规定颁发给个人的科学技术、文化艺术、体育比赛等各种奖金； （4）各种劳保、福利费用以及国家规定的对个人的其他支出； （5）向个人收购农副产品和其他物资的价款； （6）出差人员必须随身携带的差旅费； （7）结算起点（1000元）以下的零星支出； （8）中国人民银行确定需要支付现金的其他支出。 除上述情况可以用现金支付外，其他款项的支付应通过银行转账结算。
现金的限额	现金的限额是指为了保证单位日常零星开支的需要，允许单位留存现金的最高数额。 这一限额由开户银行根据单位的实际需要核定，一般按照单位3~5天日常零星开支所需确定。边远地区和交通不便地区的开户单位的库存现金限额，可按多于5天，但不得超过15天的日常零星开支的需要确定。经核定的库存现金限额，开户单位必须严格遵守，超过部分应于当日终了前存入银行。需要增加或者减少库存现金限额的，应当向开户银行提出申请，由开户银行核定。
现金收支的规定	开户单位现金收支应当依照下列规定办理： （1）开户单位现金收入应当于当日送存开户银行，当日送存确有困难的，由开户银行确定送存时间。 （2）开户单位支付现金，可以从本单位库存现金限额中支付或从开户银行提取，不得从本单位的现金收入中直接支付（即坐支）。因特殊情况需要坐支现金的，应当事先报经开户银行审查批准，由开户银行核定坐支范围和限额。坐支单位应当定期向开户银行报送坐支金额和使用情况。 （3）开户单位从开户银行提取现金时，应当写明用途，由本单位财会部门负责人签字盖章，经开户银行审核后，予以支付。 （4）因采购地点不确定、交通不便、生产或市场急需、抢险救灾以及其他特殊情况必须使用现金的，开户单位应向开户银行提出申请，由本单位财会部门负责人签字盖章，经开户银行审核后，予以支付现金。

（三）现金的清查

为了保证现金的安全完整，企业应当按规定对库存现金进行定期和不定期的清查，一般采用实地盘点法，对于清查的结果应当编制现金盘点报告单。如果有挪用现金、白条顶库的情况，应及时予以纠正；对于超限额留存的现金应及时送存银行。如果账款不符，发现有待查明原因的现金短缺或溢余，应先通过"待处理财产损溢"科目核算，按管理权限经批准后，分别以两种情况处理：如为现金短缺，属于应由责任人赔偿或保险公司赔偿的部分，计入其他应收款；属于无法查明原因的，计入管理费用。如为现金溢余，属于应支付给有关人员或单位的，计入其他应付款；属于无法查明原因的，计入营业外收入。

【多项选择题】下列各项中，关于企业现金溢余的会计处理表述正确的有（　　）。

A. 应支付给有关单位的现金溢余计入其他应付款

B. 无法查明原因的现金溢余计入营业外收入

C. 无法查明原因的现金溢余冲减管理费用

D. 应支付给有关单位的现金溢余计入应付账款

【答案】AB

【点拨】现金溢余，属于应支付给有关人员或单位的，计入其他应付款；属于无法查明原因的，计入营业外收入。

【单项选择题】（2017）下列各项中，关于企业无法查明原因的现金溢余，经批准后会计处理表述正确的是（　　）。

A. 冲减财务费用　　　　　　　B. 计入其他应付款

C. 冲减管理费用　　　　　　　D. 计入营业外收入

【答案】D

【点拨】企业无法查明原因的现金溢余，报经批准后计入营业外收入：

借：待处理财产损溢

　　贷：营业外收入

【单项选择题】下列各项中，关于企业无法查明原因的现金短缺应借记的科目是（　　）。

A. 管理费用　　　　　　　　　B. 其他业务成本

C. 财务费用　　　　　　　　　D. 营业外支出

【答案】A

【点拨】企业无法查明原因的现金短缺应借记"管理费用"科目。

【单项选择题】企业库存现金清查盘点时，下列人员必须在场的是（　　）。

A. 记账人员　　　B. 出纳人员　　　C. 单位领导　　　D. 会计主管

【答案】B

【点拨】企业库存现金清查盘点时，出纳人员必须在场。

【多项选择题】下列关于库存现金清查的表述中，正确的有（　　）。

A. 库存现金应该每日清点一次

B. 库存现金清查应该采用实地盘点法

C. 要根据盘点结果填制"库存现金盘点报告表"

D. 在清查过程中可以用借条、收据充抵库存现金

【答案】ABC

【点拨】对库存现金进行盘点时，一方面要注意账实是否相符，另一方面还要检查现金管理制度的遵守情况，如库存现金有无超过其限额，有无白条抵库、挪用、舞弊

等情况。

【判断题】边远地区和交通不便地区的开户单位的库存现金限额，可按多于 5 天，但不得超过 15 天的日常零星开支的需要确定。（   ）

【答案】√

(四) 现金的账务处理

1. 库存现金会计科目

为了反映和监督企业库存现金的收入、支出和结存情况，企业应当设置"库存现金"科目，借方登记企业库存现金的增加，贷方登记企业库存现金的减少，期末借方余额反映期末企业实际持有的库存现金的金额。

企业内部各部门周转使用的备用金，可以单独设置"备用金"科目进行核算。

2. 库存现金总账和库存现金日记账

为了全面、连续地反映和监督库存现金的收支和结存情况，企业应当设置库存现金总账和库存现金日记账，分别进行库存现金的总分类核算和明细分类核算。

库存现金日记账由出纳人员根据收付款凭证，按照业务发生顺序逐日逐笔登记。

每日终了，应当在库存现金日记账上计算出当日的现金收入合计额、现金支出合计额和结余额，并将库存现金日记账的余额与实际库存现金金额相核对，保证账款相符。

月度终了，库存现金日记账的余额应当与库存现金总账的余额相核对，做到账账相符。

【多项选择题】(2015) 王明出差回来，报销差旅费 1000 元，原预借 1500 元，交回剩余现金 500 元，这笔业务应该编制的记账凭证有（   ）。

A. 付款凭证　　　　　B. 收款凭证　　　　　C. 转账凭证　　　　　D. 原始凭证

【答案】BC

【点拨】报销差旅费时，填制转账凭证，交回剩余现金时需要填制收款凭证。报销差旅费时：

借：管理费用　　　　　　　1000

　　贷：其他应收款　　　　　　　　1000

交回剩余现金时：

借：库存现金　　　　　　　500

　　贷：其他应收款　　　　　　　　500

【判断题】企业出纳邹某将企业库存现金私自收入自己囊中被发现，则企业应将这笔业务计入"管理费用"科目中。（   ）

【答案】×

【点拨】因为已经查明原因应由出纳赔偿，因此需要计入"其他应收款——邹某"科目。会计分录如下：

借：其他应收款——邹某

　　贷：待处理财产损溢

三、银行存款

（一）银行存款的概述

1. 概念

银行存款是企业存放在银行或其他金融机构的货币资金。

企业收入的一切款项，除保留库存现金限额之外，都必须送存银行。企业必须到当地银行开设银行存款账户，必须遵守银行结算纪律。

2. 银行存款账户

银行存款账户有四个，即基本存款账户、一般存款账户、临时存款账户、专用存款账户。

（1）基本存款账户。任何企业都必须设立基本存款账户，该账户主要用于办理日常转账结算和现金收支，如发放工资、奖金等。

（2）一般存款账户。是企业在基本存款账户以外的银行借款转存以及与基本存款账户的企业不在同一地点的附属非独立核算的单位的账户，该账户可以办理转账和存入现金，但不能支取现金。

（3）临时存款账户。是企业因临时经营活动需要而开立的账户，该账户可以办理转账结算和其他符合国家现金管理规定的现金收付。

（4）专用存款账户。是企业因特殊用途需要而开立的账户。

（二）银行存款的核对

"银行存款日记账"应定期与"银行对账单"核对，至少每月核对一次。

企业银行存款账面余额与银行对账单余额之间如有差额，应编制"银行存款余额调节表"调节，如没有记账错误，调节后的双方余额应相等。需要注意的是，"银行存款余额调节表"只是为了核对账目而编制，不能作为调整企业银行存款账面记录的记账依据。

（三）银行存款的账务处理

1. 银行存款会计科目

为了反映和监督企业银行存款的收入、支出和结存情况，企业应当设置"银行存款"科目，借方登记企业银行存款的增加，贷方登记企业银行存款的减少，期末借方余额反映期末企业实际持有的银行存款的金额。

2. 银行存款总账和银行存款日记账

企业应当设置银行存款总账和银行存款日记账，分别进行银行存款的总分类核算和序时、明细分类核算。

企业可按开户银行和其他金融机构、存款种类等设置"银行存款日记账"，根据收付款凭证，按照业务的发生顺序逐笔登记。每日终了，应结出余额。

【单项选择题】下列业务，应该填制银行存款收款凭证的是（   ）。

A. 出售材料一批，款未收   B. 将现金存入银行

C. 出租设备，收到一张转账支票   D. 报废一台电脑，出售残料收到现金

【答案】C

【点拨】收到银行存款填制银行存款收款凭证，但涉及银行存款与库存现金之间对转业务的只填制付款凭证。选项 A，应填制转账凭证；选项 B，应填制现金付款凭证；选项 D，应填制现金收款凭证。

【单项选择题】下列关于银行存款核对的说法中，不正确的是（　　）。

A. "银行存款日记账"应定期与"银行对账单"核对，至少每月核对一次

B. 企业银行存款账面余额与银行对账单余额之间如有差额，应编制"银行存款余额调节表"进行调节

C. 银行存款余额调节表可以作为调整银行存款账面余额的记账依据

D. 企业已收款入账，银行尚未收款入账，将导致"银行存款日记账"的金额高于"银行对账单"的金额

【答案】C

【点拨】银行存款余额调节表只是为了核对账目而编制，不能作为调整银行存款账面余额的记账依据。

【单项选择题】下列各项中，关于银行存款业务的表述正确的是（　　）。

A. 企业外埠存款除采购人员可从中提取少量现金外，一律采用转账结算

B. 企业银行汇票存款的收款人不得将其收到的银行汇票背书转让

C. 企业信用证保证金存款余额不可以转存其开户行结算存款

D. 企业单位信用卡存款账户可以存取现金

【答案】A

【点拨】选项 B，企业银行汇票存款的收款人可以将其收到的银行汇票背书转让，未填写实际结算金额或实际结算金额超过出票金额的银行汇票，不得背书转让；选项 C，企业信用证保证金存款余额可以转存其开户行结算存款；选项 D，企业单位信用卡存款账户不可以交存现金。

【判断题】银行存款余额调节表可以作为调整企业银行存款账面余额的记账依据。（　　）

【答案】×

【点拨】银行存款余额调节表只是为了核对账目而编制，并不能作为调整银行存款账面余额的记账依据。

四、其他货币资金

(一) 其他货币资金的概念
其他货币资金是指企业除库存现金、银行存款以外的其他各种货币资金。

(二) 其他货币资金的内容
主要内容如表 2-3 所示。

(三) 其他货币资金的账务处理
1. 会计科目

为了反映和监督其他货币资金的收支和结存情况，企业应当设置"其他货币资金"科目，借方登记其他货币资金的增加，贷方登记其他货币资金的减少，期末余额在借

表 2-3 其他货币资金的内容

项目	内容阐释说明
银行汇票存款	银行汇票是指由出票银行签发的,由其在见票时按照实际结算金额无条件支付给收款人或者持票人的票据。 银行汇票的出票银行为银行汇票的付款人。单位和个人各种款项的结算,均可使用银行汇票。银行汇票可以用于转账,填明"现金"字样的银行汇票也可以用于支取现金。
银行本票存款	银行本票是指银行签发的,承诺自己在见票时无条件支付确定的金额给收款人或持票人的票据。单位和个人在同一票据交换区域需要支付的各种款项,均可使用银行本票。银行本票可以用于转账,注明"现金"字样的银行本票可以用于支取现金。
信用卡存款	信用卡存款是指企业为取得信用卡而存入银行信用卡专户的款项。信用卡是银行卡的一种。
信用证保证金存款	信用证保证金存款是指采用信用证结算方式的企业为开具信用证而存入银行信用证保证金专户的款项。 企业向银行申请开立信用证,应按规定向银行提交开证申请书、信用证申请人承诺书和购销合同。
存出投资款	存出投资款是指企业为购买股票、债券、基金等根据有关规定存入在证券公司指定银行开立的投资款专户的款项。
外埠存款	外埠存款是指企业为了到外地进行临时或零星采购,而汇往采购地银行开立采购专户的款项。

方,反映企业实际持有的其他货币资金的金额。

"其他货币资金"科目应当按照其他货币资金的种类设置明细科目进行核算。

2. 会计分录

会计分录的内容如表 2-4 所示。

表 2-4 会计分录

项目	内容阐释说明
银行汇票存款	汇款单位(即申请人)使用银行汇票,应向出票银行填写"银行汇票申请书",填明收款人名称、汇票金额、申请人名称、申请日期等事项并签章,签章是其预留银行的签章。出票银行受理银行汇票申请书,收妥款项后签发银行汇票,并用压数机压印出票金额,将银行汇票和解讫通知一并交给申请人。申请人应将银行汇票和解讫通知一并交付给汇票上记明的收款人。收款人受理申请人交付的银行汇票时,应在出票金额以内,根据实际需要的款项办理结算,并将实际结算的金额和多余金额准确、清晰地填入银行汇票和解讫通知的有关栏内,到银行办理款项入账手续。收款人可以将银行汇票背书转让给被背书人。银行汇票的背书转让以不超过出票金额的实际结算金额为准。未填写实际结算金额或实际结算金额超过出票金额的银行汇票,不得背书转让。银行汇票的提示付款期限为自出票日起一个月,持票人超过付款期限提示付款的,银行将不予受理。持票人向银行提示付款时,必须同时提交银行汇票和解讫通知,缺少任何一联,银行不予受理。 银行汇票丧失,失票人可以凭人民法院出具的其享有票据权利的证明,向出票银行请求付款或退款。 企业填写"银行汇票申请书"、将款项交存银行时,借记"其他货币资金——银行汇票"科目,贷记"银行存款"科目;企业持银行汇票购货、收到有关发票账单时,借记"材料采购"或"原材料""库存商品""应交税费——应交增值税(进项税额)"等科目,贷记"其他货币资金——银行汇票"科目;采购完毕收回剩余款项时,借记"银行存款"科目,贷记"其他货币资金——银行汇票"科目。 销售企业收到银行汇票、填制进账单到开户银行办理款项入账手续时,根据进账单及销货发票等,借记"银行存款"科目,贷记"主营业务收入""应交税费——应交增值税(销项税额)"等科目。
银行本票存款	银行本票分为不定额本票和定额本票两种。定额本票面额为 1000 元、5000 元、10000 元和 50000 元。银行本票的提示付款期限自出票日起最长不得超过两个月。在有效付款期内,银行见票付款。持票人超过付款期限提示付款的,银行不予受理。 申请人使用银行本票,应向银行填写"银行本票申请书"。申请人或收款人为单位的,不得申请签发现金银行本票。出票银行受理银行本票申请书,收妥款项后签发银行本票,在本票上签章后交给申请人。申请人应将银行本票交付给本票上记明的收款人。收款人可以将银行本票背书转让给被背书人。

续表

项目	内容阐释说明
银行本票存款	申请人因银行本票超过提示付款期限或其他原因要求退款时，应将银行本票提交到出票银行并出具单位证明。根据银行盖章退回的进账单第一联，借记"银行存款"科目，贷记"其他货币资金——银行本票"科目。出票银行对于在本行开立存款账户的申请人，只能将款项转入原申请入账户；对于现金银行本票和未到本行开立存款账户的申请人，才能退付现金。 银行本票丧失，失票人可以凭人民法院出具的其享有票据权利的证明，向出票银行请求付款或退款。 企业填写"银行本票申请书"、将款项交存银行时，借记"其他货币资金——银行本票"科目，贷记"银行存款"科目；企业持银行本票购货、收到有关发票账单时，借记"材料采购"或"原材料""库存商品""应交税费——应交增值税（进项税额）"等科目，贷记"其他货币资金——银行本票"科目。 销货企业收到银行本票、填制进账单到开户银行办理款项入账手续时，根据进账单及销货发票等，借记"银行存款"科目，贷记"主营业务收入""应交税费——应交增值税（销项税额）"等科目。
信用卡存款	凡在中国境内金融机构开立基本存款账户的单位可申领单位卡。单位卡可申领若干张，持卡人资格由申领单位法定代表人或其委托的代理人书面指定和注销。单位卡账户的资金一律从其基本存款账户转账存入，不得存有现金，不得将销货收入的款项存入其账户。持卡人可持信用卡在特约单位购物、消费，但单位卡不得用于10万元以上的商品交易、劳务供应款项的结算，不得支取现金。特约单位在每日营业终了，应将当日受理的信用卡签购单汇总，计算手续费和净额，并填写汇（总）计单和进账单，连同签购单一并送交收单银行办理进账。 信用卡按是否向发卡银行交存备用金分为贷记卡、准贷记卡两类。贷记卡是指发卡银行给予持卡人一定的信用额度，持卡人可在信用额度内先消费、后还款的信用卡。准贷记卡是指持卡人须先按发卡银行要求交存一定金额的备用金，当备用金账户余额不足支付时，可在发卡银行规定的信用额度内透支的信用卡。 准贷记卡的透支期限最长为60天，贷记卡的首月最低还款额不得低于其当月透支余额的10%。 企业应填制"信用卡申请表"，连同支票和有关资料一并送存发卡银行，根据银行盖章退回的进账单第一联，借记"其他货币资金——信用卡"科目，贷记"银行存款"科目；企业用信用卡购物或支付有关费用，收到开户银行转来的信用卡存款的付款凭证及所附发票账单，借记"管理费用"等科目，贷记"其他货币资金——信用卡"科目；企业信用卡在使用过程中，需要向该账户续存资金的，应借记"其他货币资金——信用卡"科目，贷记"银行存款"科目；企业的持卡人如不需要继续使用信用卡时，应持信用卡主动到发卡银行办理销户、销卡，信用卡余额转入企业基本存款户，不得提取现金，借记"银行存款"科目，贷记"其他货币资金——信用卡"科目。
信用证保证金存款	企业填写"信用证申请书"，将信用证保证金交存银行时，应根据银行盖章退回的"信用证申请书"回单，借记"其他货币资金——信用证保证金"科目，贷记"银行存款"科目；企业接到开证行通知，根据供货单位信用证结算凭证及所附发票账单，借记"材料采购"或"原材料""库存商品""应交税费——应交增值税（进项税额）"等科目，贷记"其他货币资金——信用证保证金"科目；将未用完的信用证保证金存款余额转回开户银行时，借记"银行存款"科目，贷记"其他货币资金——信用证保证金"科目。
存出投资款	企业向证券公司划出资金时，应按实际划出的金额，借记"其他货币资金——存出投资款"科目，贷记"银行存款"科目；购买股票、债券、基金等时，借记"交易性金融资产"等科目，贷记"其他货币资金——存出投资款"科目。
外埠存款	企业将款项汇往外地时，应填写汇款委托书，委托开户银行办理汇款。汇入地银行以汇款单位名义开立临时采购账户，该账户的存款不计利息、只付不收、付完清户，除了采购人员可从中提取少量现金外，一律采用转账结算。 企业将款项汇往外地开立采购专用账户，根据汇出款项凭证编制付款凭证时，借记"其他货币资金——外埠存款"科目，贷记"银行存款"科目；收到采购人员转来供应单位发票账单等报销凭证时，借记"材料采购"或"原材料""库存商品""应交税费——应交增值税（进项税额）"等科目，贷记"其他货币资金——外埠存款"科目；采购完毕收回剩余款项时，根据银行的收账通知，借记"银行存款"科目，贷记"其他货币资金——外埠存款"科目。

【单项选择题】下列各项中，不会引起其他货币资金变动的是（　　）。

A. 企业用转账支票购买商品一批

B. 企业用银行汇票购买劳保用品

C. 企业为开具信用证将款项存入银行信用证保证金专户

D. 企业为购买基金将资金存入证券公司指定银行开立账户

【答案】A

【点拨】其他货币资金是指企业除库存现金、银行存款以外的其他各种货币资金，主要包括银行汇票存款、银行本票存款、信用卡存款、信用证保证金存款、存出投资款和外埠存款等。选项 A，转账支票通过"银行存款"账户核算，不会引起其他货币资金变动。

【单项选择题】企业将款项汇往异地银行开立采购专户，编制该业务的会计分录时应当（　　）。

A. 借记"应收账款"科目，贷记"银行存款"科目

B. 借记"其他应收款"科目，贷记"银行存款"科目

C. 借记"材料采购"科目，贷记"其他货币资金"科目

D. 借记"其他货币资金"科目，贷记"银行存款"科目

【答案】D

【点拨】企业为了到外地进行临时或零星采购，而汇往采购地银行开立采购专用账户的款项，应通过"其他货币资金"科目核算，借记"其他货币资金——外埠存款"科目，贷记"银行存款"科目。

【多项选择题】下列各项中，应通过"其他货币资金"科目核算的有（　　）。

A. 银行汇票存款　　　B. 信用卡存款　　　C. 外埠存款　　　D. 存出投资款

【答案】ABCD

【点拨】其他货币资金是指企业除现金、银行存款以外的其他各种货币资金，主要包括银行汇票存款、银行本票存款、信用卡存款、信用证保证金存款、存出投资款和外埠存款等，以上四个选项均正确。

第三节　应收及预付款项

一、应收及预付款项的概念

应收及预付款项是指企业在日常生产经营过程中发生的各项债权。

二、应收及预付款项的构成

包括应收款项和预付款项。

应收款项包括应收票据、应收账款、应收股利、应收利息和其他应收款等。

预付款项是指企业按照合同规定预付的款项，如预付账款等。

三、应收票据

（一）应收票据的概念

应收票据属于企业金融资产的范畴，是指企业因销售商品或提供劳务而持有的尚未到期的商业票据，是一项债权凭证。票据包括支票、本票、汇票，但是，会计上作为应收票据核算的仅指商业汇票。

（二）商业汇票的付款期限

商业汇票的付款期限最长不得超过 6 个月。

1. 定日付款的汇票付款期限

自出票日起计算，并在汇票上记载具体到期日。

2. 出票后定期付款的汇票付款期限

自出票日起按月计算，并在汇票上记载。

3. 见票后定期付款的汇票付款期限

自承兑或拒绝承兑日起按月计算，并在汇票上记载。

（三）商业汇票的提示付款期限

商业汇票的提示付款期限为自汇票到期日起 10 日。

（四）商业汇票的贴现

符合条件的商业汇票的持票人可以持未到期的商业汇票连同贴现凭证向银行申请贴现。

（五）应收票据的分类

根据承兑人不同，商业汇票分为商业承兑汇票和银行承兑汇票。

1. 商业承兑汇票

商业承兑汇票是指由付款人签发并承兑，或由收款人签发交由付款人承兑的汇票。

商业承兑汇票的付款人收到开户银行的付款通知，应在当日通知银行付款。

付款人在接到通知日的次日起三日内（遇法定休假日顺延）未通知银行付款的，视同付款人承诺付款。

银行将于付款人接到通知日的次日起第四日（遇法定休假日顺延），将票款划给持票人。

付款人提前收到由其承兑的商业汇票，应通知银行于汇票到期日付款。

银行在办理划款时，付款人存款账户不足支付的，银行应填制付款人未付票款通知书，连同商业承兑汇票邮寄持票人开户银行转交持票人。

2. 银行承兑汇票

银行承兑汇票是指由在承兑银行开立存款账户的存款人（这里也是出票人）签发，由承兑银行承兑的票据。

企业申请使用银行承兑汇票时，应向其承兑银行按票面金额的万分之五交纳手续费。

银行承兑汇票的出票人应于汇票到期前将票款足额交存其开户银行，承兑银行应在汇票到期日或到期日后的见票当日支付票款。

银行承兑汇票的出票人于汇票到期前未能足额交存票款时，承兑银行除凭票向持票人无条件付款外，对出票人尚未支付的汇票金额按照每天万分之五计收利息。

（六）应收票据的账务处理

1. 会计科目

为了反映和监督应收票据取得、票款收回等情况，企业应当设置"应收票据"科目，借方登记取得的应收票据的面值，贷方登记到期收回票款或到期前向银行贴现的应收票据的票面余额，期末余额在借方，反映企业持有的商业汇票的票面余额。

"应收票据"科目可按照开出、承兑商业汇票的单位进行明细核算，并设置"应收票据备查簿"，逐笔登记商业汇票的种类、号数和出票日、票面金额、交易合同号和付款人、承兑人、背书人的姓名或单位名称、到期日、背书转让日、贴现日、贴现率和贴现净额以及收款日和收回金额、退票情况等资料。商业汇票到期结清票款或退票后，在备查簿中应予注销。

2. 会计分录

（1）取得应收票据和收回到期票款。

应收票据取得的原因不同，其账务处理亦有所区别。

因债务人抵偿前欠货款而取得的应收票据，借记"应收票据"科目，贷记"应收账款"科目；因企业销售商品、提供劳务等而收到开出、承兑的商业汇票，借记"应收票据"科目，贷记"主营业务收入""应交税费——应交增值税（销项税额）"等科目。商业汇票到期收回款项时，应按实际收到的金额，借记"银行存款"科目，贷记"应收票据"科目。

（2）应收票据的转让。

实务中，企业可以将自己持有的商业汇票背书转让。

背书是指在票据背面或者粘单上记载有关事项并签章的票据行为。背书转让的，背书人应当承担票据责任。通常情况下，企业将持有的商业汇票背书转让以取得所需物资时，按应计入取得物资成本的金额，借记"材料采购"或"原材料""库存商品"等科目，按照增值税专用发票上注明的可抵扣的增值税税额，借记"应交税费——应交增值税（进项税额）"科目，按商业汇票的票面金额，贷记"应收票据"科目，如有差额，借记或贷记"银行存款"等科目。

对于票据贴现，企业通常应按实际收到的金额，借记"银行存款"科目，按应收票据的票面金额，贷记"应收票据"科目，按照其差额，借记或贷记"财务费用"科目。

四、应收账款

（一）应收账款的概念

应收账款是指企业因销售商品、提供劳务等经营活动，应向购货单位或接受劳务单位收取的款项。

（二）应收账款的内容

主要包括企业销售商品或提供劳务等应向有关债务人收取的价款及代购货单位垫付的包装费、运杂费等。

(三) 应收账款的账务处理

1. 会计科目

为了反映和监督应收账款的增减变动及其结存情况，企业应设置"应收账款"科目，不单独设置"预收账款"科目的企业，预收账款也在"应收账款"科目核算。

"应收账款"科目的借方登记应收账款的增加，贷方登记应收账款的收回及确认的坏账损失，期末余额一般在借方，反映企业尚未收回的应收账款；如果期末余额在贷方，一般反映企业预收的账款。

需要说明的是，企业如有代购货单位垫付的包装费、运杂费，也应计入应收账款，通过"应收账款"科目核算。

2. 会计分录

企业应收账款改用应收票据结算，在收到承兑的商业汇票时，借记"应收票据"科目，贷记"应收账款"科目。

【单项选择题】 下列各项中，在确认销售收入时不影响应收账款入账金额的是（　　）。

A. 现金折扣　　　　　　　　　　B. 销售价款

C. 增值税销项税额　　　　　　　D. 销售产品代垫的运杂费

【答案】 A

【点拨】 我国应收账款的会计核算采用总价法，应收账款的入账金额包含销售价款、增值税销项税额、销售产品代垫的运杂费等。现金折扣在发生时计入财务费用，不影响应收账款的入账金额。

【判断题】 "应收账款"账户的余额必须在借方，表示尚未收回的应收账款。（　　）

【答案】 ×

【点拨】 应收账款的余额可以在借方，表示尚未收回的应收账款数，但应收账款的余额也可以在贷方，表示多收了货款，相当于预收账款。

【单项选择题】 X 公司为增值税一般纳税企业，购买及销售商品适用的增值税税率为 16%。2018 年 5 月 1 日，X 公司向 Y 公司销售一批商品，不含增值税的售价总额为 100 万元。因属批量销售，X 公司同意给予 Y 公司 10% 的商业折扣；同时，为鼓励 Y 公司及早付清货款，X 公司规定的现金折扣条件（按含增值税的售价计算）为：2/10，1/20，n/30。则 X 公司应确认的应收账款的金额为（　　）万元。

A. 103.3　　　　B. 104.4　　　　C. 106.1　　　　D. 117

【答案】 B

【点拨】 应收账款的入账价值包括销售商品或提供劳务从购货方或接受劳务方应收的合同或协议价款、增值税销项税额，以及代购货单位垫付的包装费、运杂费、保险费等。企业在销售商品时，应收账款包括企业给予客户的现金折扣，不包括企业给予客户的商业折扣。所以，确认的应收账款的金额 = 100 × (1 + 16%) × (1 - 10%) = 104.4（万元）。

【多项选择题】 下列各项中，引起应收账款账面价值发生增减变化的有（　　）。

A. 收回应收账款　　　　　　　　B. 计提应收账款坏账准备

C. 收回已作为坏账转销的应收账款   D. 结转已到期未收回的应收票据

【答案】ABCD

【点拨】选项 D, 结转已到期未收回的应收票据, 借记"应收票据"科目, 贷记"应收账款"科目。

五、预付账款

(一) 预付账款的概念

预付账款是指企业按照合同规定预付的款项。

(二) 预付账款的账务处理

1. 会计科目

为了反映和监督预付账款的增减变动及其结存情况, 企业应当设置"预付账款"科目。

"预付账款"科目的借方登记预付的款项及补付的款项, 贷方登记收到所购物资时根据有关发票账单计入"原材料"等科目的金额及收回多付款项的金额, 期末余额在借方, 反映企业实际预付的款项; 期末余额在贷方, 则反映企业应付或应补付的款项。

预付款项情况不多的企业, 可以不设置"预付账款"科目, 而将预付的款项通过"应付账款"科目核算。

2. 会计分录

企业根据购货合同的规定向供应单位预付款项时, 借记"预付账款"科目, 贷记"银行存款"科目; 企业收到所购物资, 按应计入购入物资成本的金额, 借记"材料采购"或"原材料""库存商品"科目, 按可抵扣的增值税进项税额, 借记"应交税费——应交增值税 (进项税额)"等科目, 贷记"预付账款"科目; 当预付价款小于采购货物所需支付的款项时, 应将不足部分补付, 借记"预付账款"科目, 贷记"银行存款"科目; 当预付价款大于采购货物所需支付的款项时, 对收回的多余款项, 应借记"银行存款"科目, 贷记"预付账款"科目。

【单项选择题】(2016) 如果企业预付款项业务不多且未设置"预付账款"科目, 企业预付给供应商的采购款项, 应计入 (   )。

A. "应收账款"科目的借方   B. "应付账款"科目的贷方

C. "应收账款"科目的贷方   D. "应付账款"科目的借方

【答案】D

【点拨】如果企业预付款项业务不多且未设置"预付账款"科目, 企业预付给供应商的采购款项, 应计入"应付账款"科目的借方核算。

【多项选择题】X 公司向本地 Y 企业预付货款 30000 元用于采购 B 材料, 在预付该货款时, 以下会计分录不正确的有 (   )。

A. 借: 预付账款——Y 企业   30000

   贷: 银行存款   30000

B. 借: 银行存款   30000

   贷: 预付账款——Y 企业   30000

C. 借：原材料　　　　　　　　　30000

　　贷：银行存款　　　　　　　　　　　　30000

D. 借：原材料　　　　　　　　　30000

　　贷：预付账款——Y 企业　　　　　　　　30000

【答案】BCD

【点拨】企业在预付款项时应编制如下分录：

借：预付账款——Y 企业　　　　　30000

　　贷：银行存款　　　　　　　　　　　　30000

【单项选择题】(2017) 企业未设置"预付账款"科目，发生预付货款业务时应借记的会计科目是（　　）。

A. 预收账款　　　　B. 其他应付款　　　　C. 应收账款　　　　D. 应付账款

【答案】D

【点拨】企业未设置"预付账款"科目，发生预付货款业务时应借记的会计科目是"应付账款"科目。

六、应收股利

（一）应收股利的概念

应收股利是指企业应收取的现金股利和应收取的其他单位分配的利润。

（二）应收股利的账务处理

1. 会计科目

为了反映和监督应收股利的增减变动及其结存情况，企业应设置"应收股利"科目。"应收股利"科目的借方登记应收股利的增加，贷方登记收到的现金股利或利润，期末余额一般在借方，反映企业尚未收到的现金股利或利润。

2. 会计分录

企业在持有以公允价值计量且其变动计入当期损益的金融资产（交易性金融资产）期间，被投资单位宣告发放现金股利，按应享有的份额，确认为当期投资收益，借记"应收股利"科目，贷记"投资收益"科目。企业在持有长期股权投资期间，被投资单位宣告发放现金股利或利润，按应享有的份额，借记"应收股利"科目，贷记科目应区分两种情况，对于采用成本法核算的长期股权投资，贷记"投资收益"科目；对于采用权益法核算的长期股权投资，贷记"长期股权投资——损益调整"科目。

【单项选择题】对于采用成本法核算的长期股权投资，被投资单位宣告发放现金股利时，投资企业下列会计处理中，正确的是（　　）。

A. 冲减投资收益　　　　　　　　B. 增加投资收益

C. 冲减长期股权投资　　　　　　D. 增加长期股权投资

【答案】B

【点拨】在采用成本法核算长期股权投资的情况下，被投资单位宣告分派现金股利时，投资方按应享有的份额确认为当期投资收益，借记"应收股利"科目，贷记"投资收益"科目。

【多项选择题】采用成本法核算长期股权投资，下列各项中不会导致长期股权投资账面价值发生增减变动的是（　　）。

A. 被投资企业宣告分派属于投资企业投资后实现的现金股利

B. 被投资企业除净损益、其他综合收益和利润分配以外的所有者权益其他变动

C. 长期股权投资发生增减变动

D. 持有长期股权投资期间被投资企业实现净利润

【答案】ABD

【点拨】长期股权投资的账面价值=长期股权投资账面余额–计提的长期股权投资减值准备。长期股权投资发生的减值损失，要计提减值准备，所以会减少长期股权投资的账面价值。

【单项选择题】2018 年 1 月 15 日，X 公司购买非同一控制下 Y 公司发行的股票 8000 万股准备长期持有，拥有 Y 公司 51% 的股份且实施控制，每股买入价为 5 元，款项已支付。当年 Y 公司实现净利润 500 万元，宣告分配现金股利 200 万元，不考虑其他因素，2018 年 12 月 31 日，X 公司该长期股权投资的账面余额为（　　）万元。

A. 40000　　　B. 40153　　　C. 40102　　　D. 40255

【答案】A

【点拨】X 公司购入长期股权投资的初始入账价值=8000×5=40000（万元），持股比例达到 51%，能够实施控制，应采用成本法进行核算，在采用成本法进行后续核算时，被审计单位实现净利润、宣告分配现金股利均不会影响长期股权投资的账面价值，所以 2018 年 12 月 31 日，X 公司长期股权投资的账面余额为 40000 万元。

【单项选择题】X 公司 1 月 5 日支付价款 2500 万元（其中包含支付的相关税费 60 万元）购入 Y 公司 25% 的股份，作为长期股权投资核算，对 Y 公司具有重大影响。Y 公司当年实现净利润 4000 万元，当年 12 月 31 日宣告分派现金股利 2500 万元。X 公司因该长期股权投资影响当年利润总额的金额为（　　）万元。

A. 565　　　B. 625　　　C. 940　　　D. 1000

【答案】D

【点拨】X 公司因该长期股权投资对 Y 公司具有重大影响，应采用权益法核算，当期应确认的投资收益为 1000 万元（4000 万元×25%）。支付的相关税费，应计入长期股权投资的初始投资成本，不影响当年损益。Y 公司宣告分派现金股利时也不影响 X 公司的当年损益。因此，该长期股权投资影响当年利润总额的金额为 1000 万元。

【单项选择题】X 公司 2018 年 1 月 5 日支付价款 2000 万元购入 Y 公司 30% 的股份，准备长期持有，另支付相关税费 20 万元，购入时 Y 公司可辨认净资产公允价值为 12000 万元，X 公司取得投资后对 Y 公司具有重大影响。假定不考虑其他因素，X 公司因确认投资而影响利润的金额为（　　）万元。

A. –20　　　B. 0　　　C. 1580　　　D. 1600

【答案】C

【点拨】本题主要考查"长期股权投资权益法的相关核算"知识点。本题目属于付出成本小于应享有被投资方所有者权益可辨认净资产公允价值份额的情况。本题的分

录是：

借：长期股权投资　　　　　　　36000000

　　贷：银行存款　　　　　　　　　　　20200000

　　　　营业外收入　　　　　　　　　　15800000

　　需要说明的是，企业收到被投资单位分配的现金股利或利润，应贷记"应收股利"科目，但对于应借记的会计科目，应区别两种情况分别进行处理：对于企业通过证券公司购入上市公司股票所形成的股权投资取得的现金股利，应借记"其他货币资金——存出投资款"科目；对于企业持有的其他股权投资取得的现金股利或利润，应借记"银行存款"科目。

七、应收利息

（一）应收利息的概念

应收利息是指企业根据合同或协议规定应向债务人收取的利息。

（二）应收利息的账务处理

1. 会计科目

为了反映和监督应收利息的增减变动及其结存情况，企业应设置"应收利息"科目。

2. 会计分录

"应收利息"科目的借方登记应收利息的增加，贷方登记收到的利息，期末余额一般在借方，反映企业尚未收到的利息。

八、其他应收款

（一）其他应收款的概念

其他应收款是指企业除应收票据、应收账款、预付账款、应收股利和应收利息以外的其他各种应收及暂付款项。

（二）其他应收款的内容

主要包括：

（1）应收的各种赔款、罚款，如因企业财产等遭受意外损失而应向有关保险公司收取的赔款等。

（2）应收的出租包装物租金。

（3）应向职工收取的各种垫付款项，如为职工垫付的水电费、应由职工负担的医药费、房租费等。

（4）存出保证金，如租入包装物支付的押金。

（5）其他各种应收、暂付款项。

（三）其他应收款的账务处理

1. 会计科目

为了反映和监督其他应收账款的增减变动及其结存情况，企业应当设置"其他应收款"科目进行核算。

2. 会计分录

"其他应收款"科目的借方登记其他应收款的增加，贷方登记其他应收款的收回，期末余额一般在借方，反映企业尚未收回的其他应收款项。

【多项选择题】下列各项中，应通过"其他应收款"科目核算的内容有（　　）。

A. 应收保险公司的赔款
B. 代购货单位垫付的运杂费
C. 应收出租包装物租金
D. 应向职工收取的各种垫付款

【答案】ACD

【点拨】代购货单位垫付的运杂费应通过"应收账款"科目核算，选项 B 错误；选项 A、C、D 均通过"其他应收款"科目核算。

九、应收款项减值

（一）应收账款减值损失的确认

企业的各项应收款项，可能会因购货人拒付、破产、死亡等原因而无法收回。这类无法收回的应收款项就是坏账。企业因坏账而遭受的损失为坏账损失或减值损失。企业应当在资产负债表日对应收款项的账面价值进行评估，应收款项发生减值的，应当将减记的金额确认为减值损失，同时计提坏账准备。应收款项减值有两种核算方法，即直接转销法和备抵法，我国《企业会计准则》规定，应收款项的减值的核算只能采用备抵法，不得采用直接转销法。

1. 直接转销法

采用直接转销法时，日常核算中应收款项可能发生的坏账损失不予考虑，只有在实际发生坏账时，才作为坏账损失计入当期损益，同时直接冲销应收款项，即借记"信用减值损失"科目，贷记"应收账款"等科目。

这种方法的优点是账务处理简单，其缺点是不符合权责发生制原则，也与资产定义相冲突。在这种方法下，只有坏账实际发生时，才将其确认为当期费用，导致资产不实、各期损益不实；另外，在资产负债表上，应收账款是按账面余额而不是按账面价值反映，这在一定程度上歪曲了期末的财务状况。所以，《企业会计准则》不允许采用直接转销法。

2. 备抵法

备抵法是采用一定的方法按期估计坏账损失，计入当期损益，同时建立坏账准备，待坏账实际发生时，冲销已提的坏账准备和相应的应收款项。采用这种方法，在财务报表上列示应收款项的净额，使财务报表使用者能了解企业应收款项预期可收回的金额或真实的财务情况。在备抵法下，企业应当根据《企业会计准则》的规定，评估当期坏账损失金额。

（二）坏账准备的账务处理

1. 会计科目

企业应当设置"坏账准备"科目，核算应收款项的坏账准备计提、转销等情况。

"坏账准备"科目的贷方登记当期计提的坏账准备、收回已转销的应收账款而恢复的坏账准备，借方登记实际发生的坏账损失金额和冲减的坏账准备金额，期末贷方余额反映企业已计提但尚未转销的坏账准备。

2. 会计分录

坏账准备可按以下公式计算：

$$当期应计提的坏账准备 = 当期按应收款项应计提坏账准备金额 - (或+) "坏账准备"科目的贷方(或借方)余额$$

企业计提坏账准备时，按照应减记的金额，借记"信用减值损失——计提的坏账准备"科目，贷记"坏账准备"科目。冲减多计提的坏账准备时，借记"坏账准备"科目，贷记"信用减值损失——计提的坏账准备"科目。

企业确实无法收回的应收款项按管理权限报经批准后作为坏账转销时，应当冲减已计提的坏账准备。已确认并转销的应收款项以后又收回的，应当按照实际收到的金额增加坏账准备的账面余额。企业实际发生坏账损失时，借记"坏账准备"科目，贷记"应收账款""其他应收款"等科目。

已确认并转销的应收款项以后又收回的，应当按照实际收到的金额增加坏账准备的账面余额。已确认并转销的应收款项以后又收回时，借记"应收账款""其他应收款"等科目，贷记"坏账准备"科目；同时，借记"银行存款"科目，贷记"应收账款""其他应收款"等科目。

【判断题】企业应收款项发生减值时，应将该应收款项账面价值高于预计未来现金流量现值的差额确认为减值损失，计入当期损益。（　　）

【答案】√

【点拨】企业应收款项发生减值时，应将该应收款项账面价值高于预计未来现金流量现值的差额确认为减值损失，计入当期损益。

【判断题】企业在确定应收款项减值的核算方法时，应根据本企业的实际情况，按照成本效益原则，在备抵法和直接转销法之间合理选择。（　　）

【答案】×

【点拨】确定应收款项减值有两种方法，即直接转销法和备抵法，我国《企业会计准则》规定，确定应收款项的减值只能采用备抵法，不得采用直接转销法。

【单项选择题】(2016) 资产负债表日，应收账款存在减值的金额应计入（　　）。

A. "信用减值损失"科目的贷方　　　　B. "坏账准备"科目的贷方

C. "管理费用"科目的借方　　　　　　D. "应收账款"科目的贷方

【答案】B

【点拨】应收账款计提减值准备时，借记"信用减值损失"科目，贷记"坏账准备"科目。

【单项选择题】2018年初某公司"坏账准备——应收账款"科目贷方余额为3万元，3月20日收回已核销的坏账12万元并入账，12月31日"应收账款"科目余额为220万元（所属明细科目为借方余额），预计未来现金流量现值为200万元，不考虑其他因素，2018年末该公司计提的坏账准备金额为（　　）万元。

A. 17　　　　　　B. 29　　　　　　C. 20　　　　　　D. 5

【答案】D。

【点拨】2018年末该公司应计提的坏账准备金额＝220－200－（12＋3）＝5（万元）。

【判断题】应收账款期末应进行减值测试，必要时计提减值准备。应收票据、预付账款和其他应收款期末无须计提减值准备。（　　）

【答案】×

【点拨】应当计提坏账准备的科目包括应收账款、应收票据、预付账款和其他应收款。

第四节　交易性金融资产

一、交易性金融资产的概念

交易性金融资产主要是指企业为了近期内出售而持有的金融资产，如企业以赚取差价为目的从二级市场购入的股票、债券、基金等。

小知识
企业的金融资产

企业的金融资产是指企业持有的现金、其他方的权益工具以及符合下列条件之一的资产：

（1）从其他方收取现金或其他金融资产的合同权利。

（2）在潜在有利条件下，与其他方交换金融资产或金融负债的合同权利。

（3）将来须用或可用企业自身权益工具进行结算的非衍生工具合同，且企业根据该合同将收到可变数量的自身权益工具。

（4）将来须用或可用企业自身权益工具进行结算的衍生工具合同，但以固定数量的自身权益工具交换固定金额的现金或其他金融资产的衍生工具合同除外。

其中，企业自身权益工具不包括应当按照《企业会计准则第37号——金融工具列报》分类为权益工具的可回售工具和发行方仅在清算时才有义务向另一方按比例交付其净资产的金融工具，也不包括本身就要求在未来收取或交付企业自身权益工具的合同。

二、交易性金融资产的账务处理

（一）交易性金融资产核算应设置的会计科目

为了反映和监督交易性金融资产的取得、收取现金股利或利息、出售等情况，企业应当设置"交易性金融资产""公允价值变动损益""投资收益"等科目进行核算（见表2-5）。

表 2-5 交易性金融资产核算应设置的会计科目

项目	核算内容	内容阐释
"交易性金融资产"科目	核算企业分类为以公允价值计量且其变动计入当期损益的金融资产,其中包括企业为交易目的所持有的债券投资、股票投资、基金投资等交易性金融资产的公允价值。	"交易性金融资产"科目的借方登记交易性金融资产的取得成本、资产负债表日其公允价值高于账面余额的差额,以及出售交易性金融资产时结转公允价值低于账面余额的变动金额;贷方登记资产负债表日其公允价值低于账面余额的差额,以及企业出售交易性金融资产时结转的成本和公允价值高于账面余额的变动金额。企业应当按照交易性金融资产的类别和品种,分别设置"成本""公允价值变动"等明细科目进行核算。
"公允价值变动损益"科目	核算企业交易性金融资产等的公允价值变动而形成的应计入当期损益的利得或损失。	"公允价值变动损益"科目的借方登记资产负债表日企业持有的交易性金融资产等的公允价值低于账面余额的差额;贷方登记资产负债表日企业持有的交易性金融资产等的公允价值高于账面余额的差额。
"投资收益"科目	核算企业持有交易性金融资产等的期间内取得的投资收益以及出售交易性金融资产等实现的投资收益或投资损失。	借方登记企业取得交易性金融资产时支付的交易费用、出售交易性金融资产等发生的投资损失,贷方登记企业持有交易性金融资产等的期间内取得的投资收益以及出售交易性金融资产等实现的投资收益。

(二)取得交易性金融资产

企业取得交易性金融资产时,应当按照该金融资产取得时的公允价值作为其初始入账金额。

公允价值是指市场参与者在计量日发生的有序交易中,出售一项资产所能收到或者转移一项负债所需支付的价格。在公平交易中,熟悉情况的交易双方自愿进行资产交换或者债务清偿的金额。金融资产的公允价值,应当以市场交易价格为基础加以确定。

企业取得交易性金融资产所支付价款中包含了已宣告但尚未发放的现金股利或已到付息期但尚未领取的债券利息的,应当单独确认为应收项目。

企业取得交易性金融资产所发生的相关交易费用应当在发生时计入当期损益,冲减投资收益,发生交易费用取得增值税专用发票的,进项税额经认证后可从当月销项税额中扣除。

交易费用是指可直接归属于购买、发行或处置金融工具的增量费用。

增量费用是指企业没有发生购买、发行或处置相关金融工具的情形就不会发生的费用,包括支付给代理机构、咨询公司、券商、证券交易所、政府有关部门等的手续费、佣金、相关税费以及其他必要支出,不包括债券溢价、折价、融资费用、内部管理成本和持有成本等与交易不直接相关的费用。

企业取得交易性金融资产,应当按照该金融资产取得时的公允价值,借记"交易性金融资产——成本"科目,按照发生的交易费用,借记"投资收益"科目,发生交易费用取得增值税专用发票的,按其注明的增值税进项税额,借记"应交税费——应交增值税(进项税额)"科目,按照实际支付的金额,贷记"其他货币资金"等科目。

（三）持有交易性金融资产

（1）企业持有交易性金融资产期间对于被投资单位宣告发放的现金股利或已到付息期但尚未领取的债券利息，应当确认为应收项目，并计入投资收益，即借记"应收股利"或"应收利息"科目，贷记"投资收益"科目；实际收到时作为冲减应收项目处理，即借记"其他货币资金"等科目，贷记"应收股利"或"应收利息"科目。

企业只有在同时满足三个条件时，才能确认交易性金融资产所取得的股利或利息收入并计入当期损益：

1）企业收取股利或利息的权利已经确立（例如被投资单位已宣告）。

2）与股利或利息相关的经济利益很可能流入企业。

3）股利或利息的金额能够可靠计量。

（2）资产负债表日，交易性金融资产应当按照公允价值计量，公允价值与账面余额之间的差额计入当期损益。

企业应当在资产负债表日按照交易性金融资产公允价值高于其账面余额的差额，借记"交易性金融资产——公允价值变动"科目，贷记"公允价值变动损益"科目；公允价值低于其账面余额的差额作相反的会计分录，借记"公允价值变动损益"科目，贷记"交易性金融资产——公允价值变动"科目。

（四）出售交易性金融资产

企业出售交易性金融资产时，应当将该金融资产出售时的公允价值与其账面余额之间的差额作为投资损益进行会计处理。

企业出售交易性金融资产，应当按照实际收到的金额，借记"其他货币资金"等科目，按照该金融资产的账面余额的成本部分，贷记"交易性金融资产——成本"科目，按照该金融资产的账面余额的公允价值变动部分，贷记或借记"交易性金融资产——公允价值变动"科目，按照其差额，贷记或借记"投资收益"科目。同时，将原计入公允价值变动损益的该金融资产的公允价值变动转出，借记或贷记"公允价值变动损益"科目，贷记或借记"投资收益"科目。

（五）转让金融商品应交增值税

金融商品转让按照卖出价扣除买入价（不需要扣除已宣告未发放现金股利和已到付息期未领取的利息）后的余额作为销售额计算增值税，即转让金融商品按盈亏相抵后的余额为销售额。若相抵后出现负差，可结转下一纳税期与下期转让金融商品销售额互抵，但年末时仍出现负差的，不得转入下一会计年度。

转让金融资产当月末，如产生转让收益，则按应纳税额，借记"投资收益"等科目，贷记"应交税费——转让金融商品应交增值税"科目；如产生转让损失，则按可结转下月抵扣税额，借记"应交税费——转让金融商品应交增值税"科目，贷记"投资收益"等科目。

年末，如果"应交税费——转让金融商品应交增值税"科目有借方余额，说明本年度的金融商品转让损失无法弥补，且本年度的金融资产转让损失不可转入下年度继续抵减转让金融资产的收益，因此，应借记"投资收益"等科目，贷记"应交税费——转让金融商品应交增值税"科目，将"应交税费——转让金融商品应交增值税"

科目的借方余额转出。

【单项选择题】下列各项中，关于交易性金融资产表述不正确的是（　　）。

A. 取得交易性金融资产所发生的相关交易费用应当在发生时计入投资收益

B. 资产负债表日交易性金融资产公允价值与账面余额的差额计入当期损益

C. 取得交易性金融资产价款中包含已宣告但尚未发放的现金股利计入交易性金融资产成本中

D. 出售交易性金融资产时应将其公允价值与账面余额之间的差额确认为投资收益

【答案】C

【点拨】选项C，企业取得交易性金融资产所支付价款中包含了已宣告但尚未发放的现金股利或已到付息期但尚未领取的债券利息的，应当单独确认为应收项目。

【单项选择题】X公司购入Y公司股票50万股作为交易性金融资产，支付价款400万元，其中包含已宣告但尚未发放的现金股利20万元。另支付相关交易费用8万元。该交易性金融资产的入账金额为（　　）万元。

A. 380　　　　　B. 388　　　　　C. 400　　　　　D. 408

【答案】A

【点拨】交易性金融资产的入账价值＝400－20＝380（万元）；交易性金融资产取得时发生的相关交易费用计入"投资收益"科目；已宣告但尚未发放的现金股利计入"应收股利"科目。

【单项选择题】X公司从证券市场购入股票20000股，每股10元，其中包含已宣告但尚未领取的每股股利0.6元，另支付交易费用1000元。企业将其划分为交易性金融资产核算，则其初始入账价值是（　　）元。

A. 201000　　　B. 200000　　　C. 188000　　　D. 189000

【答案】C

【点拨】企业在取得交易性金融资产时，应当按照取得金融资产的公允价值作为初始确认金额。其中，实际支付的价款中包含的已宣告但尚未发放的现金股利或已到付息期但尚未领取的债券利息，应单独确认为"应收股利"或"应收利息"；取得交易性金融资产所发生的相关交易费用应在发生时计入"投资收益"科目。因此，该交易性金融资产的初始入账价值＝（10－0.6）×20000＝188000（元）。故本题答案为C。

【单项选择题】2018年1月3日，X公司以1100万元（其中，包含已到付息期但尚未领取的债券利息25万元）购入Y公司发行的公司债券，另支付交易费用10万元，将其确认为交易性金融资产。该债券面值为1000万元，票面年利率为5%，每年年初付息一次。不考虑其他因素，X公司取得该项交易性金融资产的初始入账金额为（　　）万元。

A. 1000　　　　　B. 1100　　　　　C. 1075　　　　　D. 1110

【答案】C

【点拨】企业取得交易性金融资产时，应当按照该金融资产取得时的公允价值作为其初始入账金额。企业在取得交易性金融资产所支付的价款中包含的已宣告但尚未领取的现金股利（应收股利）或已到付息期但尚未领取的债券利息（应收利息），应当单独确认为应收项目，不构成交易性金融资产的初始入账金额。企业取得交易性金融资产所发生的相关交易费用应当在发生时作为投资收益进行会计处理。本题中，取得交易性金融资产的初始入账金额＝1100－25＝1075（万元）。

【单项选择题】X公司2018年1月1日购入面值为100万元，年利率为4%的A债券；取得时支付价款104万元（含已到付息期尚未发放的利息4万元），另支付交易费用2万元，X公司将该项金融资产划分为交易性金融资产。2018年1月5日，收到购买时价款中所含的利息4万元，2018年12月31日，A债券的公允价值为108万元，2019年1月5日，收到A债券2018年度的利息4万元；2019年4月20日，X公司出售A债券，售价为120万元。X公司出售A债券时应确认投资收益的金额为（　　）万元。

　　A. 8　　　　　　B. 12　　　　　　C. 16　　　　　　D. 20

【答案】C

【点拨】交易性金融资产出售时确认的投资收益＝交易性金融资产的出售价格－交易性金融资产的初始入账成本＝120－104＝16（万元）。

【判断题】出售交易性金融资产时，应当将该金融资产出售时的公允价值与其账面价值之间的差额确认为投资收益，同时调整公允价值变动损益。（　　）

【答案】×

【点拨】企业应按实际收到的金额，借记"银行存款"等科目，按该金融资产的账面余额，贷记"交易性金融资产"科目，按其差额，贷记或借记"投资收益"科目。

【多项选择题】（2016改）下列各项中，关于交易性金融资产的会计处理表述正确的有（　　）。

　　A. 持有期间发生的公允价值变动计入公允价值变动损益

　　B. 持有期间被投资单位宣告发放的现金股利计入投资收益

　　C. 取得时支付的价款中包含的应收股利计入初始成本

　　D. 取得时支付的相关交易费用计入投资收益

【答案】ABD

第五节　存　货

一、存货的概念

存货是指企业在日常活动中持有以备出售的产品或商品、处在生产过程中的在产品、在生产过程或提供劳务过程中耗用的材料或物料等。

二、存货的内容

存货的内容见表2-6。

表2-6 存货的内容

项目	内容阐释说明
原材料	原材料是指企业在生产过程中经加工改变其形态或性质并构成产品主要实体的各种原料及主要材料、辅助材料、外购半成品（外购件）、修理用备件（备品备件）、包装材料、燃料等。
在产品	在产品是指企业正在制造尚未完工的生产物，包括正在各个生产工序加工的产品和已加工完毕但尚未检验或已检验但尚未办理入库手续的产品。
半成品	半成品是指经过一定生产过程并已检验合格交付半成品仓库保管，但尚未制造完工成为产成品，仍需进一步加工的中间产品。
产成品	产成品是指企业已经完成全部生产过程并已验收入库，可以按照合同规定的条件送交订货单位，或者可以作为商品对外销售的产品。 企业接受来料加工制造的代制品和为外单位加工修理的代修品，制造和修理完成验收入库后，应视同企业的产成品。
商品	商品是指商品流通企业外购或委托加工完成验收入库用于销售的各种产品。
包装物	包装物是指为了包装本企业的商品而储备的各种包装容器，如桶、箱、瓶、坛、袋等。其主要作用是盛装、装潢产品或商品。
低值易耗品	低值易耗品是指不能作为固定资产核算的各种用具物品，如工具、管理用具、玻璃器皿、劳动保护用品以及在经营过程中周转使用的容器等。 其特点是单位价值较低，或使用期限相对于固定资产较短，在使用过程中保持其原有实物形态基本不变。
委托代销商品	委托代销商品是指企业委托其他单位代销的商品。

三、存货成本的确定

（一）存货应当按照成本进行初始计量

存货成本包括采购成本、加工成本和其他成本（见表2-7）。

表2-7 存货成本的内容

构成	概念	内容阐释
存货的采购成本	存货的采购成本，包括购买价款、相关税费、运输费、装卸费、保险费以及其他可归属于存货采购成本的费用。 运输途中的合理损耗是指商品在运输过程中，因商品性质、自然条件及技术设备等因素，所发生的自然的或不可避免的损耗。例如，汽车在运输煤炭、化肥等的过程中自然散落以及易挥发产品在运输过程中的自然挥发。 商品流通企业在采购商品过程中发生的运输费、装卸费、保险费以及其他可归属于存货采购成本的费用等进货费用，应当计入存货采购成本，也可以先进行归集，期末根据所购商品的存销情况进行分摊。对于已售商品的进货费用，计入当期损益；对于未售商品的进货费用，计入期末存货成本。企业采购商品的进货费用金额较小的，可以在发生时直接计入当期损益。	其中，存货的购买价款是指企业购入的材料或商品的发票账单上列明的价款，但不包括按照规定可以抵扣的增值税进项税额。 存货的相关税费是指企业购买存货发生的进口关税、消费税、资源税和不能抵扣的增值税进项税额以及相应的教育费附加等应计入存货采购成本的税费。 其他可归属于存货采购成本的费用是指采购成本中除上述各项以外的可归属于存货采购的费用，如在存货采购过程中发生的仓储费、包装费、运输途中的合理损耗、入库前的挑选整理费用等。

续表

构成	概念	内容阐释
存货的加工成本	存货的加工成本是指在存货的加工过程中发生的追加费用，包括直接人工以及按照一定方法分配的制造费用。	直接人工是指企业在生产产品和提供劳务过程中发生的直接从事产品生产和劳务提供人员的职工薪酬。 制造费用是指企业为生产产品和提供劳务而发生的各项间接费用。
存货的其他成本	存货的其他成本是指除采购成本、加工成本以外的，使存货达到目前场所和状态所发生的其他支出。	企业设计产品发生的设计费用通常应计入当期损益，但是为特定客户设计产品所发生的、可直接确定的设计费用应计入存货的成本。

【多项选择题】下列各项中，属于材料采购成本的有（　　）。

A. 材料采购运输途中发生的合理损耗　　B. 材料入库前的挑选整理费用

C. 购买材料的价款　　D. 购入材料的运杂费

【答案】ABCD

【点拨】四个选项均属于材料采购成本。

【单项选择题】（2017）X企业为增值税小规模纳税人，本月采购原材料2060千克，单价50元/千克（含增值税），运输途中的合理损耗为60千克，入库前的挑选整理费用为500元，企业该批原材料的入账价值为（　　）元。

A. 100500　　　　B. 103500　　　　C. 103000　　　　D. 106500

【答案】B

【点拨】运输途中的合理损耗计入采购原材料的成本，X企业该批原材料的入账价值 $= 2060 \times 50 + 500 = 103500$（元）。

【单项选择题】（2016）某企业为增值税一般纳税人。本月购进原材料200吨，增值税专用发票上注明的价款为60万元，增值税税额为10.2万元，支付的保险费为3万元，入库前的挑选整理费用为1万元。不考虑其他因素，该批原材料实际成本为每吨（　　）万元。

A. 0.3　　　　B. 0.32　　　　C. 0.371　　　　D. 0.35

【答案】B

【点拨】该批原材料实际成本 $= 60 + 3 + 1 = 64$（万元）；单位成本 $= 64 \div 200 = 0.32$（万元/吨）。

（二）存货的来源不同，其成本的构成内容也不同

原材料、商品、低值易耗品等通过购买而取得的存货的成本由采购成本构成；产成品、在产品、半成品等自制或需委托外单位加工完成的存货的成本由采购成本、加工成本以及使存货达到目前场所和状态所发生的其他支出构成。

实务中存货成本按表2-8所示原则确定。

表 2-8 存货成本的内容

项目	内容阐释说明
购入的存货	其成本包括：买价、运杂费（包括运输费、装卸费、保险费、包装费、仓储费等）、运输途中的合理损耗、入库前的挑选整理费用（包括挑选整理中发生的工费支出和挑选整理过程中所发生的数量损耗，并扣除回收的下脚废料价值）以及按规定应计入存货成本的税费和其他费用。
自制的存货	包括自制原材料、自制包装物、自制低值易耗品、自制半成品及库存商品等，其成本包括直接材料、直接人工和制造费用等各项实际支出。
委托外单位加工完成的存货	包括加工后的原材料、包装物、低值易耗品、半成品、产成品等，其成本包括实际耗用的原材料或者半成品、加工费、装卸费、保险费、委托加工的往返运输费等费用以及按规定应计入存货成本的税费。

【单项选择题】增值税一般纳税人购入农产品，收购发票上注明买价 100000 元，规定的增值税进项税额扣除率为 10%，另支付入库前挑选整理费 500 元，入账价值是（　　）元。

A. 90500　　　　　B. 113000　　　　　C. 113500　　　　　D. 100500

【答案】A。

【点拨】一般纳税人企业购入免税农产品，其买价的 13% 可作为增值税进项税额抵扣，因此其入账价值为：100000×(1−10%)+500=90500（元）。

(三) 下列费用不应计入存货成本，而应在其发生时计入当期损益

不应计入存货成本的费用如表 2-9 所示。

表 2-9 不应计入存货成本的费用

项目	内容阐释说明
非正常消耗的直接材料、直接人工和制造费用	应在发生时计入当期损益，不应计入存货成本。例如，由于自然灾害而发生的直接材料、直接人工和制造费用，由于这些费用的发生无助于使该存货达到目前场所和状态，不应计入存货成本，而应确认为当期损益。
仓储费用	指企业在存货采购入库后发生的储存费用，应在发生时计入当期损益。但是，在生产过程中为达到下一个生产阶段所必需的仓储费用应计入存货成本。例如，某种酒类产品生产企业为使生产的酒达到规定的产品质量标准而必须发生的仓储费用，应计入酒的成本，而不应计入当期损益。
不能归属于使存货达到目前场所和状态的其他支出	应在发生时计入当期损益，不得计入存货成本。

【多项选择题】下列各项与存货相关的费用中，应计入存货成本的有（　　）。

A. 材料采购过程中发生的保险费　　　　　B. 材料入库前发生的挑选整理费

C. 材料采购过程中发生的装卸费用　　　　D. 材料入库后发生的储存费用

【答案】ABC

【点拨】选项 D，一般情况下应计入当期损益。

【单项选择题】下列各项中，不计入存货采购成本的是（　　）。

A. 支付的进口关税　　　　　　　　　　　B. 负担的运输费用

C. 入库前的挑选费   D. 入库后的仓储费

【答案】D

【点拨】入库后的仓储费，计入管理费用；如果是采购过程中必不可少的仓储阶段，则发生的仓储费计入存货采购成本。

四、发出存货的计价方法

企业应当根据各类存货的实物流转方式、企业管理的要求、存货的性质等实际情况，合理地确定发出存货成本的计算方法，以及当期发出存货的成本。对于性质和用途相同的存货，应当采用相同的成本计算方法确定发出存货的成本。

实务中，企业发出的存货可以按实际成本核算，也可以按计划成本核算。如采用计划成本核算，会计期末应调整为实际成本。

在实际成本核算方式下，企业可以采用的发出存货成本的计价方法包括个别计价法、先进先出法、月末一次加权平均法和移动加权平均法等（见表 2-10）。

表 2-10 发出存货成本的计价方法

构成	概念	内容阐释
个别计价法	个别计价法亦称个别认定法、具体辨认法、分批实际法，采用这一方法是假设存货具体项目的实物流转与成本流转相一致，按照各种存货逐一辨认各批发出存货和期末存货所属的购进批别或生产批别，分别按其购入或生产时所确定的单位成本计算各批发出存货和期末存货成本的方法。	在这种方法下，把每一种存货的实际成本作为计算发出存货成本和期末存货成本的基础。 个别计价法的成本计算准确，符合实际情况，但在存货收发频繁的情况下，其发出成本分辨的工作量较大。因此，这种方法通常适用于一般不能替代使用的存货、为特定项目专门购入或制造的存货以及提供的劳务，如珠宝、名画等贵重物品。
先进先出法	先进先出法是指以先购入的存货应先发出（即用于销售或耗用）这样一种存货实物流动假设为前提，对发出存货进行计价的一种方法。	采用这种方法，先购入的存货成本在后购入存货成本之前转出，据此确定发出存货和期末存货的成本。具体方法是：收入存货时，逐笔登记收入存货的数量、单价和金额；发出存货时，按照先进先出的原则逐笔登记存货的发出成本和结存金额。 先进先出法可以随时结转存货发出成本，但较烦琐。如果存货收发业务较多，且存货单价不稳定时，其工作量较大。在物价持续上升时，期末存货成本接近于市价，而发出成本偏低，会高估企业当期利润和库存存货价值；反之，会低估企业存货价值和当期利润。
月末一次加权平均法	月末一次加权平均法是指以本月全部进货数量加上月初存货数量作为权数，去除本月全部进货成本加上月初存货成本，计算出存货的加权平均单位成本，以此为基础计算本月发出存货的成本和期末结存存货的成本的一种方法。	计算公式如下： $$存货单位成本 = \left[\begin{array}{c}月初结存\\存货成本\end{array} + \sum \left(\begin{array}{c}本月各批进货的\\实际单位成本\end{array} \times \begin{array}{c}本月各批\\进货的数量\end{array} \right) \right] \div \left(\begin{array}{c}月初库存\\存货的数量\end{array} + \begin{array}{c}当月各批进\\货数量之和\end{array} \right)$$ 本月发出存货的成本 = 本月发出存货的数量 × 存货单位成本 月末结存存货成本 = 月末结存存货的数量 × 存货单位成本 或： $$\begin{array}{c}月末结\\存存货成本\end{array} = \begin{array}{c}月初结存\\存货成本\end{array} + \begin{array}{c}本月收入\\存货成本\end{array} - \begin{array}{c}本月发出\\存货成本\end{array}$$ 采用月末一次加权平均法只在月末一次计算加权平均单价，有利于简化成本计算工作。但由于平时无法从账上提供发出和结存存货的单价及金额，不利于存货成本的日常管理与控制。

续表

构成	概念	内容阐释
移动加权平均法	移动加权平均法是指以每次进货的成本加上原有结存存货的成本的合计额，除以每次进货数量加上原有结存存货的数量的合计数，据以计算加权平均单位成本，作为在下次进货前计算各次发出存货成本依据的一种方法。	计算公式如下： $$存货单位成本 = \left(\begin{array}{c}原有结存\\存货成本\end{array} + \begin{array}{c}本次进货\\的成本\end{array}\right) \div \left(\begin{array}{c}原有结存\\存货数量\end{array} + \begin{array}{c}本次进\\货数量\end{array}\right)$$ 本次发出存货成本 = 本次发出存货数量 × 本次发货前存货的单位成本 月末结存存货成本 = 月末结存存货的数量 × 月末存货单位成本 或： $$\begin{array}{c}月末结\\存存货成本\end{array} = \begin{array}{c}月初结存\\存货成本\end{array} + \begin{array}{c}本月收入\\存货成本\end{array} - \begin{array}{c}本月发出\\存货成本\end{array}$$ 采用移动加权平均法能够使企业管理层及时了解存货的结存情况，计算的平均单位成本以及发出和结存的存货成本比较客观。但由于每次收货都要计算一次平均单位成本，计算工作量较大，对收发货较频繁的企业不太适用

【单项选择题】在其他情况既定的情况下，如果物价持续下跌，下列发出存货的成本计算方法中，导致本期发出存货成本偏高的方法是（　　）。

　　A. 先进先出法　　　　　B. 加权平均法　　　　　C. 计划成本法　　　　　D. 移动平均法

【答案】A

【点拨】在物价持续下跌时，先购进存货的取得成本高于后购进存货的取得成本。在采用先进先出法对发出存货进行计价的情况下，先发出的存货是最早取得的存货，也就是取得成本最高的存货。因此，会导致本期发出的存货成本偏高，从而使利润偏低。

【单项选择题】X公司2018年3月1日结存甲材料1000千克，单位成本为890元；当月外购甲材料1200千克，取得的增值税专用发票注明的价款为1080000元，增值税税额为183600元；当月生产领用甲材料500千克。X公司原材料采用先进先出法计算发出成本，则月末结存甲材料的总成本为（　　）元。

　　A. 1525000　　　　　B. 1456000　　　　　C. 1367000　　　　　D. 1789000

【答案】A

【点拨】先进先出法是先入库存货先发出的一种存货计价方法，故月末结存甲材料的总成本 $= (1000 - 500) \times 890 + 1080000 = 1525000$（元）。

【单项选择题】X企业采用移动加权平均法计算出甲材料的成本，2018年4月1日，甲材料结存300千克，每千克实际成本为3元；4月3日，发出甲材料100千克；4月12日，购入甲材料200千克，每千克实际成本10元；4月27日，发出甲材料350千克，4月末该企业甲材料的期末结存成本为（　　）元。

　　A. 450　　　　　B. 440　　　　　C. 500　　　　　D. 325

【答案】D

【点拨】移动加权平均法是指以每次进货的成本加上原有库存存货的成本，除以每次进货数量加上原有库存存货的数量，据以计算加权平均单位成本，作为在下次进货前计算各次发出存货成本依据的一种方法。

　　按照移动加权平均法，4月12日，甲材料的单位成本 $= \left[(300 - 100) \times 3 + 200 \times 10\right] \div$

$(300-100+200)=6.5$（元/千克），4月末该企业甲材料结存成本$=(300-100+200-350)\times6.5=325$（元）。故本题答案为D。

【单项选择题】某收藏珠宝、名画的公司，发出存货的计价方法适合采用（　　）。

A. 个别计价法　　　　　　　　B. 先进先出法

C. 月末一次加权平均法　　　　D. 移动加权平均法

【答案】A

【点拨】个别计价法适用于一般不能替代使用的存货、为特定项目专门购入或制造的存货以及提供的劳务，如珠宝、名画等贵重物品。

【多项选择题】（2016）存货按实际成本计价的企业，发出存货成本的计价方法有（　　）。

A. 月末一次加权平均法　　　　B. 个别计价法

C. 移动加权平均法　　　　　　D. 先进先出法

【答案】ABCD

【点拨】存货按实际成本计价的企业，发出存货成本的计价方法包括个别计价法、先进先出法、月末一次加权平均法和移动加权平均法。

五、原材料

（一）原材料的概念

原材料是指企业在生产过程中经过加工改变其形态或性质并构成产品主要实体的各种原料、主要材料和外购半成品，以及不构成产品实体但有助于产品形成的辅助材料。

（二）原材料的构成

原材料具体包括原料及主要材料、辅助材料、外购半成品（外购件）、修理用备件（备品备件）、包装材料、燃料等。

（三）原材料的核算方法

原材料的日常收入、发出及结存可以采用实际成本核算，也可以采用计划成本核算。

1. 采用实际成本核算

（1）原材料核算应设置的会计科目。材料采用实际成本核算时，材料的收入、发出及结存，无论总分类核算还是明细分类核算，均按照实际成本计价。使用的会计科目有"原材料""在途物资"等，"原材料"科目的借方、贷方及余额均以实际成本计价，不存在成本差异的计算与结转问题。但采用实际成本核算，日常反映不出材料成本是节约还是超支，从而不能反映和考核物资采购业务的经营成果。因此，这种方法通常适用于材料收发业务较少的企业。在实务中，对于材料收发业务较多并且计划成本资料较为健全、准确的企业，一般可以采用计划成本进行材料收入、发出的核算。

1)"原材料"科目。用于核算企业库存各种材料的收入、发出与结存情况。在原材料按实际成本核算时，"原材料"科目的借方登记入库材料的实际成本，贷方登记发出材料的实际成本，期末余额在借方，反映企业库存材料的实际成本。

2)"在途物资"科目。用于核算企业采用实际成本（进价）进行材料、商品等物资的日常核算、货款已付尚未验收入库的在途物资的采购成本，本科目应当按照供应单位和物资品种进行明细核算。"在途物资"科目的借方登记企业购入的在途物资的实际成本，贷方登记验收入库的在途物资的实际成本，期末余额在借方，反映企业在途物资的采购成本。

3) "应付账款"科目。用于核算企业因购买材料、商品和接受劳务等经营活动应支付的款项。"应付账款"科目的贷方登记企业因购入材料、商品和接受劳务等尚未支付的款项，借方登记支付的应付账款，期末余额一般在贷方，反映企业尚未支付的应付账款。

（2）原材料的账务处理。

1) 购入材料。由于支付方式不同，原材料入库的时间与付款的时间可能一致，也可能不一致，在账务处理上也有所不同。

a. 货款已经支付或开出、承兑商业汇票，同时材料已验收入库。

属于发票账单与材料同时到达的采购业务，企业材料已验收入库，应通过"原材料"科目核算，对于增值税专用发票上注明的可抵扣的进项税额，应借记"应交税费——应交增值税（进项税额）"科目。

b. 货款已经支付或已开出、承兑商业汇票，材料尚未到达或尚未验收入库。

属于已经付款或已开出、承兑商业汇票，但材料尚未到达或尚未验收入库的采购业务，应通过"在途物资"科目核算；待材料到达、入库后，再根据收料单，由"在途物资"科目转入"原材料"科目核算。

c. 货款尚未支付，材料已经验收入库。

在这种情况下，发票账单未到也无法确定实际成本，期末应按照暂估价值先入账，但在下月初，用红字冲销原暂估入账金额，待收到发票账单后再按照实际金额记账。即对于材料已到达并已验收入库，但发票账单等结算凭证未到，货款尚未支付的采购业务，应于期末按材料的暂估价值，借记"原材料"科目，贷记"应付账款——暂估应付账款"科目。下月初，用红字冲销原暂估入账金额，以便下月付款或开出、承兑商业汇票后，按正常程序，借记"原材料""应交税费——应交增值税（进项税额）"科目，贷记"银行存款"或"应付票据"等科目。

【判断题】（2017）月末货到单未到的入库材料应按暂估价入账，并于下月初用红字冲销原暂估入账金额。（   ）

【答案】√

d. 货款已经预付，材料尚未验收入库。

货款已付或已开出、承兑商业汇票，但存货尚未运达或尚未验收入库，在此情况下，企业应于支付货款或开出、承兑商业汇票时，按发票账单等结算凭证确定的存货成本，借记"在途物资"科目，按增值税专用发票上注明的增值税税额，借记"应交税费——应交增值税（进项税额）"科目，按实际支付的款项或应付票据面值，贷记"银行存款""应付票据"等科目；待存货运达企业并验收入库后，再根据有关验收凭证，借记"原材料""库存商品""周转材料"等科目，贷记"在途物资"科目。

【单项选择题】L企业为增值税一般纳税人，本期购入原材料用于生产，增值税专用发票上记载的价款为 100 万元（不含增值税），以银行存款支付运杂费 1 万元，包装费 3 万元，保险费 2 万元，则原材料的入账价值为（ ）万元。

    A. 100   B. 117   C. 106   D. 123

【答案】C

【点拨】一般纳税人购入的用于生产的材料，增值税可以抵扣，不计入原材料成本中。该批原材料入账价值 = 100 + 1 + 3 + 2 = 106（万元）。会计分录如下（单位：万元）：

借：原材料   106

    应交税费——应交增值税（进项税额）   17

    贷：银行存款   123

【单项选择题】某企业赊购一批原材料，取得增值税专用发票，注明的价款为 10 万元，增值税税额为 1.6 万元，现金折扣为：2/10，1/20，n/30。计算现金折扣不考虑增值税。该企业购进原材料确认的应付账款金额为（ ）万元。

    A. 11.6   B. 11.7   C. 9.8   D. 11.5

【答案】A

【点拨】该企业购进原材料的账务处理为：

借：原材料   10

    应交税费——应交增值税（进项税额）   1.6

    贷：应付账款   11.6

【单项选择题】某企业为增值税小规模纳税人，该企业购入一批原材料，取得增值税专用发票上注明的价款为 150 万元，增值税税额为 24 万元，另付运费 1 万元，增值税税额为 0.1 万元。如不考虑其他因素，该批原材料的入账成本为（ ）万元。

    A. 151   B. 175.1   C. 176.5   D. 175.5

【答案】B

【点拨】因该企业为增值税小规模纳税人，所以增值税税额计入原材料的入账成本，该批原材料的入账成本 = 150 + 24 + 1 + 0.1 = 175.1（万元）。

【多项选择题】某企业为增值税一般纳税人，开出银行承兑汇票购入原材料一批，并支付银行承兑手续费。下列各项中，关于该企业采购原材料的会计处理，表述正确的有（ ）。

    A. 支付的运输费计入材料成本

    B. 支付的可以抵扣的增值税进项税额计入材料成本

    C. 支付的原材料价款计入材料成本

    D. 支付的票据承兑手续费计入财务费用

【答案】ACD

【点拨】选项 B，支付的可以抵扣的增值税进项税额应计入"应交税费——应交增值税（进项税额）"科目，不计入材料成本。

2）发出材料。企业发出材料主要有以下几种情形：

a. 生产经营领用材料，企业按照领用材料的用途，借记"生产成本""制造费用""销售费用""管理费用"等科目，贷记"原材料"科目。

b. 出售材料结转成本，借记"其他业务成本"科目，贷记"原材料"科目。

c. 发出委托外单位加工的材料，借记"委托加工物资"科目，贷记"原材料"科目。

企业采用实际成本进行材料日常核算的，发出材料的实际成本，可以采用先进先出法、月末一次加权平均法、移动加权平均法或个别计价法计算确定。

企业各生产单位及有关部门领用的材料具有种类多、业务频繁等特点。为了简化核算，企业可以在月末根据"领料单"或"限额领料单"中有关领料的单位、部门等加以归类，编制"发料凭证汇总表"，据以编制记账凭证、登记入账。发出材料实际成本的确定，可以由企业从上述个别计价法、先进先出法、月末一次加权平均法、移动加权平均法等方法中选择。计价方法一经确定，不得随意变更。如需变更，应在附注中予以说明。

【单项选择题】下列各项中，关于企业领用原材料的会计处理表述不正确的是（　　）。

A. 专设销售机构日常维修房屋领用的原材料应计入销售费用

B. 生产车间生产产品领用原材料成本应计入成本

C. 在建厂房工程领用的原材料成本应计入工程成本

D. 生产车间日常维修房屋领用的原材料应计入制造费用

【答案】D

【点拨】生产车间日常维修房屋领用的原材料应计入管理费用。

【单项选择题】某企业采用月末一次加权平均法核算发出材料成本。2018年6月1日结存乙材料200件，单位成本35元；6月10日购入乙材料400件，单位成本40元；6月20日购入乙材料400件，单位成本45元。当月发出乙材料600件。如不考虑其他因素，该企业6月发出乙材料的成本为（　　）元。

A. 24600　　　　B. 25000　　　　C. 26000　　　　D. 23000

【答案】A

【点拨】存货单位成本 $=[(200\times35)+(400\times40)+(400\times45)]\div(200+400+400)=41$（元）；该企业6月发出乙材料的成本 $=41\times600=24600$（元）。

2. 采用计划成本核算

（1）原材料核算应设置的会计科目。

材料采用计划成本核算时，材料的收入、发出及结存，无论总分类核算还是明细分类核算，均按照计划成本计价。

使用的会计科目有"原材料""材料采购""材料成本差异"等。材料实际成本与计划成本的差异，通过"材料成本差异"科目核算。月末，计算本月发出材料应负担的成本差异并进行分摊，根据领用材料的用途计入相关资产的成本或者当期损益，从而将发出材料的计划成本调整为实际成本。

1）"原材料"科目。"原材料"科目用于核算库存各种材料的收入、发出与结存情况。在采用计划成本核算材料时，"原材料"科目的借方登记入库材料的计划成本，贷方登记发出材料的计划成本，期末余额在借方，反映企业库存材料的计划成本。

2)"材料采购"科目。"材料采购"科目借方登记采购材料的实际成本,贷方登记入库材料的计划成本。借方大于贷方表示超支,从"材料采购"科目贷方转入"材料成本差异"科目的借方;贷方大于借方表示节约,从"材料采购"科目借方转入"材料成本差异"科目的贷方;期末为借方余额,反映企业在途材料的采购成本。

3)"材料成本差异"科目。"材料成本差异"科目反映企业已入库各种材料的实际成本与计划成本的差异,借方登记超支差异及发出材料应负担的节约差异,贷方登记节约差异及发出材料应负担的超支差异。期末如为借方余额,反映企业库存材料的实际成本大于计划成本的差异(即超支差异);如为贷方余额,反映企业库存材料实际成本小于计划成本的差异(即节约差异)。

(2)原材料的账务处理。

1)购入材料。

a. 货款已经支付,同时材料验收入库。在计划成本法下,购入的材料无论是否验收入库,都要先通过"材料采购"科目进行核算,以反映企业所购材料的实际成本,从而与"原材料"科目相比较,计算确定材料差异成本。

b. 货款已经支付,材料尚未验收入库。由于材料还没有验收入库,因此,不应借记"原材料"科目,同时也不用计算材料成本差异。

c. 货款尚未支付,材料已经验收入库。在这种情况下,对于尚未收到发票账单的收料凭证,月末应按计划成本暂估入账,借记"原材料"等科目,贷记"应付账款——暂估应付账款"科目,下月初,用红字予以冲回,借记"原材料"科目(红字),贷记"应付账款——暂估应付账款"科目(红字)。

企业购入验收入库的材料,按计划成本,借记"原材料"科目,贷记"材料采购"科目,按实际成本大于计划成本的差异,借记"材料成本差异"科目,贷记"材料采购"科目;按实际成本小于计划成本的差异,借记"材料采购"科目,贷记"材料成本差异"科目。在实务中,企业也可以集中在月末一次性对本月已付款或已开出并承兑商业汇票的入库材料汇总核算,计入"原材料"科目,同时结转材料成本差异。

2)发出材料。在企业采用计划成本对材料进行日常核算的情况下,企业发出材料同样也主要有以下几种情形:

a. 生产经营领用材料,企业按照领用材料的用途,借记"生产成本""制造费用""销售费用""管理费用"等科目,贷记"原材料"科目。

b. 出售材料结转成本,借记"其他业务成本"科目,贷记"原材料"科目。

c. 发出委托外单位加工的材料,借记"委托加工物资"科目,贷记"原材料"科目。

在实务中,为了简化核算,企业通常在月末,根据领料单等编制"发料凭证汇总表"结转发出材料的计划成本,按计划成本分别计入"生产成本""制造费用""销售费用""管理费用""其他业务成本""委托加工物资"等科目,贷记"原材料"科目,同时结转材料成本差异。

根据《企业会计准则第1号——存货》的规定,企业日常采用计划成本核算的,发出的材料成本应由计划成本调整为实际成本,通过"材料成本差异"科目进行结转,按照所发出材料的用途，分别计入"生产成本""制造费用""销售费用""管理费用""其他业务成本""委托加工物资"等科目。发出材料应负担的成本差异应当按期（月）分摊，不得在季末或年末一次计算。

$$本期材料\\成本差异率=\left(\begin{array}{c}期初结存材料\\的成本差异\end{array}+\begin{array}{c}本期验收入库\\材料的成本差异\end{array}\right)\div\left(\begin{array}{c}期初结存材料\\的计划成本\end{array}+\begin{array}{c}本期验收入库\\材料的计划成本\end{array}\right)\times 100\%$$

发出材料应负担的成本差异＝发出材料的计划成本×本期材料成本差异率

如果企业的材料成本差异率各期之间是比较均衡的，也可以采用期初材料成本差异率分摊本期的材料成本差异。年度终了，应对材料成本差异率进行核实调整。

期初材料成本差异率＝期初结存材料的成本差异÷期初结存材料的计划成本×100%

发出材料应负担的成本差异＝发出材料的计划成本×期初材料成本差异率

【多项选择题】某企业采用计划成本法核算，本月采购一批材料，实际成本大于计划成本，则下列账务处理中，正确的有（　　）。

A. 借：材料采购
　　贷：银行存款

B. 借：原材料
　　材料成本差异
　　贷：材料采购

C. 借：原材料
　　贷：银行存款

D. 借：原材料
　　贷：银行存款
　　　　材料成本差异

【答案】AB

【点拨】计划成本法下，先通过"材料采购"科目核算实际成本，入库时，按照计划成本金额计入"原材料"科目，两者之间的差额计入"材料成本差异"科目，超支差计入借方，节约差计入贷方。

【单项选择题】某企业月初原材料借方金额为20万元，材料成本差异借方余额为0.2万元，当月入库材料计划成本为60万元，材料成本差异为节约1.8万元，当月领用材料计划成本为45万元，结存材料的实际成本为（　　）万元。

A. 34.3　　　　B. 35.7　　　　C. 35　　　　D. 33.4

【答案】A

【点拨】材料成本差异率＝(0.2－1.8)÷(20＋60)＝－0.2%

结存材料的实际成本＝(20＋60－45)×(1－0.2%)＝34.3（万元）

【单项选择题】某企业采用计划成本进行材料的日常核算。本月初结存材料计划成本为300万元，月初结存材料成本差异为超支2万元；本月购入材料计划成本为700万元，购入材料成本差异为节约10万元。本月材料成本差异率为（　　）。

A. 0.8%　　　　B. 1.2%　　　　C. －1.2%　　　　D. －0.8%

【答案】D

【点拨】本月材料成本差异率＝（期初结存材料的成本差异＋本期验收入库材料的成本差异）÷（期初结存材料的计划成本＋本期验收入库材料的计划成本）×100%＝（2－10）÷（300＋700）×100%＝－0.8%

【判断题】采用计划成本法对材料进行日常核算的企业，应在季末或年末一次计算分摊材料成本差异。（　　）

【答案】×

【点拨】企业采用计划成本法对材料进行日常核算，应按月分摊发出材料应负担的材料成本差异，而不是在季末或年末一次计算分摊。

【多项选择题】下列各项关于存货的实际成本与计划成本区别的说法中，不正确的有（　　）。

A. 如果企业采用计划成本核算存货，那么会计期末应调整为实际成本

B. 在采用计划成本核算存货时，实际成本与计划成本之间的差异计入材料采购

C. 在采用实际成本核算存货时，尚未验收未入库的存货要通过"在途物资"科目核算

D. 在采用计划成本核算存货时，尚未验收未入库的存货要通过"在途物资"科目核算

【答案】BD

【点拨】在采用实际成本核算存货时，尚未验收入库的存货要通过"在途物资"科目核算，入库后计入"原材料"等科目；在采用计划成本核算存货时，尚未验收入库存货的实际成本要通过"材料采购"科目核算，入库时按照计划成本计入"原材料"等科目，实际成本与计划成本之间的差异计入"材料成本差异"科目。如果企业采用计划成本核算存货，那么会计期末应调整为实际成本。选项A、C正确，选项B、D错误。

六、周转材料

（一）周转材料的概念

周转材料是指企业能够多次使用，不符合固定资产定义，逐渐转移其价值但仍保持原有形态，不确认为固定资产的材料。

（二）周转材料的构成

企业的周转材料包括包装物和低值易耗品。

（三）包装物

1. 包装物的概念

包装物是指为了包装本企业商品而储备的各种包装容器，如桶、箱、瓶、坛、袋等。

2. 包装物的构成

包装物具体包括：

（1）生产过程中用于包装产品作为产品组成部分的包装物。

（2）随同商品出售而不单独计价的包装物。

（3）随同商品出售单独计价的包装物。

（4）出租或出借给购买单位使用的包装物。

3. 包装物的账务处理

（1）会计科目。为了反映和监督包装物的增减变动及其价值损耗、结存等情况，企业应当没置"周转材料——包装物"科目进行核算，借方登记包装物的增加，贷方登记包装物的减少，期末余额在借方，通常反映企业期末结存包装物的金额。

（2）会计分录。对于生产领用包装物，应根据领用包装物的实际成本或计划成本，借记"生产成本"科目，贷记"周转材料——包装物""材料成本差异"（采用计划成本核算时使用该科目）等科目。

随同商品出售而不单独计价的包装物，应于包装物发出时，按其实际成本计入销售费用，借记"销售费用"科目，贷记"周转材料——包装物"等科目。

随同商品出售而单独计价的包装物，一方面应反映其销售收入，计入"其他业务收入"科目的贷方；另一方面应反映其实际销售成本，计入"其他业务成本"科目的借方。

多次使用的包装物应当根据使用次数分次进行摊销。

1) 生产领用包装物。生产领用包装物，应按照领用包装物的实际成本，借记"生产成本"科目，按照领用包装物的计划成本，贷记"周转材料——包装物"科目，按照其差额，借记或贷记"材料成本差异"科目。

2) 随同商品出售包装物。随同商品出售包装物具体包括两种情形，其账务处理不尽相同。

a. 随同商品出售而不单独计价的包装物。

应按其实际成本计入销售费用，借记"销售费用"科目，按其计划成本，贷记"周转材料——包装物"科目，按其差额，借记或贷记"材料成本差异"科目。

b. 随同商品出售而单独计价的包装物。

按照实际取得的金额，借记"银行存款"等科目，按照其销售收入，贷记"其他业务收入"科目，按照增值税专用发票上注明的增值税销项税额，贷记"应交税费——应交增值税（销项税额）"科目；同时，结转所销售包装物的成本，应按其实际成本，借记"其他业务成本"科目，按其计划成本，贷记"周转材料——包装物"科目，按其差额，借记或贷记"材料成本差异"科目。

【多项选择题】下列各项中，关于周转材料会计处理表述正确的有（　　）。

A. 低值易耗品金额较小的可在领用时一次计入成本费用

B. 随同商品销售出借的包装物的摊销额应计入管理费用

C. 多次使用的包装物应在最后一次使用结束后一次性摊销

D. 随同商品出售单独计价的包装物取得的收入应计入其他业务收入

【答案】AD

【点拨】选项 B，随同商品销售出借的包装物的摊销额应计入销售费用；选项 C，多次使用的包装物应根据使用次数分次进行摊销。

【多项选择题】(2016) 下列各项中，有关包装物的会计处理表述正确的有 (   )。

A. 随商品出售不单独计价的包装物成本，计入销售费用

B. 生产领用的包装物成本，计入生产成本

C. 随商品出售单独计价的包装物成本，计入其他业务成本

D. 多次反复使用的包装物成本，根据使用次数分次摊销计入相应成本费用

【答案】ABCD

(四) 低值易耗品

1. 低值易耗品的内容

作为存货核算和管理的低值易耗品，一般划分为一般工具、专用工具、替换设备、管理用具、劳动保护用品和其他用具等。

2. 低值易耗品的账务处理

(1) 会计科目。为了反映和监督低值易耗品的增减变动及其结存情况，企业应当设置"周转材料——低值易耗品"科目，借方登记低值易耗品的增加，贷方登记低值易耗品的减少，期末余额在借方，通常反映企业期末结存低值易耗品的金额。

(2) 会计分录。低值易耗品等企业的周转材料符合存货定义和条件的，按照使用次数分次计入成本费用。

金额较小的，可在领用时一次计入成本费用，但为加强实物管理，应当在备查簿上进行登记。

采用分次摊销法摊销低值易耗品，低值易耗品在领用时摊销其账面价值的单次平均摊销额。分次摊销法适用于可供多次反复使用的低值易耗品。在采用分次摊销法的情况下，需要单独设置"周转材料——低值易耗品——在用""周转材料——低值易耗品——在库"和"周转材料——低值易耗品——摊销"明细科目。

【判断题】企业领用的低值易耗品，在领用时均应计入制造费用科目。(   )

【答案】×

【点拨】低值易耗品如果是生产车间领用的，通常应计入制造费用，期末再进行分配计入生产成本；但是，如果该生产车间只生产一种产品，也可以直接计入生产成本，不需要通过制造费用进行归集。如果是企业管理部门领用的，则应计入管理费用。

【单项选择题】基本生产车间使用的低值易耗品报废时，下列对其残料价值的会计处理中，正确的是 (   )。

A. 冲减当期的管理费用

B. 冲减当期的制造费用

C. 计入营业外收入

D. 冲减营业外支出

【答案】B

【点拨】报废低值易耗品的残料价值应冲减当期有关成本费用。因此，基本生产车间使用的低值易耗品报废时应冲减当期的制造费用。

七、委托加工物资

(一) 委托加工物资的概念

委托加工物资是指企业委托外单位加工的各种材料、商品等物资。

（二）委托加工物资的成本构成

企业委托外单位加工物资的成本包括加工中实际耗用物资的成本、支付的加工费用及应负担的运杂费、支付的税费等。

（三）委托加工物资的账务处理

1. 会计科目

为了反映和监督委托加工物资增减变动及其结存情况，企业应当设置"委托加工物资"科目，借方登记委托加工物资的实际成本，贷方登记加工完成验收入库的物资的实际成本和剩余物资的实际成本，期末余额在借方，反映企业尚未完工的委托加工物资的实际成本等。

2. 会计分录

委托加工物资也可以采用计划成本或售价进行核算，其方法与库存商品相似（见表 2-11）。

表 2-11 委托加工物资的会计分录

项目	内容阐释说明
发出物资	需要说明的是，企业向外单位发出加工物资时，如果采用计划成本或售价核算的，还应同时结转材料成本差异或商品进销差价，贷记或借记"材料成本差异"科目，或借记"商品进销差价"科目。
支付加工费、运费等	需要说明的是，企业向外单位发出加工物资支付的运费：①计入委托加工物资的成本，借记"委托加工物资"科目；②将支付的、可抵扣的增值税进项税额，计入"应交税费——应交增值税（进项税额）"科目单独核算。
加工完成验收入库	需要注意的是，需要缴纳消费税的委托加工物资，由受托方代收代缴的消费税，收回后用于直接销售的，计入"委托加工物资"科目；收回后用于继续加工的，计入"应交税费——应交消费税"科目。

【判断题】 企业委托外单位加工物资的成本包括加工中实际耗用物资的成本、支付的加工费及应负担的运杂费等。（　　）

【答案】 √

【点拨】 本题考核委托加工物资的成本，题干表述正确。

【多项选择题】（2017）下列各项中，应计入加工收回后直接出售的委托加工物资成本的有（　　）。

A. 由受托方代收缴的消费税　　B. 支付委托加工的往返运输费

C. 实际耗用的原材料费用　　D. 支付的加工费

【答案】 ABCD

【点拨】 委托加工物资收回后直接出售，应将材料费用、加工费、运输费以及受托方代收代缴的消费税计入委托加工物资的成本。

【判断题】 企业委托外单位加工物资的成本包括加工中实际耗用物资的成本、支付的加工费用及应负担的运杂费、支付的相关税费（不包括增值税）等。（　　）

【答案】 √

【点拨】 企业委托外单位加工物资的成本包括加工中实际耗用物资的成本、支付的加工费用及应负担的运杂费、支付的相关税费等。

八、库存商品

（一）库存商品的概念

库存商品是指企业完成全部生产过程并已验收入库、合乎标准规格和技术条件，可以按照合同规定的条件送交订货单位，或可以作为商品对外销售的产品以及外购或委托加工完成验收入库用于销售的各种商品。

（二）库存商品的内容

库存商品具体包括库存产成品、外购商品、存放在门市部准备出售的商品、发出展览的商品、寄存在外的商品、接受来料加工制造的代制品和为外单位加工修理的代修品等。已完成销售手续但购买单位在月末未提取的产品，不应作为企业的库存商品，而应作为代管商品处理，单独设置"代管商品"备查簿进行登记。

为了反映和监督库存商品的增减变动及其结存情况，企业应当设置"库存商品"科目，借方登记验收入库的库存商品成本，贷方登记发出的库存商品成本，期末余额在借方，反映各种库存商品的实际成本。

（三）库存商品的账务处理

1. 验收入库商品

对于库存商品采用实际成本核算的企业，当产品完成生产并验收入库时，应按实际成本，借记"库存商品"科目，贷记"生产成本——基本生产成本"科目。

2. 发出商品

企业销售商品、确认收入结转销售成本，借记"主营业务成本"等科目，贷记"库存商品"科目。

商品流通企业购入的商品可以采用进价或售价核算。采用售价核算的，商品售价和进价的差额，可通过"商品进销差价"科目核算。月末，应分摊已销商品的进销差价，将已销商品的销售成本调整为实际成本，借记"商品进销差价"科目，贷记"主营业务成本"科目。

商品流通企业的库存商品还可以采用毛利率法和售价金额核算法进行日常核算。

（1）毛利率法。毛利率法是指根据本期销售净额乘以上期实际（或本期计划）毛利率匡算本期销售毛利，并据以计算发出存货和期末存货成本的一种方法。

其计算公式如下：

毛利率＝销售毛利÷销售额×100%

销售净额＝商品销售收入－销售退回与折让

销售毛利＝销售额×毛利率

销售成本＝销售额－销售毛利

期末存货成本＝期初存货成本＋本期购货成本－本期销售成本

这一方法是商品流通企业，尤其是商业批发企业常用的计算本期商品销售成本和期末库存商品成本的方法。商品流通企业由于经营商品的品种繁多，如果分品种计算商品成本，工作量将大大增加，而且一般来讲，商品流通企业同类商品的毛利率大致相同，采用这种存货计价方法既能减轻工作量，也能满足对存货管理的需要。

（2）售价金额核算法。售价金额核算法是指平时商品的购入、加工收回、销售均按售价记账，售价与进价的差额通过"商品进销差价"科目核算，期末计算进销差价率和本期已销售商品应分摊的进销差价，并据以调整本期销售成本的一种方法。

计算公式如下：

$$商品进销差价率 = \left(\frac{期初库存商}{品进销差价} + \frac{本期购入商}{品进销差价}\right) \div \left(\frac{期初库存}{商品售价} + \frac{本期购入}{商品售价}\right) \times 100\%$$

本期销售商品应分摊的商品进销差价＝本期商品销售收入×商品进销差价率

本期销售商品的成本＝本期商品销售收入－本期销售商品应分摊的商品进销差价

$$\frac{期末结存}{商品的成本} = \frac{期初库存商品}{的进价成本} + \frac{本期购进商品}{的进价成本} - \frac{本期销售}{商品的成本}$$

如果企业的商品进销差价率各期之间比较均衡，也可以采用上期商品进销差价率分摊本期的商品进销差价。年度终了，应对商品进销差价进行核实调整。

对于从事商业零售业务的企业（如百货公司、超市等），由于经营的商品种类、品种、规格等繁多，而且要求按商品零售价格标价，采用其他成本计算结转方法均较困难，因此广泛采用这一方法。

【单项选择题】某商场库存商品采用售价金额核算法进行核算。月初库存商品进价成本为34万元，售价总额为45万元。当月购进商品的进价成本为126万元，售价总额为155万元。当月销售收入为130万元。月末结存商品的实际成本为（　　）万元。

A. 30　　　　B. 56　　　　C. 104　　　　D. 130

【答案】B

【点拨】商品进销差价率＝（11＋29）÷（45＋155）×100%＝20%，本期销售商品的成本＝130－130×20%＝104（万元），月末结存商品的实际成本＝34＋126－104＝56（万元）。

【单项选择题】（2016）某商场采用售价金额法核算库存商品。2015年3月1日，该商场库存商品的进价成本总额为180万元，售价总额为250万元；本月购入商品的进价成本总额为500万元，售价总额为750万元；本月实现的销售收入总额为600万元。不考虑其他因素，2015年3月31日该商场库存商品的成本总额为（　　）万元。

A. 408　　　　B. 400　　　　C. 272　　　　D. 192

【答案】C

【点拨】本月商品进销差价率＝（期初库存商品进销差价＋本期购入商品进销差价）÷（期初库存商品售价＋本期购入商品售价）×100%＝（250－180＋750－500）÷（250＋750）×100%＝32%，2015年3月31日该商场库存商品的成本总额＝期初库存商品的进价成本＋本期购进商品的进价成本－本期销售商品的成本＝180＋500－600×（1－32%）＝272（万元）。

【单项选择题】（2016）某企业因水灾毁损一批实际成本为500000元的库存商品。其残料价值50000元已验收入库，应由保险公司赔偿300000元。不考虑其他因素，下列选项中，关于毁损库存商品的会计处理正确的是（　　）。

A. 批准处理前：

借：待处理财产损溢   500000
　　贷：主营业务成本   500000
　　B. 批准处理后：
借：其他应收款   300000
　　原材料   50000
　　营业外支出   150000
　　贷：待处理财产损溢   500000
　　C. 批准处理后：
借：管理费用   150000
　　贷：待处理财产损溢   150000
　　D. 批准处理前：
借：待处理财产损溢   150000
　　贷：库存商品   150000

【答案】B

【点拨】报经批准前：
借：待处理财产损溢   500000
　　贷：库存商品   500000
　报经批准后：
借：原材料   50000
　　其他应收款   300000
　　营业外支出   150000
　　贷：待处理财产损溢   500000

九、存货清查

（一）存货清查的概念

存货清查是指通过对存货的实地盘点，确定存货的实有数量，并与账面结存数核对，从而确定存货实存数与账面结存数是否相符的一种专门方法。

（二）存货的盘盈、盘亏

由于存货种类繁多、收发频繁，在日常收发过程中可能发生计量错误、计算错误、自然损耗，还可能发生损坏变质以及贪污、盗窃等情况，造成账实不符，形成存货的盘盈、盘亏。对于存货的盘盈、盘亏，应填写存货盘点报告（如实存账存对比表），及时查明原因，按照规定程序报批处理。

（三）存货清查的账务处理

1. 会计科目

为了反映和监督企业在财产清查中查明的各种存货的盘盈、盘亏和毁损情况，企业应当设置"待处理财产损溢"科目，借方登记存货的盘亏、毁损金额及盘盈的转销金额，贷方登记存货的盘盈金额及盘亏的转销金额。

企业清查的各种存货损益，应在期末结账前处理完毕，期末处理后，"待处理财产损溢"科目应无余额。

2. 会计分录

（1）存货盘盈的账务处理。企业发生存货盘盈时，借记"原材料""库存商品"等科目，贷记"待处理财产损溢"科目；按管理权限报经批准后，借记"待处理财产损溢"科目，贷记"管理费用"科目。

（2）存货盘亏及毁损的账务处理。企业发生存货盘亏及毁损时，借记"待处理财产损溢"科目，贷记"原材料""库存商品"等科目。在按管理权限报经批准后应作如下账务处理：入库的残料价值，计入"原材料"等科目；应由保险公司和过失人赔款，计入"其他应收款"科目；扣除残料价值和应由保险公司、过失人赔款后的净损失，属于一般经营损失的部分，计入"管理费用"科目，属于非常损失的部分，计入"营业外支出"科目。

【单项选择题】某增值税一般纳税企业因暴雨毁损库存原材料一批，其成本为1000000元，经确认应转出的增值税税额为170000元；收回残料价值80000元，收到保险公司赔偿款640000元。假定不考虑其他因素，经批准企业确认该材料毁损净损失的会计分录是（　　）。

A. 借：营业外支出　　　　　　 450000
　　 贷：待处理财产损溢　　　　　　　　　 450000
B. 借：管理费用　　　　　　　 450000
　　 贷：待处理财产损溢　　　　　　　　　 450000
C. 借：营业外支出　　　　　　 530000
　　 贷：待处理财产损溢　　　　　　　　　 530000
D. 借：管理费用　　　　　　　 530000
　　 贷：待处理财产损溢　　　　　　　　　 530000

【答案】A

【点拨】本题考核材料毁损的处理。该企业材料毁损经批准前计入待处理财产损溢的金额=100+17=117（万元），扣除收回残料价值以及保险公司赔款后的净损失=117-8-64=45（万元）。

【多项选择题】企业的库存材料发生盘亏或毁损，应先计入待处理财产损溢，待查明原因后按情况可分别计入（　　）。

A. 管理费用　　　　 B. 营业外支出　　　　 C. 财务费用　　　　 D. 其他应收款

【答案】ABD

【点拨】属于管理不善造成的霉变、毁损等，应由过失人赔偿部分计入"其他应收款"科目，其余部分计入"管理费用"科目；属于自然灾害、意外事故等造成的损失，由保险公司赔偿的部分计入"其他应收款"科目，入库的残料价值部分计入"原材料"科目，净损失计入"营业外支出"科目。

十、存货减值

在会计期末，存货应当按照成本与可变现净值孰低进行计量。

（一）存货跌价准备的计提和转回

资产负债表日，存货应当按照成本与可变现净值孰低计量。

其中，成本是指期末存货的实际成本，如企业在存货成本的日常核算中采用计划成本法、售价金额核算法等简化核算方法，则成本为经调整后的实际成本。

可变现净值是指在日常活动中，存货的估计售价减去至完工时估计将要发生的成本、估计的销售费用以及估计的相关税费后的金额。可变现净值的特征表现为存货的预计未来净现金流量，而不是存货的售价或合同价。

当存货成本低于可变现净值时，存货按成本计价；当存货成本高于可变现净值时，存货按可变现净值计价。当存货成本高于其可变现净值时，表明存货可能发生损失，应在存货销售之前确认这一损失，计入当期损益，并相应减少存货的账面价值。以前减记存货价值的影响因素已经消失的，减记的金额应当予以恢复，并在原已计提的存货跌价准备金额内转回，转回的金额计入当期损益。

（二）存货跌价准备的账务处理

1. 会计科目

为了反映和监督存货跌价准备的计提、转回和转销情况，企业应当设置"存货跌价准备"科目，贷方登记计提的存货跌价准备；借方登记实际发生的存货跌价损失和转回的存货跌价准备，期末余额一般在贷方，反映企业已计提但尚未转销的存货跌价准备。

2. 会计分录

当存货成本高于其可变现净值时，企业应当按照存货可变现净值低于账面价值的差额，借记"资产减值损失——计提的存货跌价准备"科目，贷记"存货跌价准备"科目。转回已计提的存货跌价准备金额时，按《企业会计准则》允许恢复增加的金额，借记"存货跌价准备"科目，贷记"资产减值损失——计提的存货跌价准备"科目。

企业结转存货销售成本时，对于已计提存货跌价准备的，应当一并结转，同时调整销售成本，借记"存货跌价准备"科目，贷记"主营业务成本""其他业务成本"等科目。

在资产负债表日，为生产而持有的材料等，用其生产的产成品的可变现净值高于成本的，该材料仍然应当按照成本计量；材料价格的下降表明产成品的可变现净值低于成本的，该材料应当按照可变现净值计量。也就是说，材料存货在期末通常按照成本计量，除非企业用其生产的产成品发生了跌价，并且该跌价是由材料本身的价格下跌所引发的，才需要考虑计算材料存货的可变现净值，然后将该材料的可变现净值与成本进行比较，从而确定材料存货是否发生了跌价问题。

【多项选择题】下列与存货相关会计处理的表述中，正确的有（　　）。

A. 应收保险公司存货损失赔偿款计入其他应收款

B. 资产负债表日存货应按成本与可变现净值孰低计量

C. 按管理权限报经批准的盘盈存货价值冲减管理费用

D. 结转商品销售成本的同时转销其已计提的存货跌价准备

【答案】ABCD

【点拨】四个选项的说法全部正确。

第六节　固定资产

一、固定资产的概念

固定资产是指同时具有以下特征的有形资产：

（1）为生产商品、提供劳务、出租或经营管理而持有。

（2）使用寿命超过一个会计年度。

二、固定资产的特征

（1）企业持有固定资产，是为了满足生产商品、提供劳务、出租或经营管理的需要，而不像存货是为了对外出售。这一特征是固定资产区别于存货等流动资产的重要标志。

（2）企业使用固定资产的期限较长，使用寿命一般超过一个会计年度。这一特征表明企业固定资产属于非流动资产，其给企业带来的收益期超过一年，能在一年以上的时间里为企业创造经济利益。

三、固定资产的分类

（一）按经济用途分类

按固定资产的经济用途分类：

1. 生产经营用固定资产

是指直接服务于企业生产、经营过程的各种固定资产，如生产经营用的房屋、建筑物、机器、设备、器具、工具等。

2. 非生产经营用固定资产

是指不直接服务于生产、经营过程的各种固定资产，如职工宿舍等使用的房屋、设备和其他固定资产等。

按照固定资产的经济用途分类，可以归类反映和监督企业生产经营用固定资产和非生产经营用固定资产之间，以及生产经营用各类固定资产之间的组成和变化情况，借以考核和分析企业固定资产的利用情况，促使企业合理地配置固定资产，充分发挥其效用。

（二）综合分类

按固定资产的经济用途和使用情况等综合分类，包括：

（1）生产经营用固定资产。

（2）非生产经营用固定资产。

（3）租出固定资产（指企业在经营租赁方式下出租给外单位使用的固定资产）。

（4）不需用固定资产。

（5）未使用固定资产。

（6）土地（指过去已经估价单独入账的土地。因征地而支付的补偿费，应计入与土地有关的房屋、建筑物的价值内，不单独作为土地价值入账。企业取得的土地使用权，应作为无形资产管理和核算，不作为固定资产管理和核算）。

（7）融资租入固定资产（指企业以融资租赁方式租入的固定资产，在租赁期内应视同自有固定资产进行管理）。

由于企业的经营性质不同，经营规模各异，对固定资产的分类不可能完全一致。但实际工作中，企业大多采用综合分类的方法作为编制固定资产目录、进行固定资产核算的依据。

四、固定资产核算应设置的会计科目

固定资产核算应设置的会计科目如表 2-12 所示。

表 2-12　固定资产核算应设置的会计科目

项目	内容阐释说明
"固定资产"科目	该科目核算企业固定资产的原价，借方登记企业增加的固定资产原价，贷方登记企业减少的固定资产原价，期末为借方余额，反映企业期末固定资产的账面原价。 企业应当设置"固定资产登记簿"和"固定资产卡片"，按固定资产类别、使用部门和每项固定资产进行明细核算。
"累计折旧"科目	该科目属于"固定资产"的调整科目，核算企业固定资产的累计折旧，贷方登记企业计提的固定资产折旧，借方登记处置固定资产转出的累计折旧，期末为贷方余额，反映企业固定资产的累计折旧额。
"在建工程"科目	该科目核算企业基建、更新改造等在建工程发生的支出，借方登记企业各项在建工程的实际支出，贷方登记完工工程转出的成本，期末为借方余额，反映企业尚未达到预定可使用状态的在建工程的成本。
"工程物资"科目	该科目核算企业为在建工程而准备的各种物资的实际成本，借方登记企业购入工程物资的成本，贷方登记领用工程物资的成本，期末为借方余额，反映企业为在建工程准备的各种物资的成本。
"固定资产清理"科目	该科目核算企业因出售、报废、毁损、对外投资、非货币性资产交换、债务重组等原因转入清理的固定资产价值以及在清理过程中发生的清理费用和清理收益，借方登记转出的固定资产账面价值、清理过程中应支付的相关税费及其他费用，贷方登记出售固定资产取得的价款、残料价值和变价收入。期末如为借方余额，反映企业尚未清理完毕的固定资产清理净损失，期末如为贷方余额，则反映企业尚未清理完毕的固定资产清理净收益。固定资产清理完成时，借方登记转出的清理净收益，贷方登记转出的清理净损失，结转清理净收益、净损失后，该科目无余额。企业应当按照被清理的固定资产项目设置明细账，进行明细核算。
"固定资产减值准备""在建工程减值准备""工程物资减值准备"等科目	企业固定资产、在建工程、工程物资发生减值的，还应当设置"固定资产减值准备""在建工程减值准备""工程物资减值准备"等科目进行核算。

【多项选择题】下列各项中，应通过"固定资产清理"科目核算的有（　　　）。

A. 固定资产盘亏的账面价值　　　B. 固定资产出售的账面价值

C. 固定资产更新改造支出　　　　D. 固定资产毁损净损失

【答案】BD

【点拨】选项A，固定资产盘亏的账面价值通过"待处理财产损溢"科目核算；选项C，固定资产更新改造支出通过"在建工程"科目核算。

【单项选择题】下列各项中，应计入"固定资产清理"科目贷方的是（　　）。

A. 清理固定资产发生的税费　　　　　B. 清理固定资产的变价收入

C. 清理固定资产的账面价值　　　　　D. 结转的固定资产清理净收益

【答案】B

【点拨】清理固定资产发生的税费、清理固定资产的账面价值应计入"固定资产清理"科目的借方。结转的固定资产清理净收益也计入"固定资产清理"科目的借方。

五、取得固定资产

（一）外购固定资产

企业外购的固定资产，应按实际支付的购买价款、相关税费、使固定资产达到预定可使用状态前所发生的可归属于该项资产的运输费、装卸费、安装费和专业人员服务费等，作为固定资产的取得成本。其中，相关税费不包括按照现行增值税制度规定，可以从销项税额中抵扣的增值税进项税额。

企业作为一般纳税人，购入不需要安装的机器设备、管理设备等动产时，应按支付的购买价款、使固定资产达到预定可使用状态前所发生的可归属于该项资产的运输费、装卸费和专业人员服务费等，作为固定资产成本，借记"固定资产"科目，取得增值税专用发票、海关完税证明或公路发票等增值税扣税凭证，并经税务机关认证可以抵扣的，应按专用发票上注明的增值税进项税额，借记"应交税费——应交增值税（进项税额）"科目，贷记"银行存款""应付账款"等科目。

企业作为一般纳税人，购入需要安装的动产时，应在购入的固定资产取得成本的基础上加上安装调试成本作为入账成本。按照购入需安装的固定资产的取得成本，借记"在建工程"科目，按购入固定资产时可抵扣的增值税进项税额，借记"应交税费——应交增值税（进项税额）"科目，贷记"银行存款""应付账款"等科目；按照发生的安装调试成本，借记"在建工程"科目，按取得的外部单位提供的增值税专用发票上注明的增值税进项税额，借记"应交税费——应交增值税（进项税额）"科目，贷记"银行存款"等科目；耗用了本单位的材料或人工的，按应承担的成本金额，借记"在建工程"科目，贷记"原材料""应付职工薪酬"等科目。安装完成达到预定可使用状态时，由"在建工程"科目转入"固定资产"科目，借记"固定资产"科目，贷记"在建工程"科目。

企业作为一般纳税人，自2016年5月1日后取得并按固定资产核算的不动产或者2016年5月1日后取得的不动产在建工程，取得增值税专用发票并通过税务机关认证时，应按增值税专用发票上注明的价款作为固定资产成本，借记"固定资产""在建工程"科目；其进项税额按现行增值税制度规定自取得之日起分两年从销项税额中抵扣，应按增值税专用发票上注明的增值税进项税额的60%作为当期可抵扣的进项税额，借记"应交税费——应交增值税（进项税额）"科目，按增值税专用发票上注明的增值税进项税额的40%作为自本月起第13个月可抵扣的进项税额，借记"应交税费——待抵扣进项税额"科目；按应付或实际支付的金额，贷记"应付账款""银行存款"等科目。上述待抵扣的进项税额在下年度同月允许抵扣时，按允许抵扣的金额，借记"应交税费——应交增值税（进项税额）"科目，贷记"应交税费——待抵扣进项税额"科目。

企业作为小规模纳税人，购入固定资产发生的增值税进项税额应计入固定资产成本，借记"固定资产"或"在建工程"科目，不通过"应交税费——应交增值税"科目核算。

企业以一笔款项购入多项没有单独标价的固定资产，应将各项资产单独确认为固定资产，并按各项固定资产公允价值的比例对总成本进行分配，分别确定各项固定资产的成本。

【单项选择题】某企业为增值税一般纳税人，购入生产用设备一台，增值税专用发票上注明价款 20 万元，增值税 3.4 万元，发生运费取得增值税专用发票注明运费 1 万元，增值税 0.11 万元，发生保险费取得增值税专用发票注明保险费 0.6 万元，增值税 0.036 万元，该设备取得时的成本为（　　）万元。

A. 20　　　　　　B. 21.6　　　　　　C. 21.746　　　　　　D. 25.074

【答案】B

【点拨】增值税一般纳税人取得增值税专用发票，其进项税额可以抵扣。该设备取得时的成本 = 20 + 1 + 0.6 = 21.6（万元）。

【单项选择题】2018 年 1 月 1 日，X 公司采用分期付款方式购入大型设备一套，当日投入使用。合同约定的价款为 2700 万元，分 3 年等额支付；已知该分期支付购买价款的现值为 2430 万元。假定不考虑其他因素，X 公司该设备的入账价值为（　　）万元。

A. 810　　　　　　B. 2430　　　　　　C. 900　　　　　　D. 2700

【答案】B

【点拨】采用分期付款方式购买固定资产，应当按照购买价款的现值确定固定资产的成本。因此，选项 B 正确。

【单项选择题】X 企业 2018 年 8 月 30 日购买一台生产用机器设备 1600 万元，截至 2018 年 12 月 31 日已计提累计折旧 700 万元，由于存在减值迹象计提减值准备 320 万元，则 X 企业 2018 年 12 月 31 日该项固定资产的账面价值、账面净值、账面余额分别为（　　）。

A. 1600 万元、1600 万元、1220 万元　　　　B. 1220 万元、1220 万元、900 万元
C. 900 万元、580 万元、580 万元　　　　　　D. 580 万元、900 万元、1600 万元

【答案】D

【点拨】X 企业 2018 年 12 月 31 日固定资产的账面价值 = 固定资产原价 – 计提的累计折旧 – 计提的减值准备 = 1600 – 700 – 320 = 580（万元）。X 企业 2018 年 12 月 31 日固定资产的账面净值 = 固定资产原价 – 计提的累计折旧 = 1600 – 700 = 900（万元）。X 企业 2018 年 12 月 31 日固定资产账面余额 = 1600（万元）。

【判断题】融资租入固定资产时，固定资产成本的入账价值为租赁开始日租赁资产的公允价值与最低租赁付款额两者中较低者，加上初始直接费用。（　　）

【答案】×

【点拨】融资租入固定资产时，固定资产成本的入账价值为租赁开始日租赁资产的公允价值与最低租赁付款额现值两者中较低者，加上初始直接费用。

（二）建造固定资产

企业自行建造固定资产，应当按照建造该项资产达到预定可使用状态前所发生的必要支出，作为固定资产的成本。

企业自行建造固定资产，应先通过"在建工程"科目核算，工程达到预定可使用状态时，再从"在建工程"科目转入"固定资产"科目。企业自行建造固定资产，主要有自营和出包两种方式，由于采用的建设方式不同，其会计处理也不同。

1. 自营工程

自营工程是指企业自行组织工程物资采购、自行组织施工人员施工的建筑工程和安装工程。

购入工程物资时，按已认证的增值税专用发票上注明的价款，借记"工程物资"科目；按增值税专用发票上注明的增值税进项税额的60%（当期可抵扣的进项税额），借记"应交税费——应交增值税（进项税额）"科目，按增值税专用发票上注明的增值税进项税额的40%（本月起第13个月可抵扣的进项税额），借记"应交税费——待抵扣进项税额"科目；应实际支付或应付的金额，贷记"银行存款""应付账款"等科目。领用工程物资时，借记"在建工程"科目，贷记"工程物资"科目。在建工程领用本企业原材料时，借记"在建工程"科目，贷记"原材料"等科目。在建工程领用本企业生产的商品时，借记"在建工程"科目，贷记"库存商品"科目。自营工程发生的其他费用（如分配工程人员薪酬等），借记"在建工程"科目，贷记"银行存款""应付职工薪酬"等科目。自营工程达到预定可使用状态时，按其成本，借记"固定资产"科目，贷记"在建工程"科目。

2. 出包工程

出包工程是指企业通过招标方式将工程项目发包给建造承包商，由建造承包商组织施工的建筑工程和安装工程。

企业采用出包方式进行的固定资产工程，其工程的具体支出主要由建造承包商核算，在这种方式下，"在建工程"科目主要反映企业与建造承包商办理工程价款结算的情况，企业支付给建造承包商的工程价款作为工程成本，通过"在建工程"科目核算。

企业按合理估计的发包工程进度和合同规定向建造承包商结算进度款，并由对方开具增值税专用发票，按增值税专用发票上注明的价款，借记"在建工程"科目；按增值税专用发票上注明的增值税进项税额的60%（当期可抵扣的进项税额），借记"应交税费——应交增值税（进项税额）"科目，按增值税专用发票上注明的增值税进项税额的40%（本月起第13个月可抵扣的进项税额），借记"应交税费——待抵扣进项税额"科目；应实际支付的金额，贷记"银行存款"科目。工程达到预定可使用状态时，按其成本，借记"固定资产"科目，贷记"在建工程"科目。

六、对固定资产计提折旧

（一）应计折旧额

应计折旧额，是指应当计提折旧的固定资产原价扣除其预计净残值后的金额，已计提减值准备的固定资产，还应当扣除已计提的固定资产减值准备累计金额。

（二）固定资产折旧期间

企业应当在固定资产的使用寿命内，按照确定的方法对应计折旧额进行系统分摊。

（三）固定资产的折旧范围

除以下情况外，企业应当对所有固定资产计提折旧：

（1）已提足折旧仍继续使用的固定资产。

（2）单独计价入账的土地。

在确定计提折旧的范围时，还应注意以下几点：

（1）固定资产应当按月计提折旧，当月增加的固定资产，当月不计提折旧，从下月起计提折旧；当月减少的固定资产，当月仍计提折旧，从下月起不计提折旧。

（2）固定资产提足折旧后，不论能否继续使用，均不再计提折旧；提前报废的固定资产，也不再补提折旧。

提足折旧是指已经提足该项固定资产的应计折旧额。

（3）已达到预定可使用状态但尚未办理竣工决算的固定资产，应当按照估计价值确定其成本，并计提折旧；待办理竣工决算后，再按实际成本调整原来暂估的价值，但不需要调整原已计提的折旧额。

【多项选择题】下列各项中，应计提固定资产折旧的有（　　　）。

A. 经营租入的设备

B. 单独计价入账的土地

C. 已投入使用但未办理竣工决算的厂房

D. 已达到预定可使用状态但未投产的生产线

【答案】CD

【点拨】以经营租赁方式租入的设备，企业不拥有该设备所有权，不计提折旧；单独计价入账的土地不计提折旧。

（四）影响固定资产折旧的主要因素

影响固定资产折旧的主要因素如表 2-13 所示。

表 2-13　影响固定资产折旧的主要因素

项目	内容阐释说明
固定资产原价	是指固定资产的成本。
预计净残值	是指假定固定资产预计使用寿命已满并处于使用寿命终了时的预期状态，企业目前从该项资产处置中获得的扣除预计处置费用后的金额。
固定资产减值准备	是指固定资产已计提的固定资产减值准备累计金额。
固定资产的使用寿命	是指企业使用固定资产的预计期间，或者该固定资产所能生产产品或提供劳务的数量。

小知识

固定资产的使用寿命和预计净残值

企业应当根据固定资产的性质和使用情况，合理确定固定资产的使用寿命和预计净残值。固定资产的使用寿命、预计净残值一经确定，不得随意变更，但是符合《企业会计准则第4号——固定资产》第十九条规定的除外。上述事项在报经股东大会或董事会、经理（厂长）会议或类似机构批准后，作为计提折旧的依据，并按照法律、行政法规等的规定报送有关各方备案。

企业确定固定资产使用寿命时，应当考虑下列因素：

（1）该项资产预计生产能力或实物产量。

（2）该项资产预计有形损耗，如设备使用中发生磨损、房屋建筑物受到自然侵蚀等。

（3）该项资产预计无形损耗，如因新技术的出现而使现有的资产技术水平相对陈旧、市场需求变化使产品过时等。

（4）法律或者类似规定对该项资产使用的限制。

（五）固定资产的折旧方法

企业应当根据与固定资产有关的经济利益的预期实现方式，合理选择固定资产折旧方法。

可选用的折旧方法包括年限平均法（又称直线法）、工作量法、双倍余额递减法和年数总和法等（见表2-14）。

表2-14 可选用的折旧方法

方法	内容阐释	公式
年限平均法	采用年限平均法计提固定资产折旧，其特点是将固定资产的应计折旧额均衡地分摊到固定资产预计使用寿命内，采用这种方法计算的每期折旧额是相等的。	年折旧率 =（1-预计净残值率）÷预计使用寿命（年） 月折旧率 = 年折旧率÷12 月折旧额 = 固定资产原价×月折旧率
工作量法	工作量法是指根据实际工作量计算固定资产每期应计提折旧额的一种方法。	单位工作量折旧额 =［固定资产原价×（1-预计净残值率）］÷预计总工作量 某项固定资产月折旧额 = 该项固定资产当月工作量×单位工作量折旧额
双倍余额递减法	双倍余额递减法是指在不考虑固定资产预计残值的情况下，根据每期期初固定资产原价减去累计折旧后的余额和双倍的直线法折旧率计算固定资产折旧的一种方法。 采用双倍余额递减法计提固定资产折旧，一般应在固定资产使用寿命到期前两年内，将固定资产账面净值扣除预计净残值后的余额平均摊销。	年折旧率 = 2÷预计使用寿命（年）×100% 年折旧额 = 每个折旧年度年初固定资产账面净值×年折旧率 月折旧额 = 年折旧额÷12 需要注意的是，这里的折旧年度是指"以固定资产开始计提折旧的月份为始计算的1个年度期间"，如某公司3月取得某项固定资产，其折旧年度为"从4月至第二年3月的期间"。
年数总和法	年数总和法又称年限合计法，是指将固定资产的原价减去预计净残值后的余额，乘以一个逐年递减的分数计算每年的折旧额，这个分数的分子代表固定资产尚可使用寿命，分母代表固定资产预计使用寿命逐年数字总和。	年折旧率 = $\dfrac{\text{预计使用寿命}-\text{已使用年限}}{\text{预计使用寿命}\times(\text{预计使用寿命}+1)/2}\times 100\%$ 或者： 年折旧率 = $\dfrac{\text{尚可使用年限}}{\text{预计使用寿命的年数总和}}\times 100\%$ 年折旧额 =（固定资产原价-预计净残值）×年折旧率

【单项选择题】 某企业于 2018 年 6 月 30 日购入一项固定资产，其原价为 200 万元，预计使用年限为 5 年，预计净残值为 2 万元，采用双倍余额递减法计提折旧。2018 年该项固定资产应计提的年折旧额为（　　）万元。

A. 19.92　　　　　　B. 33.2　　　　　　C. 80　　　　　　D. 40

【答案】 D

【点拨】 2018 年该项固定资产应计提的折旧额 = $200 \times 2/5 \div 2 = 40$（万元）。

【单项选择题】 X 公司拥有固定资产一台，原价为 15800 元，预计使用年限为 5 年，预计净残值为 800 元，按双倍余额递减法计提折旧，则第二年年末固定资产的账面价值为（　　）元，假定不考虑资产减值因素。

A. 6320　　　　　　B. 5688　　　　　　C. 6500　　　　　　D. 5700

【答案】 B

【点拨】 本题考查固定资产折旧方法中的双倍余额递减法。双倍直线折旧率 = $2 \div 5 = 40\%$，第一年折旧额 = $15800 \times 40\% = 6320$（元），第二年应提折旧额 = $(15800 - 6320) \times 40\% = 3792$（元），则第二年年末固定资产的账面价值 = $15800 - 6320 - 3792 = 5688$（元）。

【单项选择题】 2017 年 12 月，某企业购入一台设备，初始入账价值为 400 万元。设备于当月交付使用，预计使用寿命为 5 年，预计净残值为 4 万元，采用年数总和法计提折旧。不考虑其他因素，2018 年该设备应计提的折旧额为（　　）万元。

A. 132　　　　　　B. 160　　　　　　C. 105.6　　　　　　D. 96

【答案】 C

【点拨】 当月增加的固定资产当月不计提折旧，下月起开始计提，至 2018 年底，尚可使用 4 年。年折旧率 = 尚可使用年限 ÷ 预计使用寿命的年数总和 × 100%；年折旧额 = (固定资产原价 − 预计净残值) × 年折旧率 = $(400 - 4) \times 4 \div 15 \times 100\% = 105.6$（万元）。

（六）固定资产使用寿命、预计净残值和折旧方法的复核

企业至少应当于每年年度终了，对固定资产的使用寿命、预计净残值和折旧方法进行复核。使用寿命预计数与原先估计数有差异的，应当调整固定资产使用寿命。预计净残值预计数与原先估计数有差异的，应当调整预计净残值。与固定资产有关的经济利益预期实现方式有重大改变的，应当改变固定资产折旧方法。

固定资产使用寿命、预计净残值和折旧方法的改变应当作为会计估计变更进行会计处理。

（七）固定资产折旧的账务处理

固定资产应当按月计提折旧，计提的折旧应当计入"累计折旧"科目，并根据固定资产的用途计入相关资产的成本或者当期损益。

企业自行建造固定资产过程中使用的固定资产，其计提的折旧应计入在建工程成本；基本生产车间所使用的固定资产，其计提的折旧应计入制造费用；管理部门所使用的固定资产，其计提的折旧应计入管理费用；销售部门所使用的固定资产，其计提的折旧应计入销售费用；经营租出的固定资产，其计提的折旧额应计入其他业务成本。

企业计提固定资产折旧时，借记"在建工程""制造费用""管理费用""销售费用""其他业务成本"等科目，贷记"累计折旧"科目。

【单项选择题】X 企业为高级管理人员提供公寓免费使用。计提公寓折旧时，应编制的会计分录是（　　）。

A. 借记"累计折旧"科目，贷记"固定资产"科目

B. 借记"管理费用"科目，贷记"固定资产"科目

C. 借记"管理费用"科目，贷记"应付职工薪酬——非货币性福利"科目；同时借记"应付职工薪酬——非货币性福利"科目，贷记"累计折旧"科目

D. 借记"管理费用"科目，贷记"固定资产"科目；同时借记"应付职工薪酬"科目，贷记"累计折旧"科目

【答案】C

【点拨】相关会计分录如下：

借：管理费用

　　贷：应付职工薪酬——非货币性福利

同时：

借：应付职工薪酬——非货币性福利

　　贷：累计折旧

【单项选择题】(2017) 企业将自有房屋无偿提供给本企业行政管理人员使用，下列各项中，关于计提房屋折旧的会计处理表述正确的是（　　）。

A. 借记"其他业务成本"科目，贷记"累计折旧"科目

B. 借记"其他应收款"科目，贷记"累计折旧"科目

C. 借记"营业外支出"科目，贷记"累计折旧"科目

D. 借记"管理费用"科目，贷记"应付职工薪酬"科目，同时借记"应付职工薪酬"科目，贷记"累计折旧"科目

【答案】D

【点拨】企业将自有房屋无偿提供给本企业行政管理人员使用，在计提折旧时：

借：管理费用

　　贷：应付职工薪酬

借：应付职工薪酬

　　贷：累计折旧

七、固定资产发生的后续支出

（一）固定资产后续支出的概念

固定资产的后续支出是指固定资产在使用过程中发生的更新改造支出、修理费用等。

企业的固定资产投入使用后，由于各个组成部分耐用程度不同或者使用条件不同，往往会发生固定资产的局部损坏。为了保持固定资产的正常运转和使用，充分发挥其使用效能，就必然产生必要的后续支出。

（二）固定资产后续支出的账务处理

固定资产的更新改造等后续支出，满足固定资产确认条件的，应当计入固定资产成本，如有被替换的部分，应同时将被替换部分的账面价值从该固定资产原账面价值

中扣除；不满足固定资产确认条件的固定资产修理费用等，应当在发生时计入当期损益。

固定资产发生的可资本化的后续支出，应当通过"在建工程"科目核算。固定资产发生可资本化的后续支出时，企业应将该固定资产的原价、已计提的累计折旧和减值准备转销，将固定资产的账面价值转入在建工程，借记"在建工程""累计折旧""固定资产减值准备"等科目，贷记"固定资产"科目。发生的可资本化的后续支出，借记"在建工程"科目，发生后续支出取得增值税专用发票的，应按前述规定区分动产和不动产分别进行核算，如为动产，按增值税专用发票上注明的增值税进项税额，借记"应交税费——应交增值税（进项税额）"科目，如为不动产，增值税进项税额分别按照 60%、40% 的比例分两年抵扣，借记"应交税费——应交增值税（进项税额）""应交税费——待抵扣进项税额"科目，按实际支付的金额，贷记"银行存款"等科目。在固定资产发生的后续支出完工并达到预定可使用状态时，借记"固定资产"科目，贷记"在建工程"科目。

企业生产车间（部门）和行政管理部门发生的不可资本化的后续支出，比如，发生的固定资产日常修理费用及其可抵扣的增值税进项税额，借记"管理费用""应交税费——应交增值税（进项税额）"科目，贷记"银行存款"等科目；企业专设销售机构发生的不可资本化的后续支出，比如，发生的固定资产日常修理费用及其可抵扣的增值税进项税额，借记"销售费用""应交税费——应交增值税（进项税额）"科目，贷记"银行存款"等科目。

【单项选择题】(2017) 某企业对生产设备进行改良，发生资本化支出共计 45 万元，被替换旧部件的账面价值为 10 万元，该设备原价为 500 万元，已计提折旧 300 万元，不考虑其他因素。该设备改良后的入账价值为（　　）万元。

A. 245　　　　　　B. 235　　　　　　C. 200　　　　　　D. 190

【答案】B

【点拨】设备改良后的入账价值 = 45 - 10 + 500 - 300 = 235（万元）。

【判断题】固定资产改扩建时，应通过"固定资产清理"科目进行核算。（　　）

【答案】×

【点拨】固定资产改扩建时，不通过"固定资产清理"科目核算，而应先通过"在建工程"科目核算。

【判断题】(2016) 企业发生固定资产改扩建支出且符合资本化条件的，应计入相应在建工程成本。（　　）

【答案】√

八、处置固定资产

（一）固定资产处置的概念及构成

固定资产处置即固定资产的终止确认，具体包括固定资产的出售、报废、毁损、对外投资、非货币性资产交换、债务重组等。

（二）固定资产处置的账务处理

企业在生产经营过程中，可能将不适用或不需用的固定资产对外出售转让，或因磨损、技术进步等原因对固定资产进行报废，或因遭受自然灾害而对毁损的固定资产进行处理。

对于上述事项在进行会计处理时，应当按照规定程序办理有关手续，结转固定资产的账面价值，计算有关的清理收入、清理费用及残料价值等。

企业处置固定资产应通过"固定资产清理"科目进行核算。

具体处理过程见表 2-15。

表 2-15　固定资产处置的账务处理

项目	内容阐释说明
固定资产转入清理	企业因出售、报废、毁损、对外投资、非货币性资产交换、债务重组等转出的固定资产，按该项固定资产的账面价值，借记"固定资产清理"科目，按已计提的累计折旧，借记"累计折旧"科目，按已计提的减值准备，借记"固定资产减值准备"科目，按其账面原价，贷记"固定资产"科目。
发生的清理费用等	固定资产清理过程中，应支付的清理费用及其可抵扣的增值税进项税额，借记"固定资产清理""应交税费——应交增值税（进项税额）"科目，贷记"银行存款"等科目。
收回出售固定资产的价款、残料价值和变价收入等	收回出售固定资产的价款和税款，借记"银行存款"科目，按增值税专用发票上注明的价款，贷记"固定资产清理"科目，按增值税专用发票上注明的增值税销项税额，贷记"应交税费——应交增值税（销项税额）"科目。残料入库，按残料价值，借记"原材料"等科目，贷记"固定资产清理"科目。
保险赔偿等的处理	应由保险公司或过失人赔偿的损失，借记"其他应收款"等科目，贷记"固定资产清理"科目。
清理净损益的处理	固定资产清理完成后，对清理净损益，应区分不同情况进行账务处理：属于生产经营期间正常的处理损失，借记"资产处置损益"科目，贷记"固定资产清理"科目；属于自然灾害等非正常原因造成的损失，借记"营业外支出——非常损失"科目，贷记"固定资产清理"科目。如为贷方余额，借记"固定资产清理"科目，贷记"资产处置损益"或"营业外收入——非流动资产处置利得"科目。

【判断题】企业出售固定资产发生的处置净损失属于企业的费用。（　　）

【答案】×

【点拨】企业出售固定资产发生的处置净损失应该计入资产处置损益中，不属于日常经营活动发生的，所以不属于企业的费用。

【单项选择题】（2016）某企业处置一项固定资产收回的价款为 80 万元，该资产原价为 100 万元，已计提折旧 60 万元，计提减值准备 5 万元，处置发生清理费用 5 万元，不考虑其他因素，处置该资产对当期利润总额的影响金额为（　　）万元。

A. 40　　　　　　B. 80　　　　　　C. 50　　　　　　D. 35

【答案】A

【点拨】处置固定资产的净收益 = 80 - (100 - 60 - 5) - 5 = 40（万元）。影响利润总额的金额为 40 万元。

九、固定资产清查

企业应当定期或者至少于每年年末对固定资产进行清查盘点，以保证固定资产核算的真实性，充分挖掘企业现有固定资产的潜力。

在固定资产清查过程中，如果发现盘盈、盘亏的固定资产，应当填制固定资产盘盈盘亏报告表。

清查固定资产的损益，应当及时查明原因，并按照规定程序报批处理。

（一）固定资产的盘盈

企业在财产清查中盘盈的固定资产，应当作为重要的前期差错进行会计处理。企业在财产清查中盘盈的固定资产，在按管理权限报经批准处理前，应先通过"以前年度损益调整"科目核算。

盘盈的固定资产，应按重置成本确定其入账价值，借记"固定资产"科目，贷记"以前年度损益调整"科目。

【判断题】固定资产盘盈应通过"待处理财产损溢"科目核算，批准后再转入"营业外收入"科目。（   ）

【答案】×

【点拨】固定资产盘盈应通过"以前年度损益调整"科目核算。

【判断题】固定资产盘盈，应计入当期损益，影响当期的损益。（   ）

【答案】×

【点拨】固定资产盘盈作为重要的前期差错进行会计处理，计入"以前年度损益调整"科目，影响留存收益。

（二）固定资产的盘亏

企业在财产清查中盘亏的固定资产，按照盘亏固定资产的账面价值，借记"待处理财产损溢"科目，按照已计提的累计折旧，借记"累计折旧"科目，按照已计提的减值准备，借记"固定资产减值准备"科目，按照固定资产的原价，贷记"固定资产"科目。

企业按照管理权限报经批准后处理时，按照可收回的保险赔偿或过失人赔偿，借记"其他应收款"科目，按照应计入营业外支出的金额，借记"营业外支出——盘亏损失"科目，贷记"待处理财产损溢"科目。

【单项选择题】企业盘亏生产用设备一台，该设备账面原值为150000元，已提折旧24000元，取得相关保管人员的责任赔款5000元，已存入银行。经上级批准相关损失转入当期"营业外支出"科目的金额是（   ）元。

A. 5000　　　　B. 116000　　　　C. 126000　　　　D. 121000

【答案】D

【点拨】盘亏固定资产会计分录如下：

（1）将盘亏设备转出：

借：待处理财产损溢　　　　126000

　　累计折旧　　　　24000

　　　贷：固定资产　　　　　　150000

（2）收到责任人赔款时：

借：银行存款　　　　5000

　　　　贷：待处理财产损溢　　　　　　　　　　　　　5000

（3）经过批准结转盘亏净损失：

借：营业外支出　　　　　　　　121000

　　　贷：待处理财产损溢　　　　　　　　　　　　121000

【多项选择题】下列关于固定资产清查的表述中，正确的有（　　）。

A. 企业对固定资产应当采用实地盘点法进行清查

B. 企业固定资产清查过程中发现盘亏净损失应当计入"营业外支出"科目

C. 企业固定资产清查过程中发现盘盈应计入"营业外收入"科目

D. 固定资产盘盈应按重置成本入账

【答案】ABD

【点拨】企业的固定资产盘盈应作为前期差错进行更正处理，计入"以前年度损益调整"科目。

十、固定资产减值

（一）必须确认固定资产减值损失的原因

固定资产的初始入账价值是历史成本，由于固定资产使用年限较长，市场条件和经营环境的变化、科学技术的进步以及企业经营管理不善等原因都可能导致固定资产创造未来经济利益的能力大大下降。因此，固定资产的真实价值有可能低于账面价值，在期末必须对固定资产减值损失进行确认。

（二）固定资产减值的账务处理

固定资产在资产负债表日存在可能发生减值的迹象时，其可收回金额低于账面价值的，企业应当将该固定资产的账面价值减记至可收回金额，减记的金额确认为减值损失，计入当期损益，借记"资产减值损失——计提的固定资产减值准备"科目，同时，计提相应的资产减值准备，贷记"固定资产减值准备"科目。

需要强调的是，企业固定资产减值损失一经确认，在以后会计期间不得转回。

【多项选择题】下列各项中，关于企业固定资产的会计处理表述正确的有（　　）。

A. 提前报废的固定资产不再补提折旧

B. 因管理不善导致的固定资产报废净损失计入"管理费用"科目

C. 固定资产日常修理费用计入固定资产成本

D. 专设销售机构的固定资产发生的不应资本化的后续支出计入"销售费用"科目

【答案】AD

【点拨】因管理不善导致的固定资产报废净损失计入"营业外支出"科目，选项 B 错误；固定资产日常修理费用计入"管理费用"科目，选项 C 错误。

第七节　无形资产

一、无形资产的概念

无形资产是指企业拥有或者控制的没有实物形态的可辨认非货币性资产，主要包括专利权、非专利技术、商标权、著作权、土地使用权、特许权等。

二、无形资产的特征

（1）不具有实物形态。
（2）具有可辨认性。
（3）属于非货币性长期资产。
商誉由于无法与企业自身分离而存在，不具有可辨认性。
无形资产的使用年限在一年以上，其价值将在各个受益期间逐渐摊销。

三、无形资产的内容

无形资产的内容见表2-16。

表 2-16　无形资产的内容

构成	概念	内容阐释
专利权	专利权是指国家专利主管机关依法授予发明创造专利申请人对其发明创造在法定期限内所享有的专有权利，包括发明专利权、实用新型专利权和外观设计专利权。	它给予持有者独家使用或控制某项发明的特殊权利。专利人拥有的专利权受到国家法律保护。专利权是允许其持有者独家使用或控制的特权，但它并不保证一定能给持有者带来经济效益，如有的专利可能会被另外更有经济价值的专利所淘汰等。因此，企业不应将其所拥有的一切专利权都予以资本化，作为无形资产管理和核算。一般而言，只有从外单位购入的专利或者自行开发并按法律程序申请取得的专利，才能作为无形资产管理和核算。这种专利可以降低成本，或者提高产品质量，或者将其转让出去能获得转让收入。 企业从外单位购入的专利权，应按实际支付的价款作为专利权的成本。 企业自行开发并按法律程序申请取得的专利权，应按照《企业会计准则第6号——无形资产》确定的金额作为成本。
非专利技术	非专利技术即专有技术，或技术秘密、技术诀窍，是指先进的、未公开的、未申请专利、可以带来经济效益的技术及诀窍。	主要内容包括： （1）工业专有技术，即在生产上已经采用，仅限于少数人知道，不享有专利权或发明权的生产、装配、修理、工艺或加工方法的技术知识。 （2）商业（贸易）专有技术，即具有保密性质的市场情报、原材料价格情报以及用户、竞争对象的情况和有关知识。 （3）管理专有技术，即生产组织的经营方式、管理方式、培训职工方法等保密知识。非专利技术并不是专利法的保护对象，专有技术所有人依靠自我保密的方式来维持其独占权，可以用于转让和投资。 企业的非专利技术，有些是自己开发研究的，有些是根据合同规定从外部购入的。如果是自己开发研究的，应将符合《企业会计准则第6号——无形资产》规定的开发支出资本化条件的，确认为无形资产。对于从外部购入的非专利技术，将应实际发生的支出予以资本化，作为无形资产入账。

构成	概念	内容阐释
商标权	商标权是指专门在某类指定的商品或产品上使用特定的名称或图案的权利。商标经过注册登记就获得了法律上的保护。	经商标局核准注册的商标为注册商标，商标注册人享有商标专用权，受法律的保护。 企业自创的商标并将其注册登记，所花费用一般不大，是否将其资本化并不重要。 能够给拥有者带来获利能力的商标，往往是通过多年的广告宣传和其他传播商标名称的手段，以及客户的信赖等树立起来的。广告费一般不作为商标权的成本，而是在发生时直接计入当期损益。 商标可以转让，但受让人应保证使用该注册商标的产品质量。如果企业购买他人的商标，一次性支出费用较大的，可以将其资本化，作为无形资产管理。这时，应根据购入商标的价款、支付的手续费及有关费用作为商标的成本。
著作权	著作权又称版权，指作者对其创作的文学、科学和艺术作品依法享有的某些特殊权利。	著作权包括两方面的权利，即精神权利（人身权利）和经济权利（财产权利）。前者指作品署名、发表作品、确认作者身份、保护作品的完整性、修改已经发表的作品等各项权利，包括作品署名权、发表权、修改权和保护作品完整权；后者指以出版、表演、广播、展览、录制唱片、摄制影片等方式使用作品以及因授权他人使用作品而获得经济利益的权利。
土地使用权	土地使用权是指国家准许某一企业或单位在一定期间内对国有土地享有开发、利用、经营的权利。	我国实行土地的社会主义公有制，即全民所有制和劳动群众集体所有制。任何单位和个人不得侵占、买卖或者以其他形式非法转让土地。土地使用权可以依法转让。企业取得土地使用权，应将取得时发生的支出资本化，作为土地使用权的成本，计入"无形资产"科目核算。
特许权	特许权又称经营特许权、专营权，指企业在某一地区经营或销售某种特定商品的权利或是一家企业接受另一家企业使用其商标、商号、技术秘密等的权利。	前者一般是由政府机构授权，准许企业使用或在一定地区享有经营某种业务的特权，如水、电、邮电通信等专营权、烟草专卖权等；后者指企业间依照签订的合同，有限期或无限期使用另一企业的某些权利，如连锁店分店使用总店的名称等。

四、无形资产的账务处理

（一）无形资产核算应设置的会计科目

无形资产核算应设置的会计科目如表 2-17 所示。

表 2-17　无形资产核算应设置的会计科目

项目	内容阐释说明
"无形资产"科目	核算企业持有的无形资产成本，借方登记取得无形资产的成本，贷方登记处置无形资产转出无形资产的账面余额，期末为借方余额，反映企业无形资产的成本。"无形资产"科目应当按照无形资产的项目设置明细科目进行核算。
"累计摊销"科目	属于"无形资产"的调整科目，类似于"累计折旧"科目相对于"固定资产"科目，核算企业对使用寿命有限的无形资产计提的累计摊销，贷方登记企业计提的无形资产摊销，借方登记处置无形资产、转出无形资产的累计摊销，期末为贷方余额，反映企业无形资产的累计摊销额。
"无形资产减值准备"科目	企业无形资产发生减值的，还应当设置"无形资产减值准备"科目进行核算。

（二）无形资产方面的会计分录

无形资产方面的会计分录如表 2-18 所示。

表 2-18　无形资产方面的会计分录

项目		内容阐释
取得无形资产 *	外购无形资产	外购无形资产的成本包括购买价款、相关税费以及直接归属于使该项资产达到预定用途所发生的其他支出。其中，相关税费不包括按照现行增值税制度规定，可以从销项税额中抵扣的增值税进项税额。外购无形资产，取得增值税专用发票的，按注明的增值税进项税额，借记"应交税费——应交增值税（进项税额）"科目；取得增值税普通发票的，按照注明的价税合计金额作为无形资产的成本，其进项税额不可抵扣。
	自行研究开发无形资产	企业内部研究开发项目所发生的支出应区分研究阶段支出和开发阶段支出。 企业自行开发无形资产发生的研发支出，不满足资本化条件的，借记"研发支出——费用化支出"科目，满足资本化条件的，借记"研发支出——资本化支出"科目，贷记"原材料""银行存款""应付职工薪酬"等科目。自行研究开发无形资产发生的支出取得增值税专用发票可抵扣的进项税额，借记"应交税费——应交增值税（进项税额）"科目。 研究开发项目达到预定用途形成无形资产的，应当按照"研发支出——资本化支出"科目的余额，借记"无形资产"科目，贷记"研发支出——资本化支出"科目。期（月）末，应将"研发支出——费用化支出"科目归集的金额转入"管理费用"科目，借记"管理费用"科目，贷记"研发支出——费用化支出"科目。 企业如果无法可靠区分研究阶段的支出和开发阶段的支出，应将发生的研发支出全部费用化计入当期损益，计入"管理费用"科目的借方。
对无形资产进行摊销		企业应当于取得无形资产时分析判断其使用寿命。使用寿命有限的无形资产应进行摊销。使用寿命不确定的无形资产不应摊销。 使用寿命有限的无形资产，通常其残值视为零。对于使用寿命有限的无形资产应当自可供使用（即其达到预定用途）当月起开始摊销，处置当月不再摊销。无形资产摊销方法包括年限平均法（即直线法）、生产总量法等。企业选择的无形资产摊销方法，应当反映与该项无形资产有关的经济利益的预期实现方式。无法可靠确定预期实现方式的，应当采用年限平均法（直线法）摊销。企业应当按月对无形资产进行摊销。 无形资产的摊销额一般应当计入当期损益。企业管理用的无形资产，其摊销金额计入管理费用；出租的无形资产，其摊销金额计入其他业务成本；某项无形资产包含的经济利益通过所生产的产品或其他资产实现的，其摊销金额应当计入相关资产成本。 企业对无形资产进行摊销时，借记"管理费用""其他业务成本""生产成本""制造费用"等科目，贷记"累计摊销"科目。
处置无形资产		企业处置无形资产，应当将取得的价款扣除该无形资产账面价值以及出售相关税费后的差额作为资产处置损益进行会计处理。 企业处置无形资产，应当按照实际收到或应收的金额等，借记"银行存款""其他应收账款"等科目，按照已计提的累计摊销，借记"累计摊销"科目，按照实际支付的相关费用可抵扣的进项税额，借记"应交税费——应交增值税（进项税额）"科目，按照实际支付的相关费用，贷记"银行存款"等科目，按无形资产账面余额，贷记"无形资产"科目，按照开具的增值税专用发票上注明的增值税销项税额，贷记"应交税费——应交增值税（销项税额）"科目，按其差额，贷记或借记"资产处置损益"科目。 已计提减值准备的，还应同时结转减值准备，借记"无形资产减值准备"科目。
无形资产的减值		无形资产在资产负债表日存在可能发生减值的迹象时，其可收回金额低于账面价值的，企业应当将该无形资产的账面价值减记至可收回金额，减记的金额确认为减值损失，计入当期损益，同时计提相应的资产减值准备。 企业按应减记的金额，借记"资产减值损失——计提的无形资产减值准备"科目，贷记"无形资产减值准备"科目。 需要强调的是，根据《企业会计准则第 8 号——资产减值》的规定，企业无形资产减值损失一经确认，在以后会计期间不得转回。

注：* 取得的无形资产应当按照成本进行初始计量。企业取得无形资产的主要方式有外购、自行研究开发等。取得的方式不同，其会计处理也有所差别。

【单项选择题】（2017）2016 年 1 月 1 日，某企业开始自行研究开发一套软件，研究阶段发生支出 30 万元，开发阶段发生支出 125 万元。开发阶段的支出均满足资本化条件，4 月 15 日，该软件开发成功并依法申请了专利。支付相关手续费 1 万元，不考虑其他因素，该项无形资产的入账价值为（　　）万元。

A. 126　　　　　　　B. 155　　　　　　　C. 125　　　　　　　D.156

【答案】 A

【点拨】 无形资产的入账价值 = 125 + 1 = 126（万元）。

【单项选择题】 X 企业 2018 年 7 月 1 日购入一项无形资产，支付购买价款 1600 万元，该无形资产的预计使用寿命不确定。2018 年 12 月 31 日有确凿证据表明该无形资产的可收回金额为 850 万元。则 X 企业 2018 年 12 月 31 日该项无形资产的账面价值为（　　）万元。

A. 590　　　　　　　B. 850　　　　　　　C. 1440　　　　　　　D. 1600

【答案】 B

【点拨】 因为该无形资产的预计使用寿命不确定，所以不对该无形资产进行摊销。由于有确凿证据表明该无形资产的可收回金额为 850 万元，所以要对该项无形资产计提减值准备 = 1600 - 850 = 750（万元），则 X 企业 2018 年 12 月 31 日该项无形资产的账面价值 = 无形资产的原价 - 计提的减值准备 = 1600 - 750 = 850（万元）。

【判断题】 企业接受固定资产、无形资产等非现金资产投资时，应该按照投资合同或协议约定的价值作为固定资产、无形资产的入账价值；如果投资合同或协议约定的价值不公允，应该按照公允价值入账。（　　）

【答案】 √

【点拨】 企业接受固定资产、无形资产等非现金资产投资时，应该按照投资合同或协议约定的价值作为固定资产、无形资产的价值入账，如果投资合同或协议约定的价值不公允，则应该按照公允价值入账。

【单项选择题】 企业将自有的无形资产出租，对该出租无形资产进行摊销时，其摊销的金额应计入（　　）科目。

A."其他业务成本"　　　　　　B."长期待摊费用"

C."销售费用"　　　　　　D."管理费用"

【答案】 A

【点拨】 对于一般企业来讲，出租无形资产属于其他业务，所以其出租无形资产取得的收入和发生的相关费用，应分别计入"其他业务收入"科目和"其他业务成本"科目。选项 A 正确。

【判断题】 使用寿命有限的无形资产应当自达到预定用途的当月起开始摊销。（　　）

【答案】 √

【点拨】 使用寿命有限的无形资产应当自可供使用（即达到预定用途）的当月起开始摊销。题干表述正确。

【单项选择题】（2016）下列各项中，关于无形资产会计处理表述正确的是（　　）。

A. 已确认的无形资产减值损失在以后会计期间可以转回

B. 使用寿命不确定的无形资产按月进行摊销

C. 处置无形资产的净损益计入营业利润

D. 出租无形资产的摊销额计入其他业务成本

【答案】D

【点拨】无形资产减值损失一经确认，在以后会计期间不得转回，选项 A 错误；使用寿命不确定的无形资产不应摊销，选项 B 错误；处置无形资产的净损益计入营业外收支，不影响营业利润，选项 C 错误；出租无形资产的摊销额计入其他业务成本，选项 D 正确。

【单项选择题】自行研究开发无形资产的企业，开发过程中发生的费用符合资本化条件的，应（   ）。

A. 计入无形资产成本   B. 从当期管理费用中转入无形资产

C. 计入当期损益   D. 计入当期长期待摊费用

【答案】A

【点拨】本题考查自行研发无形资产的核算。无形资产内部研究开发项目研究阶段的支出，应该于发生时计入当期损益；开发阶段的支出在符合资本化条件的情况下可以确认为无形资产。

【多项选择题】(2016) 某企业为改进技术自行研究开发一项无形资产。研究阶段发生支出 50 万元，开发阶段发生符合资本化条件的支出 120 万元，不符合资本化条件的支出 80 万元，研发结束形成无形资产。不考虑其他因素，下列各项中，关于上述研发支出的会计处理结果正确的有（   ）。

A. 计入管理费用的金额为 130 万元   B. 无形资产的入账价值为 120 万元

C. 计入制造费用的金额为 80 万元   D. 无形资产的入账价值为 170 万元

【答案】AB

【点拨】研究阶段发生的支出 50 万元及开发阶段不符合资本化条件的支出 80 万元应计入管理费用核算，选项 A 正确，选项 C 错误；开发阶段符合资本化条件的支出 120 万元计入无形资产成本，选项 B 正确，选项 D 错误。

【判断题】企业无法可靠区分研究阶段和开发阶段支出的，所发生的研发支出全部费用化，计入当期损益。（   ）

【答案】√

【点拨】题干表述正确。

【多项选择题】下列各项中，关于制造业企业无形资产的会计处理表述正确的有（   ）。

A. 已计提的无形资产减值准备在以后期间可以转回

B. 使用寿命不确定的无形资产不进行摊销

C. 使用寿命有限的无形资产自使用当月起开始摊销

D. 出租无形资产的摊销额应计入其他业务成本

【答案】BCD

【点拨】选项 A，已计提的无形资产减值准备在以后期间不得转回。

【单项选择题】企业出售一项 5 年前取得的专利权，该专利权取得时的成本为 20 万元，按 10 年直线法摊销，出售时取得收入 40 万元。不考虑残值及其他因素，则出售该项专利权时影响当期损益的金额为（　　）万元。

A. 18　　　　　B. 20　　　　　C. 28　　　　　D. 30

【答案】D

【点拨】累计摊销 $= 20 \div 10 \times 5 = 10$（万元）；对损益的影响 $= 40 - (20 - 10) = 30$（万元）。

第八节　长期待摊费用

一、长期待摊费用的概念

长期待摊费用是指企业已经发生但应由本期和以后各期负担的、分摊期限在一年以上的各项费用，如以经营租赁方式租入的固定资产发生的改良支出等。

二、长期待摊费用的账务处理

（一）会计科目

企业应设置"长期待摊费用"科目对此类项目进行核算。

"长期待摊费用"科目可按费用项目进行明细核算。

（二）会计分录

企业发生的长期待摊费用，借记"长期待摊费用"科目，取得可在当期抵扣的增值税进项税额，借记"应交税费——应交增值税（进项税额）"科目，贷记"原材料""银行存款"等科目。摊销长期待摊费用，借记"管理费用""销售费用"等科目，贷记"长期待摊费用"科目。"长期待摊费用"科目期末为借方余额，反映企业尚未摊销完毕的长期待摊费用。

【多项选择题】下列说法中，正确的有（　　）。

A. 固定资产的使用寿命、预计净残值一经确定，不得随意变更

B. 发出存货的计价方法，一经确定，不得随意变更

C. 制造费用的分配方法，由企业自行决定，分配方法一经确定，不得随意变更

D. 企业对投资性房地产的计量模式一经确定，不得随意变更

【答案】ABCD

【点拨】选项 A、B、C、D 表述均正确。

第三章 负 债

第一节 负债综述

一、负债的概念

负债是指企业过去的交易或者事项形成的、预期会导致经济利益流出企业的现时义务。

二、负债的分类

负债按其流动性，可分为流动负债和非流动负债。

(一) 流动负债

1. 概念

流动负债是指预计在一个正常营业周期中清偿，或者主要为交易目的而持有，或者自资产负债表日起一年内（含一年）到期应予以清偿，或者企业无权自主地将清偿推迟至资产负债表日后一年以上的负债。

2. 构成

企业的流动负债通常包括短期借款、交易性金融负债、应付票据、应付账款、预收账款、应付职工薪酬、应交税费、应付利息、应付股利、其他应付款等。

(二) 非流动负债

1. 概念

非流动负债是指流动负债以外的负债。

2. 构成

非流动负债包括长期借款、应付债券、长期应付款等。

【单项选择题】 X 企业 2017 年 1 月 1 日以 630 万元的价格发行 5 年期债券 600 万元。该债券到期一次还本付息，票面年利率为 5%（不计复利）。X 企业 2018 年 12 月 31 日应计入"应付债券——应计利息"科目的数额为（　　）万元。

　　A. 30　　　　　　　B. 31.5　　　　　　　C. 60　　　　　　　D. 63

【答案】 C

【点拨】 2018 年 12 月 31 日应计入"应付债券——应计利息"科目的金额 = 600×5%×2 = 60（万元）。

【单项选择题】 企业每期期末计提一次还本付息的长期借款利息，对其中应当予以资本化的部分，下列会计处理正确的是（　　）。

A. 借记"财务费用"科目，贷记"长期借款"科目

B. 借记"在建工程"科目，贷记"长期借款"科目

C. 借记"财务费用"科目，贷记"应付利息"科目

D. 借记"在建工程"科目，贷记"应付利息"科目

【答案】B

【点拨】资本化部分应计入"在建工程"科目，期末计提一次还本付息的长期借款利息计入"长期借款——应计利息"科目。

【单项选择题】X 公司于 2017 年 12 月 31 日从银行借入资金 100000 元，借款期限为 2 年，年利率为 8%（到期一次还本付息）。所借款项已存入银行。X 公司将该借款用于厂房建设，该厂房于 2018 年 1 月 1 日开始建设，并于 2018 年 12 月 31 日达到预定可使用状态。则 2018 年 12 月 31 日计提利息会计处理中，正确的是（　　）。

A. 借：在建工程　　　　　　　　　　8000

　　　贷：长期借款——应计利息　　　　　　　　8000

B. 借：管理费用　　　　　　　　　　8000

　　　贷：长期借款——应计利息　　　　　　　　8000

C. 借：财务费用　　　　　　　　　　8000

　　　贷：长期借款——应计利息　　　　　　　　8000

D. 借：长期待摊费用　　　　　　　　8000

　　　贷：长期借款——应计利息　　　　　　　　8000

【答案】A

【点拨】在固定资产达到预定可使用状态前发生的符合资本化条件的长期借款利息支出，计入"在建工程"科目。

第二节　短期借款

一、短期借款的概念

短期借款是指企业向银行或其他金融机构等借入的期限在 1 年以下（含 1 年）的各种款项。

二、短期借款会计科目

企业应通过"短期借款"科目，核算短期借款的取得、偿还等情况。该科目的贷方登记取得借款本金的金额，借方登记偿还借款的本金金额，余额在贷方，反映企业尚未偿还的短期借款。本科目可按借款种类、贷款人和币种设置明细科目进行明细核算。

三、借入短期借款

企业从银行或其他金融机构取得短期借款时，借记"银行存款"科目，贷记"短期借款"科目。

企业借入短期借款应支付利息。在实际工作中，如果短期借款利息是按期支付的，如按季度支付利息，或者利息是在借款到期时连同本金一起归还，并且其数额较大的，企业于月末应采用预提方式进行短期借款利息的核算。短期借款利息属于企业的筹资费用，应当在发生时作为财务费用直接计入当期损益。在资产负债表日，企业应当按照计算确定的短期借款利息费用，借记"财务费用"科目，贷记"应付利息"科目；实际支付利息时，借记"应付利息"科目，贷记"银行存款"或"库存现金"科目。

如果企业的短期借款利息是按月支付的，或者利息是在借款到期时连同本金一起归还，但是数额不大的，可以不采用预提的方法，而在实际支付或收到银行的计息通知时，直接计入当期损益，借记"财务费用"科目，贷记"银行存款"科目。

四、归还短期借款

短期借款到期时，应及时归还。短期借款到期偿还本金时，企业应借记"短期借款"科目，贷记"银行存款"科目。如果利息是在借款到期时连同本金一起归还的，企业应将归还的利息通过"应付利息"或"财务费用"科目核算。

第三节　应付票据

一、应付票据的概念

应付票据是由出票人出票，委托付款人在指定日期无条件支付确定的金额给收款人或者持票人的票据。应付票据也是委托付款人允诺在一定时期内支付一定款额的书面证明。应付票据与应付账款不同，虽然都是由于交易而引起的流动负债，但应付账款是尚未结清的债务，而应付票据是一种期票，是延期付款的证明，有承诺付款的票据作为凭据。

二、应付票据会计科目

企业应通过"应付票据"科目，核算应付票据的发生、偿付等情况。该科目贷方登记开出、承兑汇票的面值，借方登记支付票据的金额，余额在贷方，反映企业尚未到期的商业汇票的票面金额。

三、应付票据备查簿

企业应当设置"应付票据备查簿"，详细登记商业汇票的种类、号数和出票日期、到期日、票面余额、交易合同号和收款人姓名或单位名称以及付款日期和金额等资料。应付票据到期结清时，上述内容应当在备查簿内予以注销。

四、应付票据入账价值

我国商业汇票的付款期限不超过 6 个月，因此，企业应将应付票据作为流动负债管理和核算。同时，由于应付票据的偿付时间较短，在会计实务中，一般均按照开出、承兑的应付票据的面值入账。

五、应付票据会计分录

企业因购买材料、商品和接受劳务供应等而开出、承兑的商业汇票，应当按其票面金额作为应付票据的入账金额，借记"材料采购""在途物资""原材料""库存商品""应付账款""应交税费——应交增值税（进项税额）"等科目，贷记"应付票据"科目。

企业因开出银行承兑汇票而支付银行的承兑汇票手续费，应当计入当期财务费用。支付手续费时，按照确认的手续费，借记"财务费用"科目，取得增值税专用发票的，按注明的增值税进项税额，借记"应交税费——应交增值税（进项税额）"科目，按照实际支付的金融，贷记"银行存款"科目。

企业开具的商业汇票到期支付票据款时，根据开户银行的付款通知，借记"应付票据"科目，贷记"银行存款"科目。

应付商业承兑汇票到期，如企业无力支付票款，由于商业汇票已经失效，企业应将应付票据按账面余额转作应付账款，借记"应付票据"科目，贷记"应付账款"科目。应付银行承兑汇票到期，如企业无力支付票款，则由承兑银行代为支付并作为对付款企业的贷款处理，企业应将应付票据的账面余额转作短期借款，借记"应付票据"科目，贷记"短期借款"科目。

【单项选择题】企业无力支付的到期的银行承兑汇票应当转入（　　）。

A. 应付账款　　　　B. 短期借款　　　　C. 应付票据　　　　D. 银行存款

【答案】B

【点拨】应付银行承兑汇票到期，如企业无力支付票款，则由承兑银行代为支付并作为对付款企业的贷款处理，企业应将应付票据的账面余额转作短期借款，借记"应付票据"科目，贷记"短期借款"科目。

【多项选择题】（2016）下列各项中，引起"应付票据"科目金额发生增减变动的有（　　）。

A. 开出商业承兑汇票购买原材料

B. 转销已到期无力支付票款的商业承兑汇票

C. 转销已到期无力支付票款的银行承兑汇票

D. 支付银行承兑汇票手续费

【答案】ABC

【点拨】选项 A，增加"应付票据"科目余额；选项 B、C，减少"应付票据"科目余额；选项 D，计入财务费用，不影响"应付票据"科目余额。

【单项选择题】某公司 2 月 1 日购入原材料一批，开出一张面值为 117000 元、期限为 3 个月的不带息的商业承兑汇票。5 月 1 日，公司无力支付票款时，下列会计处理中，正确的是（　　）。

A. 借：应付票据　　　　　　117000

　　　贷：短期借款　　　　　　　　　　　117000

B. 借：应付票据　　　　　　117000

　　　贷：其他应付款　　　　　　　　　　117000

C. 借：应付票据　　　　　　117000

　　　贷：应付账款　　　　　　　　　　　117000

D. 借：应付票据　　　　　　117000

　　　贷：预付账款　　　　　　　　　　　117000

【答案】C

【点拨】开出的是不带息的商业承兑汇票，票面到期值与面值相等。应付商业承兑汇票到期，如企业无力支付票款，应将应付票据按账面余额转作应付账款，借记"应付票据"科目，贷记"应付账款"科目。应付银行承兑汇票到期，如企业无力支付票款，应将应付票据的账面余额转作短期借款，借记"应付票据"科目，贷记"短期借款"科目。选项 C 正确。

【判断题】企业采购商品或接受劳务采用银行汇票结算时，应通过"应付票据"科目核算。（　　）

【答案】×

【点拨】企业采购商品或接受劳务采用银行汇票结算时，应通过"其他货币资金"科目核算，银行汇票存款属于其他货币资金的核算内容。

第四节　应付账款

一、应付账款的概念

应付账款是指因购买材料、商品或接受劳务供应等而发生的债务。这是买卖双方在购销活动中由于取得物资与支付货款在时间上不一致而产生的负债。

二、应付账款的成因

在实务中，为了使所购入材料、商品的金额、品种、数量和质量等与合同规定的条款相符，避免因验收时发现所购材料、商品的数量或质量存在问题而对入账的材料、商品或应付账款金额进行改动，在材料、商品和发票账单同时到达的情况下，一般在所购材料、商品验收入库后，根据发票账单登记入账，确认应付账款。在所购材料、商品已经验收入库，但是发票账单未能同时到达的情况下，企业应付材料、商品供应单位的债务已经成立，在会计期末，为了反映企业的负债情况，需要将所购材料、商品和相关的应付账款暂估入账，待下月初用红字将上月末暂估入账的应付账款予以冲销。

三、应付账款会计科目

企业应通过"应付账款"科目，核算应付账款的发生、偿还、转销等情况。该科目贷方登记企业购买材料、商品和接受劳务等而发生的应付账款，借方登记偿还的应付账款，或开出商业汇票抵付应付账款的款项，或冲销无法支付的应付账款。余额一般在贷方，反映企业尚未支付的应付账款余额。

本科目应按照债权人设置明细科目进行明细核算。

四、应付账款会计分录

（一）发生与偿还应付账款

企业购入材料、商品或接受劳务等所产生的应付账款，应按应付金额入账。购入材料、商品等验收入库，但货款尚未支付，根据有关凭证（发票账单、随货同行发票上记载的实际价款或暂估价值），借记"材料采购""在途物资""原材料""库存商品"等科目，按照可抵扣的增值税进项税额，借记"应交税费——应交增值税（进项税额）"科目，按应付的款项，贷记"应付账款"科目。企业接受供应单位提供劳务而发生的应付未付款项，根据供应单位的发票账单所列金额，借记"生产成本""管理费用"等科目，按照增值税专用发票上注明的可抵扣的增值税进项税额，借记"应交税费——应交增值税（进项税额）"科目，贷记"应付账款"科目。

企业偿还应付账款或开出商业汇票抵付应付账款时，借记"应付账款"科目，贷记"银行存款""应付票据"等科目。

应付账款附有现金折扣的，企业应按照扣除现金折扣前的应付款总额入账。因在折扣期限内付款而获得的现金折扣，应在偿付应付账款时冲减财务费用。

实务中，企业外购电力、燃气等动力一般通过"应付账款"科目核算，即在每月付款时先作暂付款处理，按照增值税专用发票上注明的价款，借记"应付账款"科目，按照增值税专用发票上注明的可抵扣的增值税进项税额，借记"应交税费——应交增值税（进项税额）"科目，贷记"银行存款"等科目；月末按照外购动力的用途分配动力费时，借记"生产成本""制造费用"和"管理费用"等科目，贷记"应付账款"科目。

（二）转销应付账款

应付账款一般在较短期限内支付，但有时由于债权单位撤销或其他原因而使应付账款无法清偿。企业对于确实无法支付的应付账款应予以转销，按其账面余额计入营业外收入，借记"应付账款"科目，贷记"营业外收入"科目。

【单项选择题】企业因债权人撤销而无法支付的应付账款，应转入（　　）科目。

A. 营业外收入
B. 其他业务收入
C. 资本公积
D. 短期借款

【答案】A

【点拨】对于经查明确实无法支付的应付款项，可按规定程序报经批准后，转作营业外收入。选项 A 正确。

第五节　应付利息

一、应付利息的概念

应付利息是指企业按照合同约定应支付的利息，包括短期借款、分期付息到期还本的长期借款、企业债券等应支付的利息。

二、应付利息的会计科目

企业应通过"应付利息"科目，核算应付利息的发生、支付情况。该科目贷方登记按照合同约定计算的应付利息，借方登记实际支付的利息，期末为贷方余额，反映企业应付未付的利息。

本科目一般应按照债权人设置明细科目进行明细核算。

【单项选择题】"应付利息"科目核算的内容是（　　）。

A. 企业按合同约定应支付的利息

B. 企业按实际利率计算的利息

C. 到期一次还本付息的长期债券应付的利息

D. 到期时一次归还本金和利息的长期借款的利息

【答案】A

【点拨】"应付利息"科目核算的是分期付息借款和债券按合同约定应支付的利息。

三、应付利息的账务处理

企业采用合同约定的利率计算确定利息费用时，按应付合同利息金额，借记"在建工程""财务费用""研发支出"等科目，贷记"应付利息"科目；实际支付利息时，借记"应付利息"科目，贷记"银行存款"等科目。

【单项选择题】2018 年 10 月 1 日，X 公司按照面值发行债券 10000000 元，并用来建造厂房，债券期限为 3 年，到期一次还本付息，票面利率与实际利率均为 6%。厂房建造于 2018 年初开工，2018 年 12 月 31 日尚未完工，应编制的会计分录为（　　）。

```
A. 借：财务费用          150000
       贷：应付利息                    150000
B. 借：财务费用          600000
       贷：应付债券                    600000
C. 借：在建工程          600000
       贷：应付债券                    600000
D. 借：在建工程          150000
       贷：应付债券                    150000
```

【答案】D

【点拨】2018 年 12 月 31 日，该工程尚未完工，因此发行债券的利息应资本化，计入"在建工程"科目。2018 年 12 月 31 日的会计分录为：

借：在建工程（$10000000 \times 6\% \div 12 \times 3$）150000

贷：应付债券——应计利息 150000

故本题答案为 D。

【单项选择题】（2017）2016 年 1 月 1 日，某企业向银行借入资金 600000 元，期限为 6 个月，年利率为 5%，借款利息分月计提，季末交付，本金到期一次归还，下列各项中，2016 年 6 月 30 日，该企业交付借款利息的会计处理正确的是（　　）。

A. 借：财务费用 5000

应付利息 2500

贷：银行存款 7500

B. 借：财务费用 7500

贷：银行存款 7500

C. 借：应付利息 5000

贷：银行存款 5000

D. 借：财务费用 2500

应付利息 5000

贷：银行存款 7500

【答案】 D

【点拨】 借款利息分月计提，按季支付；2016 年 6 月 30 日支付利息时：

借：应付利息（$600000 \times 5\% \div 12 \times 2$） 5000

财务费用（$600000 \times 5\% \div 12$） 2500

贷：银行存款 7500

第六节　应付股利

一、应付股利的概念

应付股利是指企业根据股东大会或类似机构审议批准的利润分配方案确定分配给投资者的现金股利或利润。

二、应付股利的会计科目

企业通过"应付股利"科目，核算企业确定或宣告发放但尚未实际支付的现金股利或利润。该科目贷方登记应支付的现金股利或利润；借方登记实际支付的现金股利或利润；期末贷方余额反映企业应付未付的现金股利或利润。

本科目应按照投资者设置明细科目进行明细核算。

三、应付股利的账务处理

企业根据股东大会或类似机构审议批准的利润分配方案，确认应付给投资者的现金股利或利润时，借记"利润分配——应付现金股利或利润"科目，贷记"应付股利"科目；向投资者实际支付现金股利或利润时，借记"应付股利"科目，贷记"银行存款"等科目。

需要说明的是，企业董事会或类似机构通过的利润分配方案中拟分配的现金股利或利润，不需要进行账务处理，但应在附注中披露。企业分配的股票股利不通过"应付股利"科目核算。

【判断题】（2016）企业向投资者宣告发放现金股利，应在宣告时确认为费用。（　　）

【答案】×

【点拨】企业向投资者宣告发放现金股利时，借记"利润分配"科目，贷记"应付股利"科目，不确认为费用。

第七节　其他应付款

一、其他应付款的概念

其他应付款是指企业除了应付票据、应付账款、应交税费、短期借款、预收账款、应付职工薪酬、交易性金融负债、应付利息、应付股利、长期应付款等以外，还发生的一些经营活动以外的其他各项应付、暂收其他单位或个人的款项，包括应付经营租入固定资产和包装物租金（含预付的租金），存入保证金（如收取的包装物押金等），应付、暂收所属单位、个人的款项。

二、其他应付款会计科目

企业应通过"其他应付款"科目核算其他应付款的增减变动及其结存情况。该科目贷方登记发生的各种应付、暂收款项；借方登记偿还或转销的各种应付、暂收款项；该科目期末为贷方余额，反映企业应付未付的其他应付款项。

本科目按照其他应付款的项目和对方单位（或个人）设置明细科目进行明细核算。

【多项选择题】下列各项中，属于"其他应付款"科目核算内容的有（　　）。

A. 应付供方代垫的运杂费　　　　B. 应付投资者的现金股利

C. 应退回出租包装物收取的押金　　D. 应付经营收入固定资产的租金

【答案】CD

【点拨】应付供方代垫的运杂费和应付投资者的现金股利分别通过"应付账款"和"应付股利"核算。其他应付款主要包括应付经营租赁固定资产租金、租入包装物租金、存入保证金等。

【单项选择题】（2016）下列各项中，属于"其他应付款"科目核算范围的是（　　）。

A. 应付经营租赁固定资产的租金　　B. 应付供应商的货款

C. 应付给职工的薪酬　　　　　　　D. 应付供应商代垫的运杂费

【答案】A

【点拨】选项 B 计入应付账款；选项 C 计入应付职工薪酬；选项 D 计入应付账款。

【单项选择题】下列各项中，应计入其他应付款的是（　　）。

A. 应缴纳的教育费附加　　　　　　B. 根据法院判决应支付的合同违约金

C. 应付由企业负担的职工社会保险费　D. 代扣代交的职工个人所得税

【答案】B

【点拨】选项 A 应计入税金及附加；选项 B 应计入其他应付款；选项 C 应计入应付职工薪酬；选项 D 应计入应交税费。

【判断题】企业的应付经营租赁固定资产租金、应付存入保证金等不在"应付账款"科目核算，而应在"其他应付款"科目核算。（　　）

【答案】√

【点拨】企业的应付经营租赁固定资产租金、应付存入保证金等不在"应付账款"科目核算，而应在"其他应付款"科目核算。

三、其他应付款会计分录

企业发生其他各种应付、暂收款项时，借记"管理费用"等科目，贷记"其他应付款"科目；支付或退回其他各种应付、暂收款项时，借记"其他应付款"科目，贷记"银行存款"等科目。

出租动产的单位可按合同规定，在收到租金当期开具增值税专用发票。

第八节　预收账款

一、预收账款的概念

预收账款是指企业按照合同规定，向购货方预收的款项。这项负债要用以后的商品或劳务偿付。预收账款应按实际收到的金额入账。

预收账款与应付账款同为企业短期债务，但与应付账款不同的是，预收账款所形成的负债不是以货币偿付，而是以货物清偿。

二、预收账款会计科目

企业应通过"预收账款"科目核算预收账款的取得、偿付等情况。该科目贷方登记发生的预收账款金额和购货单位补付账款的金额，借方登记企业向购货方发货后冲销的预收账款金额和退回购货方多付账款的金额。期末如为贷方余额，反映企业预收的款项；如为借方余额，反映企业尚未转销的款项。

本科目一般应当按照购货单位设置明细科目进行明细核算。

三、预收账款会计分录

企业预收购货单位的款项时，借记"银行存款"科目，贷记"预收账款"科目；销售实现时，按实现的收入和应交的增值税销项税额，借记"预收账款"科目，按照实现的营业收入，贷记"主营业务收入"科目，按照增值税专用发票上注明的增值税税额，贷记"应交税费——应交增值税（销项税额）"等科目；企业收到购货单位补付的款项，借记"银行存款"科目，贷记"预收账款"科目；向购货单位退回其多付的款项，借记"预收账款"科目，贷记"银行存款"科目。

预收货款业务不多的企业，可以不单独设置"预收账款"科目，其所发生的预收货款，可通过"应收账款"科目核算。

【单项选择题】某企业向客户收取了一笔服务费后承诺在后续两年内为其提供相应的技术咨询服务。不考虑其他因素，下列各项中，该企业收取服务费时应计入的会计科目是（ ）。

A. 其他业务收入   B. 其他应收款
C. 预收账款   D. 主营业务收入

【答案】C

【点拨】预收账款用于核算企业按照合同规定向购买货物和服务的单位预收的款项。该企业向客户收取了服务费后，在后续两年内才提供相应的技术咨询服务，该笔款项应作为企业的一笔预收款项。

【判断题】预收账款属于流动负债，因此，如果企业不单设预收账款，可以将预收账款并入应付账款科目核算。（ ）

【答案】×

【点拨】本题考查"预收账款"科目的设置。如果企业不单设预收账款科目，可以将预收款项并入到"应收账款"科目中核算。

第九节 应付职工薪酬

一、应付职工薪酬的概念

职工薪酬是指企业为获得职工提供的服务或解除劳动关系而给予的各种形式的报酬或补偿。

二、应付职工薪酬的构成

职工薪酬包括短期薪酬、离职后福利、辞退福利和其他长期职工福利。

企业提供给职工配偶、子女、受赡养人、已故员工遗属及其他受益人等的福利，也属于职工薪酬。

小知识
职 工

这里所称的"职工"，主要包括三类人员：

（1）与企业订立劳动合同的所有人员，含全职、兼职和临时职工。

（2）未与企业订立劳动合同，但由企业正式任命的企业治理层和管理层人员，如董事会成员、监事会成员等。

（3）在企业的计划和控制下，虽未与企业订立劳动合同或未由其正式任命，但向企业所提供服务与职工所提供服务类似的人员，也属于职工的范畴，包括通过企业与劳务中介公司签订用工合同而向企业提供服务的人员。

三、职工薪酬的内容

（一）短期薪酬

1. 概念

短期薪酬是指企业在职工提供相关服务的年度报告期间结束后 12 个月内需要全部予以支付的职工薪酬，因解除与职工的劳动关系给予的补偿除外。

2. 构成

短期薪酬的内容见表 3-1。

表 3-1　短期薪酬的内容

项目	内容阐释说明
职工工资、奖金、津贴和补贴	是指按照构成工资总额的计时工资、计件工资、支付给职工的超额劳动报酬和增收节支的劳动报酬、为补偿职工特殊或额外的劳动消耗和因其他特殊原因支付给职工的津贴，以及为保证职工工资水平不受物价影响支付给职工的物价补贴等。 其中，企业按照短期奖金计划向职工发放的奖金属于短期薪酬，按照长期奖金计划向职工发放的奖金属于其他长期职工福利。
职工福利费	是指企业向职工提供的生活困难补助、丧葬补助费、抚恤费、职工异地安家费、防暑降温费等职工福利支出。
医疗保险费、工伤保险费和生育保险费等社会保险费	是指企业按照国家规定的基准和比例计算，向社会保险经办机构缴纳的医疗保险费、工伤保险费和生育保险费。
住房公积金	是指企业按照国家规定的基准和比例计算，向住房公积金管理机构缴存的住房公积金。
工会经费和职工教育经费	是指企业为了改善职工文化生活、使职工学习先进技术和提高文化水平和业务素质，用于开展工会活动和职工教育及职业技能培训等相关支出。
短期带薪缺勤	是指职工虽然缺勤但企业仍向其支付报酬的安排，包括年休假、病假、婚假、产假、丧假、探亲假等。长期带薪缺勤属于其他长期职工福利。
短期利润分享计划	是指因职工提供服务而与职工达成的基于利润或其他经营成果提供薪酬的协议。长期利润分享计划属于其他长期职工福利。
其他短期薪酬	是指除上述薪酬以外的其他为获得职工提供的服务而给予的短期薪酬。

（二）离职后福利

1. 概念

离职后福利是指企业为获得职工提供的服务而在职工退休或与企业解除劳动关系后，提供的各种形式的报酬和福利，短期薪酬和辞退福利除外。

2. 分类

企业应当将离职后福利计划分为设定提存计划和设定受益计划。

离职后福利计划是指企业与职工就离职后福利达成的协议，或者企业为向职工提供离职后福利制定的规章或办法等。

（1）设定提存计划。设定提存计划是指向独立的基金缴存固定费用后，企业不再承担进一步支付义务的离职后福利计划。

（2）设定受益计划。设定受益计划是指除设定提存计划以外的离职后福利计划。

（三）辞退福利

辞退福利是指企业在职工劳动合同到期之前解除与职工的劳动关系，或者为鼓励职工自愿接受裁减而给予职工的补偿。

（四）其他长期职工福利

1. 概念

其他长期职工福利是指除短期薪酬、离职后福利、辞退福利之外所有的职工薪酬。

2. 构成

包括长期带薪缺勤、长期残疾福利、长期利润分享计划等。

四、应付职工薪酬的科目设置

企业应当设置"应付职工薪酬"科目，核算应付职工薪酬的计提、结算、使用等情况。该科目的贷方登记已分配计入有关成本费用项目的职工薪酬的数额，借方登记实际发放职工薪酬的数额，包括扣还的款项等；该科目期末为贷方余额，反映企业应付未付的职工薪酬。

"应付职工薪酬"科目应当按照"工资、奖金、津贴和补贴""职工福利费""非货币性福利""社会保险费""住房公积金""工会经费和职工教育经费""带薪缺勤""利润分享计划""设定提存计划""设定受益计划义务""辞退福利"等职工薪酬项目设置明细账进行明细核算。

【多项选择题】下列各项中，应作为应付职工薪酬核算的有（　　）。

A. 工会经费
B. 职工福利费
C. 为职工支付的住房公积金
D. 为职工无偿提供的医疗保健服务

【答案】ABCD

【点拨】应付职工薪酬包括职工在职期间和离职后提供给职工的全部货币性薪酬和非货币性福利。提供给职工配偶、子女或其他被赡养人的福利等，也属于职工薪酬。

【单项选择题】下列关于"应付职工薪酬"科目的说法正确的是（　　）。

A. 借方登记本月结转的代扣款项
B. 借方登记本月应分配的工资总额
C. 贷方登记本月实际支付的工资数
D. 该科目的期末余额一般在借方

【答案】A

【点拨】本题考核会计科目的性质。"应付职工薪酬"科目是负债类科目，贷方登记本月发生的应分配工资总额，借方登记实际支付的工资数（包括实发工资和结转代扣款项）；该科目的期末余额一般在贷方，反映企业应付未付的职工薪酬。

五、短期薪酬的核算

企业应当在职工为其提供服务的会计期间，将实际发生的短期薪酬确认为负债，并计入当期损益，其他会计准则要求或允许计入资产成本的除外。

（一）货币性职工薪酬

货币性职工薪酬内容见表 3-2。

表 3-2　货币性职工薪酬

项目	内容阐释说明
工资、奖金、津贴和补贴	对于职工工资、奖金、津贴和补贴等货币性职工薪酬，企业应当在职工为其提供服务的会计期间，实际发生的职工工资、奖金、津贴和补贴等，根据职工提供服务的受益对象，将应确认的职工薪酬，借记"生产成本""制造费用""劳务成本""管理费用""销售费用"等科目，贷记"应付职工薪酬——工资、奖金、津贴和补贴"科目。 在实务中，企业一般在每月发放工资前，根据"工资费用分配汇总表"中的"实发金额"栏的合计数，通过开户银行支付给职工或从开户银行提取现金，然后再向职工发放。 企业按照有关规定向职工支付工资、奖金、津贴、补贴等，借记"应付职工薪酬——工资、奖金、津贴和补贴"科目，贷记"银行存款""库存现金"等科目；企业从应付职工薪酬中扣还的各种款项（代垫的家属药费、个人所得税等），借记"应付职工薪酬"科目，贷记"银行存款""库存现金""其他应收款""应交税费——应交个人所得税"等科目。
职工福利费	对于职工福利费，企业应当在实际发生时根据实际发生额计入当期损益或相关资产成本，借记"生产成本""制造费用""管理费用""销售费用"等科目，贷记"应付职工薪酬——职工福利费"科目。
国家规定计提标准的职工薪酬	对于国家规定了计提基础和计提比例的医疗保险费、工伤保险费、生育保险费等社会保险费和住房公积金，以及按规定提取的工会经费和职工教育经费，企业应当在职工为其提供服务的会计期间，根据规定的计提基础和计提比例计算确定相应的职工薪酬金额，并确认相关负债，按照受益对象计入当期损益或相关资产成本，借记"生产成本""制造费用""管理费用"等科目，贷记"应付职工薪酬"科目。
短期带薪缺勤	对于职工带薪缺勤，企业应当根据其性质及职工享有的权利，分为累积带薪缺勤和非累积带薪缺勤两类。企业应当对累积带薪缺勤和非累积带薪缺勤分别进行会计处理。如果带薪缺勤属于长期带薪缺勤的，企业应当作为其他长期职工福利处理。 （1）累积带薪缺勤。是指带薪权利可以结转下期的带薪缺勤，本期尚未用完的带薪缺勤权利可以在未来期间使用。企业应当在职工提供了服务从而增加了其未来享有的带薪缺勤权利时，确认与累积带薪缺勤相关的职工薪酬，并以累积未行使权利而增加的预期支付金额计量。确认累积带薪缺勤时，借记"管理费用"等科目，贷记"应付职工薪酬——带薪缺勤——短期带薪缺勤——累积带薪缺勤"科目。 （2）非累积带薪缺勤。是指带薪权利不能结转下期的带薪缺勤，本期尚未用完的带薪缺勤权利将予以取消，并且职工离开企业时也无权获得现金支付。我国企业职工休婚假、产假、丧假、探亲假、病假期间的工资通常属于非累积带薪缺勤。由于职工提供服务本身不能增加其能够享受的福利金额，企业在职工未缺勤时不应当计提相关费用和负债。为此，企业应当在职工实际发生缺勤的会计期间确认与非累积带薪缺勤相关的职工薪酬。 企业确认职工享有的与非累积带薪缺勤权利相关的薪酬，视同职工出勤确认的当期损益或相关资产成本。通常情况下，与非累积带薪缺勤相关的职工薪酬已经包括在企业每期向职工发放的工资等薪酬中，因此，不必额外作相应的账务处理。

（二）非货币性职工薪酬

企业以其自产产品作为非货币性福利发放给职工的，应当根据受益对象，按照该产品的含税公允价值计入相关资产成本或当期损益，同时确认应付职工薪酬，借记"管理费用""生产成本""制造费用"等科目，贷记"应付职工薪酬——非货币性福利"

科目。

将企业拥有的房屋等资产无偿提供给职工使用的，应当根据受益对象，将该住房每期应计提的折旧计入相关资产成本或当期损益，同时确认应付职工薪酬，借记"管理费用""生产成本""制造费用"等科目，贷记"应付职工薪酬——非货币性福利"科目，并且同时借记"应付职工薪酬——非货币性福利"科目，贷记"累计折旧"科目。

租赁住房等资产供职工无偿使用的，应当根据受益对象，将每期应付的租金计入相关资产成本或当期损益，并确认应付职工薪酬，借记"管理费用""生产成本""制造费用"等科目，贷记"应付职工薪酬——非货币性福利"科目。

难以认定受益对象的非货币性福利，直接计入当期损益和应付职工薪酬。

企业以自产产品作为职工薪酬发放给职工时，应确认主营业务收入，借记"应付职工薪酬——非货币性福利"科目，贷记"主营业务收入"科目，同时结转相关成本，涉及增值税销项税额的，还应进行相应的处理，借记"应付职工薪酬——非货币性福利"科目，贷记"应交税费——应交增值税（销项税额）"科目。企业支付租赁住房等资产供职工无偿使用所发生的租金，借记"应付职工薪酬——非货币性福利"科目，贷记"银行存款"等科目。

【多项选择题】下列各项中，应通过"应付职工薪酬——非货币性福利"科目核算的有（　　）。

A. 企业购买月饼发放给职工　　　　B. 企业把自产电视机发放给职工

C. 给生产工人提供劳保用品　　　　D. 为高级管理人员提供汽车免费使用

【答案】ABD

【点拨】劳保用品一般是作为低值易耗品核算，领用时计入"制造费用"等科目。

【单项选择题】（2016）某企业为增值税一般纳税人。2015年12月25日，向管理部门职工发放一批自产的空气净化器作为福利，该批产品售价为10万元，生产成本为7.5万元，按计税价格计算的增值税销项税额为1.7万元。不考虑其他因素，该笔业务应确认的应付职工薪酬为（　　）万元。

A. 7.5　　　　　B. 11.7　　　　　C. 10　　　　　D. 9.2

【答案】B

【点拨】确认非货币性职工福利时：

借：管理费用等　　　　　　　　　11.7

　　贷：应付职工薪酬　　　　　　　　　　　　11.7

实际发放时：

借：应付职工薪酬　　　　　　　　11.7

　　贷：主营业务收入　　　　　　　　　　　　10.0

　　　　应交税费——应交增值税（销项税额）　1.7

借：主营业务成本　　　　　　　　7.5

　　贷：库存商品　　　　　　　　　　　　　　7.5

六、设定提存计划的核算

对于设定提存计划，企业应当根据在资产负债表日为换取职工在会计期间提供的服务而应向单独主体缴存的提存金，确认为应付职工薪酬，并计入当期损益或相关资产成本，借记"生产成本""制造费用""管理费用""销售费用"等科目，贷记"应付职工薪酬——设定提存计划"科目。

【判断题】（2016）企业在资产负债表日为换取职工在会计期间提供的服务而应向单独主体缴存的提存金，确认为其他应付款。（　　）

【答案】×

【点拨】企业在资产负债表日为换取职工在会计期间提供的服务而应向单独主体缴存的提存金，应确认为应付职工薪酬。

第十节　应交税费

一、应交税费种类

企业根据税法规定应缴纳的各种税费包括增值税、消费税、城市维护建设税、资源税、企业所得税、土地增值税、房产税、车船税、土地使用税、教育费附加、矿产资源补偿费、印花税、耕地占用税、契税、环境保护税等。

二、应交税费的科目设置

企业应通过"应交税费"科目，核算各种税费的应交、缴纳等情况。

该科目贷方登记应缴纳的各种税费等，借方登记实际缴纳的税费；期末余额一般在贷方，反映企业尚未缴纳的税费，期末余额如在借方，反映企业多交或尚未抵扣的税费。

本科目按应交税费项目设置明细科目进行明细核算。

企业代扣代交的个人所得税，也通过"应交税费"科目核算，而企业缴纳的印花税、耕地占用税等不需要预计应交数的税金，不通过"应交税费"科目核算。

【多项选择题】下列各项中，应通过"应交税费"科目核算的有（　　）。

A. 增值税一般纳税人购进固定资产应支付的增值税进项税额

B. 为企业员工代扣代缴的个人所得税

C. 缴纳的耕地占用税

D. 缴纳的印花税

【答案】AB

【点拨】选项 A、B 应通过"应交税费"科目核算；选项 C，耕地占用税在发生时计入相关资产成本；选项 D，印花税在发生时计入"税金及附加"科目。

【单项选择题】下列各项中，贷方不通过"应交税费"科目核算的是（　　）。

A. 印花税　　　　　　　　　B. 销售商品应缴纳的增值税

C. 销售不动产应缴纳的增值税　　D. 城市维护建设税

【答案】 A

【点拨】 企业缴纳的印花税、耕地占用税不需要预提应交税金，不通过"应交税费"科目核算。其他的税费应通过"应交税费"科目核算。

三、应交增值税

（一）概念

增值税是以商品（含应税劳务、应税行为）在流转过程中实现的增值额作为计税依据而征收的一种流转税。

（二）纳税人

按照我国现行增值税制度的规定，在我国境内销售货物、加工修理修配劳务、服务、无形资产和不动产以及进口货物的企业、单位和个人为增值税的纳税人。

其中，"服务"是指提供交通运输服务、建筑服务、邮政服务、电信服务、金融服务、现代服务、生活服务。

根据经营规模大小及会计核算水平的健全程度，增值税纳税人分为一般纳税人和小规模纳税人。

一般纳税人是指年应税销售额超过财政部、国家税务总局规定标准的增值税纳税人。

小规模纳税人是指年税销售额未超过规定标准，并且会计核算不健全，不能够提供准确税务资料的增值税纳税人。

（三）计税方法

计算增值税的方法分为一般计税方法和简易计税方法。

1. 增值税的一般计税方法

增值税的一般计税方法是先按当期销售额和适用的税率计算出销项税额，然后以该销项税额对当期购进项目支付的税款（即进项税额）进行抵扣，从而间接算出当期的应纳税额。应纳税额的计算公式：

应纳税额 = 当期销项税额 – 当期进项税额

公式中的"当期销项税额"是指纳税人当期销售货物、加工修理修配劳务、服务、无形资产和不动产时按照销售额和增值税税率计算并收取的增值税税额。

其中，销售额是指纳税人销售货物、加工修理修配劳务、服务、无形资产和不动产向购买方收取的全部价款和价外费用，但是不包括收取的销项税额。当期销项税额的计算公式：

销项税额 = 销售额 × 增值税税率

公式中的"当期进项税额"是指纳税人购进货物、加工修理修配劳务、应税服务、无形资产或者不动产，支付或者负担的增值税税额。下列进项税额准予从销项税额中抵扣：

（1）从销售方取得的增值税专用发票（含税控机动车销售统一发票，下同）上注明的增值税税额。

（2）从海关进口增值税专用缴款书上注明的增值税税额。

（3）购进农产品，除取得增值税专用发票或者海关进口增值税专用缴款书外，按照农产品收购发票或者销售发票上注明的农产品买价和10%的扣除率计算的进项税额；如用于生产销售或者委托加工16%税率的农产品，按照农产品收购发票或者销售发票上注明的农产品买价和12%的扣除率计算的进项税额。

（4）从境外单位或者个人购进服务、无形资产或者不动产，自税务机关或者扣缴义务人取得的解缴税款的完税凭证上注明的增值税额。

（5）一般纳税人支付的道路、桥、闸通行费，凭取得的通行费发票上注明的收费金额和按规定的方法计算的可抵扣的增值税进项税额。

当期销项税额小于当期进项税额不足抵扣时，其不足部分可以结转下期继续抵扣。

一般纳税人采用的税率分为16%、10%、6%和零税率。

一般纳税人销售货物、劳务、有形动产租赁服务或者进口货物，税率为16%。

一般纳税人销售或者进口粮食、食用植物油、自来水、暖气、冷气、热水、煤气、石油液化气、天然气、沼气、居民用煤炭制品、图书、报纸、杂志、饲料、化肥、农药、农机、农膜以及国务院及其有关部门规定的其他货物，税率为10%；提供交通运输、邮政、基础电信、建筑、不动产租赁服务，销售不动产，转让土地使用权，税率为10%；其他应税行为，税率为6%。

一般纳税人出口货物，税率为零；但是，国务院另有规定的除外。境内单位和个人发生的跨境应税行为税率为零，具体范围由财政部和国家税务总局另行规定。

2. 增值税的简易计税方法

增值税的简易计税方法是按照销售额与征收率的乘积计算应纳税额，不得抵扣进项税额。应纳税额的计算公式：

应纳税额 = 销售额 × 征收率

公式中的销售额不包括其应纳税额，如果纳税人采用销售额和应纳税额合并定价方法的，应按照公式"销售额 = 含税销售额 ÷（1 + 征收率）"还原为不含税销售额计算。

增值税一般纳税人计算增值税大多采用一般计税方法；小规模纳税人一般采用简易计税方法；一般纳税人发生财政部和国家税务总局规定的特定应税销售行为，也可以选择简易计税方式计税，但是不得抵扣进项税额。

采用简易计税方法的增值税征收率为3%，财政部和国家税务总局另有规定的除外。

（四）一般纳税人的账务处理

1. 增值税核算应设置的会计科目

为了核算企业应交增值税的发生、抵扣、缴纳、退税及转出等情况，增值税一般纳税人应当在"应交税费"科目下设置"应交增值税""未交增值税""预交增值税""待抵扣进项税额""待认证进项税额""待转销项税额""增值税留抵税额""简易计税""转让金融商品应交增值税""代扣代交增值税"等明细科目（见表3-3）。

表 3-3 增值税核算的会计科目

项目	内容阐释说明
"应交增值税"明细科目	核算一般纳税人进项税额、销项税额抵减、已交税金、转出未交增值税、减免税款、出口抵减内销产品应纳税额、销项税额、出口退税、进项税额转出、转出多交增值税等情况。
"未交增值税"明细科目	核算一般纳税人月度终了从"应交增值税"或"预交增值税"明细科目转入当月应交未交、多交或预交的增值税额，以及当月缴纳以前期间未交的增值税额。
"预交增值税"明细科目	核算一般纳税人转让不动产、提供不动产经营租赁服务、提供建筑服务、采用预收款方式销售自行开发的房地产项目等，以及其他按现行增值税制度规定应预交的增值税额。
"待抵扣进项税额"明细科目	核算一般纳税人已取得增值税扣税凭证并经税务机关认证，按照现行增值税制度规定准予以后期间从销项税额中抵扣的进项税额。
"待认证进项税额"明细科目	核算一般纳税人由于未经税务机关认证而不得从当期销项税额中抵扣的进项税额。包括：一般纳税人已取得增值税扣税凭证、按照现行增值税制度规定准予从销项税额中抵扣，但尚未经税务机关认证的进项税额；一般纳税人已申请稽核但尚未取得稽核相符结果的海关缴款书进项税额。
"待转销项税额"明细科目	核算一般纳税人销售货物、加工修理修配劳务、服务、无形资产或不动产，已确认相关收入（或利得）但尚未发生增值税纳税义务而需于以后期间确认为销项税额的增值税额。
"简易计税"明细科目	核算一般纳税人采用简易计税方法发生的增值税计提、扣减、预缴、缴纳等业务。
"转让金融商品应交增值税"明细科目	核算增值税纳税人转让金融商品发生的增值税额。
"代扣代交增值税"明细科目	核算纳税人购进在境内未设经营机构的境外单位或个人在境内的应税行为代扣代缴的增值税。

"应交增值税"明细账专栏见表 3-4。

表 3-4 "应交增值税"明细账的专栏

项目	内容阐释说明
"进项税额"专栏	记录一般纳税人购进货物、加工修理修配劳务、服务、无形资产或不动产而支付或负担的、准予从当期销项税额中抵扣的增值税额。
"销项税额抵减"专栏	记录一般纳税人按照现行增值税制度规定因扣减销售额而减少的销项税额。
"已交税金"专栏	记录一般纳税人当月已缴纳的应交增值税额。
"转出未交增值税"和"转出多交增值税"专栏	分别记录一般纳税人月度终了转出当月应交未交或多交的增值税额。
"减免税款"专栏	记录一般纳税人按现行增值税制度规定准予减免的增值税额。
"出口抵减内销产品应纳税额"专栏	记录实行"免、抵、退"办法的一般纳税人按规定计算的出口货物的进项税抵减内销产品的应纳税额。
"销项税额"专栏	记录一般纳税人销售货物、加工修理修配劳务、服务、无形资产或不动产应收取的增值税额。
"出口退税"专栏	记录一般纳税人出口货物、加工修理修配劳务、服务、无形资产按规定退回的增值税额。
"进项税额转出"专栏	记录一般纳税人购进货物、加工修理修配劳务、服务、无形资产或不动产等发生非正常损失以及其他原因而不应从销项税额中抵扣、按规定转出的进项税额。

2. 取得资产、接受劳务

取得资产、接受劳务的会计处理如表 3-5 所示。

表 3-5 取得资产、接受劳务的会计处理

项目	内容阐释说明
一般纳税人购进货物、农产品、加工修理修配劳务、服务、无形资产或者不动产	一般纳税人购进货物、加工修理修配劳务、服务、无形资产或者不动产，按应计入相关成本费用或资产的金额，借记"材料采购""在途物资""原材料""库存商品""生产成本""无形资产""固定资产""管理费用"等科目，按当月已认证的可抵扣增值税额，借记"应交税费——应交增值税（进项税额）"科目，按当月未认证的可抵扣增值税额，借记"应交税费——待认证进项税额"科目，按应付或实际支付的金额，贷记"应付账款""应付票据""银行存款"等科目。 购进货物等发生的退货，应根据税务机关开具的红字增值税专用发票编制相反的会计分录，如原增值税专用发票未做认证，应将发票退回并做相反的会计分录。 企业购进农产品，除取得增值税专用发票或者海关进口增值税专用缴款书外，购进用于生产销售或者委托加工 16%税率的农产品，按照农产品收购发票或者销售发票上注明的农产品买价和 12%的扣除率计算的进项税额，按照农产品收购发票或者销售发票上注明的农产品买价和 10%的扣除率计算的进项税额，借记"应交税费——应交增值税（进项税额）"科目，按农产品买价扣除进项税额后的差额，借记"材料采购""在途物资""原材料""库存商品"等科目，按照应付或实际支付的价款，贷记"应付账款""应付票据""银行存款"等科目。 注：自 2018 年 5 月 1 日起，纳税人购进农产品，原适用 11%扣除率的，扣除率调整为 10%；纳税人购进用于生产销售或委托加工 16%税率货物的农产品，按照 12%的扣除率计算进项税额。
购进不动产或不动产在建工程的进项税额的分年抵扣	按现行增值税制度规定，一般纳税人自 2016 年 5 月 1 日后取得并按固定资产核算的不动产或者 2016 年 5 月 1 日后取得的不动产在建工程，其进项税额自取得之日起分 2 年从销项税额中抵扣的，第一年抵扣比例为 60%，第二年抵扣比例为 40%。 企业作为一般纳税人，自 2016 年 5 月 1 日后取得并按固定资产核算的不动产或者 2016 年 5 月 1 日后取得的不动产在建工程，取得增值税专用发票并通过税务机关认证时，应按增值税专用发票上注明的价款作为固定资产成本，借记"固定资产""在建工程"科目；其进项税额按现行增值税制度规定自取得之日起分 2 年从销项税额中抵扣，应按增值税专用发票上注明的增值税进项税额的 60%作为当期可抵扣的进项税额，借记"应交税费——应交增值税（进项税额）"科目，按增值税专用发票上注明的增值税进项税额的 40%作为自本月起第 13 个月可抵扣的进项税额，借记"应交税费——待抵扣进项税额"科目；按应付或实际支付的金额，贷记"应付账款""银行存款"等科目。 上述待抵扣的进项税额在下年度同月允许抵扣时，按允许抵扣的金额，借记"应交税费——应交增值税（进项税额）"科目，贷记"应交税费——待抵扣进项税额"科目。
货物等已验收入库但尚未取得增值税扣税凭证	企业购进的货物等已到达并验收入库，但尚未收到增值税扣税凭证并未付款的，应在月末按货物清单或相关合同协议上的价格暂估入账，不需要将增值税的进项税额暂估入账。下月初，用红字冲销原暂估入账金额，待取得相关增值税扣税凭证并经认证后，按应计入相关成本费用或资产的金额，借记"原材料""库存商品""固定资产""无形资产"等科目，按可抵扣的增值税额，借记"应交税费——应交增值税（进项税额）"科目，按应付或实际支付的金额，贷记"应付账款""应付票据""银行存款"等科目。
进项税额转出	企业已单独确认进项税额的购进货物、加工修理修配劳务或者服务、无形资产或者不动产但其事后改变用途（如用于简易计税方法计税项目、免征增值税项目、非增值税应税项目等），或发生非正常损失，原已计入进项税额、待抵扣进项税额或待认证进项税额的，按照现行增值税制度规定不得从销项税额中抵扣。这里所说的"非正常损失"，根据现行增值税制度规定，是指因管理不善造成货物被盗、丢失、霉烂变质，以及因违反法律法规造成货物或者不动产被依法没收、销毁、拆除的情形。 进项税额转出的账务处理为，借记"待处理财产损溢""应付职工薪酬""固定资产""无形资产"等科目，贷记"应交税费——应交增值税（进项税额转出）""应交税费——待抵扣进项税额"或"应交税费——待认证进项税额"科目。属于转作待处理财产损失的进项税额，应与非正常损失的购进货物、在产品或库存商品、固定资产和无形资产的成本一并处理。

续表

项目	内容阐释说明
进项税额转出	需要说明的是，一般纳税人购进货物、加工修理修配劳务、服务、无形资产或不动产，用于简易计税方法计税项目、免征增值税项目、集体福利或个人消费等，即使取得的增值税专用发票上已注明增值税进项税额，该税额按照现行增值税制度规定也不得从销项税额中抵扣的，取得增值税专用发票时，应将待认证的目前不可抵扣的增值税进项税额，借记"应交税费——待认证进项税额"科目，贷记"银行存款""应付账款"等科目。经税务机关认证为不可抵扣的增值税进项税额时，借记"应交税费——应交增值税（进项税额）"科目，贷记"应交税费——待认证进项税额"科目；同时，将增值税进项税额转出，借记相关成本费用或资产科目，贷记"应交税费——应交增值税（进项税额转出）"科目。

【多项选择题】X公司为增值税一般纳税人，下列各项会计处理中，正确的有（　　）。

A. 建造生产线时将购入的工程物资的进项税额一并计入"在建工程"科目

B. 建造生产线时将领用的企业自产产品按照成本价计入"在建工程"科目

C. 建造厂房时将领用的一批外购原材料的进项税额一并计入"在建工程"科目

D. 建造厂房时将领用的企业自产产品按照成本和销售价格计算的销项税额一并计入"在建工程"科目

【答案】BCD

【点拨】建造生产线等动产时，购入的工程物资的进项税额不能计入"在建工程"科目。

【单项选择题】某企业为增值税一般纳税人，适用的增值税税率为16%。2018年3月建造厂房领用材料实际成本20000元，该项业务应计入在建工程成本的金额为（　　）元。

A. 20000　　　　B. 21280　　　　C. 23400　　　　D. 22040

【答案】A

【点拨】领用外购的原材料用于建造厂房，以领用的实际成本入账。领用的原材料的进项税额可以抵扣，会计处理：

借：在建工程　　　　　　　　　　　　　　　20000

　　贷：原材料　　　　　　　　　　　　　　　　　　20000

借：应交税费——待抵扣进项税额（20000×16%×40%）　1280

　　贷：应交税费——应交增值税（进项税额转出）　　　　1280

【多项选择题】下列各项交易或事项中，不应作视同销售处理的有（　　）。

A. 自产的货物用于集体福利和个人消费　　　B. 购买的货物用于对外投资

C. 购买的货物用于非应税项目　　　　　　　D. 购买的货物用于集体福利

【答案】CD

【点拨】购买的货物用于非应税项目、集体福利不视同销售，做进项税额转出处理。

3. 销售等业务的账务处理

（1）企业销售货物、加工修理修配劳务、服务、无形资产或不动产，应当按应收或已收的金额，借记"应收账款""应收票据""银行存款"等科目，按取得的收益金额，贷记"主营业务收入""其他业务收入""固定资产清理""工程结算"等科目，按现行增值税制度规定计算的销项税额（或采用简易计税方法计算的应纳增值税额），贷记"应交税费——应交增值税（销项税额）"或"应交税费——简易计税"科目。

企业销售货物等发生销售退回的，应根据税务机关开具的红字增值税专用发票作相反的会计分录。按照国家统一的会计制度确认收入或利得确认时点早于按照现行增值税制度确认增值税纳税义务发生时点的，应将相关销项税额计入"应交税费——待转销项税额"科目，待实际发生纳税义务时再转入"应交税费——应交增值税（销项税额）"或"应交税费——简易计税"科目。按照增值税制度确认增值税纳税义务发生时点早于按照国家统一的会计制度确认收入或利得的时点的，应将应纳增值税额借记"应收账款"科目，贷记"应交税费——应交增值税（销项税额）"或"应交税费——简易计税"科目，按照国家统一的会计制度确认收入或利得时，应按扣除增值税销项税额后的金额确认收入。

（2）视同销售。企业有些交易和事项按照现行增值税制度规定，应视同对外销售处理，计算应交增值税。视同销售需要交纳增值税的事项有：企业将自产或委托加工的货物用于集体福利或个人消费，将自产、委托加工或购买的货物作为投资、提供给其他单位或个体工商户、分配给股东或投资者、对外捐赠等。在这些情况下，企业应当根据视同销售的具体内容，按照现行增值税制度规定计算的销项税额（或采用简易计税方法计算的应纳增值税额），借记"长期股权投资""应付职工薪酬""利润分配""营业外支出"等科目，贷记"应交税费——应交增值税（销项税额）"或"应交税费——简易计税"科目。

4. 缴纳增值税

企业缴纳当月应交的增值税，借记"应交税费——应交增值税（已交税金）"科目，贷记"银行存款"科目；企业缴纳以前期间未交的增值税，借记"应交税费——未交增值税"科目，贷记"银行存款"科目。

5. 月末转出多交增值税和未交增值税

月度终了，企业应当将当月应交未交或多交的增值税由"应交增值税"明细科目转入"未交增值税"明细科目。对于当月应交未交的增值税，借记"应交税费——应交增值税（转出未交增值税）"科目，贷记"应交税费——未交增值税"科目；对于当月多交的增值税，借记"应交税费——未交增值税"科目，贷记"应交税费——应交增值税（转出多交增值税）"科目。

需要说明的是，企业购入材料、商品等不能取得增值税专用发票的，发生的增值税应计入材料采购成本，借记"材料采购""在途物资""原材料""库存商品"等科目，贷记"银行存款"等科目。

（五）小规模纳税人的账务处理

1. 税收实务

小规模纳税人核算增值税采用简化的方法，即购进货物、应税劳务或应税行为，取得增值税专用发票上注明的增值税一律不予抵扣，直接计入相关成本费用或资产。

小规模纳税人销售货物、应税劳务或应税行为时，按照不含税的销售额和规定的增值税征收率计算应缴纳的增值税（即应纳税额），但不得开具增值税专用发票。

一般来说，小规模纳税人采用销售额和应纳税额合并定价的方法并向客户结算款项，销售货物、应税劳务或应税行为后，应进行价税分离，确定不含税的销售额。不含税的销售额计算公式：

不含税销售额 = 含税销售额 ÷（1 + 征收率）

应纳税额 = 不含税销售额 × 征收率

2. 会计科目

小规模纳税人进行账务处理时，只需在"应交税费"科目下设置"应交增值税"明细科目，该明细科目不再设置增值税专栏。

"应交税费——应交增值税"科目贷方登记应缴纳的增值税，借方登记已缴纳的增值税；期末贷方余额，反映小规模纳税人尚未缴纳的增值税，期末如为借方余额，反映小规模纳税人多缴纳的增值税。

3. 会计分录

小规模纳税人购进货物、服务、无形资产或不动产，按照应付或实际支付的全部款项（包括支付的增值税额），借记"材料采购""在途物资""原材料""库存商品"等科目，贷记"应付账款""应付票据""银行存款"等科目；销售货物、服务、无形资产或不动产，应按全部价款（包括应交的增值税额），借记"银行存款"等科目，按不含税的销售额，贷记"主营业务收入"等科目，按应交增值税额，贷记"应交税费——应交增值税"科目。

（六）差额征税的账务处理

对于企业发生的某些业务（金融商品转让、经纪代理服务、融资租赁和融资性售后回租业务、一般纳税人提供客运场站服务、试点纳税人提供旅游服务、选择简易计税方法提供建筑服务等）无法通过抵扣机制避免重复征税的，应采用差额征税方式计算缴纳增值税。

1. 企业按规定相关成本费用允许扣减销售额的账务处理

按现行增值税制度规定，企业发生相关成本费用允许扣减销售额的，发生成本费用时，按应付或实际支付的金额，借记"主营业务成本""工程施工"等科目，贷记"应付账款""应付票据""银行存款"等科目。待取得合规增值税扣税凭证且纳税义务发生时，按照允许抵扣的税额，借记"应交税费——应交增值税（销项税额抵减）"或"应交税费——简易计税"科目（小规模纳税人应借记"应交税费——应交增值税"科目），贷记"主营业务成本""工程施工"等科目。

2. 企业转让金融商品按规定以盈亏相抵后的余额作为销售额

按现行增值税制度规定，企业实际转让金融商品，月末，如产生转让收益，则按应纳税额，借记"投资收益"等科目，贷记"应交税费——转让金融商品应交增值税"科目；如产生转让损失，则按可结转下月抵扣税额，借记"应交税费——转让金融商品应交增值税"科目，贷记"投资收益"等科目。缴纳增值税时，应借记"应交税费——转让金融商品应交增值税"科目，贷记"银行存款"科目。年末，"应交税费——转让金融商品应交增值税"科目，如有借方余额，则借记"投资收益"等科目，贷记"应交税费——转让金融商品应交增值税"科目。

（七）增值税税控系统专用设备和技术维护费用抵减增值税额的账务处理

按现行增值税制度规定，企业初次购买增值税税控系统专用设备支付的费用以及缴纳的技术维护费允许在增值税应纳税额中全额抵减。增值税税控系统专用设备，包括增值税防伪税控系统设备（如金税卡、IC卡、读卡器或金税盘和报税盘）、货物运输业增值税专用发票税控系统设备（如税控盘和报税盘）、机动车销售统一发票税控系统和公路、内河货物运输业发票税控系统的设备（如税控盘和传输盘）。

企业初次购入增值税税控系统专用设备，按实际支付或应付的金额，借记"固定资产"科目，贷记"银行存款""应付账款"等科目。按规定抵减的增值税应纳税额，借记"应交税费——应交增值税（减免税款）"科目（小规模纳税人应借记"应交税费——应交增值税"科目），贷记"管理费用"等科目。

企业发生增值税税控系统专用设备技术维护费，应按实际支付或应付的金额，借记"管理费用"科目，贷记"银行存款"等科目。按规定抵减的增值税应纳税额，借记"应交税费——应交增值税（减免税款）"科目（小规模纳税人应借记"应交税费——应交增值税"科目），贷记"管理费用"等科目。

小微企业在取得销售收入时，应当按照现行增值税制度的规定计算应交增值税，并确认为应交税费，在达到增值税制度规定的免征增值税条件时，将有关应交增值税转入当期损益。

四、应交消费税

（一）概念

消费税是指在我国境内生产、委托加工和进口应税消费品的单位和个人，按其流转额缴纳的一种税。

（二）征收方法

征收方法见表3-6。

表3-6 应交消费税的征收方法

项目	内容阐释说明
采取从价定率方法征收的消费税	以不含增值税的销售额为税基，按照税法规定的税率计算。企业的销售收入包含增值税的，应将其换算为不含增值税的销售额。
采取从量定额计征的消费税	按税法确定的企业应税消费品的数量和单位应税消费品应缴纳的消费税计算确定。
采取复合计税计征的消费税	由以不含增值税的销售额为税基，按照税法规定的税率计算的消费税和按税法确定的应税消费品的数量和单位应税消费品应缴纳的消费税计算的消费税合计确定。

（三）应交消费税的账务处理

1. 会计科目

企业应在"应交税费"科目下设置"应交消费税"明细科目，核算应交消费税的发生、缴纳情况。

该科目贷方登记应缴纳的消费税，借方登记已缴纳的消费税，期末如为贷方余额，反映企业尚未缴纳的消费税，期末如为借方余额，反映企业多缴纳的消费税。

2. 会计分录

应交消费税的会计分录如表 3-7 所示。

表 3-7 应交消费税的会计分录

项目	内容阐释说明
销售应税消费品	企业销售应税消费品应缴纳的消费税，应借记"税金及附加"科目，贷记"应交税费——应交消费税"科目。
自产自用应税消费品	企业将生产的应税消费品用于在建工程等非生产机构时，按规定应缴纳的消费税，借记"在建工程"等科目，贷记"应交税费——应交消费税"科目。
委托加工应税消费品	企业如有应交消费税的委托加工物资，一般应由受托方代收代缴税款。委托加工物资收回后直接用于销售的，应将受托方代收代缴的消费税计入委托加工物资的成本，借记"委托加工物资"等科目，贷记"应付账款""银行存款"等科目；委托加工物资收回后用于连续生产应税消费品的，按规定准予抵扣，应按已由受托方代收代缴的消费税，借记"应交税费——应交消费税"科目，贷记"应付账款""银行存款"等科目，待用委托加工的应税消费品生产出应纳消费税的产品销售时，再缴纳消费税。
进口应税消费品	企业进口应税物资在进口环节应缴纳的消费税，计入该项物资的成本，借记"材料采购""固定资产"等科目，贷记"银行存款"科目。

【单项选择题】下列关于消费税的说法中，正确的是（　　）。

A. 销售应税消费品应缴纳的消费税计入销售商品成本

B. 进口环节应税物资在进口环节应缴纳的消费税计入物资成本

C. 领用自产应税消费品建造厂房应缴纳的消费税计入税金及附加

D. 收回委托加工物资（继续用于生产应税消费品）代收代交的消费税计入委托加工物资成本

【答案】B

【点拨】选项 A，销售应税消费品应缴纳的消费税计入"税金及附加"科目；选项 C，领用自产应税消费品建造厂房应缴纳的消费税计入"在建工程"等科目；选项 D，收回委托加工物资（继续用于生产应税消费品）代收代缴的消费税计入"应交税费——应交消费税"科目。

【单项选择题】应交消费税的委托加工物资收回后用于连续生产应税消费品的，按规定准予抵扣的由受托方代收代缴的消费税，应当计入（　　）。

A. 生产成本　　　　　　　　B. 应交税费

C. 主营业务成本　　　　　　D. 委托加工物资

【答案】B

【点拨】应交消费税的委托加工物资收回后用于连续生产应税消费品的，按规定准予抵扣，应按已由受托方代收代缴的消费税，借记"应交税费——应交消费税"科目，贷记"应付账款""银行存款"等科目，待用委托加工的应税消费品生产出应纳消费税的产品销售时，再缴纳消费税。

【判断题】委托加工的物资收回后直接用于对外出售的，应将受托方代收代缴的消

费税计入"应交税费——应交消费税"科目。（　　）

【答案】×

【点拨】本题考查委托加工物资中消费税的处理。委托加工的物资收回后直接用于对外出售的，应将受托方代收代缴的消费税计入委托加工物资的成本。

五、应交城市维护建设税

城市维护建设税是以增值税和消费税为计税依据征收的一种税。

（一）税收实务

其纳税人为缴纳增值税和消费税的单位和个人，以纳税人实际缴纳的增值税和消费税税额为计税依据，并分别与两项税金同时缴纳。

因纳税人所在地不同，税率为1%~7%不等。公式为：

应纳税额=（应交增值税+应交消费税）×适用税率

（二）账务处理

企业按规定计算出应缴纳的城市维护建设税，借记"税金及附加"等科目，贷记"应交税费——应交城市维护建设税"科目。缴纳城市维护建设税时，借记"应交税费——应交城市维护建设税"科目，贷记"银行存款"科目。

【单项选择题】某企业为增值税一般纳税人，本月实际缴纳增值税1100000元、城镇土地使用税200000元、消费税500000元、土地增值税350000元，城市维护建设税税率为7%，下列关于城市维护建设税的处理中，正确的是（　　）。

A. 借：管理费用　　　　　　　　　112000
　　　贷：应交税费——应交城市维护建设税　　　112000

B. 借：管理费用　　　　　　　　　150500
　　　贷：应交税费——应交城市维护建设税　　　150500

C. 借：税金及附加　　　　　　　　112000
　　　贷：应交税费——应交城市维护建设税　　　112000

D. 借：税金及附加　　　　　　　　150500
　　　贷：应交税费——应交城市维护建设税　　　150500

【答案】C

【点拨】城市维护建设税应纳税额=（1100000+500000）×7%=112000（元）；企业按规定计算出应缴纳的城市维护建设税，借记"税金及附加"科目，贷记"应交税费——应交城市维护建设税"科目。选项C正确。

六、应交教育费附加

（一）相关政策

教育费附加是指为了加快发展地方教育事业、扩大地方教育经费资金来源而向企业征收的附加费用。教育费附加以各单位实际缴纳的增值税、消费税的税额为计征依据，按其一定比例分别与增值税、消费税同时缴纳。

(二) 账务处理

企业按规定计算出应缴纳的教育费附加，借记"税金及附加"等科目，贷记"应交税费——应交教育费附加"科目。

七、应交资源税

(一) 税收实务

资源税是对在我国境内开采矿产品或者生产盐的单位和个人征收的税。

(二) 账务处理

对外销售应税产品应缴纳的资源税应计入"税金及附加"科目，借记"税金及附加"科目，贷记"应交税费——应交资源税"科目；自产自用应税产品应缴纳的资源税应计入"生产成本""制造费用"等科目，借记"生产成本""制造费用"等科目，贷记"应交税费——应交资源税"科目。

八、应交土地增值税

土地增值税是对转让国有土地使用权、地上的建筑物及其附着物（以下简称转让房地产）并取得增值性收入的单位和个人所征收的一种税。

(一) 税收实务

土地增值税按照转让房地产所取得的增值额和规定的税率计算征收。转让房地产的增值额是转让收入减去税法规定扣除项目金额后的余额，其中，转让收入包括货币收入、实物收入和其他收入；扣除项目主要包括取得土地使用权所支付的金额、开发土地的成本及费用、新建房及配套设施的成本及费用、与转让房地产有关的税金、旧房及建筑物的评估价格、财政部确定的其他扣除项目等。土地增值税采用四级超率累进税率，其中最低税率为30%，最高税率为60%。

(二) 账务处理

根据企业对房地产核算方法不同，企业应交土地增值税的账务处理也有所区别：

企业转让的土地使用权连同地上建筑物及其附着物一并在"固定资产"科目核算的，转让时应缴纳的土地增值税，借记"固定资产清理"科目，贷记"应交税费——应交土地增值税"科目。

土地使用权在"无形资产"科目核算的，借记"银行存款""累计摊销""无形资产减值准备"科目，按应交的土地增值税，贷记"应交税费——应交土地增值税"科目，同时冲销土地使用权的账面价值，贷记"无形资产"科目，按其差额，借记或贷记"资产处置损益"科目。

房地产开发经营企业销售房地产应缴纳的土地增值税，借记"税金及附加"科目，贷记"应交税费——应交土地增值税"科目。

缴纳土地增值税时，借记"应交税费——应交土地增值税"科目，贷记"银行存款"科目。

九、应交房产税、城镇土地使用税、车船税和矿产资源补偿费

(一) 税收实务

房产税是国家对在城市、县城、建制镇和工矿区征收的由产权所有人缴纳的一种税。房产税依照房产原值一次减除 10%~30% 后的余额计算缴纳。没有房产原值作为依据的，由房产所在地税务机关参考同类房产核定；房产出租的，以房产租金收入作为房产税的计税依据。

城镇土地使用税是以城市、县城、建制镇、工矿区范围内使用土地的单位和个人为纳税人，以其实际占用的土地面积和规定税额计算征收。

车船税是以车辆、船舶（简称车船）为课征对象，向车船的所有人或者管理人征收的一种税。

矿产资源补偿费是对在我国领域和管辖海域开采矿产资源而征收的费用。矿产资源补偿费按照矿产品销售收入的一定比例计征，由采矿人缴纳。

(二) 账务处理

企业应交的房产税、城镇土地使用税、车船税、矿产资源补偿费，计入"税金及附加"科目，借记"税金及附加"科目，贷记"应交税费——应交房产税或应交城镇土地使用税、应交车船税、应交矿产资源补偿费"科目。

十、应交个人所得税

企业职工按规定应缴纳的个人所得税通常由单位代扣代缴。

企业按规定计算的代扣代缴的职工个人所得税，借记"应付职工薪酬"科目，贷记"应交税费——应交个人所得税"科目；企业缴纳个人所得税时，借记"应交税费——应交个人所得税"科目，贷记"银行存款"等科目。

【判断题】（2017）企业代扣代缴的个人所得税，不通过"应交税费"科目进行核算。（　　）

【答案】×

【点拨】企业代扣代缴的个人所得税，通过"应交税费——应交个人所得税"科目进行核算。

第四章 所有者权益

第一节 所有者权益综述

一、所有者权益的概念

所有者权益是指企业资产扣除负债后由所有者享有的剩余权益。公司所有者权益又称为股东权益。

必须指出的是，在财务会计上把不能列为负债的要求权都归于业主权益，其中包括一些不完全具备企业所有者权利的项目，如优先股股权和少数股东权益。这些项目实际上是所有者权益和负债的混合体，或者是介于两者之间的另一类要求权。从理论上说，有必要对所有者权益作出更为严格的定义，而不能简单地视为扣减负债之后的剩余权益。例如，可以再设立一类"准权益"（Quasi-equities），用于归属不能充分满足所有者权益条件的剩余权益。

二、所有者权益的特征

（1）除非发生减资、清算或分派现金股利，企业不需要偿还所有者权益。

（2）企业清算时，只有在清偿所有的负债后，所有者权益才返还给所有者。

（3）所有者凭借所有者权益能够参与企业利润的分配。

三、所有者权益的来源

所有者权益的来源包括所有者投入的资本、其他综合收益、留存收益等，通常由实收资本（或股本）、其他权益工具、资本公积、其他综合收益、留存收益构成。

【单项选择题】下列各项中，导致企业所有者权益总额发生增减变动的业务事项是（　　）。

A. 当年实现净利润　　　　　　B. 盈余公积转实收资本

C. 资本公积转实收资本　　　　D. 盈余公积补亏

【答案】A

【点拨】选项 B、C、D 属于所有者权益内部一增一减，不会引起所有者权益总额的变动。

【单项选择题】下列各项中，导致企业所有者权益总额增加的事项是（　　）。

A. 当年实现净利润　　　　　　B. 以盈余公积弥补以前年度亏损

C. 以盈余公积发放现金股利　　　　D. 资本公积转增资本

【答案】 A

【点拨】 选项 A，当年实现净利润，所有者权益增加；选项 B，盈余公积弥补以前年度亏损，所有者权益总额不变；选项 C，以盈余公积发放现金股利，所有者权益总额减少；选项 D，资本公积转增资本，所有者权益总额不变。

【多项选择题】 下列各项中，会引起负债和所有者权益同时发生变动的有（　　）。

A. 董事会宣告发放现金股利　　　　B. 以现金回购本公司股票

C. 股东大会宣告发放现金股利　　　D. 转销确实无法支付的应付账款

【答案】 CD

【点拨】 董事会宣告现金股利不做账务处理，选项 A 错误；以现金回购本公司股票，所有者权益减少（库存股属于所有者权益），现金减少，选项 B 错误；宣告发放现金股利，所有者权益减少，负债增加，选项 C 正确；转销确实无法支付的应付账款，负债减少，所有者权益增加（营业外收入最终会影响所有者权益），选项 D 正确。

第二节　实收资本

一、实收资本的概念

实收资本是指企业按照章程规定或合同、协议约定，接受投资者投入企业的资本。

二、实收资本方面相关政策规定

实收资本的构成比例或股东的股份比例，是确定所有者在企业所有者权益中份额的基础，也是企业进行利润或股利分配的主要依据。

我国《公司法》规定，股东可以用货币出资，也可以用实物、知识产权、土地使用权等可以用货币估价并可以依法转让的非货币财产作价出资；但是，法律、行政法规规定不得作为出资的财产除外。企业应当对作为出资的非货币财产评估作价，核实财产，不得高估或者低估作价。法律、行政法规对评估作价有规定的，从其规定。股东应当按期足额缴纳公司章程中规定的各自所认缴的出资额。股东以货币出资的，应当将货币出资足额存入有限责任公司在银行开设的账户；以非货币财产出资的，应当依法办理其财产权的转移手续。股东不按照前款规定缴纳出资的，除应当向公司足额缴纳外，还应当向已按期足额缴纳出资的股东承担违约责任。

企业收到所有者投入企业的资本后，应根据有关原始凭证（如投资清单、银行通知单等），分别以不同的出资方式进行会计处理。

【判断题】 企业收到投资者投入其在注册资本中所占份额部分计入当期损益。（　　）

【答案】 ×

【点拨】 企业收到投资者投入其在注册资本中所占份额部分计入实收资本。

三、实收资本的账务处理

（一）接受现金资产投资

1. 股份有限公司以外的企业接受现金资产投资

企业接受现金资产投资时，应以实际收到的金额或存入企业开户银行的金额，借记"银行存款"等科目，按投资合同或协议约定的投资者在企业注册资本中所占份额的部分，贷记"实收资本"科目，企业实际收到或存入开户银行的金额超过投资者在企业注册资本中所占份额的部分，贷记"资本公积——资本溢价"科目。

2. 股份有限公司接受现金资产投资

股份有限公司发行股票时，既可以按面值发行股票，也可以溢价发行（我国目前不允许折价发行）。股份有限公司在核定的股本总额及核定的股份总额的范围内发行股票时，应在实际收到现金资产时进行会计处理。股份有限公司发行股票收到现金资产时，借记"银行存款"等科目，按每股股票面值和发行股份总额的乘积计算的金额，贷记"股本"科目，实际收到的金额与该股本之间的差额，贷记"资本公积——股本溢价"科目。

股份有限公司发行股票发生的手续费、佣金等交易费用，应从溢价中抵扣，冲减资本公积（股本溢价）。

【单项选择题】股份有限公司采用溢价发行股票方式筹集资本，其"股本"科目所登记的金额是（　　）。

A. 股票面值总额与股份总额的乘积　　　B. 实际收到的款项

C. 实际收到款项加上应付证券商的费用　D. 实际收到款项减去应付给证券商的费用

【答案】 A

【点拨】 实际收到款项减去应付给证券商的费用应计入"银行存款"科目。股本按股票面值与股份总数的乘积确认。

（二）接受非现金资产投资

接受非现金资产投资如表 4-1 所示。

表 4-1　接受非现金资产投资

项目	内容阐释说明
接受投入固定资产	企业接受投资者作价投入的房屋、建筑物、机器设备等固定资产，应按投资合同或协议约定的价值（不公允的除外）作为固定资产的入账价值，按投资合同或协议约定的投资者在企业注册资本或股本中所占份额的部分作为实收资本或股本入账，投资合同或协议约定的价值（不公允的除外）超过投资者在企业注册资本或股本中所占份额的部分，计入资本公积（资本溢价或股本溢价）。
接受投入材料物资	企业接受投资者作价投入的材料物资，应按投资合同或协议约定的价值（不公允的除外）作为材料物资的入账价值，按投资合同或协议约定的投资者在企业注册资本或股本中所占份额的部分作为实收资本或股本入账，投资合同或协议约定的价值（不公允的除外）超过投资者在企业注册资本或股本中所占份额的部分，计入资本公积（资本溢价或股本溢价）。
接受投入无形资产	企业收到以无形资产方式投入的资本，应按投资合同或协议约定的价值（不公允的除外）作为无形资产的入账价值，按投资合同或协议约定的投资者在企业注册资本或股本中所占份额的部分作为实收资本或股本入账，投资合同或协议约定的价值（不公允的除外）超过投资者在企业注册资本或股本中所占份额的部分，计入资本公积（资本溢价或股本溢价）。

【判断题】（2017）除投资合同或协议约定价值不公允的以外，企业接受投资者作为资本投入的固定资产，应按投资合同或协议的约定价值确定其入账价值。（ ）

【答案】 √

【判断题】 企业接受非现金资产投资，应以投资合同或协议约定价值入账，但投资合同或协议约定价值不公允的除外。（ ）

【答案】 √

（三）实收资本（或股本）的增减变动

一般情况下，企业的实收资本应相对固定不变，但在某些特定情况下，实收资本也可能发生增减变化。我国《企业法人登记管理条例施行细则》规定，国家另有规定的除外，企业的注册资金应当与实收资本相一致，当实收资本比原注册资金增加或减少超过20%时，应持资金使用证明或者验资证明，向原登记主管机关申请变更登记。如擅自改变注册资本或抽逃资金，要受到工商行政管理部门的处罚。

1. 实收资本（或股本）的增加

一般企业增加资本主要有三条途径：接受投资者追加投资、资本公积转增资本和盈余公积转增资本。

企业按规定接受投资者追加投资时，核算原则与投资者初次投入时相同。

企业采用资本公积或盈余公积转增资本时，应按转增的资本金额确认实收资本或股本。用资本公积转增资本时，借记"资本公积——资本溢价（或股本溢价）"科目，贷记"实收资本"（或"股本"）科目。用盈余公积转增资本时，借记"盈余公积"科目，贷记"实收资本"（或"股本"）科目。用资本公积或盈余公积转增资本时，应按原投资者各自出资比例计算确定各投资者相应增加的出资额。

需要注意的是，由于资本公积和盈余公积均属于所有者权益，用其转增资本时，如果是独资企业比较简单，直接结转即可。如果是股份有限公司或有限责任公司应该按照原投资者各自出资比例相应增加各投资者的出资额。

2. 实收资本（或股本）的减少

企业按法定程序报经批准减少注册资本的，按减少的注册资本金额减少实收资本。股份有限公司采用收购本公司股票方式减资的，通过"库存股"科目核算回购股份的金额。减资时，按股票面值和注销股数计算的股票面值总额，借记"股本"科目，按注销库存股的账面余额，贷记"库存股"科目，按其差额，借记"资本公积——股本溢价"科目。股本溢价不足冲减的，应贷记"盈余公积""利润分配——未分配利润"科目。如果购回股票支付的价款低于面值总额的，应按股票面值总额，借记"股本"科目，按所注销的库存股账面余额，贷记"库存股"科目，按其差额，贷记"资本公积——股本溢价"科目。

【判断题】 股份有限公司以收购本企业股票方式减资的，按注销股票的面值总额减少股本，购回股票支付的价款小于面值总额的部分，依次冲减"资本公积""盈余公积"和"利润分配——未分配利润"。（ ）

【答案】 ×

【点拨】 股份有限公司以收购本企业股票方式减资的，按注销股票的面值总额减少股本，购回股票支付的价款超过面值总额的部分，依次冲减"资本公积""盈余公积"和"未分配利润"；相反，增加"资本公积（股本溢价）"。

【单项选择题】丙股份有限公司按法定程序报经批准后采用收购本公司股票方式减资，购回股票支付价款低予股票面值总额，所注销库存股账面余额与冲减股本的差额应计入的会计科目是（ ）。

A. 营业外收入　　　　　　　　　B. 盈余公积

C. 资本公积　　　　　　　　　　D. 利润分配——未分配利润

【答案】C

【点拨】如果购回股票支付的价款低于面值总额的，所注销库存股的账面余额与所冲减股本的差额作增加"资本公积——股本溢价"处理。

【单项选择题】L公司2018年12月31日的股本为5000万股，每股面值为1元，资本公积（股本溢价）为1500万元，盈余公积为1500万元。经股东大会批准，L公司以银行存款回购本公司股票500万股并注销，假定L公司按每股5元回购股票。不考虑其他因素，关于注销本公司股票的会计处理中，正确的是（ ）。

A. 借：股本　　　　　　　　　2500
　　　贷：库存股　　　　　　　　　　　　　2500

B. 借：股本　　　　　　　　　　500
　　　资本公积——股本溢价　　1500
　　　盈余公积　　　　　　　　　500
　　　贷：银行存款　　　　　　　　　　　　2500

C. 借：库存股　　　　　　　　2500
　　　贷：银行存款　　　　　　　　　　　　2500

D. 借：股本　　　　　　　　　　500
　　　资本公积——股本溢价　　1500
　　　盈余公积　　　　　　　　　500
　　　贷：库存股　　　　　　　　　　　　　2500

【答案】D

【点拨】注销库存股时，按股票每股面值和注销股数计算的股票面值总额冲减股本，购回股票支付的价款高于面值总额的，借记"股本"科目，按所注销库存股的账面余额，贷记"库存股"科目，按其差额，借记"资本公积——股本溢价"科目，股本溢价不足冲减的，应依次冲减"盈余公积"科目、"利润分配——未分配利润"科目，选项D正确。

第三节　资本公积

一、资本公积的概念

资本公积是企业收到投资者出资额超出其在注册资本（或股本）中所占份额的部

分，以及直接计入所有者权益的利得和损失等。

小知识

资本公积与实收资本（或股本）、留存收益、其他综合收益的区别

1. 资本公积与实收资本（或股本）的区别

（1）从来源和性质看，实收资本（或股本）是指投资者按照企业章程或合同、协议的约定，实际投入企业并依法进行注册的资本，它体现了企业所有者对企业的基本产权关系。

资本公积是投资者的出资额超出其在注册资本中所占份额的部分（即资本溢价或股本溢价），以及直接计入所有者权益的利得和损失（即其他资本公积），它不直接表明所有者对企业的基本产权关系。

（2）从用途看，实收资本（或股本）的构成比例是确定所有者参与企业财务经营决策的基础，也是企业进行利润分配或股利分配的依据，同时还是企业清算时确定所有者对净资产的要求权的依据。

资本公积的用途主要是用来转增资本（或股本）。资本公积不体现各所有者的占有比例，也不能作为所有者参与企业财务经营决策或进行利润分配（或股利分配）的依据。

2. 资本公积与留存收益的区别

资本公积的来源不是企业实现的利润，而主要来自资本溢价（或股本溢价）等。

留存收益是企业从历年实现的利润中提取或形成的留存于企业的内部积累，来源于企业生产经营活动实现的利润。

3. 资本公积与其他综合收益的区别

其他综合收益是指根据《企业会计准则》规定，未在当期损益中确认的各项利得和损失。

资本公积和其他综合收益都会引起企业所有者权益发生增减变动，资本公积不会影响企业的损益，而部分其他综合收益项目则在满足《企业会计准则》规定的条件时，可以重分类进损益，从而成为企业利润的一部分。

二、资本公积的来源

资本公积包括资本溢价（或股本溢价）和其他资本公积等。

（一）资本溢价（或股本溢价）

形成资本溢价（或股本溢价）的原因有溢价发行股票、投资者超额缴入资本等。

（二）其他资本公积

其他资本公积是指除资本溢价（或股本溢价）、净损益、其他综合收益和利润分配以外所有者权益的其他变动。例如，企业的长期股权投资采用权益法核算时，因被投资单位除净损益、其他综合收益以及利润分配以外的所有者权益的其他变动（主要包括被投资单位接受其他股东的资本性投入、被投资单位发行可分离交易的可转债中包含的权益成分、以权益结算的股份支付、其他股东对被投资单位增资导致投资方持股

比例变动等），投资企业按应享有份额而增加或减少的资本公积，直接计入投资方所有者权益（资本公积——其他资本公积）。

企业根据国家有关规定实行股权激励的，如果在等待期内取消了授予的权益工具，企业应在进行权益工具加速行权处理时，将剩余等待期内应确认的金额立即计入当期损益，并同时确认资本公积（其他资本公积）。企业集团（由母公司和其全部子公司构成）内发生的股份支付交易，如结算企业是接受服务企业的投资者，应当按照授予日权益工具的公允价值或应承担负债的公允价值确认为对接受服务企业的长期股权投资，同时确认资本公积（其他资本公积）或负债。

【多项选择题】（2017）下列各项中，应计入资本公积的有（　　）。

A. 注销的库存股账面余额低于所冲减股本的差额

B. 投资者超额缴入的资本

C. 交易性金融资产发生的公允价值变动

D. 发行股票的溢价收入

【答案】ABD

【点拨】选项 C 计入公允价值变动损益，不计入资本公积。

【单项选择题】（2016）某公司年初资本公积为 1500 万元，本年已入账交易性金融资产公允价值增值净额 200 万元；经股东大会批准，用资本公积转增资本 300 万元。不考虑其他因素，该公司年末的资本公积为（　　）万元。

A. 1700　　　　B. 1500　　　　C. 1200　　　　D. 1400

【答案】C

【点拨】交易性金融资产公允价值变动计入公允价值变动损益，资本公积转增资本会减少资本公积，所以该公司年末的资本公积 = 1500 - 300 = 1200（万元）。

【单项选择题】某公司委托证券公司发行普通股 400000 股，每股面值为 1 元，每股发行价格为 16 元。双方协议约定，证券公司按发行收入的 2% 收取佣金，并直接从发行收入中扣除。不考虑其他因素，该公司发行股票应计入资本公积的金额为（　　）元。

A. 6272000　　　B. 5880000　　　C. 5872000　　　D. 6000000

【答案】C

【点拨】该公司发行股票应计入资本公积的金额 = 400000 × 16 × (1 - 2%) - 400000 × 1 = 5872000（元）。

三、资本公积的核算内容

资本公积的核算包括资本溢价（或股本溢价）的核算、其他资本公积的核算和资本公积转增资本的核算等内容。

【多项选择题】下列各项中，应计入"资本公积"账户的有（　　）。

A. 交易性金融资产的公允价值变动

B. 投资者超额缴入的资本

C. 股票发行的溢价

D. 除净损益、其他综合收益和利润分配以外所有者权益的其他变动

【答案】BCD

【点拨】选项 A，交易性金融资产的公允价值变动应计入当期损益。

【单项选择题】某公司年初资本公积为 1500 万元，本年已入账可供出售金融资产公允价值增值净额 200 万元；经股东大会批准，用资本公积转增资本 300 万元。不考虑其他因素，该公司年末的资本公积为（　　）万元。

A. 1700　　　　　B. 1500　　　　　C. 1200　　　　　D. 1400

【答案】C

【点拨】可供出售金融资产公允价值变动计入其他综合收益，资本公积转增资本会减少资本公积，所以该公司年末的资本公积 = 1500 − 300 = 1200（万元）。

【单项选择题】甲股份有限公司委托 A 证券公司发行普通股 1000 万股，每股面值 1 元，每股发行价格为 4 元。根据约定，股票发行成功后，甲股份有限公司应按发行收入的 2% 向 A 证券公司支付发行费。如果不考虑其他因素，股票发行成功后，甲股份有限公司计入"资本公积"科目的金额应为（　　）万元。

A. 40　　　　　B. 160　　　　　C. 2920　　　　　D. 4000

【答案】C

【点拨】计入"资本公积"的金额 = 发行股票溢价收入 − 发行费用 = (4 − 1) × 1000 − 4 × 1000 × 2% = 2920（万元）。选项 C 正确。

【判断题】资本公积的内容包括资本（或股本）溢价以及直接计入损益的利得和损失。（　　）

【答案】×

【点拨】资本公积的内容包括资本（或股本）溢价和其他资本公积等，直接计入所有者权益的利得和损失通过"其他综合收益"科目核算。

【判断题】股份有限公司采用收购本公司股票方式减资的，通过"资本公积"科目核算回购股份的金额。（　　）

【答案】×

【点拨】股份有限公司采用收购本公司股票方式减资的，通过"库存股"科目核算回购股份的金额。

四、资本公积的账务处理

（一）资本溢价（或股本溢价）

1. 资本溢价

除股份有限公司外的其他类型的企业，在企业创立时，投资者认缴的出资额与注册资本一致，一般不会产生资本溢价。但在企业重组或有新的投资者加入时，常常会出现资本溢价。因为在企业进行正常生产经营后，其资本利润率通常要高于企业初创阶段，另外，企业有内部积累，新投资者加入企业后，对这些积累将来也要分享，所以新加入的投资者往往要付出大于原投资者的出资额，才能取得与原投资者相同的出资比例。投资者多缴的部分就形成了资本溢价。

【判断题】企业接受投资者以非货币资产投资时，应按投资合同或协议约定的价值确认资产的价值和在注册资本中享有的份额，并将其差额确认为资本公积，但投资合同或协议约定价值不公允的除外。（　　）

【答案】√

【点拨】企业接受投资者以非货币资产投入的资本，应按投资合同或协议约定价值（公允价值）确定非货币资产价值（投资合同或协议约定价值不公允的除外）和在注册资本或股本中所占份额，并按差额确认资本公积。题干表述正确。

【判断题】企业收到的投资者超出其在企业注册资本中所占份额的投资，应直接计入当期损益。（　　）

【答案】×

【点拨】企业收到的投资者超出其在企业注册资本中所占份额的投资，应计入资本公积——资本溢价（股本溢价）。

2. 股本溢价

股份有限公司是以发行股票的方式筹集股本的，股票可按面值发行，也可按溢价发行，我国目前不准折价发行。与其他类型的企业不同，股份有限公司在成立时可能会溢价发行股票，因而在成立之初，就可能会产生股本溢价。股本溢价的数额等于股份有限公司发行股票时实际收到的款额超过股票面值总额的部分。

在按面值发行股票的情况下，企业发行股票取得的收入，应全部作为股本处理；在溢价发行股票的情况下，企业发行股票取得的收入，等于股票面值的部分作为股本处理，超出股票面值的溢价收入应作为股本溢价处理。

发行股票相关的手续费、佣金等交易费用，如果是溢价发行股票的，应从溢价中抵扣，冲减资本公积（股本溢价）；无溢价发行股票或溢价金额不足以抵扣的，应将不足抵扣的部分冲减盈余公积和未分配利润。

【单项选择题】（2017）下列各项中，关于股份公司溢价发行股票的相关会计处理表述正确的是（　　）。

A. 发行股票溢价计入盈余公积

B. 发行股票相关的印花税计入股票成本

C. 发行股票相关的手续费应从溢价中抵扣

D. 发行股票取得的款项全部计入股本

【答案】C

【点拨】股份公司溢价发行股票的会计处理为：

借：银行存款

　　贷：股本

　　　　资本公积——股本溢价

选项A错误，发行股票的溢价计入"资本公积"科目；选项B错误，发行股票相关的印花税计入"税金及附加"科目；选项D错误，发行股票取得的款项计入"银行存款"等科目，股票的面值计入"股本"科目。

【判断题】（2016）股份有限公司溢价发行股票时，按股票面值计入"股本"科目，

溢价收入扣除发行手续费、佣金等发行费用后的全额计入"资本公积"科目。（　　　）

【答案】√

【判断题】股份有限公司溢价发行股票时，按面值计入"股本"科目，溢价收入扣除发行手续费、佣金等发行费用后的全额计入"资本公积"科目。（　　　）

【答案】√

【点拨】股份有限公司发行股票，在溢价发行股票的情况下，企业发行股票取得的收入中，等于股票面值的部分作为股本处理；发行股票相关的手续费、佣金等交易费用，应从溢价中抵扣，冲减资本公积（股本溢价）。

（二）其他资本公积

企业对被投资单位的长期股权投资采用权益法核算的，在持股比例不变的情况下，对因被投资单位除净损益、其他综合收益和利润分配以外的所有者权益的其他变动，应按持股比例计算其应享有或应分担被投资单位所有者权益的增减数额，调整长期股权投资的账面价值和所有者权益（资本公积——其他资本公积）。在处置长期股权投资时，应转销与该笔投资相关的其他资本公积。

（三）资本公积转增资本

经股东大会或类似机构决议，用资本公积转增资本时，应冲减资本公积，同时按照转增资本前的实收资本（或股本）的结构或比例，将转增的金额计入"实收资本"（或"股本"）科目下各所有者的明细分类账。

第四节　留存收益

一、留存收益的概念

留存收益（或称留存利润）是指股东权益的另外一个组成部分，它是指企业从历年实现的利润中提取或形成的留存于企业的内部积累。

【判断题】实收资本是所有者投入资本形成的，而资本公积、留存收益是经营过程中形成的。（　　　）

【答案】×

【点拨】实收资本和资本公积通常都是所有者投入资本形成的，而留存收益是经营过程中形成的。

二、留存收益的构成

包括盈余公积和未分配利润两类。

（一）盈余公积

盈余公积是指企业按照有关规定从净利润中提取的积累资金。

公司制企业的盈余公积包括法定盈余公积和任意盈余公积。

法定盈余公积是指企业按照规定的比例从净利润中提取的盈余公积。

任意盈余公积是指企业按照股东会或股东大会决议提取的盈余公积。

企业提取的盈余公积经批准可用于弥补亏损、转增资本或发放现金股利或利润等。

（二）未分配利润

未分配利润是指企业实现的净利润经过弥补亏损、提取盈余公积和向投资者分配利润后留存在企业的、历年结存的利润。

相对于所有者权益的其他部分来说，企业对于未分配利润的使用有较大的自主权。

【判断题】 期初"未分配利润"有贷方余额，在期末获利的情况下，计提盈余公积时，要包含期初的贷方余额。（　　）

【答案】 ×

【点拨】 期初"未分配利润"有贷方余额，在期末获利的情况下，计提盈余公积时，不应包含期初的贷方余额。

【单项选择题】（2017）某公司年初未分配利润为1000万元，当年实现净利润500万元，按10%提取法定盈余公积，5%提取任意盈余公积，宣告发放现金股利100万元，不考虑其他因素，该公司年末未分配利润为（　　）万元。

A. 1450　　　　　　B. 1475　　　　　　C. 1325　　　　　　D. 1400

【答案】 C

【点拨】 该公司年末未分配利润 $=1000+500-500\times(10\%+5\%)-100=1325$（万元）。

【单项选择题】 下列各项中，不属于留存收益的是（　　）。

A. 任意盈余公积　　　　　　　　　　B. 未分配利润

C. 法定盈余公积　　　　　　　　　　D. 资本溢价

【答案】 D

【点拨】 本题考核留存收益的内容。留存收益包括盈余公积和未分配利润，盈余公积又包括法定盈余公积和任意盈余公积，所以选项A、B、C都属于留存收益。

【单项选择题】（2016）某公司年初未分配利润为1000万元，盈余公积为500万元；本年实现净利润5000万元，分别提取法定盈余公积500万元、任意盈余公积250万元，宣告发放现金股利500万元。不考虑其他因素，该公司年末留存收益为（　　）万元。

A. 5250　　　　　　B. 6000　　　　　　C. 6500　　　　　　D. 5750

【答案】 B

【点拨】 留存收益包括盈余公积和未分配利润，该公司年末留存收益 $=1000+500+5000-500=6000$（万元）。

【单项选择题】 某企业留存收益年初余额为100万元，本年利润总额为600万元，所得税费用为150万元，按净利润的10%提取法定盈余公积，按净利润的5%提取任意盈余公积，并将盈余公积10万元和资本公积10万元转增资本，发放现金股利10万元，发放股票股利20万元。该企业留存收益年末余额是（　　）万元。

A. 437.5　　　　　　B. 500　　　　　　C. 510　　　　　　D.660

【答案】 C

【点拨】 该企业留存收益年末余额 $=100+(600-150)-10-10-20=510$（万元）。

【多项选择题】 下列各项中，会引起留存收益总额增减变动的有（　　）。

A. 实际发放股票股利   B. 资本公积转增资本

C. 盈余公积转增资本   D. 税后利润弥补亏损

【答案】AC

【点拨】选项 A，减少利润分配，使留存收益减少：

借：利润分配——转作股本的股利

      贷：股本

选项 C，减少盈余公积，使留存收益减少：

借：盈余公积

      贷：股本/实收资本

【单项选择题】下列各项中，会引起企业留存收益总额发生变动的是（   ）。

A. 提取任意盈余公积   B. 盈余公积转增资本

C. 接受现金资产投资   D. 股本溢价

【答案】B

【点拨】选项 A 分录如下：

借：利润分配——提取任意盈余公积

      贷：盈余公积——任意盈余公积

借：利润分配——未分配利润

      贷：利润分配——提取任意盈余公积

盈余公积增加，未分配利润减少，不影响留存收益总额变动。

选项 B 分录如下：

借：盈余公积

      贷：实收资本

引起留存收益总额减少。

选项 C 分录如下：

借：银行存款

      贷：实收资本

          资本公积——股本溢价

不影响留存收益总额。

选项 D，股本溢价计入"资本公积——股本溢价"科目，不影响留存收益总额。

【多项选择题】下列各项中，属于企业留存收益的有（   ）。

A. 按规定从净利润中提取的法定盈余公积

B. 累积未分配的利润

C. 按股东大会决议从净利润中提取的任意盈余公积

D. 发行股票的溢价收入

【答案】ABC

【点拨】留存收益是指企业从历年实现的利润中提取或形成的留存于企业的内部积累，包括盈余公积和未分配利润两类。其中，盈余公积包括法定盈余公积和任意盈余公积两类。故选项 A、B、C 正确；选项 D 应计入"资本公积——股本溢价"科目，不属于留存收益。

【多项选择题】下列各项中，不会导致留存收益总额发生增减变动的有（ ）。

A. 盈余公积转增资本
B. 盈余公积补亏

C. 资本公积转增资本
D. 以当年净利润弥补以前年度亏损

【答案】BCD

【点拨】留存收益包括两部分，即盈余公积和未分配利润，盈余公积转增资本会减少留存收益。

三、留存收益的账务处理

(一) 利润分配

1. 利润分配的概念

利润分配是指企业根据国家有关规定和企业章程、投资者协议等，对企业当年可供分配的利润所进行的分配。

$$\text{可供分配的利润} = \text{当年实现的净利润（或净亏损）} + \text{年初未分配利润（或年初未弥补亏损）} + \text{其他转入}$$

2. 利润分配的顺序

利润分配的顺序依次是：

(1) 提取法定盈余公积。

(2) 提取任意盈余公积。

(3) 向投资者分配利润。

3. 利润分配会计科目

企业应通过"利润分配"科目，核算企业利润的分配（或亏损的弥补）和历年分配（或弥补）后的未分配利润（或未弥补亏损）。

该科目应分别通过"提取法定盈余公积""提取任意盈余公积""应付现金股利或利润""盈余公积补亏""未分配利润"等进行明细核算。

企业未分配利润通过"利润分配——未分配利润"明细科目进行核算。

4. 利润分配会计分录

年度终了，企业应将全年实现的净利润或发生的净亏损，自"本年利润"科目转入"利润分配——未分配利润"科目，并将"利润分配"科目所属其他明细科目的余额转入"未分配利润"明细科目。结转后，"利润分配——未分配利润"科目如为贷方余额，表示累积未分配的利润金额；如为借方余额，则表示累积未弥补的亏损金额。

【判断题】年度终了，除"未分配利润"明细科目外，"利润分配"科目下的其他明细科目应当无余额。（ ）

【答案】√

【点拨】题干表述正确。

【单项选择题】XYZ公司年初"未分配利润"科目借方余额为20万元，当年年末根据股东大会的决议以盈余公积对其年初亏损进行了全额弥补。XYZ公司当年实现净利润为200万元，按规定提取盈余公积20万元。则年末XYZ公司的可供分配利润为

（　　）万元。

A. 200　　　　　　　　B. 400　　　　　　　　C. 180　　　　　　　　D. 380

【答案】A

【点拨】年末可供分配利润＝年初未分配利润（或－年初未弥补亏损）＋当期实现的净利润（或净亏损）＋其他转入的金额＝－20＋200＋20＝200（万元）。

【单项选择题】"利润分配"科目的年末贷方余额表示（　　）。

A. 累积尚未分配的利润　　　　　　　B. 本期发生的净亏损

C. 本期实现的净利润　　　　　　　　D. 累积尚未弥补的亏损

【答案】A

【点拨】本题考核会计科目的性质。利润分配科目年末贷方余额，反映企业的累积尚未分配的利润；如果是借方余额，则表示累积尚未弥补的亏损。

（二）盈余公积

公司制企业应按照净利润（减弥补以前年度亏损，下同）的10%提取法定盈余公积。非公司制企业法定盈余公积的提取比例可超过净利润的10%。法定盈余公积累计额达注册资本的50%时可以不再提取。

如果以前年度未分配利润有盈余（即年初未分配利润余额为正数），在计算提取法定盈余公积的基数时，不应包括企业年初未分配利润；如果以前年度有亏损（即年初未分配利润余额为负数），应先弥补以前年度亏损再提取盈余公积。

公司制企业可根据股东会或股东大会的决议提取任意盈余公积。非公司制企业经类似权力机构批准，也可提取任意盈余公积。法定盈余公积和任意盈余公积的区别在于其各自计提的依据不同，前者以国家的法律法规为依据；后者由企业的权力机构自行决定。

1. 提取盈余公积

企业按规定提取盈余公积时，应通过"利润分配"和"盈余公积"等科目核算。

2. 盈余公积补亏

企业用盈余公积弥补亏损，应当按照当期弥补亏损的数额，借记"盈余公积"科目，贷记"利润分配——盈余公积补亏"科目。

3. 盈余公积转增资本

一般企业用提取的盈余公积转增资本时，应按照批准的转增资本数额，借记"盈余公积"科目，贷记"实收资本"科目。

股份有限公司经过股东大会决议，用盈余公积派送红股转增股本时，应借记"盈余公积"，贷记"股本"科目。如果两者之间有差额，应贷记"股本溢价"科目。

4. 用盈余公积发放现金股利或利润

企业经过股东大会或类似机构决议，用盈余公积分派现金股利或利润时，应当借记"盈余公积"科目，贷记"应付股利或应付利润"科目。

【多项选择题】（2016）下列各项中，关于盈余公积用途的表述正确的有（　　）。

A. 以盈余公积转增实收资本　　　　　B. 以盈余公积转增资本公积

C. 以盈余公积弥补亏损　　　　　　　D. 以盈余公积发放现金股利

【答案】ACD

【点拨】企业提取的盈余公积经批准可用于弥补亏损、转增资本、发放现金股利或利润等。

【单项选择题】某企业盈余公积年初余额为 50 万元，年末结转损益类科目后，"本年利润"科目贷方余额为 600 万元，所得税费用为 150 万元。若按净利润的 10% 提取法定盈余公积（暂不考虑任意盈余公积），并将盈余公积 10 万元转增资本，则该企业盈余公积年末余额为（ ）万元。

A. 40   B. 85   C. 95   D. 110

【答案】B

【点拨】该企业盈余公积年末余额 = 50 + (600 - 150) × 10% - 10 = 85（万元）。

【多项选择题】下列各项关于留存收益的表述中，正确的有（ ）。

A. 法定盈余公积经批准可用于转增资本

B. "利润分配——未分配利润"明细账户年末借方余额表示累积的亏损额

C. 留存收益包括盈余公积和未分配利润两类

D. 任意盈余公积可用于发放现金股利

【答案】ABCD

【点拨】留存收益是指企业从历年实现的利润中提取或形成的留存于企业内部的积累，包括盈余公积和未分配利润两类，选项 C 正确。盈余公积包括法定盈余公积和任意盈余公积，企业提取的盈余公积经批准后可用于弥补亏损、转增资本、扩大生产经营、发放现金股利或利润等，选项 A、D 正确。"利润分配——未分配利润"明细科目年末借方余额表示累积未弥补的亏损额，贷方余额表示累积未分配的利润额，选项 B 正确。

第五章　收入、费用和利润

第一节　收　入

一、收入的概念

收入是指企业在日常活动中形成的、会导致所有者权益增加的、与所有者投入资本无关的经济利益的总流入。

二、收入的分类

收入的分类如表 5-1 所示。

表 5-1　收入的分类

分类方法	类别	内容阐释
按企业从事日常活动的性质不同	销售商品收入	
	提供劳务收入	
	让渡资产使用权收入	
按企业经营业务的主次不同	主营业务收入	主营业务收入是指企业为完成其经营目标所从事的经常性活动所实现的收入。
	其他业务收入	其他业务收入是指企业为完成其经营目标所从事的与经常性活动相关的活动实现的收入。

注：《企业会计准则第 14 号——收入》已于 2017 年 7 月由财政部修订发布，自 2018 年 1 月 1 日起，在境内外同时上市的企业以及在境外上市并采用国际财务报告准则或《企业会计准则》编制财务报表的企业施行；自 2020 年 1 月 1 日起，在其他境内上市的企业施行；自 2021 年 1 月 1 日起，在执行《企业会计准则》的非上市企业施行。

【多项选择题】收入按照企业从事日常活动的性质不同，分为（　　　）。

A. 销售商品收入　　　　　　　　B. 提供劳务收入

C. 让渡资产使用权收入　　　　　D. 处置非流动资产取得的收入

【答案】ABC

【点拨】收入按企业从事日常活动的性质不同，可分为销售商品收入、提供劳务收入和让渡资产使用权收入等。处置非流动资产取得的收入是企业非日常活动形成的，属于企业的利得。

【单项选择题】下列各项中，说法正确的是（　　　）。

A. 收入是指企业销售商品、提供劳务及让渡资产使用权等活动中形成的经济利益的总流入

B. 所有者权益增加一定表明企业获得了收入

C. 狭义的收入包括营业外收入

D. 收入按照企业从事日常活动的性质不同，分为销售商品收入、提供劳务收入和让渡资产使用权收入

【答案】D

【点拨】收入是指企业在销售商品、提供劳务及让渡资产使用权等日常活动中形成的经济利益的总流入，选项 A 错误；能够引起所有者权益增加的原因很多，除企业取得收入外，如利得同样可以引起所有者权益增加，选项 B 错误；狭义的收入指的是企业的营业收入，不包括营业外收入，选项 C 错误。

【多项选择题】下列业务活动所取得的收入中，应作为其他业务收入确认的有（　　）。

A. 出售闲置设备取得的收入　　　　B. 出租无形资产使用权取得的收入

C. 出售多余原材料取得的收入　　　D. 经营出租固定资产取得的收入

【答案】BCD

【点拨】选项 A 属于营业外收入。选项 B、C、D，应作为其他业务收入确认。

【单项选择题】下列各项中，不应计入工业企业其他业务收入的是（　　）。

A. 出售投资性房地产取得的收入

B. 股权投资取得的现金股利收入

C. 经营性租赁固定资产的现金收入

D. 随同商品出售且单独计价的包装物取得的收入

【答案】B

【点拨】工业企业的股权投资取得的现金股利收入应该计入投资收益核算，不计入其他业务收入。

【多项选择题】下列各交易或事项中，应计入其他业务收入的有（　　）。

A. 对外销售不需用的原材料　　　　B. 随同商品对外销售单独计价的包装物

C. 出租固定资产取得的收益　　　　D. 无形资产出售利得

【答案】ABC

【点拨】无形资产出售利得应计入"营业外收入"科目。

【判断题】企业出售商品时不单独计价的包装物，应将收入计入"其他业务收入"科目。（　　）

【答案】×

【点拨】随同商品对外销售单独计价的包装物的收入计入"其他业务收入"科目。

三、销售商品收入

销售商品收入的会计处理主要涉及一般销售商品业务、已经发出商品但不符合收入确认条件的销售业务、销售折让、销售退回、采用预收款方式销售商品、采用支付

手续费方式委托代销商品等情况。

（一）销售商品收入的确认

销售商品收入同时满足下列条件的，才能予以确认：

（1）企业已将商品所有权上的主要风险和报酬转移给购货方。

（2）企业既没有保留通常与所有权相联系的继续管理权，也没有对已售出的商品实施有效控制。

（3）相关的经济利益很可能流入企业。

（4）收入的金额能够可靠地计量。

（5）相关的已发生或将发生的成本能够可靠地计量。

【判断题】企业在销售商品时，该商品的成本是否能够可靠地计量，并不影响商品销售收入的正常确认。（　　）

【答案】×

【点拨】销售商品收入的确认条件之一就是相关的已发生或将发生的成本能够可靠地计量。

【多项选择题】某企业销售一批商品，该商品已发出且纳税义务已发生，由于货款收回存在较大不确定性，不符合收入确认条件。下列各项中，关于该笔销售业务会计处理表述正确的有（　　）。

A.根据增值税专用发票上注明的税额确认应收账款

B.根据增值税专用发票上注明的税额确认应交税费

C.发出商品的同时结转其销售成本

D.将发出商品的成本计入"发出商品"科目

【答案】ABD

【点拨】纳税义务发生，应借记"应收账款"科目，贷记"应交税费——应交增值税（销项税额）"科目，选项A正确，选项B正确；由于货款收回存在较大的不确定性，不符合收入确认条件，所以不能确认收入及成本，选项C错误；发出商品时，应借记"发出商品"科目，贷记"库存商品"科目，选项D正确。

【单项选择题】下列关于企业确认商品销售收入的表述中，不正确的是（　　）。

A.采用支付手续费方式委托代销商品的，在收到代销清单时确认收入

B.采用托收承付方式销售商品的，在发出商品且办妥托收手续时确认收入

C.采用预收货款方式销售商品的，在收取全部款项时确认收入

D.采用交款提货方式销售商品的，在开出发票账单收到货款时确认收入

【答案】C

【点拨】采用预收货款方式销售商品的，通常在发出商品时确认收入。

【单项选择题】在采用预收款方式销售商品时，销售方确认商品销售收入的时点为（　　）。

A.同购货方签订销售合同前　　　B.同购货方签订销售合同时

C.收到代销清单时　　　　　　　D.发出商品时

【答案】D

【点拨】在采用预收款方式销售商品时，销售方应该在发出商品时确认收入。

【判断题】采用预收账款方式销售商品的，销售方应该在预收货款时确认收入。（ ）

【答案】×

【点拨】采用预收账款方式销售商品的，应该在发出商品时确认收入，此前预收的货款作为企业的负债。

（二）一般销售商品业务收入的账务处理

在进行销售商品的会计处理时，首先要考虑销售商品收入是否符合收入确认条件。如果符合收入准则所规定的五项确认条件，企业应确认收入并结转相关销售成本。

企业判断销售商品收入满足确认条件的，应当提供确凿的证据。通常情况下，销售商品采用托收承付方式的，在办妥托收手续时确认收入；交款提货销售商品的，在开出发票账单收到货款时确认收入。交款提货销售商品是指购买方已根据企业开出的发票账单支付货款并取得提货单的销售方式。在这种方式下，购货方支付货款取得提货单，企业尚未交付商品，销售方保留的是商品所有权上的次要风险和报酬，商品所有权上的主要风险和报酬已经转移给购货方，通常应在开出发票账单收到货款时确认收入。

企业销售商品满足收入确认条件时，应当按照已收或应收合同或协议价款的公允价值确定销售商品收入金额。通常情况下，购货方已收或应收的合同或协议价款即为其公允价值，应当以此确定销售商品收入的金额。企业销售商品所实现的收入以及结转的相关销售成本，通过"主营业务收入""主营业务成本"等科目核算。

（三）已经发出但不符合销售商品收入确认条件的商品的账务处理

如果企业售出商品不符合销售商品收入确认的五项条件，不应确认收入。为了单独反映已经发出但尚未确认销售收入的商品成本，企业应增设"发出商品"科目。"发出商品"科目核算一般销售方式下，已经发出但尚未确认收入的商品成本。

尽管发出的商品不符合收入确认条件，但如果销售该商品的纳税义务已经发生，如已经开出增值税专用发票，则应确认应交的增值税销项税额。借记"应收账款"等科目，贷记"应交税费——应交增值税（销项税额）"科目或"应交税费——简易计税"科目。如果纳税义务没有发生，则不需要进行上述处理。

【单项选择题】企业对于已经发出但不符合收入确认条件的商品，其成本应贷记的科目是（ ）。

A. 在途物资　　　　B. 发出商品　　　　C. 库存商品　　　　D. 主营业务成本

【答案】C

【点拨】如果企业售出商品不符合销售商品收入确认的条件，不应确认收入。为了单独反映已经发出但尚未确认销售收入的商品成本，企业应增设"发出商品"科目。发出商品时，借记"发出商品"科目，贷记"库存商品"科目。

（四）商业折扣、现金折扣和销售折让的账务处理

企业确定销售商品收入的金额时，不应考虑预计可能发生的现金折扣、销售折让，即应按总价确认，但应是扣除商业折扣后的净额（见表5-2）。

表5-2　商业折扣、现金折扣和销售折让的账务处理

项目	概念	内容阐释
商业折扣	商业折扣是指企业为促进商品销售而给予的价格扣除。	例如，企业为鼓励客户多买商品可能规定，购买20件以上商品给予客户5%的折扣，或客户每买20件送1件。此外，企业为了尽快出售一些残次、陈旧、冷背的商品，也可能降价（即打折）销售。 商业折扣在销售时即已发生，并不构成最终成交价格的一部分。企业销售商品涉及商业折扣的，应当按照扣除商业折扣后的金额确定销售商品收入金额。
现金折扣	现金折扣是指债权人为鼓励债务人在规定的期限内付款而向债务人提供的债务扣除。	现金折扣一般用符号"扣扣率/付款期限"表示，例如，"2/5，1/20，N/60"表示：销货方允许客户最长的付款期限为60天，如果客户在5天内付款，销货方可按商品售价给予客户2%的折扣；如果客户在6~20天付款，销货方可按商品售价给予客户1%的折扣；如果客户在21~60天付款，将不能享受现金折扣。 现金折扣发生在企业销售商品之后，企业销售商品后现金折扣是否发生以及发生多少要视买方的付款情况而定，企业在确认销售商品收入时不能确定现金折扣金额。因此，企业销售商品涉及现金折扣的，应当按照扣除现金折扣前的金额确定销售商品收入金额。现金折扣实际上是企业为了尽快回笼资金而发生的理财费用，应在实际发生时计入当期财务费用。 在计算现金折扣时，还应注意销售方式是按不包含增值税的价款提供现金折扣，还是按包含增值税的价款提供现金折扣，两种情况下购买方享有的折扣金额不同。例如，销售价格为1000元的商品，增值税税额为160元，如不包含增值税，按1%折扣率计算，购买方享有的现金折扣金额为10元；如果购销双方约定计算现金折扣时一并考虑增值税，则购买方享有的现金折扣金额为11.6元。
销售折让	销售折让是指企业因售出商品质量不符合要求等原因而在售价上给予的减让。	企业将商品销售给买方后，如买方发现商品在质量、规格等方面不符合要求，可能要求卖方在价格上给予一定的减让。 销售折让如发生在确认销售收入之前，则应在确认销售收入时直接按扣除销售折让后的金额确认；已确认销售收入的售出商品发生销售折让，且不属于资产负债表日后事项的，应在发生时冲减当期销售商品收入，如按规定允许扣减增值税税额的，还应冲减已确认的应交增值税销项税额。

【单项选择题】某企业销售商品2000件，每件售价50元（不含增值税），增值税税率为16%。企业为购货方提供的商业折扣为10%，并代垫运杂费400元。该企业在这项交易中应确认的收入金额为（　　）元。

A. 90400　　　　　　B. 90000　　　　　　C. 100000　　　　　　D. 105300

【答案】B

【点拨】该企业在这项交易中应确认的收入金额 = $2000 \times 50 \times (1 - 10\%) = 90000$（元）。

【判断题】现金折扣使销售企业实际收到的货款随客户的付款时间而变化。（　　）

【答案】√

【点拨】客户付款时间越长，则获得的现金折扣就越少，企业本身能够实际收到的货款就越多，所以这种说法是正确的。

【判断题】（2016）已确认销售收入的售出商品发生销售折让，且不属于资产负债表日后事项的，企业应在销售折让发生时冲减当期销售商品收入。（　　）

【答案】√

【单项选择题】某企业销售商品5000件，每件售价100元（不含增值税），增值税税率为16%；企业为购货方提供的商业折扣为10%，提供的现金折扣条件为"2/10，

1/20，n/30"，并代垫运杂费 500 元。则企业在该项交易中应确认的主营业务收入金额为（　　）元。

A. 526500　　　　　B. 450000　　　　　C. 500000　　　　　D. 450500

【答案】B

【点拨】商业折扣在销售时即已发生，企业应该按照扣除商业折扣后的金额确认收入；现金折扣发生在商品销售之后，在实际发生时计入"财务费用"科目；因此，企业在该项交易中应确认的主营业务收入 = 5000×100×（1 − 10%）= 450000（元）。代垫的运杂费应该计入"应收账款"科目中。

【多项选择题】下列各项关于销售业务的说法中，错误的有（　　）。

A. 企业在确认商品销售收入后发生的销售折让，应在实际发生时计入财务费用

B. 企业在确认商品销售收入后发生的销售折让，需同时冲减已结转成本

C. 尚未确认销售商品收入的售出商品发生销售退回的，不需要做会计处理

D. 如果销售退回已经发生现金折扣的，应同时调整相关财务费用

【答案】ABC

【点拨】企业在确认商品销售收入后发生的销售折让，应当冲减发生当期的销售收入；销售折让仅影响收入的确认金额或已经确认金额，不涉及营业成本的调整；尚未确认销售商品收入的售出商品发生销售退回的，应将已计入"发出商品"科目的商品成本转入"库存商品"科目。

【多项选择题】对于某制造企业而言，下列项目中，可能影响其主营业务收入确认金额的有（　　）。

A. 商业折扣　　　　　B. 现金折扣　　　　　C. 销售退回　　　　　D. 销售折让

【答案】ACD

【点拨】销售收入确认时并不考虑现金折扣，现金折扣在实际发生时计入"财务费用"科目，所以选项 B 错误。

【多项选择题】下列关于商业折扣和现金折扣的说法正确的有（　　）。

A. 商业折扣的目的是多销商品，而现金折扣的目的是提前收回货款

B. 商业折扣属于"先打折后销售"，而现金折扣属于"先销售后打折"

C. 现金折扣实际发生时计入销售费用

D. 现金折扣实际发生时计入财务费用

【答案】ABD

【点拨】现金折扣在实际发生时计入"财务费用"科目，选项 C 错误。

【判断题】商业折扣是企业为促进商品销售而在商品标价上给予的价格扣除，企业销售商品涉及商业折扣的，应当按照扣除商业折扣后的金额确定销售商品收入金额。（　　）

【答案】√

【点拨】本题考核商业折扣的概念。

【单项选择题】下列关于现金折扣会计处理的表述中，不正确的是（　　）。

A. 销售企业在确认销售收入时将现金折扣抵减收入

B. 购买企业按照扣除现金折扣前的金额确认应付账款

C. 销售企业在取得价款时将实际发生的现金折扣计入财务费用

D. 购买企业在偿付应付账款时将实际发生的现金折扣冲减财务费用

【答案】A

【点拨】企业销售商品涉及现金折扣的，应当按照扣除现金折扣前的金额确定销售商品收入金额，选项 A 错误。

【多项选择题】下列各项中，关于现金折扣的会计处理表述正确的有（　　）。

A. 收回销货发生的现金折扣，应计入当期财务费用

B. 收回销货发生的现金折扣，应冲减当期商品销售收入

C. 销售商品附有现金折扣条件，应当按照扣除现金折扣前的金额确定商品销售收入

D. 销售商品附有现金折扣条件，应当按照扣除现金折扣后的金额确认应收账款

【答案】AC

【点拨】企业销售商品涉及现金折扣的，应当按照扣除现金折扣前的金额确定销售商品收入金额。现金折扣应在实际发生时计入当期财务费用。

【判断题】企业在确认销售收入之后发生的销售折让，应在实际发生时冲减发生当期的收入，并同时冲减已结转的成本。（　　）

【答案】×

【点拨】本题考核销售折让的账务处理。已确认销售收入的商品发生的销售折让只能冲减收入，不能冲减成本。因为折让只是针对价款的折让，销售方的成本结转并不受到影响。

（五）销售退回的账务处理

企业销售商品除了可能发生销售折让外，还有可能发生销售退回。

企业售出商品发生的销售退回，应当分别不同情况进行会计处理：

（1）尚未确认销售收入的售出商品发生销售退回的，应当冲减"发出商品"科目，同时增加"库存商品"科目。

（2）已确认销售商品收入的售出商品发生销售退回的，除属于资产负债表日后事项外，一般应在发生时冲减当期销售商品收入，同时冲减当期销售商品成本。如按规定允许扣减增值税税额的，应同时扣减已确认的应交增值税销项税额。如该项销售退回已发生现金折扣，应同时调整相关财务费用的金额。

【单项选择题】X 公司为增值税一般纳税人，适用的增值税税率为 16%。2018 年 6 月 25 日，收到 Y 公司 5 月 10 日从 X 公司所购不符合合同规定的质量标准退回的 B 商品。该批商品总售价为 600 万元，增值税税额为 102 万元，总成本为 500 万元，货款已结清。经 X 公司认定，同意退回，当日支付有关退货款，同时开具了增值税专用发票（红字）。X 公司下列会计处理中，正确的是（　　）。

A. 冲减 6 月销售收入和成本

借：主营业务收入　　　　　　　　　　　　　　　600

　　应交税费——应交增值税（销项税额）　　　　96

　　　贷：银行存款　　　　　　　　　　　　　　　　　696

借：库存商品   500

    贷：主营业务成本   500

  B. 冲减 5 月销售收入

借：主营业务收入   600

      应交税费——应交增值税（销项税额）   96

    贷：银行存款   696

  C. 冲减 6 月销售收入

借：主营业务收入   600

      应交税费——应交增值税（销项税额）   96

    贷：银行存款   696

  D. 冲减 5 月销售收入和成本

借：主营业务收入   600

      应交税费——应交增值税（销项税额）   96

    贷：银行存款   696

借：库存商品   500

    贷：主营业务成本   500

【答案】A

【点拨】应冲减 6 月销售收入和成本，相关会计处理如下（单位：万元）：

借：主营业务收入   600

    应交税费——应交增值税（销项税额）   96

    贷：银行存款   696

借：库存商品   500

    贷：主营业务成本   500

【判断题】已确认销售商品收入的售出商品发生销售退回的，一律应在发生时冲减当期销售商品收入，同时冲减当期销售商品成本，如按规定允许扣减增值税税额的，应同时冲减已确认的应交增值税销项税额。（   ）

【答案】×

【点拨】已确认销售商品收入的售出商品发生销售退回的，如果属于资产负债表日后事项（上年度发生的销售在资产负债表日后期间退回的），按日后事项的规定进行处理。

（六）采用预收款方式销售商品的账务处理

预收款销售方式下，销售方直到收到最后一笔款项才将商品交付购货方，表明商品所有权上的主要风险和报酬只有在收到最后一笔款项时才转移给购货方，销售方通常应在发出商品时确认收入，在此之前预收的货款应确认为预收账款。

（七）采用支付手续费方式委托代销商品的账务处理

采用支付手续费委托代销方式下，委托方在发出商品时，商品所有权上的主要风险和报酬并未转移给受托方，委托方在发出商品时通常不应确认销售商品收入，而应在收到受托方开出的代销清单时确认销售商品收入，同时将应支付的代销手续费计入销售费用；受托方应在代销商品销售后，按合同或协议约定的方式计算确定代销手续费，确认劳务收入。

受托方可通过"受托代销商品""受托代销商品款"或"应付账款"等科目，对受托代销商品进行核算。确认代销手续费收入时，借记"受托代销商品款"科目，贷记"其他业务收入"等科目。

【单项选择题】 L 公司本年度委托 B 商店代销一批零配件，代销价款 300 万元。本年度收到 B 商店交来的代销清单，代销清单列明已销售代销零配件的 60%，L 公司收到代销清单时向 B 商店开具增值税专用发票。B 商店按代销价款的 5% 收取手续费，该批零配件的实际成本为 180 万元，则 L 公司本年度应确认的销售收入为（　　）万元。

A. 108　　　　　B. 180　　　　　C. 300　　　　　D. 120

【答案】 B

【点拨】 L 公司本年度应确认的销售收入 = 300 × 60% = 180（万元），支付的手续费计入"销售费用"科目，不影响企业确认的销售收入的金额。

【多项选择题】 下列各项中，关于采用支付手续费方式委托代销商品的会计处理，表述正确的有（　　）。

A. 受托方应在代销商品销售后按照双方约定的手续费确认劳务收入

B. 受托方一般应按其与委托方约定的售价总额确认受托代销商品款

C. 委托方发出商品时应按约定的售价计入"委托代销商品"科目

D. 委托方通常在收到受托方开出的代销清单时确认商品收入

【答案】 ABD

【点拨】 选项 C，采用支付手续费方式委托代销商品时，委托方发出商品应按商品成本计入"委托代销商品"科目。

（八）销售材料等存货的账务处理

企业在日常活动中还可能发生对外销售不需用的原材料、随同商品对外销售单独计价的包装物等业务。企业销售原材料、包装物等存货也视同商品销售，其收入确认和计量原则比照商品销售。企业销售原材料、包装物等存货实现的收入作为其他业务收入处理，结转的相关成本作为其他业务成本处理。

企业销售原材料、包装物等存货实现的收入以及结转的相关成本，通过"其他业务收入"科目、"其他业务成本"科目核算。

"其他业务收入"科目核算企业除主营业务活动以外的其他经营活动实现的收入，包括销售材料、出租包装物和商品、出租固定资产、出租无形资产等实现的收入。该科目贷方登记企业实现的各项其他业务收入；借方登记期末转入"本年利润"科目的其他业务收入；结转后该科目应无余额。

"其他业务成本"科目核算除主营业务活动以外的其他经营活动所产生的成本，包括销售材料的成本、出租固定资产的折旧额、出租无形资产的摊销额、出租包装物的成本或摊销额。该科目借方登记企业结转或发生的其他业务成本；贷方登记期末转入"本年利润"科目的其他业务成本；结转后该科目应无余额。

四、提供劳务收入

企业提供劳务的种类很多，如旅游、运输、饮食、广告、咨询、代理、培训、产品安装等，有的劳务一次就能完成，且一般为现金交易，如饮食、理发、照相等；有的劳务需要花费一段较长的时间才能完成，如安装、旅游、培训、远洋运输等。

企业提供劳务收入的确认原则因劳务完成时间的不同而不同。

（一）在同一会计期间内开始并完成的劳务的账务处理

对于一次就能完成的劳务，或在同一会计期间内开始并完成的劳务，应在提供劳务交易完成时确认收入，确认的金额通常为接受劳务方已收或应收的合同或协议价款，确认原则可参照销售商品收入的确认原则。

企业对外提供劳务，如属于企业的主营业务，所实现的收入应作为主营业务收入处理，结转的相关成本应作为主营业务成本处理；如属于主营业务以外的其他经营活动，所实现的收入应作为其他业务收入处理，结转的相关成本应作为其他业务成本处理。企业对外提供劳务发生的支出一般通过"劳务成本"科目予以归集，待确认为费用时，从"劳务成本"科目转入"主营业务成本"科目或"其他业务成本"科目。

对于一次就能完成的劳务，企业应在提供劳务完成时确认收入及相关成本。对于持续一段时间但在同一会计期间内开始并完成的劳务，企业应在为提供劳务发生相关支出时确认劳务成本，劳务完成时再确认劳务收入，并结转相关劳务成本。

【单项选择题】2018年12月15日，X公司与L公司签订一项设备安装合同。合同规定该设备安装总价款为200万元，于安装任务完成并验收合格后一次结清。12月31日，该设备安装任务完成并经L公司验收合格。X公司实际发生的安装费用为60万元（均为安装人员工资）。12月31日，鉴于L公司发生重大财务困难，X公司预计很可能收到的安装款为50万元。假定不考虑相关税费，2018年，X公司应确认的劳务收入为（　）万元。

A. 200　　　　B. 60　　　　C. 50　　　　D. 0

【答案】C

【点拨】2018年，X公司应确认的劳务收入为很可能收到的安装款50万元。

（二）劳务的开始和完成分属不同的会计期间的账务处理

1. 提供劳务交易结果能够可靠估计

如劳务的开始和完成分属不同的会计期间，且企业在资产负债表日提供劳务交易结果能够可靠估计的，应采用完工百分比法确认提供劳务收入。提供劳务交易的结果能够可靠估计的条件见表5-3。

【单项选择题】对于劳务的开始和完成分属不同会计期间的劳务收入，在提供劳务交易的结果能够可靠估计的情况下，下列收入确认中正确的是（　）。

A. 按完成合同法确认收入　　　　B. 按完工百分比法确认收入
C. 按照实际发生的成本确认收入　　D. 按收款情况确认收入

【答案】B

【点拨】对于劳务的开始和完成分属不同会计期间的劳务收入，在提供劳务交易的

表 5-3 提供劳务交易结果能够可靠估计的条件

条件	内容阐释说明
收入的金额能够可靠地计量	收入的金额能够可靠地计量是指提供劳务收入的总额能够合理估计。通常情况下，企业应当按照从接受劳务方已收或应收的合同或协议价款确定提供劳务收入总额。随着劳务的不断提供，可能会根据实际情况增加或减少已收或应收的合同或协议价款，此时，企业应及时调整提供劳务收入总额。
相关的经济利益很可能流入企业	相关的经济利益很可能流入企业是指提供劳务收入总额收回的可能性大于不能收回的可能性。企业在确定提供劳务收入总额能否收回时，应当结合接受劳务方的信誉、以前的经验以及双方就结算方式和期限达成的合同或协议条款等因素，综合进行判断。通常情况下，企业提供的劳务符合合同或协议要求，接受劳务方承诺付款，就表明提供劳务收入总额收回的可能性大于不能收回的可能性。
交易的完工进度能够可靠地确定	企业可以根据提供劳务的特点，选用下列方法确定提供劳务交易的完工进度： (1) 已完工作的测量，这是一种比较专业的测量方法，由专业测量师对已经提供的劳务进行测量，并按一定方法计算确定提供劳务交易的完工程度。 (2) 已经提供的劳务占应提供劳务总量的比例，这种方法主要以劳务量为标准确定提供劳务交易的完工程度。 (3) 已经发生的成本占估计总成本的比例，这种方法主要以成本为标准确定提供劳务交易的完工程度。只有反映已提供劳务的成本才能包括在已经发生的成本中，只有反映已提供或将提供劳务的成本才能包括在估计总成本中。
交易中已发生和将发生的成本能够可靠地计量	交易中已发生和将发生的成本能够可靠地计量是指交易中已经发生和将要发生的成本能够合理地估计。 企业应当建立完善的内部成本核算制度和有效的内部财务预算及报告制度，准确地提供每期发生的成本，并对完成剩余劳务将要发生的成本作出科学、合理的估计。同时应随着劳务的不断提供或外部情况的不断变化，随时对将要发生的成本进行修订。

结果能够可靠估计的情况下，应当按完工百分比法确认收入。

【多项选择题】下列各项中，企业按完工百分比法确认提供劳务完工进度的依据有（   ）。

A. 已收取价款占预计总价款的比例   B. 已发生的成本占预计总成本的比例
C. 专业测量师的测量结果   D. 已经提供的劳务量占总劳务量的比例

【答案】BCD

【点拨】企业按完工百分比法确认提供劳务完工进度的依据包括：

(1) 已完工作的测量，这是一种比较专业的测量方法，由专业测量师对已经提供的劳务进行测量，并按一定方法计算确定提供劳务交易的完工程度。

(2) 已经提供的劳务占应提供劳务总量的比例，这种方法主要以劳务量为标准确定提供劳务交易的完工程度。

(3) 已经发生的成本占估计总成本的比例，这种方法主要以成本为标准确定提供劳务交易的完工程度。只有反映已提供劳务的成本才能包括在已经发生的成本中，只有反映已提供或将提供劳务的成本才能包括在估计总成本中。

2. 提供劳务交易结果不能可靠估计

如劳务的开始和完成分属不同的会计期间，且企业在资产负债表日提供劳务交易结果不能可靠估计的，即不能同时满足表 5-3 所示的四个条件的，不能采用完工百分比法确认提供劳务收入。此时，企业应当正确预计已经发生的劳务成本能否得到补偿，分别按下列情况处理：

（1）已经发生的劳务成本预计全部能够得到补偿的，应按已收或预计能够收回的金额确认提供劳务收入，并结转已经发生的劳务成本。

（2）已经发生的劳务成本预计部分能够得到补偿的，应按能够得到部分补偿的劳务成本金额确认提供劳务收入，并结转已经发生的劳务成本。

（3）已经发生的劳务成本预计全部不能得到补偿的，应将已经发生的劳务成本计入当期损益（主营业务成本或其他业务成本），不确认提供劳务收入。

五、让渡资产使用权收入

（一）让渡资产使用权收入的概念

让渡资产使用权收入主要指让渡无形资产等资产使用权的使用费收入，出租固定资产取得的租金、进行债权投资收取的利息、进行股权投资取得的现金股利等也构成让渡资产使用权收入。

【判断题】（2017）企业债权投资获得的利息收入属于让渡资产使用权收入。（　　）

【答案】√

下面主要介绍让渡无形资产等资产使用权的使用费收入的核算。

（二）让渡资产使用权收入的确认和计量

让渡资产使用权的使用费收入同时满足下列条件的，才能予以确认：

1. 相关的经济利益很可能流入企业

企业在确定让渡资产使用权的使用费收入金额是否很可能收回时，应当根据对方企业的信誉和生产经营情况、双方就结算方式和期限等达成的合同或协议条款等因素，综合进行判断。如果企业估计使用费收入金额收回的可能性不大，就不应确认收入。

2. 收入的金额能够可靠地计量

当让渡资产使用权的使用费收入金额能够可靠估计时，企业才能确认收入。让渡资产使用权的使用费收入金额，应按照有关合同或协议约定的收费时间和方法计算确定。合同或协议规定一次性收取使用费，且不提供后续服务的，应当视同销售该项资产一次性确认收入；提供后续服务的，应在合同或协议规定的有效期内分期确认收入。合同或协议规定分期收取使用费的，应按合同或协议规定的收款时间和金额或规定的收费方法计算确定的金额分期确认收入。

（三）让渡资产使用权收入的账务处理

企业让渡资产使用权的使用费收入，一般通过"其他业务收入"科目核算；所让渡资产计提的摊销额等，一般通过"其他业务成本"科目核算。

企业确认让渡资产使用权的使用费收入时，按确定的收入金额，借记"银行存款""应收账款"等科目，贷记"其他业务收入"，"应交税费——应交增值税（销项税额）"科目。企业对所让渡资产计提摊销以及所发生的与让渡资产有关的支出等，借记"其他业务成本"科目，贷记"累计摊销"等科目。

第二节 费 用

一、费用的概念

费用是指企业在日常活动中发生的、会导致所有者权益减少的、与向所有者分配利润无关的经济利益的总流出。

费用包括企业日常活动所产生的经济利益的总流出，主要指企业为取得营业收入进行产品销售等营业活动所发生的企业货币资金的流出，具体包括营业成本、税金及附加和期间费用。

企业为生产产品、提供劳务等发生的可归属于产品成本、劳务成本等的费用，应当在确认销售商品收入、提供劳务收入等时，将已销售商品、已提供劳务的成本等计入当期损益。营业成本包括主营业务成本、其他业务成本。

期间费用是指企业日常活动发生的不能计入特定核算对象的成本，而应计入发生当期损益的费用。期间费用发生时直接计入当期损益。期间费用包括销售费用、管理费用和财务费用。

二、营业成本

（一）营业成本的概念

营业成本是指企业为生产产品、提供劳务等发生的可归属于产品成本、劳务成本等的费用，应当在确认销售商品收入、提供劳务收入等时，将已销售商品、已提供劳务的成本等计入当期损益。

（二）营业成本的构成

营业成本包括主营业务成本和其他业务成本。

1. 主营业务成本

（1）概念。主营业务成本是指企业销售商品、提供劳务等经常性活动所发生的成本。

企业一般在确认销售商品、提供劳务等主营业务收入时，或在月末，将已销售商品、已提供劳务的成本转入主营业务成本。

（2）账务处理。企业应当设置"主营业务成本"科目，按主营业务的种类进行明细核算，用于核算企业因销售商品、提供劳务或让渡资产使用权等日常活动而发生的实际成本，借记该科目，贷记"库存商品""劳务成本"等科目。期末，将主营业务成本的余额转入"本年利润"科目，借记"本年利润"科目，贷记该科目，结转后，"主营业务成本"科目无余额。

2. 其他业务成本

（1）概念。其他业务成本是指企业确认的除主营业务活动以外的其他日常经营活动所发生的支出。

其他业务成本包括销售材料的成本、出租固定资产的折旧额、出租无形资产的摊销额、出租包装物的成本或摊销额等。采用成本模式计量投资性房地产的，其投资性房地产计提的折旧额或摊销额,也构成其他业务成本。

(2)账务处理。企业应当设置"其他业务成本"科目,核算企业确认的除主营业务活动以外的其他日常经营活动所发生的支出。企业发生的其他业务成本,借记本科目,贷记"原材料""周转材料""累计折旧""累计摊销""应付职工薪酬""银行存款"等科目。"其他业务成本"科目按其他业务成本的种类进行明细核算。期末,"其他业务成本"科目余额转入"本年利润"科目,结转后,"其他业务成本"科目无余额。

【多项选择题】下列各项中,计入工业企业其他业务成本的有( )。

A. 出租无形资产的摊销额

B. 采用成本模式计量的投资性房地产计提的折旧

C. 结转销售原材料的成本

D. 以经营租赁方式出租大型设备计提的折旧

【答案】ABCD

【点拨】其他业务成本是指企业确认的除主营业务活动以外的其他经营活动所发生的支出。其他业务成本包括销售材料的成本、出租固定资产的折旧额、出租无形资产的摊销额、出租包装物的成本或摊销额等。采用成本模式计量投资性房地产的,其投资性房地产计提的折旧额或摊销额,也构成其他业务成本。故选项A、B、C、D均计入其他业务成本。

【多项选择题】(2017)下列各项中,应计入工业企业其他业务成本的有( )。

A. 结转销售原材料的成本

B. 结转销售商品的成本

C. 结转随同产品出售不单独计价的包装物成本

D. 结转随同产品出售单独计价的包装物成本

【答案】AD

【点拨】选项B,结转销售商品的成本计入主营业务成本;选项C,结转随同产品出售不单独计价的包装物成本计入销售费用。

【单项选择题】某工业企业12月销售商品结转的成本为120万元,销售原材料结转的成本为50万元,出租固定资产计提的折旧额为30万元,出售单独计价包装物成本为10万元,则该企业12月应计入其他业务成本的金额为( )万元。

A. 40　　　　　B. 60　　　　　C. 80　　　　　D. 90

【答案】D

【点拨】工业企业销售商品结转的成本计入主营业务成本;销售原材料结转的成本、出租固定资产计提的折旧额以及出售单独计价包装物的成本均计入其他业务成本。所以该企业12月应计入其他业务成本的金额=50+30+10=90(万元)。

三、税金及附加

(一)税金及附加的概念

税金及附加是指企业经营活动应负担的相关税费。

(二) 税金及附加的构成

税金及附加的构成见表 5-4。

表 5-4 税金及附加的构成

项目	内容阐释说明
消费税	是对生产、委托加工及进口应税消费品（主要指烟、酒、化妆品、高档次及高能耗的消费品）征收的一种税。 消费税的计税方法主要有从价定率、从量定额，或者从价定率和从量定额复合计税三种。从价定率是根据商品销售价格和规定的税率计算应交消费税；从量定额是根据商品销售数量和规定的单位税额计算缴纳的消费税；复合计税是两者的结合。
城市维护建设税（以下简称城建税）和教育费附加	是对从事生产经营活动的单位和个人，以其实际缴纳的增值税、消费税为依据，按纳税人所在地适用的不同税率计算征收的一种税。
资源税	是对在我国境内从事资源开采的单位和个人征收的一种税。
房产税	以房屋为征税对象，按房屋的计税余值或出租房产取得的租金收入为计税依据，向产权所有人征收的一种财产税。 我国房产税采用比例税率。其中，从价计征的，税率为 1.2%；从租计征的，税率为 12%。 从 2001 年 1 月 1 日起，对个人按市场价格出租的居民住房，用于居住的，可暂减按 4% 的税率征收房产税。
城镇土地使用税	是以城市、县城、建制镇、工矿区范围内使用土地的单位和个人为纳税人，以其实际占用的土地面积和规定税额计算征收。 年应纳税额等于实际占用应税土地面积乘以适用税率。
车船税	是对行驶于我国公共道路，航行于国内河流、湖泊或领海口岸的车船，按其种类实行定额征收的一种税。
印花税	是对经济活动和经济交往中书立、领受凭证征收的一种税。

(三) 会计科目及账务处理

1. 会计科目

企业应当设置"税金及附加"科目，核算企业经营活动发生的消费税、城市维护建设税、教育费附加、资源税、房产税、城镇土地使用税、车船税、印花税等相关税费。

2. 会计分录

按规定计算确定的与经营活动相关的消费税、城市维护建设税、资源税、教育费附加、房产税、城镇土地使用税、车船税等税费，企业应借记"税金及附加"科目，贷记"应交税费"科目。

期末，应将"税金及附加"科目余额转入"本年利润"科目，结转后，"税金及附加"科目无余额。

企业缴纳的印花税，不会发生应付未付税款的情况，不需要预计应纳税额，同时也不存在与税务机关结算或者清算的问题。因此，企业缴纳的印花税不通过"应交税费"科目核算，于购买印花税票时，直接借记"税金及附加"科目，贷记"银行存款"科目。

【单项选择题】（2016）下列各项中，企业按税法规定缴纳的税金应计入"税金及附加"科目核算的是（ ）。

A. 设立营业账簿缴纳的印花税

B. 转让厂房缴纳的土地增值税

C. 进口商品缴纳的关税

D. 代扣代缴管理人员个人所得税

【答案】 A

【点拨】 选项 B，应计入"固定资产清理"科目，最终计入"营业外收支"科目；选项 C，应计入商品成本；选项 D，应计入"应付职工薪酬"科目。

【单项选择题】（2016）2018 年 10 月，某企业销售应税消费品确认应交增值税 20 万元、消费税 30 万元、城市维护建设税 3.5 万元。不考虑其他因素，该企业 2018 年 10 月利润表"税金及附加"项目本期金额为（ ）万元。

A. 53.5   B. 23.5   C. 50   D. 33.5

【答案】 D

【点拨】 该企业 2018 年 10 月利润表"税金及附加"项目本期金额=30+3.5=33.5（万元）。

【多项选择题】 下列各项税费中，应该计入"税金及附加"科目的有（ ）。

A. 房产税

B. 城镇土地使用税

C. 车船税

D. 资源税

【答案】 ABCD

【点拨】 依据财会〔2016〕22 号文规定，全面试行"营业税改征增值税"后，"税金及附加"科目名称调整为"税金及附加"科目，该科目核算企业经营活动发生的消费税、城市维护建设税、资源税、教育费附加及房产税、土地使用税、车船税、印花税等相关税费。

【单项选择题】 2018 年 1 月，某企业自用房地产应交房产税 2000 元，应交资源税 10000 元、车船税 3000 元、城镇土地使用税 1500 元、消费税 16000 元，支付印花税 800 元。不考虑其他因素，该企业当月应计入"管理费用"科目的税金为（ ）元。

A. 5800   B. 7300   C. 33300   D. 26000

【答案】 B

【点拨】 资源税、消费税应通过"税金及附加"账户进行核算，因此，该企业当月应计入"管理费用"科目的税金=2000（自用房地产房产税）+3000（车船税）+1500（城镇土地使用税）+800（印花税）=7300（元）。故选项 B 正确。

【单项选择题】 某企业为增值税一般纳税人，2018 年实际发生的税金情况如下：增值税 850 万元，消费税 150 万元，城市维护建设税 70 万元，车船税 10 万元，印花税 2 万元，耕地占用税 2 万元。上述各项税金影响当期损益的金额为（ ）万元。

A. 1082   B. 232   C. 234   D. 230

【答案】 B

【点拨】 影响当期损益的金额=150+70+10+2=232（万元），耕地占用税计入固定资产的入账成本，不影响当期损益。

四、期间费用

(一) 期间费用的概念

期间费用是指企业日常活动发生的不能计入特定核算对象的成本, 而应计入发生当期损益的费用。

(二) 期间费用不计入特定的成本核算对象的原因

期间费用是企业日常活动中所发生的经济利益的流出。之所以不计入特定的成本核算对象, 主要是因为期间费用是企业为组织和管理整个经营活动所发生的费用, 与可以确定特定成本核算对象的材料采购、产成品生产等没有直接关系, 因而期间费用不计入有关核算对象的成本, 而是直接计入当期损益。

(三) 期间费用包含的两种情况

期间费用包含以下两种情况:

(1) 企业发生的支出不产生经济利益, 或者即使产生经济利益但不符合或者不再符合资产确认条件的, 应当在发生时确认为费用, 计入当期损益。

(2) 企业发生的交易或者事项导致其承担了一项负债, 而又不确认为一项资产的, 应当在发生时确认为费用计入当期损益。

(四) 期间费用的账务处理

期间费用包括销售费用、管理费用和财务费用 (见表 5-5)。

表 5-5　期间费用的账务处理

构成	概念	内容阐释
销售费用	销售费用是指企业销售商品和材料、提供劳务的过程中发生的各种费用, 包括企业在销售商品过程中发生的保险费、包装费、展览费和广告费、商品维修费、预计产品质量保证损失、运输费、装卸费等以及为销售本企业商品而专设的销售机构 (含销售网点、售后服务网点等) 的职工薪酬、业务费、折旧费等经营费用。	企业发生的与专设销售机构相关的固定资产修理费用等后续支出也属于销售费用。 销售费用是与企业销售商品活动有关的费用, 但不包括销售商品本身的成本和劳务成本, 这两类成本属于主营业务成本。 企业应通过"销售费用"科目核算销售费用的发生和结转情况。该科目借方登记企业所发生的各项销售费用, 贷方登记期末转入"本年利润"科目的销售费用, 结转后, "销售费用"科目应无余额。"销售费用"科目应按销售费用的费用项目进行明细核算。
管理费用	管理费用是指企业为组织和管理生产经营发生的各种费用, 包括企业在筹建期间内发生的开办费、董事会和行政管理部门在企业的经营管理中发生的以及应由企业统一负担的公司经费 (包括行政管理部门职工薪酬、物料消耗、低值易耗品摊销、办公费和差旅费等)、行政管理部门负担的工会经费、董事会费 (包括董事会成员津贴、会议费和差旅费等)、聘请中介机构费、咨询费 (含顾问费)、诉讼费、业务招待费、技术转让费、研究费用、排污费等。	企业生产车间 (部门) 和行政管理部门发生的固定资产修理费用等后续支出, 也作为管理费用核算。 企业应设置"管理费用"科目, 核算管理费用的发生和结转情况。"管理费用"科目借方登记企业发生的各项管理费用, 贷方登记期末转入"本年利润"科目的管理费用, 结转后, "管理费用"科目应无余额。"管理费用"科目按管理费用的费用项目进行明细核算。 商品流通企业管理费用不多的, 可不设本科目, 相关核算内容可并入"销售费用"科目核算。

续表

构成	概念	内容阐释
财务费用	财务费用是指企业为筹集生产经营所需资金等而发生的筹资费用，包括利息支出（减利息收入）、汇兑损益以及相关的手续费、企业发生的现金折扣等。	企业应通过"财务费用"科目，核算财务费用的发生和结转情况。"财务费用"科目借方登记企业发生的各项财务费用，贷方登记期末转入"本年利润"科目的财务费用，结转后，"财务费用"科目应无余额。"财务费用"科目应按财务费用的费用项目进行明细核算。

【判断题】（2017）企业生产车间发生的固定资产日常维修费，应作为制造费用核算计入产品成本。（   ）

【答案】×

【点拨】企业生产车间发生的固定资产日常维修费，应计入管理费用。

【判断题】企业生产车间（部门）发生的固定资产修理费用等后续支出，作为制造费用核算，最终计入固定资产成本。（   ）

【答案】×

【点拨】企业生产车间（部门）和行政管理部门发生的固定资产修理费用等后续支出，作为管理费用核算。

【单项选择题】（2017）下列各项中，应计入企业管理费用的是（   ）。

A. 收回应收账款发生的现金折扣   B. 处置无形资产净损失

C. 生产车间机器设备的折旧费   D. 生产车间发生的排污费

【答案】D

【点拨】选项 A 计入财务费用；选项 B 计入营业外支出；选项 C 计入制造费用。

【多项选择题】（2017）下列各项中，资产的净损失报经批准应计入管理费用的有（   ）。

A. 火灾事故造成的库存商品毁损   B. 自然灾害造成的包装物毁损

C. 属于一般经营损失的原材料毁损   D. 无法查明原因的现金短缺

【答案】ACD

【点拨】选项 B，自然灾害造成的包装物毁损计入营业外支出。

【单项选择题】X 公司为增值税一般纳税人，适用的增值税税率为 16%。2018 年 1 月，X 公司决定将本公司生产的 500 件产品作为福利发放给公司管理人员。该批产品的成本为每件 28 万元，市场销售价格为每件 30 万元（不含增值税）。假定不考虑其他相关税费。X 公司在 2018 年因该项业务应计入管理费用的金额为（   ）万元。

A. 15000   B. 17400   C. 16950   D. 16050

【答案】B

【点拨】X 公司应计入管理费用的金额 = 500 × 30 × (1 + 16%) = 17400（万元）。相关会计分录如下（单位：万元）：

计提职工薪酬：

借：管理费用   17400

　　贷：应付职工薪酬   17400

实际发放时：

借：应付职工薪酬　　　　　　　　　　17400

　　贷：主营业务收入　　　　　　　　　　　　15000

　　　　应交税费——应交增值税（销项税额）　　　2400

借：主营业务成本　　　　　　　　　　14000

　　贷：库存商品　　　　　　　　　　　　　　14000

【单项选择题】下列各项中，企业支付生产车间机器设备日常修理费应借记的会计科目是（　　）。

A. 制造费用　　　　　　B. 管理费用　　　　　　C. 生产成本　　　　　　D. 在建工程

【答案】B

【点拨】企业支付生产车间机器设备日常修理费应借记"管理费用"科目。

【单项选择题】下列各项中，不应计入企业管理费用的是（　　）。

A. 企业在筹建期间内发生的开办费

B. 计提的生产车间职工养老保险

C. 聘请中介机构费

D. 差旅费

【答案】B

【点拨】计提的生产车间职工养老保险应计入生产成本。

【单项选择题】某企业核算批准后的存货毁损净损失，下列各项中，应计入管理费用的是（　　）。

A. 由自然灾害造成的损失　　　　　　　B. 应由责任人赔偿的损失

C. 管理不善造成的损失　　　　　　　　D. 应由保险机构赔偿的损失

【答案】C

【点拨】选项A，应计入营业外支出；选项B、D，应计入其他应收款。

【单项选择题】下列各项中，不应计入企业管理费用的是（　　）。

A. 发生的内部控制建设咨询费用　　　　B. 发生的会计师事务所审计费

C. 计提的生产车间职工养老保险费　　　D. 差旅费

【答案】C

【点拨】计提的生产车间职工养老保险费是属于车间职工的职工薪酬，应该计入生产成本核算，不计入管理费用。

【多项选择题】下列各项中，关于管理费用会计处理表述正确的是（　　）。

A. 行政管理部门负担的工会经费应计入管理费用

B. 企业在筹建期间发生的开办费应计入管理费用

C. 无法查明原因的现金短缺应计入管理费用

D. 转销确实无法支付的应付账款应冲减管理费用

【答案】ABC

【点拨】转销确实无法支付的应付账款，按其账面价值转入营业外收入。

【多项选择题】应列入"管理费用"科目的是（　　）。

A. 房产税
B. 印花税
C. 城镇土地使用税
D. 矿产资源补偿费

【答案】ABCD

【点拨】管理费用核算的税费有房产税、土地使用税、印花税、车船税、矿产资源补偿费、城镇土地使用税。

【单项选择题】企业在某个会计期间支付给管理人员的工资为50万元，发生业务招待费20万元、展览费30万元、违约金5万元，则计入管理费用的金额是（　　）万元。

A. 55
B. 50
C. 70
D. 100

【答案】C

【点拨】企业本期计入管理费用的有：管理人员的工资和业务招待费共计70（50＋20）万元，选项C正确。展览费应计入销售费用；违约金一般计入营业外支出。

【多项选择题】下列各项税费中，应列入管理费用的有（　　）。

A. 印花税
B. 车船税
C. 矿产资源补偿费
D. 城镇土地使用税

【答案】ABCD

【点拨】本题考核管理费用核算的内容，选项A、B、C、D均正确。

【多项选择题】（2017）下列各项中，应计入销售费用的有（　　）。

A. 预计产品质量保证损失
B. 销售产品为购货方代垫的运费
C. 结转随同产品出售不单独计价的包装物成本
D. 专设销售机构固定资产折旧费

【答案】ACD

【点拨】选项B，销售产品为购货单代垫的运费计入应收账款。

【单项选择题】下列各项中，不属于销售费用的是（　　）。

A. 售后网点的折旧费
B. 销售人员的工资
C. 预计产品质量保证损失
D. 聘请中介机构费用

【答案】D

【点拨】聘请中介机构费用属于管理费用。选项A、B、C属于销售费用。

【单项选择题】下列各项中，不属于"财务费用"科目核算内容的是（　　）。

A. 发生的业务招待费
B. 办理银行承兑汇票支付的手续费
C. 销售商品发生的现金折扣
D. 短期借款利息支出

【答案】A

【点拨】选项A，发生的业务招待费计入管理费用。

【单项选择题】下列各项中，不应计入财务费用的是（　　）。

A. 发行股票的手续费
B. 销售商品的现金折扣
C. 银行承兑汇票的手续费
D. 外币应收账款的汇兑损失

【答案】A

【点拨】发行股票的手续费冲减股票发行的溢价收入；无溢价或溢价金额不足以抵扣的，应将不足抵扣的部分依次冲减盈余公积和未分配利润。

【多项选择题】下列各项关于长期借款利息费用的会计处理中，正确的有（　　）。

A. 企业筹建期间发生的不符合资本化条件的利息费用计入"管理费用"科目

B. 实际利率与合同利率差异较大的，采用合同利率计算确定利息

C. 经营期间在建工程达到预定可使用状态后发生的利息费用计入"财务费用"科目

D. 到期一次还本付息的长期借款，其利息通过"长期借款——应计利息"账户核算

【答案】ACD

【点拨】长期借款利息费用应当在资产负债表日按照实际利率法计算确定，实际利率与合同利率差异较小的，也可以采用合同利率计算确定利息费用。

【多项选择题】长期借款所发生的利息费用，可能计入的项目有（　　）。

A. 财务费用　　　B. 在建工程　　　C. 营业外支出　　　D. 管理费用

【答案】ABD

【点拨】会计实务中长期借款计算确定的利息费用，应当按以下原则计入有关成本、费用：

（1）属于筹建期间的，计入"管理费用"科目；

（2）属于生产经营期间的，如果长期借款用于购建固定资产等符合资本化条件的资产，在资产尚未达到预定可使用状态前，所发生的利息支出应当资本化，计入"在建工程"等相关资产成本；

（3）资产达到预定可使用状态后发生的利息支出以及按规定不能资本化的利息支出，计入"财务费用"科目。

综上，正确答案为选项ABD。

【判断题】发行股票的手续费和佣金等费用，应先从发行股票的溢价收入中扣除，发行股票的溢价收入不足冲减或无溢价的计入"财务费用"科目。（　　）

【答案】×

【点拨】发行股票相关的手续费、佣金等交易费用，如果是溢价发行股票的，应从溢价中抵扣，冲减资本公积（股本溢价）；无溢价发行股票或溢价金额不足以抵扣的，应将不足抵扣的部分冲减盈余公积和未分配利润。

【单项选择题】(2016) 企业将持有的不带息商业汇票向银行申请贴现，支付给银行的贴现利息应计入的会计科目是（　　）。

A. 财务费用　　　B. 管理费用　　　C. 投资收益　　　D. 营业外支出

【答案】A

【点拨】商业汇票的贴现利息计入财务费用。

【单项选择题】(2017) 企业为采购存货签发银行承兑汇票而支付的手续费应计入（　　）。

A. 管理费用　　　B. 财务费用　　　C. 营业外支出　　　D. 采购存货成本

【答案】B

【点拨】签发银行承兑汇票而支付的手续费应计入财务费用。

【判断题】企业持不带息的商业汇票到银行办理贴现，其贴现利息应计入"财务费用"科目。（　　）

【答案】√

【点拨】企业持不带息的商业汇票到银行办理贴现，其贴现利息应计入"财务费用"科目。

【单项选择题】下列各项中，应计入期间费用的是（　　）。

A. 计提车间管理用固定资产的折旧费

B. 预计产品质量保证损失

C. 车间管理人员的工资费用

D. 销售商品发生的商业折扣

【答案】B

【点拨】车间管理用固定资产的折旧费计入制造费用；预计产品质量保证损失计入销售费用；车间管理人员的工资计入制造费用；销售商品发生的商业折扣在确认收入之前就扣除了，不形成费用。销售费用、管理费用和财务费用属于期间费用，选项 B 正确。

【单项选择题】某企业 2018 年 6 月发生如下费用：支付办公用品费用 10000 元，预付第三季度房租 9000 元，支付第二季度利息 6000 元，其中 4 月、5 月预提利息 4000 元。则该企业 6 月应确认的期间费用为（　　）元。

A. 12000　　　　　　B. 10000　　　　　　C. 25000　　　　　　D. 16000

【答案】A

【点拨】期间费用 = 10000 + (6000 − 4000) = 12000（元）。

【单项选择题】下列交易或事项所形成的经济利益流出，一般会直接形成费用的是（　　）。

A. 用于偿还已有债务的支出　　　　　B. 用于研发而发生的资本化支出

C. 向投资者分配股利的支出　　　　　D. 管理部门固定资产的日常保养支出

【答案】D

【点拨】费用是指企业在日常活动中发生的、会导致所有者权益减少的、与向所有者分配利润无关的经济利益的总流出。选项 A，导致负债的减少，不符合费用的定义。选项 B，形成资产，不形成费用。选项 C，与向投资者分配利润相关，不符合费用的定义。选项 D，一般直接计入当期损益，如管理费用。

【多项选择题】下列关于成本费用的表述中，正确的有（　　）。

A. 费用最终会减少所有者权益

B. 费用不一定会导致企业经济利益流出

C. 生产成本是按照成本计算对象归集的费用

D. 生产成本是对象化的费用

【答案】ACD

【点拨】费用是指企业在日常活动中发生的、会导致所有者权益减少的、与向所有者分配利润无关的经济利益的总流出。选项 B 错误。

【单项选择题】关于成本和费用的说法中错误的是 （ ）。

A. 费用着重于按会计期间进行归集

B. 产品成本一般以生产过程中取得的各种原始凭证为计算依据

C. 产品成本着重于按产品进行归集

D. 产品成本一般以成本计算单或成本汇总表及产品入库单等为计算依据

【答案】B

【点拨】费用涵盖范围较宽，着重于按会计期间进行归集，一般以生产过程中取得的各种原始凭证为计算依据；而产品成本只包括为生产一定种类或数量的完工产品的费用，不包括未完工产品的生产费用和其他费用；着重于按产品进行归集，一般以成本计算单或成本汇总表及产品入库单等为计算依据。所以选项 B 错误。

第三节 利 润

一、利润的概述

（一）利润的概念

利润，更准确地应该称为收益，是指企业在一定会计期间的经营成果。

会计利润的确定目前普遍采用的是利润表法，即通过配比的方式，将当期的全部收入（广义的收入）与当期全部成本费用损失（广义的费用）等进行配比，以形成当期的财务成果。企业经营成果的形成和确定是投资者最为关注的，企业盈利的大小在很大程度上反映了企业生产经营的经济效益和经营能力。

（二）利润的构成

利润包括收入减去费用后的净额、直接计入当期利润的利得和损失等。

未计入当期利润的利得和损失扣除所得税影响后的净额计入其他综合收益项目。

净利润与其他综合收益的合计金额为综合收益总额。

利得是指由企业非日常活动所形成的、会导致所有者权益增加的、与所有者投入资本无关的经济利益的流入。

损失是指由企业非日常活动所发生的、会导致所有者权益减少的、与向所有者分配利润无关的经济利益的流出。

【判断题】利润反映的是企业在一定会计期间的经营成果，包括收入减去费用后的净额、直接计入当期利润的利得和损失。（ ）

【答案】√

【点拨】利润是企业在一定会计期间的经营成果，包括收入减去费用后的净额、直接计入当期利润的利得和损失等。

【单项选择题】X 公司 2018 年 12 月 25 日支付价款 2040 万元（含已宣告但尚未发放的现金股利 60 万元）取得一项股权投资，另支付交易费用 10 万元，划分为可供出售金额资产，2018 年 12 月 28 日，收到现金股利 60 万元。2018 年 12 月 31 日，该项股权投资的公允价值为 2105 万元。假定不考虑所得税等其他问题，X 公司 2018 年因该项股权投资应直接计入其他综合收益的金额为（　　）万元。

A. 115　　　　　　B. 125　　　　　　C. 55　　　　　　D. 65

【答案】A

【点拨】X 公司 2018 年因该项股权投资应直接计入其他综合收益的金额 = 2105 − (2040 + 10 − 60) = 115（万元）。

（三）与利润相关的计算公式

与利润相关的计算公式主要如下：

1. 营业利润

营业利润 = 营业收入 − 营业成本 − 税金及附加 − 销售费用 − 管理费用 − 财务费用 − 信用减值损失 − 资产减值损失 + 公允价值变动收益（−公允价值变动损失）+ 投资收益（−投资损失）+ 其他收益 + 资产处置损益（−资产处置损失）

其中：

营业收入是指企业经营业务所确认的收入总额，包括主营业务收入和其他业务收入。

营业成本是指企业经营业务所发生的实际成本总额，包括主营业务成本和其他业务成本。

资产减值损失是指企业计提各项资产减值准备所形成的损失。

公允价值变动收益（损失）是指企业交易性金融资产等公允价值变动形成的应计入当期损益的利得（损失）。

投资收益（损失）是指企业以各种方式对外投资所取得的收益（−发生的损失）。

其他收益主要是指与企业日常活动相关，除冲减相关成本费用以外的政府补助。

资产处置收益（−损失）反映企业出售划分为持有待售的非流动资产（金融工具、长期股权投资和投资性房地产除外）或处置组（子公司和业务除外）时确认的处置利得或损失，以及处置未划分为持有待售的固定资产、在建工程、生产性生物资产及无形资产而产生的处置利得或损失，还包括债务重组中因处置非流动资产产生的利得或损失和非货币性资产交换中换出非流动资产产生的利得或损失。

【多项选择题】下列关于政府补助的说法中，正确的有（　　）。

A. 政府补助主要有与资产相关的政府补助和与收益相关的政府补助两种

B. 企业取得的与资产相关的政府补助，在收到时应全额确认为当期损益

C. 与收益相关的政府补助是指除与资产相关的政府补助之外的政府补助

D. 与资产相关的政府补助是指企业取得的、用于购建或以其他方式形成长期资产的政府补助

【答案】ACD

【点拨】根据配比原则，企业取得的与资产相关的政府补助，不能全额确认为当期收益，应当随着相关资产的使用逐渐计入以后各期的收益。

2. 利润总额

利润总额 = 营业利润 + 营业外收入 − 营业外支出

其中：

营业外收入是指企业发生的与其日常活动无直接关系的各项利得。

营业外支出是指企业发生的与其日常活动无直接关系的各项损失。

3. 净利润

净利润＝利润总额－所得税费用

其中，所得税费用是指企业确认的应从当期利润总额中扣除的所得税费用。

【多项选择题】下列有关利润的表述中，正确的有( )。

A. 营业收入是指企业经营业务所确认的收入总额，包括主营业务收入、其他业务收入和营业外收入

B. 资产减值损失是指企业计提各项资产减值准备所形成的损失

C. 投资收益是指企业以各种方式对外投资所取得的收益

D. 所得税费用是指企业确认的应从当期利润总额中扣除的所得税费用，与净利润无关

【答案】BC

【点拨】选项 A，营业收入是指企业经营业务所确认的收入总额，包括主营业务收入、其他业务收入，不包括营业外收入。选项 D，所得税费用是指企业确认的应从当期利润总额中扣除的所得税费用，影响净利润的数额。

二、营业外收支

(一) 营业外收入

1. 营业外收入的概念

营业外收入是指企业确认的与其日常活动无直接关系的各项利得。

营业外收入并不是企业经营资金耗费所产生的，实际上是经济利益的净流入，不需要与有关的费用进行配比。

2. 营业外收入核算的内容

核算的内容见表5–6。

表 5–6　营业外收入核算的内容

项目	内容阐释说明
非流动资产毁损报废收益	非流动资产毁损报废收益，指因自然灾害等发生毁损、已丧失使用功能而报废非流动资产所产生的清理收益。
盘盈利得	指企业对现金等资产清查盘点时发生盘盈，报经批准后计入营业外收入的金额。
捐赠利得	指企业接受捐赠产生的利得。
非货币性资产交换利得	
债务重组利得	

3. 营业外收入的账务处理

(1) 会计科目。企业应通过"营业外收入"科目，核算营业外收入的取得及结转情况。该科目可按营业外收入项目进行明细核算。

（2）会计分录。

1）企业确认处置非流动资产利得时，借记"固定资产清理""银行存款""待处理财产损溢""无形资产"等科目，贷记"营业外收入"科目。

2）企业确认盘盈利得、捐赠利得计入营业外收入时，借记"库存现金""待处理财产损溢"等科目，贷记"营业外收入"科目。

3）期末，应将"营业外收入"科目余额转入"本年利润"科目，借记"营业外收入"科目，贷记"本年利润"科目。结转后，"营业外收入"科目应无余额。

【单项选择题】 下列各项中，应计入营业外收入的是（　　）。

A. 银行存款利息收入　　　　B. 存货盘盈

C. 债务重组利得　　　　　　D. 确实无法收回的应收账款

【答案】 C

【点拨】 选项 A，银行存款利息收入冲减财务费用的会计处理如下：

借：银行存款

　　贷：财务费用

选项 B，冲减管理费用。选项 C，应计入营业外收入。

选项 D，确实无法收回的应收账款做坏账核销时，会计分录如下：

借：坏账准备

　　贷：应收账款

【判断题】 企业转销确实无法支付的应付账款，应计入其他业务收入。（　　）

【答案】 ×

【点拨】 企业转销无法支付的应付账款时，应将该应付账款账面余额计入营业外收入。

【单项选择题】 X 公司 2018 年 1 月 3 日取得当地财政局划拨的 2018 年第一季度财政贴息 52 万元，则 X 公司下列会计处理表述正确的是（　　）。

A. 应计入资本公积 52 万元　　　　B. 应计入营业外收入 52 万元

C. 应计入递延收益 52 万元　　　　D. 应计入专项应付款 52 万元

【答案】 C

【点拨】 X 公司 1 月收到第一季度的财政贴息时应先计入"递延收益"科目，以后期间分期计入"营业外收入"科目。

（二）营业外支出

1. 营业外支出的概念

营业外支出是指企业发生的与其日常活动无直接关系的各项损失。

2. 营业外支出的核算内容

核算内容见表 5-7。

3. 营业外支出的账务处理

（1）会计科目。企业应通过"营业外支出"科目，核算营业外支出的发生及结转情况。

该科目可按营业外支出项目进行明细核算。

表 5-7　营业外支出的核算内容

项目	内容阐释说明
非流动资产毁损报废损失	非流动资产毁损报废损失是指因自然灾害等发生毁损、已丧失使用功能而报废非流动资产所产生的清理损失。
公益性捐赠支出	指企业对外进行公益性捐赠发生的支出。
盘亏损失	主要指对于财产清查盘点中盘亏的资产，查明原因并报经批准计入营业外支出的损失。
非常损失	指企业对于因客观因素（如自然灾害等）造成的损失，扣除保险公司赔偿后应计入营业外支出的净损失。
罚款支出	指企业支付的行政罚款、税务罚款，以及其他违反法律法规、合同协议等而支付的罚款、违约金、赔偿金等支出。
非货币性资产交换损失	
债务重组损失	

（2）会计分录。

1）企业确认处置非流动资产损失时，借记"营业外支出"科目，贷记"固定资产清理""无形资产"等科目。

2）确认盘亏、罚款支出计入营业外支出时，借记"营业外支出"科目，贷记"待处理财产损溢""库存现金"等科目。

3）期末，应将"营业外支出"科目余额转入"本年利润"科目，借记"本年利润"科目，贷记"营业外支出"科目。结转后，"营业外支出"科目应无余额。

【单项选择题】下列各项中，应计入营业外支出的是（　　）。

A. 结转售出材料的成本　　　　　B. 采购原材料运输途中合理损耗

C. 管理原因导致的原材料盘亏　　D. 自然灾害导致的原材料损失

【答案】C

【点拨】选项 A 计入其他业务成本；选项 B 计入成本；选项 C 计入营业外支出；选项 D 计入管理费用。

【多项选择题】下列各项中，不属于营业外支出的有（　　）。

A. 出售交易性金融资产的净损益

B. 处置固定资产的损失

C. 盘点存货发现盘亏，经查明为责任人原因，应予以收回

D. 捐赠利得

【答案】ACD

【点拨】选项 A，出售交易性金融资产的净损益计入"投资收益"科目。选项 B，处置固定资产的损失，计入"资产处置损益"科目。选项 C，盘点存货发现盘亏，经查明为责任人原因，应予以收回，计入"其他应收款"科目。选项 D，捐赠利得计入"营业外收入"科目。

【判断题】当期所取得的利得和损失均通过"营业外收入"科目，和"营业外支出"科目计入当期利润。（　　）

【答案】×

【点拨】利得和损失包括直接计入当期损益的利得和损失以及直接计入当期所有者权益的利得和损失，题干表述错误。

【单项选择题】（2017）下列各项中，应计入营业外支出的是（　　）。

A. 合同违约金　　　　　　　　B. 法律诉讼费

C. 出租无形资产的摊销额　　　D. 广告宣传费

【答案】A

【点拨】选项 B 计入管理费用；选项 C 计入其他业务成本；选项 D 计入销售费用。

三、所得税费用

企业的所得税费用包括当期所得税和递延所得税两个部分。

当期所得税是指当期应交所得税。

递延所得税包括递延所得税资产和递延所得税负债。

递延所得税资产是指以未来期间很可能取得用来抵扣可抵扣暂时性差异的应纳税所得额为限确认的一项资产。

递延所得税负债是指根据应纳税暂时性差异计算的未来期间应交所得税的金额。

（一）应交所得税的计算

应交所得税是指企业按照企业所得税法规定计算确定的针对当期发生的交易和事项，应缴纳给税务部门的所得税金额，即当期应交所得税。

应纳税所得额是在企业税前会计利润（即利润总额）的基础上调整确定的，计算公式为：

应纳税所得额＝税前会计利润＋纳税调整增加额－纳税调整减少额

纳税调整增加额主要包括企业所得税法规定允许扣除项目中，企业已计入当期费用但超过税法规定扣除标准的金额（如超过企业所得税法规定标准的职工福利费、工会经费、职工教育经费、业务招待费、公益性捐赠支出、广告费和业务宣传费等），以及企业已计入当期损失但企业所得税法规定不允许扣除项目的金额（如税收滞纳金、罚金、罚款）。

纳税调整减少额主要包括按企业所得税法规定允许弥补的亏损和准予免税的项目，如前 5 年内未弥补亏损和国债利息收入等。

企业当期应交所得税的计算公式为：

应交所得税＝应纳税所得额×所得税税率

（二）所得税费用的账务处理

企业根据企业会计准则的规定，计算确定的当期所得税和递延所得税之和，即为应从当期利润总额中扣除的所得税费用。即：

所得税费用＝当期所得税＋递延所得税

其中，递延所得税＝（递延所得税负债的期末余额－递延所得税负债的期初余额）－（递延所得税资产的期末余额－递延所得税资产的期初余额）

企业应通过"所得税费用"科目，核算企业所得税费用的确认及其结转情况。期末，应将"所得税费用"科目的余额转入"本年利润"科目，借记"本年利润"科目，贷记"所得税费用"科目，结转后，"所得税费用"科目应无余额。

【单项选择题】 X企业本年利润总额为2000万元，其中职工工资总额为3000万元，本年收到的国债利息收入为40万元。X企业本年发生广告费支出600万元，税法允许当期扣除的限额为800万元；发生职工福利费500万元。已知企业所得税税率为25%，则该企业本年度所得税费用为（ ）万元。

A. 450   B. 420   C. 460   D. 510

【答案】 D

【点拨】 国债利息收入属于免税收入，应调减应纳税所得额；广告费支出没有超过税法允许扣除的标准，不需进行纳税调整；职工福利费扣除限额为420（3000×14%）万元，实际发生500万元，应调增应纳税所得额。因此，该企业本年的所得税费用=$[2000-40+(500-3000\times14\%)]\times25\%=510$（万元）。

【单项选择题】 (2016) 某企业适用的所得税税率为25%。2015年度该企业实现利润总额500万元，应纳税所得额为480万元，影响所得税费用的递延所得税资产增加8万元。不考虑其他因素，该企业2015年度利润表"所得税费用"项目本期金额为（ ）万元。

A. 128   B. 112   C. 125   D. 120

【答案】 B

【点拨】 该企业2015年度利润表"所得税费用"项目本期金额=$480\times25\%-8=112$（万元）。

【判断题】 所得税是企业的一项费用支出，而非利润分配。（ ）

【答案】 √

【点拨】 所得税是企业的一项费用支出，而非利润分配。

【判断题】 "所得税费用"科目的期末余额应直接转入"利润分配——未分配利润"科目，结转后本科目应无余额。（ ）

【答案】 ×

【点拨】 "所得税费用"科目的期末余额应转入"本年利润"科目，结转后本科目应无余额。

【判断题】 (2017) 利润表中"所得税费用"项目的本期金额等于当期所得税，而不应考虑递延所得税。（ ）

【答案】 ×

【点拨】 企业根据会计准则的规定，计算确定的当期所得税和递延所得税之和，即为应从当期利润总额中扣除的所得税费用。

四、本年利润

(一) 结转本年利润的方法

会计期末，结转本年利润的方法有表结法和账结法两种。

1. 表结法

表结法下，各损益类科目每月月末只需结计出本月发生额和月末累计余额，不结转到"本年利润"科目，只有在年末时才将全年累计余额结转到"本年利润"科目。但每月月末要将损益类科目的本月发生额合计数填入利润表的本月数栏，同时将本月末累计余额填入利润表的本年累计数栏，通过利润表计算反映各期的利润（或亏损）。表结法下，年中损益类科目无须结转到"本年利润"科目，从而减少了转账环节和工作量，同时并不影响利润表的编制及有关损益指标的利用。

【单项选择题】（2016）下列各项中，关于会计期末结转本年利润的表结法表述正确的是（　　）。

A. 表结法下不需要设置"本年利润"科目

B. 年末不需要将各项损益类科目余额结转入"本年利润"科目

C. 各月末需要将各项损益类科目发生额填入利润表来反映本期的利润（或亏损）

D. 每月末需要编制转账凭证将当期各损益类科目余额结转入"本年利润"科目

【答案】C

【点拨】表结法下，各损益类科目每月月末只需结计出本月发生额和月末累计余额，不结转到"本年利润"科目，只有在年末时才将全年累计余额结转入"本年利润"科目，选项 A 错误，选项 B 错误；每月月末要将损益类科目的本月发生额合计数填入利润表的本月数栏，同时将本月末累计余额填入利润表的本年累计数栏，通过利润表计算反映各期的利润（或亏损），选项 C 正确；每月月末不需编制转账凭证将当期各损益类科目余额转入"本年利润"科目，选项 D 错误。

【多项选择题】在表结法下，年末结账后下列会计科目无余额的有（　　）。

A. "其他业务收入"科目　　　　　　B. "管理费用"科目

C. "营业外支出"科目　　　　　　　D. "利润分配——未分配利润"科目

【答案】ABC

【点拨】年末，损益类科目无余额，都结转至"本年利润"科目。之后，"本年利润"科目要结转至"利润分配——未分配利润"科目，结转后"本年利润"科目无余额。

【判断题】企业采用"表结法"结转本年利润的，年度内每月月末损益类科目发生额合计数和月末累计余额无须转入"本年利润"科目，但要将其填入利润表，在年末时将损益类科目全年累计余额转入"本年利润"科目。（　　）

【答案】√

【点拨】采用表结法只结计出损益类科目的月末余额，但不结转到"本年利润"科目，只有在年末时才转入"本年利润"科目。

2. 账结法

账结法下，每月月末均需编制转账凭证，将在账上结计出的各损益类科目的余额结转入"本年利润"科目。结转后"本年利润"科目的本月余额反映当月实现的利润或发生的亏损，"本年利润"科目的本年余额反映本年累计实现的利润或发生的亏损。账结法在各月均可通过"本年利润"科目提供当月及本年累计的利润（或亏损）额，但增加了转账环节和工作量。

【判断题】表结法下，每月月末均需编制转账凭证，将在账上结计出的各损益类科目的余额结转入"本年利润"科目。（　　）

【答案】×

【点拨】账结法下，每月月末均需编制转账凭证，将在账上结计出的各损益类科目的余额结转入"本年利润"科目。

【多项选择题】关于结转本年利润账结法的表述中，正确的有（　　）。

A. 年末时需将各损益类科目的全年累计余额结转入"本年利润"科目

B. 每月月末各损益类科目需将本月的余额结转入"本年利润"科目

C. 各月均可通过"本年利润"科目提供当月及本年累计的利润（或亏损）额

D. "本年利润"科目本年余额反映本年累计实现的净利润或发生的亏损

【答案】BCD

【点拨】在采用账结法结转本年利润时，每月月末均需编制转账凭证，将在账上结计出的各损益类科目的余额转入"本年利润"科目。结转后"本年利润"科目的本月余额反映的是当月实现的利润或发生的亏损，"本年利润"科目的本年余额反映本年累计实现的利润或亏损。账结法在各月均可通过"本年利润"科目提供当月及本年累计的利润或亏损额，但增加了转账环节和工作量，选项B、C、D均正确，选项A属于表结法的特点。

（二）结转本年利润的账务处理

1. 会计科目

企业应设置"本年利润"科目，核算企业本年度实现的净利润（或发生的净亏损）。

2. 会计分录

会计期末，企业应将"主营业务收入""其他业务收入""其他收益""营业外收入"等科目的余额分别转入"本年利润"科目的贷方，将"主营业务成本""其他业务成本""税金及附加""销售费用""管理费用""财务费用""资产减值损失""营业外支出""所得税费用"等科目的余额分别转入"本年利润"科目的借方。企业还应将"公允价值变动损益""投资收益""资产处置损益"科目的净收益转入"本年利润"科目的贷方，将"公允价值变动损益""投资收益""资产处置损益"科目的净损失转入"本年利润"科目的借方。结转后"本年利润"科目如为贷方余额，表示当年实现的净利润；如为借方余额，表示当年发生的净亏损。

年度终了，企业还应将"本年利润"科目的本年累计余额转入"利润分配——未分配利润"科目。如"本年利润"为贷方余额，借记"本年利润"科目，贷记"利润分配——未分配利润"科目；如为借方余额，作相反的会计分录，借记"利润分配——未分配利润"科目，贷记"本年利润"科目。结转后，"本年利润"科目应无余额。

【单项选择题】关于"本年利润"科目，下列说法不正确的是（　　）。

A. 该科目的余额年终应该转入"利润分配"科目

B. 该科目年终结转之后没有余额

C. 该科目各个月末的科目余额可能在借方，可能在贷方，也可能为零

D. 该科目期末借方余额表示自年初开始至当期期末为止累计实现的盈利

【答案】D

【点拨】本题考核会计科目的性质。在期末结转之前如果出现借方余额，表示本期累计实现的净亏损，如果出现贷方余额，表示本期累计实现的净利润。

第六章　财务报表

第一节　财务报表综述

一、财务报表的概念

财务报表是对企业财务状况、经营成果和现金流量的结构性表述。

为了规范财务报表的列报，保证同一企业不同期间和同一期间不同企业的财务报表相互可比，根据《企业会计准则——基本准则》，财政部制定了《企业会计准则第30号——财务报表列报》（以下简称本准则），自2014年7月1日起施行（2014年1月26日财会〔2014〕7号，财会〔2006〕3号中的《企业会计准则第30号——财务报表列报》同时废止）。为解决执行《企业会计准则》的企业在财务报告编制中的实际问题，规范企业财务报表列报，提高会计信息质量，针对2017年施行的《企业会计准则第42号——持有待售的非流动资产、处置组和终止经营》（财会〔2017〕13号）和《企业会计准则第16号——政府补助》（财会〔2017〕15号）的相关规定，财政部对一般企业财务报表格式进行了修订（《关于修订印发一般企业财务报表格式的通知》，2017年12月25日，财会〔2017〕30号）。执行企业会计准则的非金融企业应当按照《企业会计准则》和《关于修订印发一般企业财务报表格式的通知》要求编制2017年度及以后期间的财务报表。金融企业应当根据金融企业经营活动的性质和要求，比照一般企业财务报表格式进行相应调整。

二、财务报表的构成

财务报表至少应当包括下列组成部分：

（1）资产负债表。

（2）利润表。

（3）现金流量表。

（4）所有者权益（或股东权益，下同）变动表。

（5）附注。

财务报表上述组成部分具有同等的重要程度。

【判断题】 一张完整的财务报表体系由资产负债表、利润表、现金流量表、股东权益变动表和附注组成。（　　　）

【答案】 √

【点拨】财务报表是对企业财务状况、经营成果和现金流量的结构性表述。一套完整的财务报表应当包括资产负债表、利润表、现金流量表、所有者权益（或股东权益）变动表以及附注。

第二节　资产负债表

一、资产负债表的概念

资产负债表是反映企业在某一特定日期的财务状况的会计报表，即反映了某一特定日期关于企业资产、负债、所有者权益及其相互关系的信息。

二、资产负债表的作用

通过资产负债表，可以反映企业在某一特定日期所拥有或控制的经济资源、所承担的现时义务和所有者对净资产的要求权，帮助财务报表使用者全面了解企业的财务状况、分析企业的偿债能力等情况，从而为其做出经济决策提供依据。

三、资产负债表的结构

（一）资产负债表的组成

资产负债表一般由表头、表体两部分组成。

1. 表头部分

应列明报表名称、编制单位名称、资产负债表日、报表编号和计量单位。

2. 表体部分

是资产负债表的主体，列示了用以说明企业财务状况的各个项目。

（二）资产负债表的表体格式

资产负债表的表体格式一般有两种：报告式资产负债表和账户式资产负债表。

1. 报告式资产负债表

是上下结构，上半部分列示资产各项目，下半部分列示负债和所有者权益各项目。

2. 账户式资产负债表

是左右结构，左边列示资产各项目，反映全部资产的分布及存在形态；右边列示负债和所有者权益各项目，反映全部负债和所有者权益的内容及构成情况。

不管采取什么格式，资产各项目的合计等于负债和所有者权益各项目的合计这一等式不变。

我国企业的资产负债表采用账户式结构，分为左右两方，左方为资产项目，大体按资产的流动性大小排列，流动性大的资产如"货币资金""交易性金融资产"等排在前面，流动性小的资产如"长期股权投资""固定资产"等排在后面。右方为负债及所有者权益项目，一般按要求清偿时间的先后顺序排列，"短期借款""应付票据""应付账款"等需要在一年以内或者长于一年的一个正常营业周期内偿还的流动负债排在前面，"长期借款"等在一年以上才需偿还的非流动负债排在中间，在企业清算之前不需要偿还的所有者权益项目排在后面。

账户式资产负债表中的资产各项目的合计等于负债和所有者权益各项目的合计，即资产负债表左方和右方平衡。因此，通过账户式资产负债表，可以反映资产、负债、所有者权益之间的内在关系，即"资产＝负债+所有者权益"。

此外，如有下列情况，应当在资产负债表中调整或增设相关项目：

（1）高危行业企业如有按国家规定提取安全生产费的，应当在资产负债表所有者权益项下的"其他综合收益"项目和"盈余公积"项目之间增设"专项储备"项目，反映企业提取的安全生产费期末余额。

（2）企业衍生金融工具业务具有重要性的，应当在资产负债表资产项下"交易性金融资产"项目和"应收票据及应收账款"项目之间增设"衍生金融资产"项目，在资产负债表负债项下"交易性金融负债"项目和"应付票据及应付账款"项目之间增设"衍生金融负债"项目，分别反映企业衍生工具形成资产和负债的期末余额。

【多项选择题】下列关于资产负债表中列示的各项目包含的内容，正确的有（   ）。

A."流动资产"项目通常包括货币资金、存货、预付款项、开发支出等

B."非流动负债"项目通常包括长期借款、应付债券和其他非流动负债等

C."非流动资产"项目通常包括长期股权投资、工程物资、固定资产清理、长期待摊费用等

D."流动负债"项目通常包括预收款项、应付票据、短期借款、一年内到期的非流动负债等

【答案】BCD

【点拨】开发支出属于非流动资产，不应计入"流动资产"项目。

财政部对一般企业财务报表格式进行修订后的格式（2018年6月15日，财会〔2018〕15号）如表6-1所示。必须注意的是，2019年考试辅导教材对于收入的介绍是按老收入准则，但是，对于本章财务报表的介绍采用的是适用于已执行新金融准则或新收入准则企业的报表格式。

表6-1 资产负债表

（适用于已执行新金融准则或新收入准则的企业）　　　　会企01表

编制单位：　　　　　　　年　月　日　　　　　　　单位：元

资产	期末余额	年初余额	负债和所有者权益（或股东权益）	期末余额	年初余额
流动资产：			流动负债：		
货币资金			短期借款		
交易性金融资产			交易性金融负债		
衍生金融资产			衍生金融负债		
应收票据及应收账款			应付票据及应付账款		
预付款项			预收款项		
其他应收款			合同负债		

续表

资产	期末余额	年初余额	负债和所有者权益（或股东权益）	期末余额	年初余额
存货			应付职工薪酬		
合同资产			应交税费		
持有待售资产			其他应付款		
一年内到期的非流动资产			持有待售负债		
其他流动资产			一年内到期的非流动负债		
流动资产合计			其他流动负债		
非流动资产：			流动负债合计		
债权投资			非流动负债：		
其他债权投资			长期借款		
长期应收款			应付债券		
长期股权投资			其中：优先股		
其他权益工具投资			永续债		
其他非流动金融资产			长期应付款		
投资性房地产			预计负债		
固定资产			递延收益		
在建工程			递延所得税负债		
生产性生物资产			其他非流动负债		
油气资产			非流动负债合计		
无形资产			负债合计		
开发支出			所有者权益（或股东权益）：		
商誉			实收资本（或股本）		
长期待摊费用			其他权益工具		
递延所得税资产			其中：优先股		
其他非流动资产			永续债		
非流动资产合计			资本公积		
			减：库存股		
			其他综合收益		
			盈余公积		
			未分配利润		
			所有者权益（或股东权益）合计		
资产总计			负债和所有者权益（或股东权益）总计		

修订新增项目说明：

1. "交易性金融资产"行项目

反映资产负债表日企业分类为以公允价值计量且其变动计入当期损益的金融资产，以及企业持有的直接指定为以公允价值计量且其变动计入当期损益的金融资产的期末账面价值。该项目应根据"交易性金融资产"科目的相关明细科目期末余额分析填列。自资产负债表日起超过一年到期且预期持有超过一年的以公允价值计量且其变动计入当期损益的非流动金融资产的期末账面价值，在"其他非流动金融资产"行项目反映。

2．"债权投资"行项目

反映资产负债表日企业以摊余成本计量的长期债权投资的期末账面价值。该项目应根据"债权投资"科目的相关明细科目期末余额，减去"债权投资减值准备"科目中相关减值准备的期末余额后的金额分析填列。自资产负债表日起一年内到期的长期债权投资的期末账面价值，在"一年内到期的非流动资产"行项目反映。企业购入的以摊余成本计量的一年内到期的债权投资的期末账面价值，在"其他流动资产"行项目反映。

3．"其他债权投资"行项目

反映资产负债表日企业以公允价值计量且其变动计入其他综合收益的长期债权投资的期末账面价值。该项目应根据"其他债权投资"科目的相关明细科目期末余额分析填列。自资产负债表日起一年内到期的长期债权投资的期末账面价值，在"一年内到期的非流动资产"行项目反映。企业购入的以公允价值计量且其变动计入其他综合收益的一年内到期的债权投资的期末账面价值，在"其他流动资产"行项目反映。

4．"其他权益工具投资"行项目

反映资产负债表日企业以公允价值计量且其变动计入其他综合收益的非交易性权益工具投资的期末账面价值。该项目应根据"其他权益工具投资"科目的期末余额填列。

5．"交易性金融负债"行项目

反映资产负债表日企业承担的交易性金融负债，以及企业持有的直接指定为以公允价值计量且其变动计入当期损益的金融负债的期末账面价值。该项目应根据"交易性金融负债"科目的相关明细科目期末余额填列。

6．"合同资产"和"合同负债"行项目

企业应按照《企业会计准则第14号——收入》（2017年修订）的相关规定根据本企业履行履约义务与客户付款之间的关系在资产负债表中列示合同资产或合同负债。"合同资产"项目、"合同负债"项目，应分别根据"合同资产"科目、"合同负债"科目的相关明细科目期末余额分析填列，同一合同下的合同资产和合同负债应当以净额列示，其中净额为借方余额的，应当根据其流动性在"合同资产"或"其他非流动资产"项目中填列，已计提减值准备的，还应减去"合同资产减值准备"科目中相关的期末余额后的金额填列；其中净额为贷方余额的，应当根据其流动性在"合同负债"或"其他非流动负债"项目中填列。

7．按照《企业会计准则第14号——收入》（2017年修订）的相关规定确认为资产的合同取得成本

应当根据"合同取得成本"科目的明细科目初始确认时摊销期限是否超过一年或一个正常营业周期，在"其他流动资产"或"其他非流动资产"项目中填列，已计提减值准备的，还应减去"合同取得成本减值准备"科目中相关的期末余额后的金额填列。

8．按照《企业会计准则第14号——收入》（2017年修订）的相关规定确认为资产的合同履约成本

应当根据"合同履约成本"科目的明细科目初始确认时摊销期限是否超过一年或一个正常营业周期，在"存货"或"其他非流动资产"项目中填列，已计提减值准备的，还应减去"合同履约成本减值准备"科目中相关的期末余额后的金额填列。

9．按照《企业会计准则第14号——收入》（2017年修订）的相关规定确认为资产的应收退货成本

应当根据"应收退货成本"科目是否在一年或一个正常营业周期内出售，在"其他流动资产"或"其他非流动资产"项目中填列。

10．按照《企业会计准则第14号——收入》（2017年修订）的相关规定确认为预计负债的应付退货款

应当根据"预计负债"科目下的"应付退货款"明细科目是否在一年或一个正常营业周期内清偿，在"其他流动负债"或"预计负债"项目中填列。

四、资产负债表的编制

（一）资产负债表项目的填列方法

资产负债表各项目均需填列"年初余额"和"期末余额"两栏。

资产负债表的"年初余额"栏内各项数字，应根据上年年末资产负债表的"期末余额"栏内所列数字填列。如果上年度资产负债表规定的各个项目的名称和内容与本年度不相一致，应按照本年度的规定对上年年末资产负债表各项目的名称和数字进行调整，填入本表"年初余额"栏内。

资产负债表的"期末余额"栏主要填列方法见表6-2。

表 6-2 资产负债表的"期末余额"栏填列方法

项目	内容阐释说明
根据总账科目余额填列	如"短期借款""资本公积"等项目,根据"短期借款""资本公积"各总账科目的余额直接填列;有些项目则需根据几个总账科目的期末余额计算填列,如"货币资金"项目,需根据"库存现金""银行存款""其他货币资金"三个总账科目的期末余额的合计数填列。
根据明细账科目余额计算填列	如"应付票据及应付账款"项目,需要根据"应付票据"科目的期末余额,以及"应付账款"和"预付账款"两个科目所属的相关明细科目的期末贷方余额计算填列;"应收票据及应收账款"项目,需要根据"应收票据"和"应收账款"科目的期末余额,减去"坏账准备"科目中相关坏账准备期末余额后的金额填列;"预付款项"项目需要根据"应付账款"科目借方余额和"预付账款"科目借方余额减去与"预付账款"有关的坏账准备贷方余额计算填列;"预收款项"项目需要根据"应收账款"科目贷方余额和"预收账款"科目贷方余额计算填列;"开发支出"项目需要根据"研发支出"科目中所属的"资本化支出"明细科目期末余额计算填列;"应付职工薪酬"项目需要根据"应付职工薪酬"科目的明细科目期末余额计算填列;"一年内到期的非流动资产""一年内到期的非流动负债"项目,需要根据有关非流动资产和非流动负债项目的明细科目余额计算填列;"未分配利润"项目需要根据"利润分配"科目中所属的"未分配利润"明细科目期末余额填列。
根据总账科目和明细账科目余额分析计算填列	如"长期借款"项目,需要根据"长期借款"总账科目余额扣除"长期借款"科目所属的明细科目中将在一年内到期且企业不能自主地将清偿义务展期的长期借款后的金额计算填列;"其他非流动资产"项目应根据有关科目的期末余额减去将于一年内(含一年)收回数后的金额计算填列;"其他非流动负债"项目应根据有关科目的期末余额减去将于一年内(含一年)到期偿还数后的金额计算填列。
根据有关科目余额减去其备抵科目余额后的净额填列	如资产负债表中"应收票据及应收账款""长期股权投资""在建工程"等项目,应当根据"应收票据""应收账款""长期股权投资""在建工程"等科目的期末余额减去"坏账准备""长期股权投资减值准备""在建工程减值准备"等备抵科目余额后的净额填列。"投资性房地产""固定资产"项目,应当根据"投资性房地产""固定资产"科目的期末余额减去"投资性房地产累计折旧""投资性房地产减值准备""累计折旧""固定资产减值准备"等备抵科目的期末余额,以及"固定资产清理"科目期末余额后的净额填列;"无形资产"项目应当根据"无形资产"科目的期末余额减去"累计摊销""无形资产减值准备"等备抵科目余额后的净额填列。
综合运用上述填列方法分析填列	如资产负债表中的"存货"项目,需要根据"原材料""库存商品""委托加工物资""周转材料""材料采购""在途物资""发出商品""材料成本差异"等总账科目期末余额的分析汇总数,再减去"存货跌价准备"科目余额后的净额填列。

【多项选择题】资产负债表的数据填列方式有(　　)。

A. 根据各总账科目余额直接填列

B. 根据几个总账科目余额计算填列

C. 根据总账科目和明细科目余额分析计算填列

D. 根据明细科目余额计算填列

【答案】ABCD

【点拨】本题考核资产负债表项目的填列方法,选项 A、B、C、D 均正确。

【单项选择题】(2017) 下列各项中，应根据相关总账科目的余额直接在资产负债表中填列的是（　　）。

A. 应付账款　　　B. 固定资产　　　C. 长期借款　　　D. 短期借款

【答案】D

【点拨】选项 A，根据"应付账款"科目和"预付账款"科目所述各明细科目的期末贷方余额合计数填列；选项 B，根据科目余额减去备抵科目净额填列；选项 C，根据总账科目和明细账科目余额分析计算填列。

【多项选择题】下列资产负债表"期末余额"栏内各项数字的填列，应根据总账科目余额填列的有（　　）。

A. 长期借款　　　B. 应付票据　　　C. 货币资金　　　D. 交易性金融资产

【答案】BCD

【点拨】"长期借款"项目应根据"长期借款"总账科目余额扣除"长期借款"科目所属的明细科目中将在一年内到期且企业不能自主地将清偿义务展期的长期借款后的金额计算填列，属于应根据总账科目和明细账科目余额分析计算填列这一方法。

【单项选择题】下列资产负债表项目中，可直接根据总账科目余额直接填列的是（　　）。

A. 长期借款　　　B. 存货　　　C. 应付票据　　　D. 货币资金

【答案】C

【点拨】"长期借款"项目需要根据总账科目和明细账科目余额分析计算填列，选项 A 错误；"存货"项目需要"原材料""委托加工物资"等总账科目期末余额的分析汇总数，再减去"存货跌价准备"科目余额后的净额填列，选项 B 错误；"货币资金"项目，需要根据"库存现金""银行存款""其他货币资金"三个总账科目的期末余额合计数计算填列，选项 D 错误。

【单项选择题】下列资产负债表项目中，根据有关科目余额减去其备抵科目余额后的净额填列的是（　　）。

A."短期借款"项目　　　　　　　B."预收账款"项目
C."长期借款"项目　　　　　　　D."无形资产"项目

【答案】D

【点拨】选项 D，"无形资产"项目应根据"无形资产"科目的期末余额，减去"累计摊销"科目和"无形资产减值准备"科目的期末余额后的净额填列。

(二) 资产负债表项目的填列说明

1. 资产项目的填列说明

资产项目的填列说明如表 6-3 所示。

【多项选择题】(2016) 下列各项中，属于企业流动资产的有（　　）。

A. 为交易目的而持有的资产

B. 预计自资产负债表日起一年内变现的资产

C. 自资产负债表日起一年内清偿负债的能力不受限制的现金

D. 预计在一个正常企业周期中变现的资产

【答案】ABCD

表 6-3 资产项目的填列说明

项目	内容阐释	
"货币资金"项目	反映企业库存现金、银行结算户存款、外埠存款、银行汇票存款、银行本票存款、信用卡存款、信用证保证金存款等的合计数。	本项目应根据"库存现金""银行存款""其他货币资金"科目期末余额的合计数填列。
"以公允价值计量且其变动计入当期损益的金融资产"项目	反映企业资产负债表日分类为以公允价值计量且其变动计入当期损益的金融资产，以及企业持有的直接指定为以公允价值计量且其变动计入当期损益的金融资产的期末账面价值。	本项目应根据"交易性金融资产"科目的相关明细科目期末余额分析填列。自资产负债表日起超过一年到期且预期持有超过一年的以公允价值计量且其变动计入当期损益的非流动金融资产的期末账面价值，在"其他非流动金融资产"项目反映。
"应收票据及应收账款"项目	反映资产负债表日以摊余成本计量的、企业因销售商品、提供服务等经营活动应收取的款项，以及收到的商业汇票，包括银行承兑汇票和商业承兑汇票。	本项目应根据"应收票据"和"应收账款"科目的期末余额减去"坏账准备"科目中相关坏账准备期末余额后的金额填列。
"预付款项"项目	反映企业按照购货合同规定预付给供应单位的款项等。	本项目应根据"预付账款"和"应付账款"科目所属各明细科目的期末借方余额合计数，减去"坏账准备"科目中有关预付账款计提的坏账准备期末余额后的净额填列。如"预付账款"科目所属明细科目期末有贷方余额的，应在资产负债表"应付票据及应付账款"项目内填列。
"其他应收款"项目	反映企业除应收票据及应收账款、预付账款等经营活动以外的其他各种应收、暂付的款项。	本项目应根据"应收利息""应收股利""其他应收款"科目的期末余额合计数，减去"坏账准备"科目中相关坏账准备期末余额后的净额填列。
"存货"项目	反映企业期末在库、在途和在加工中的各种存货的可变现净值或成本（成本与可变现值孰低）。存货包括各种材料、商品、在产品、半成品、包装物、低值易耗品、委托代销商品等。	本项目应根据"材料采购""原材料""低值易耗品""库存商品""周转材料""委托加工物资""委托代销商品""生产成本""受托代销商品"等科目的期末余额合计数，减去"受托代销商品款""存货跌价准备"科目期末余额后的净额填列。材料采用计划成本核算，以及库存商品采用计划成本核算或售价核算的企业，还应按加或减材料成本差异、商品进销差价后的金额填列。
"合同资产"项目	反映企业按照《企业会计准则第14号——收入》（2017年修订）的相关规定，根据本企业履行履约义务与客户付款之间的关系在资产负债表中列示合同资产。	本项目应根据"合同资产"科目的相关明细科目期末余额分析填列。
"持有待售资产"项目	反映资产负债表日划分为持有待售类别的非流动资产及划分为持有待售类别的处置组中的流动资产和非流动资产的期末账面价值。	本项目应根据"持有待售资产"科目的期末余额，减去"持有待售资产减值准备"科目的期末余额后的金额填列。
"一年内到期的非流动资产"项目	反映企业将于一年内到期的非流动资产项目金额。	本项目应根据有关科目的期末余额分析填列。

续表

项目	内容阐释	
"债权投资"项目	反映资产负债表日企业以摊余成本计量的长期债权投资的期末账面价值。	本项目应根据"债权投资"科目的相关明细科目期末余额，减去"债权投资减值准备"科目中相关减值准备的期末余额后的金额分析填列。自资产负债表日起一年内到期的长期债权投资的期末账面价值，在"一年内到期的非流动资产"项目反映。企业购入的以摊余成本计量的一年内到期的债权投资的期末账面价值，在"其他流动资产"项目反映。
"其他债权投资"项目	反映资产负债表日企业分类为以公允价值计量且其变动计入其他综合收益的长期债权投资的期末账面价值。	本项目应根据"其他债权投资"科目的相关明细科目期末余额分析填列。自资产负债表日起一年内到期的长期债权投资的期末账面价值，在"一年内到期的非流动资产"项目反映。企业购入的以公允价值计量且其变动计入其他综合收益的一年内到期的债权投资的期末账面价值，在"其他流动资产"项目反映。
"长期应收款"项目	反映企业融资租赁产生的应收款项和采用递延方式分期收款、实质上具有融资性质的销售商品和提供劳务等经营活动产生的应收款项。	本项目应根据"长期应收款"科目的期末余额，减去相应的"未实现融资收益"科目和"坏账准备"科目所属相关明细科目期末余额后的金额填列。
"长期股权投资"项目	反映投资方对被投资单位实施控制、重大影响的权益性投资，以及对其合营企业的权益性投资。	本项目应根据"长期股权投资"科目的期末余额，减去"长期股权投资减值准备"科目的期末余额后的净额填列。
"其他权益工具投资"项目	反映资产负债表日企业指定为以公允价值计量且其变动计入其他综合收益的非交易性权益工具投资的期末账面价值。	本项目应根据"其他权益工具投资"科目的期末余额填列。
"固定资产"项目	反映资产负债表日企业固定资产的期末账面价值和企业尚未清理完毕的固定资产清理净损益。	本项目应根据"固定资产"科目的期末余额，减去"累计折旧"和"固定资产减值准备"科目的期末余额后的金额，以及"固定资产清理"科目的期末余额填列。
"在建工程"项目	反映资产负债表日企业尚未达到预定可使用状态的在建工程的期末账面价值和企业为在建工程准备的各种物资的期末账面价值。	本项目应根据"在建工程"科目的期末余额，减去"在建工程减值准备"科目的期末余额后的金额以及"工程物资"科目的期末余额，减去"工程物资减值准备"科目的期末余额后的金额填列。
"无形资产"项目	反映企业持有的专利权、非专利技术、商标权、著作权、土地使用权等无形资产的成本减去累计摊销和减值准备后的净值。	本项目应根据"无形资产"科目的期末余额，减去"累计摊销"和"无形资产减值准备"科目期末余额后的净额填列。
"开发支出"项目	反映企业开发无形资产过程中能够资本化形成无形资产成本的支出部分。	本项目应当根据"研发支出"科目中所属的"资本化支出"明细科目期末余额填列。
"长期待摊费用"项目	反映企业已经发生但应由本期和以后各期负担的分摊期限在一年以上的各项费用。长期待摊费用中在一年内（含一年）摊销的部分，在资产负债表"一年内到期的非流动资产"项目填列。	本项目应根据"长期待摊费用"科目的期末余额减去将于一年内（含一年）摊销的数额后的金额分析填列。

续表

项目	内容阐释	
"递延所得税资产"项目	反映企业根据所得税准则确认的可抵扣暂时性差异产生的所得税资产。	本项目应根据"递延所得税资产"科目的期末余额填列。
"其他非流动资产"项目	反映企业除上述非流动资产以外的其他非流动资产。	本项目应根据有关科目的期末余额填列。

【点拨】流动资产是指预计在一个正常营业周期中变现、出售、耗用，或主要为交易目的而持有，或预计在资产负债表日起一年内（含一年）变现的资产，或者自资产负债表日起一年内交换其他资产或清偿负债的能力不受限制的现金或现金等价物。

【单项选择题】在资产负债表中，资产按照其流动性排列时下列排列方法正确的是（　　）。

A. 货币资金、交易性金融资产、存货、无形资产

B. 无形资产、货币资金、交易性金融资产、存货

C. 交易性金融资产、存货、无形资产、货币资金

D. 存货、无形资产、货币资金、交易性金融资产

【答案】A

【点拨】货币资金的流动性最强，交易性金融资产的流动性次之，存货的流动性又次之，无形资产的流动性在四个项目中最差。

【判断题】（2016）资产负债表日，应根据"库存现金""银行存款"和"其他货币资金"三个总账科目的期末余额合计数填列资产负债表"货币资金"项目。（　　）

【答案】√

【单项选择题】"应收账款"科目明细账中若有贷方余额，应将其计入资产负债表的（　　）项目。

A. "应收账款"　　B. "应付账款"　　C. "预收款项"　　D. "预付款项"

【答案】C

【点拨】如果"应收账款"科目所属相关明细科目期末有贷方余额，应在资产负债表中的"预收款项"项目中填列。

【多项选择题】下列各项中，应计入资产负债表"存货"项目的有（　　）。

A. 周转材料　　B. 材料采购　　C. 工程物资　　D. 委托代销商品

【答案】ABD

【点拨】工程物资在资产负债表中属于单独列示的项目，不计入"存货"项目。

【单项选择题】（2016）2015年12月31日，某企业"材料采购"总账科目借方余额为20万元，"原材料"总账科目借方余额为25万元，"材料成本差异"总账科目贷方余额为3万元。不考虑其他因素，该企业资产负债表中"存货"项目期末余额为（　　）万元。

A. 48　　　　　B. 45　　　　　C. 42　　　　　D. 22

【答案】C

【点拨】该企业资产负债表中"存货"项目期末余额＝20＋25－3＝42（万元）。

【判断题】资产负债表中的"固定资产"项目应包括"固定资产清理"的账面价值。（　　）

【答案】×

【点拨】固定资产清理应当在"固定资产清理"项目中单独反映。

【判断题】年末，企业应将于一年内（含一年）摊销的长期待摊费用，列入资产负债表"一年内到期的非流动资产"项目。（　　）

【答案】√

【点拨】题干表述正确。

【多项选择题】企业在计提下列各项减值准备时，应通过"资产减值损失"科目核算的有（　　）。

A. 坏账准备　　　　　　　　　　B. 存货跌价准备

C. 长期股权投资减值准备　　　　D. 固定资产减值准备

【答案】ABCD

【点拨】资产减值损失是指企业计提各项资产减值准备所形成的损失；所以，企业计提的坏账准备、存货跌价准备、长期股权投资减值准备和固定资产减值准备均应通过"资产减值损失"科目核算。

2. 负债项目的填列说明

负债项目的填列说明如表6-4所示。

表6-4　负债项目的填列说明

项目	内容阐释	
"短期借款"项目	反映企业向银行或其他金融机构等借入的期限在一年以下（含一年）的各种借款。	本项目应根据"短期借款"科目的期末余额填列。
"交易性金融负债"项目	反映企业资产负债表日承担的交易性金融负债，以及企业持有的直接指定为以公允价值计量且其变动计入当期损益的金融负债的期末账面价值。	本项目应根据"交易性金融负债"科目的相关明细科目期末余额填列。
"应付票据及应付账款"项目	反映资产负债表日企业因购买材料、商品和接受服务等经营活动应支付的款项，以及开出、承兑的商业汇票，包括银行承兑汇票和商业承兑汇票。	本项目应根据"应付票据"科目的期末余额，以及"应付账款"和"预付账款"科目所属的相关明细科目的期末贷方余额合计数填列。
"预收款项"项目	反映企业按照购货合同规定预收供应单位的款项。	本项目应根据"预收账款"和"应收账款"科目所属各明细科目的期末贷方余额合计数填列。如"预收账款"科目所属明细科目期末有借方余额的，应在资产负债表"应收票据及应收账款"项目内填列。
"合同负债"项目	反映企业按照《企业会计准则第14号——收入》（2017年修订）的相关规定，根据本企业履行履约义务与客户付款之间的关系在资产负债表中列示合同负债。	本项目应根据"合同负债"的相关明细科目期末余额分析填列。

续表

项目	内容阐释	
"应付职工薪酬"项目	反映企业为获得职工提供的服务或解除劳动关系而给予的各种形式的报酬或补偿。企业提供给职工配偶、子女、受赡养人、已故员工遗属及其他受益人等的福利，也属于职工薪酬。职工薪酬主要包括短期薪酬、离职后福利、辞退福利和其他长期职工福利。	本项目应根据"应付职工薪酬"科目所属各明细科目的期末贷方余额分析填列。外商投资企业按规定从净利润中提取的职工奖励及福利基金，也在本项目列示。
"应交税费"项目	反映企业按照税法规定计算应交纳的各种税费，包括增值税、消费税、城市维护建设税、教育费附加、企业所得税、资源税、土地增值税、房产税、城镇土地使用税、车船税、矿产资源补偿费等。企业代扣代缴的个人所得税，也通过本项目列示。企业所交纳的税金不需要预计应交数的，如印花税、耕地占用税等，不在本项目列示。	本项目应根据"应交税费"科目的期末贷方余额填列，如"应交税费"科目期末为借方余额，应以"-"号填列。需要说明的是，"应交税费"科目下的"应交增值税""未交增值税""待抵扣进项税额""待认证进项税额""增值税留抵税额"等明细科目期末借方余额应根据情况，在资产负债表中的"其他流动资产"或"其他非流动资产"项目列示；"应交税费——待转销项税额"等科目期末贷方余额应根据情况，在资产负债表中的"其他流动负债"或"其他非流动负债"项目列示；"应交税费"科目下的"未交增值税""简易计税""转让金融商品应交增值税""代扣代交增值税"等科目期末贷方余额应在资产负债表中的"应交税费"项目列示。
"其他应付款"项目	反映企业除应付票据、应付账款、预收账款、应付职工薪酬、应交税费等经营活动以外的其他各项应付、暂收的款项。	本项目应根据"应付利息""应付股利""其他应付款"科目的期末余额合计数填列。
"持有待售负债"项目	反映资产负债表日处置组中与划分为持有待售类别的资产直接相关的负债的期末账面价值。	本项目应根据"持有待售负债"科目的期末余额填列。
"一年内到期的非流动负债"项目	反映企业非流动负债中将于资产负债表的后一年内到期部分的金额，如将于一年内偿还的长期借款。	本项目应根据有关科目的期末余额分析填列。
"长期借款"项目	反映企业向银行或其他金融机构借入的期限为一年以上（不含一年）的各项借款。	本项目应根据"长期借款"科目的期末余额扣除"长期借款"科目所属的明细科目中将在资产负债表日起一年内到期且企业不能自主地将清偿义务展期的长期借款后的金额计算填列。
"应付债券"项目	反映企业为筹集长期资金而发行的债券本金（和利息）。	本项目应根据"应付债券"科目的期末余额填列。
"长期应付款"项目	反映除了长期借款和应付债券以外的其他各种长期应付款。主要有应付补偿贸易引进设备款、采用分期付款方式购入固定资产和无形资产发生的应付账款、应付融资租入固定资产租赁费等。	该项目应当根据"长期应付款"科目的期末余额，减去"未确认融资费用"科目的期末余额，以及"专项应付款"科目的期末余额，再减去所属相关明细科目中将于一年内到期的部分后的金额进行列示。
"预计负债"项目	反映企业根据或有事项等相关准则确认的各项预计负债，包括对外提供担保、未决诉讼、产品质量保证、重组义务以及固定资产和矿区权益弃置义务等产生的预计负债。	本项目应根据"预计负债"科目的期末余额填列。

续表

项目	内容阐释	
"递延收益"项目	反映尚待确认的收入或收益。本项目核算包括企业根据政府补助准则确认的应在以后期间计入当期损益的政府补助金额、售后租回形成融资租赁的售价与资产账面价值差额等其他递延性收入。	本项目应根据"递延收益"科目的期末余额填列。
"递延所得税负债"项目	反映企业根据所得税准则确认的应纳税暂时性差异产生的所得税负债。	本项目应根据"递延所得税负债"科目的期末余额填列。
"其他非流动负债"项目	反映企业除上述非流动负债以外的其他非流动负债。	本项目应根据有关科目的期末余额填列。其他非流动负债项目应根据有关科目期末余额减去将于一年内(含一年)到期偿还数后的余额分析填列。非流动负债各项目中将于一年内(含一年)到期的非流动负债,应在"一年内到期的非流动负债"项目内反映。

3. 所有者权益项目的填列说明

所有者权益项目的填列说明如表6-5所示。

表6-5 所有者权益项目的填列说明

项目	内容阐释	
"实收资本(或股本)"项目	反映企业各投资者实际投入的资本(或股本)总额。	本项目应根据"实收资本(或股本)"科目的期末余额填列。
"其他权益工具"项目	反映企业发行的除普通股以外分类为权益工具的金融工具的账面价值。	下设"优先股"和"永续债"两个项目,分别反映企业发行的分类为权益工具的优先股和永续债的账面价值。
"资本公积"项目	反映企业收到投资者出资超出其在注册资本或股本中所占的份额以及直接计入所有者权益的利得和损失等。	本项目应根据"资本公积"科目的期末余额填列。
"其他综合收益"项目	反映企业其他综合收益的期末余额。	本项目应根据"其他综合收益"科目的期末余额填列。
"盈余公积"项目	反映企业盈余公积的期末余额。	本项目应根据"盈余公积"科目的期末余额填列。
"未分配利润"项目	反映企业尚未分配的利润。 未分配利润是指企业实现的净利润经过弥补亏损、提取盈余公积和向投资者分配利润后留存在企业的、历年结存的利润。	本项目应根据"本年利润"科目和"利润分配"科目的余额计算填列。未弥补的亏损在本项目内以"-"号填列。

第三节　利润表

一、利润表的概念

利润表又称损益表，是反映企业在一定会计期间的经营成果的会计报表，反映了企业经营业绩的主要来源和构成。

利润表包括的项目主要有营业收入、营业成本、税金及附加、销售费用、管理费用、财务费用、资产减值损失、公允价值变动收益、投资收益、其他收益、营业利润、营业外收入、营业外支出、利润总额、所得税费用、净利润、其他综合收益的税后净额、综合收益总额、每股收益等。

二、利润表的作用

通过利润表，可以反映企业在一定会计期间收入、费用、利润（或亏损）的金额和构成情况，帮助财务报表使用者全面了解企业的经营成果，分析企业的获利能力及盈利增长趋势，从而为其作出经济决策提供依据。

三、利润表的结构

（一）利润表的组成

利润表一般由表头、表体两部分组成。

1. 表头部分

应列明报表名称、编制单位名称、编制日期、报表编号和计量单位。

2. 表体部分

是利润表的主体，列示了形成经营成果的各个项目和计算过程。

（二）利润表的表体格式

利润表的结构有单步式和多步式两种。

1. 单步式利润表

是将当期所有的收入列在一起，所有的费用列在一起，然后将两者相减得出当期净损益。

2. 多步式利润表

我国企业的利润表采用多步式格式，即通过对当期的收入、费用、支出项目按性质加以归类，按利润形成的性质列示一些中间性利润指标，分步计算当期净损益，以便财务报表使用者理解企业经营成果的不同来源。

为了使财务报表使用者通过比较不同期间利润的实现情况，判断企业经营成果的未来发展趋势，企业需要提供比较利润表。为此，利润表还需就各项目再分为"本期金额"和"上期金额"两栏分布填列。

编者按：财政部对一般企业财务报表格式进行修订后的格式（2018 年 6 月 15 日，财会〔2018〕15 号）如表 6-6 所示。必须注意的是，2019 年考试辅导教材对于收入的介绍是按老收入准则，但是，对于本章财务报表的介绍采用的是适用于已执行新金融准则或新收入准则企业的报表格式。

表 6-6　利润表
（适用于已执行新金融准则或新收入准则的企业）

编制单位：　　　　　　　　　　　年　月　　　　　　　　　　　会企 02 表
单位：元

项目	本期金额	上期金额
一、营业收入		
减：营业成本		
税金及附加		
销售费用		
管理费用		
研发费用		
财务费用		
其中：利息费用		
利息收入		
资产减值损失		
信用减值损失		
加：其他收益		
投资收益（损失以"–"号填列）		
其中：对联营企业和合营企业的投资收益		
净敞口套期收益（损失以"–"号填列）		
公允价值变动收益（损失以"–"号填列）		
资产处置收益（损失以"–"号填列）		
二、营业利润（亏损以"–"号填列）		
加：营业外收入		
减：营业外支出		
三、利润总额（亏损总额以"–"号填列）		
减：所得税费用		
四、净利润（净亏损以"–"号填列）		
（一）持续经营净利润（净亏损以"–"号填列）		
（二）终止经营净利润（净亏损以"–"号填列）		

续表

项目	本期金额	上期金额
五、其他综合收益的税后净额		
（一）不能重分类进损益的其他综合收益		
1. 重新计量设定受益计划变动额		
2. 权益法下不能转损益的其他综合收益		
3. 其他权益工具投资公允价值变动		
4. 企业自身信用风险公允价值变动		
……		
（二）将重分类进损益的其他综合收益		
1. 权益法下可转损益的其他综合收益		
2. 其他债权投资公允价值变动		
3. 金融资产重分类计入其他综合收益的金额		
4. 其他债权投资信用减值准备		
5. 现金流量套期储备		
6. 外币财务报表折算差额		
……		
六、综合收益总额		
七、每股收益		
（一）基本每股收益		
（二）稀释每股收益		

修订新增项目说明：

1. "信用减值损失"行项目

反映企业按照《企业会计准则第22号——金融工具确认和计量》（2017年修订）的要求计提的各项金融工具减值准备所形成的预期信用损失。该项目应根据"信用减值损失"科目的发生额分析填列。

2. "净敞口套期收益"行项目

反映净敞口套期下被套期项目累计公允价值变动转入当期损益的金额或现金流量套期储备转入当期损益的金额。该项目应根据"净敞口套期损益"科目的发生额分析填列；如为套期损失，以"-"号填列。

3. "其他权益工具投资公允价值变动"行项目

反映企业以公允价值计量且其变动计入其他综合收益的非交易性权益工具投资发生的公允价值变动。该项目应根据"其他综合收益"科目的相关明细科目的发生额分析填列。

4. "企业自身信用风险公允价值变动"行项目

反映企业以公允价值计量且其变动计入当期损益的金融负债，由企业自身信用风险变动引起的公允价值变动而计入其他综合收益的金额。该项目应根据"其他综合收益"科目的相关明细科目的发生额分析填列。

5. "其他债权投资公允价值变动"行项目

反映企业以公允价值计量且其变动计入其他综合收益的债权投资发生的公允价值变动。企业将一项以公允价值计量且其变动计入其他综合收益的金融资产重分类为以摊余成本计量的金融资产，或重分类为以公允价值计量且其变动计入当期损益的金融资产时，之前计入其他综合收益的累计利得或损失从其他综合收益中转出的金额作为该项目的减项。该项目应根据"其他综合收益"科目下的相关明细科目的发生额分析填列。

6. "金融资产重分类计入其他综合收益的金额"行项目

反映企业将一项以摊余成本计量的金融资产重分类为以公允价值计量且其变动计入其他综合收益的金融资产时，计入其他综合收益的原账面价值与公允价值之间的差额。该项目应根据"其他综合收益"科目下的相关明细科目的发生额分析填列。

7.“其他债权投资信用减值准备”行项目

反映企业按照《企业会计准则第22号——金融工具确认和计量》（2017年修订）第十八条分类为以公允价值计量且其变动计入其他综合收益的金融资产的损失准备。该项目应根据“其他综合收益”科目下的“信用减值准备”明细科目的发生额分析填列。

8.“现金流量套期储备”行项目

反映企业套期工具产生的利得或损失中属于套期有效的部分。该项目应根据“其他综合收益”科目下的“套期储备”明细科目的发生额分析填列。

四、利润表的编制

利润表编制的原理是“收入－费用＝利润”的会计平衡公式和收入与费用的配比原则。

企业将经营成果的核算过程和结果编制成报表，就形成了利润表。

（一）利润表项目的填列方法

我国企业利润表的主要编制步骤和内容如下：

第一步，以营业收入为基础，减去营业成本、税金及附加、销售费用、管理费用、研发费用、财务费用、资产减值损失、信用减值损失，加上公允价值变动收益（或减去公允价值变动损失）、投资收益（或减去投资损失）、资产处置收益（或减去资产处置损失）和其他收益，计算出营业利润。

第二步，以营业利润为基础，加上营业外收入，减去营业外支出，计算出利润总额。

第三步，以利润总额为基础，减去所得税费用，即计算出净利润（或净亏损）。

第四步，以净利润（或净亏损）为基础，计算出每股收益。

第五步，以净利润（或净亏损）和其他综合收益为基础，计算出综合收益总额。

利润表各项目均需填列“本期金额”和“上期金额”两栏。其中“上期金额”栏内各项数字，应根据上年该期利润表的“本期金额”栏内所列数字填列。“本期金额”栏内各期数字，除“基本每股收益”和“稀释每股收益”项目外，应当按照相关科目的发生额分析填列。如“营业收入”项目，根据“主营业务收入”科目、“其他业务收入”科目的发生额分析计算填列；“营业成本”项目，根据“主营业务成本”科目、“其他业务成本”科目的发生额分析计算填列。

【多项选择题】下列各项中，关于利润表项目本期金额填列方法表述正确的有（　　）。

A.“税金及附加”项目应根据“应交税费”科目的本期发生额分析填列

B.“营业利润”项目应根据“本年利润”科目的本期发生额分析填列

C.“营业收入”项目应根据“主营业务收入”科目和“其他业务收入”科目的本期发生额分析填列

D.“管理费用”项目应根据“管理费用”科目的本期发生额分析填列

【答案】CD

【点拨】“税金及附加”科目应根据本项目的发生额分析填列。营业利润＝营业收入－营业成本－税金及附加－销售费用－管理费用－财务费用－资产减值损失＋公允价值变动收益（-公允价值变动损失）+投资收益（-投资损失）+其他收益。

（二）利润表项目的填列说明

利润表项目的填列说明如表 6-7 所示。

表 6-7　利润表项目的填列说明

项目	内容阐释	
"营业收入"项目	反映企业经营主要业务和其他业务所确认的收入总额。	本项目应根据"主营业务收入"科目和"其他业务收入"科目的发生额分析填列。
"营业成本"项目	反映企业经营主要业务和其他业务所发生的成本总额。	本项目应根据"主营业务成本"科目和"其他业务成本"科目的发生额分析填列。
"税金及附加"项目	反映企业经营业务应负担的消费税、城市维护建设税、教育费附加、资源税、土地增值税及房产税、车船税、城镇土地使用税、印花税等相关税费。	本项目应根据"税金及附加"科目的发生额分析填列。
"销售费用"项目	反映企业在销售商品过程中发生的包装费、广告费等费用和为销售本企业商品而专设的销售机构的职工薪酬、业务费等经营费用。	本项目应根据"销售费用"科目的发生额分析填列。
"管理费用"项目	反映企业为组织和管理生产经营发生的管理费用。	本项目应根据"管理费用"科目的发生额分析填列。
"研发费用"项目	反映企业进行研究与开发过程中发生的费用化支出。	该项目应根据"管理费用"科目下的"研发费用"明细科目的发生额分析填列。
"财务费用"项目	反映企业为筹集生产经营所需资金等而发生的筹资费用。	本项目应根据"财务费用"科目的发生额分析填列。"其中：利息费用"项目，反映企业为筹集生产经营所需资金等而发生的应予费用化的利息支出，该项目应根据"财务费用"科目的相关明细科目的发生额分析填列。"利息收入"项目，反映企业确认的利息收入，该项目应根据"财务费用"科目的相关明细科目的发生额分析填列。
"资产减值损失"项目	反映企业各项资产发生的减值损失。	本项目应根据"资产减值损失"科目的发生额分析填列。
"信用减值损失"项目	反映企业计提的各项金融工具减值准备所形成的预期信用损失。	本项目应根据"信用减值损失"科目的发生额分析填列。
"其他收益"项目	反映计入其他收益的政府补助等。	本项目应根据"其他收益"科目的发生额分析填列。
"公允价值变动收益"项目	反映企业应当计入当期损益的资产或负债公允价值变动收益。	本项目应根据"公允价值变动损益"科目的发生额分析填列，如为净损失，本项目以"-"号填列。
"投资收益"项目	反映企业以各种方式对外投资所取得的收益。	本项目应根据"投资收益"科目的发生额分析填列。如为投资损失，本项目以"-"号填列。

续表

项目	内容阐释	
"资产处置收益"项目	反映企业出售划分为持有待售的非流动资产（金融工具、长期股权投资和投资性房地产除外）或处置组（子公司和业务除外）时确认的处置利得或损失，以及处置未划分为持有待售的固定资产、在建工程、生产性生物资产及无形资产而产生的处置利得或损失。债务重组中因处置非流动资产产生的利得或损失、非货币性资产交换中换出非流动资产产生的利得或损失也包括在本项目内。	本项目应根据"资产处置损益"科目的发生额分析填列；如为处置损失，以"－"号填列。
"营业利润"项目	反映企业实现的营业利润。	如为亏损，本项目以"－"号填列。
"营业外收入"项目	反映企业发生的除营业利润以外的收益，主要包括债务重组利得、与企业日常活动无关的政府补助、盘盈利得、捐赠利得（企业接受股东或股东的子公司直接或间接的捐赠，经济实质属于股东对企业的资本性投入的除外）等。	本项目应根据"营业外收入"科目的发生额分析填列。
"营业外支出"项目	反映企业发生的与经营业务无直接关系的各项支出，主要包括债务重组损失、公益性捐赠支出、非常损失、盘亏损失、非流动资产毁损报废损失等。	本项目应根据"营业外支出"科目的发生额分析填列。
"利润总额"项目	反映企业实现的利润。	如为亏损，本项目以"－"号填列。
"所得税费用"项目	反映企业应从当期利润总额中扣除的所得税费用。	本项目应根据"所得税费用"科目的发生额分析填列。
"净利润"项目	反映企业实现的净利润。	如为亏损，本项目以"－"号填列。
"其他综合收益的税后净额"项目	反映企业根据企业会计准则规定未在损益中确认的各项利得和损失扣除所得税影响后的净额。	
"综合收益总额"项目	反映企业净利润与其他综合收益（税后净额）的合计金额。	
"每股收益"项目	反映普通股或潜在普通股已公开交易的企业，以及正处在公开发行普通股或潜在普通股过程中的企业的每股收益信息。	包括基本每股收益和稀释每股收益两项指标。

【多项选择题】下列各项中，应列入利润表"营业收入"项目的是（　　　）。

A. 销售商品收入　　　　　　　　　B. 提供劳务收入

C. 处置固定资产净收入　　　　　　D. 让渡无形资产使用权收入

【答案】ABD

【点拨】利润表的"营业收入"项目反映的是企业日常活动中形成的经济利益的流入，包含销售商品、提供劳务和让渡资产使用权取得的收入。而处置固定资产属于非日常活动，产生的净收入计入营业外收入。

【多项选择题】（2017）下列各项中，属于工业企业营业收入的有（　　）。

A. 债权投资的利息收入　　　　　　B. 出租无形资产的租金收入

C. 销售产品取得的收入　　　　　　D. 出售无形资产的净收益

【答案】BC

【点拨】选项 A 计入投资收益；选项 B 计入其他业务收入；选项 C 计入主营业务收入；选项 D 计入营业外收入；选项 B、C 属于工业企业的营业收入。

【多项选择题】下列各项中，应列入利润表"营业成本"项目的有（　　）。

A. 商品流通企业销售外购商品的成本　B. 随同商品出售不单独计价的包装物成本

C. 随同商品出售单独计价的包装物成本　D. 销售材料的成本

【答案】ACD

【点拨】营业成本是指企业为生成产品、提供劳务等发生的可归属于产品成本、劳务成本等的费用，应当在确认销售商品收入、提供劳务收入等时，将已销售商品、已提供劳务的成本等计入当期损益。营业成本包括主营业务成本和其他业务成本。选项 B，计入销售费用。

【单项选择题】下列各项中，应列入利润表"税金及附加"项目的是（　　）。

A. 进口原材料应缴纳的关税　　　　B. 购进生产设备应缴纳的增值税

C. 处置专利权缴纳的印花税　　　　D. 销售自产应税化妆品应缴纳的消费税

【答案】D

【点拨】选项 A，计入材料的成本；选项 B，计入"应交税费——应交增值税（进项税额）"科目（企业是一般纳税人并取得增值税专用发票）或者计入固定资产的成本（企业是小规模纳税人，或者是一般纳税人但是没有取得增值税专用发票）；选项 C，计入管理费用。

【多项选择题】下列各项中，应列入利润表"管理费用"项目的有（　　）。

A. 印花税

B. 企业自行研发的无形资产研究阶段的支出

C. 生产设备的修理费

D. 企业在筹建期间发生的开办费

【答案】BCD

【点拨】管理费用是指企业为组织和管理生产经营活动而发生的各种管理费用，包括企业在筹建期间发生的开办费、董事会和行政管理部门在企业的经营管理中发生的以及应由企业统一负担的公司经费（包括行政管理部门职工薪酬、办公费和差旅费等）、行政管理部门负担的工会经费、董事会费（包括董事会成员津贴、会议费和差旅费等）、聘请中介机构费、咨询费（含顾问费）、诉讼费、业务招待费、技术转让费、研究费用（研发支出–费用化支出）、排污费等。企业生产车间（部门）和行政管理部门等发生的固定资产修理费用等后续支出，应在发生时计入管理费用。选项 A，印花税通过"税金及附加"科目核算。

【判断题】营业利润以利润总额为基础，减去所得税费用计算得出。（　　）

【答案】×

【点拨】净利润（或净亏损）以利润总额为基础，减去所得税费用计算得出。

【多项选择题】下列各项中，影响当期利润表"营业利润"项目金额的有（　　）。

A. 转让专利使用权取得的净收益　　　　　　B. 出租机器设备取得的净收益

C. 出售原材料取得的净收益　　　　　　　　D. 支付税收滞纳金

【答案】ABC。

【点拨】选项A、B、C均计入其他业务收入，影响营业利润。选项D计入营业外支出，不影响营业利润。

【多项选择题】下列各项中，影响企业营业利润的有（　　）。

A. 资产减值损失　　　　　　　　　　　　　B. 公允价值变动损益

C. 公益性捐赠支出　　　　　　　　　　　　D. 确认所得税费用

【答案】AB

【点拨】营业利润=营业收入–营业成本–税金及附加–销售费用–管理费用–财务费用–信用减值损失–资产减值损失+公允价值变动收益（–公允价值变动损失）+投资收益（–投资损失）+其他收益+资产处置收益（–资产处置损失）；公益性捐赠支出计入营业外支出，影响利润总额，不影响营业利润；确认所得税费用，影响净利润，不影响利润总额和营业利润。

【单项选择题】某企业2018年发生的营业收入为1000万元，营业成本为600万元，销售费用为20万元，管理费用为50万元，财务费用为10万元，投资收益为40万元，资产减值损失为70万元（损失），公允价值变动损益为80万元（损失），营业外收入为25万元，营业外支出为15万元。该企业2018年的营业利润为（　　）万元。

A. 370　　　　　　B. 210　　　　　　C. 320　　　　　　D. 390

【答案】B

【点拨】营业利润=1000–600–20–50–10+40–70–80=210（万元）。

【多项选择题】（2016）下列各项中，不影响企业当期营业利润的有（　　）。

A. 无法查明原因的现金短缺　　　　　　　　B. 公益性捐赠支出

C. 固定资产处置净损失　　　　　　　　　　D. 支付的合同违约金

【答案】BCD

【点拨】选项A计入管理费用，影响营业利润；选项B、C、D计入营业外支出，不影响营业利润。

【单项选择题】下列各项中，不会引起利润总额发生变化的是（　　）。

A. 计提存货跌价准备　　　　　　　　　　　B. 确认劳务收入

C. 确认所得税费用　　　　　　　　　　　　D. 取得持有国债的利息收入

【答案】C

【点拨】所得税费用是根据利润总额计算的，影响的是净利润，故答案为选项C。

【单项选择题】2018年某企业实现利润总额960万元，当年应纳税所得额为800万元，适用的所得税税率为25%，当年影响所得税费用的递延所得税负债增加50万元。该企业2018年利润表"所得税费用"项目本期金额为（　　）万元。

A. 150　　　　　　B. 200　　　　　　C. 250　　　　　　D. 240

【答案】C

【点拨】2018 年利润表"所得税费用"项目本期金额 = 800×25% + 50 = 250（万元）。

【单项选择题】（2017）2016 年某企业取得债券投资利息收入 15 万元，其中国债利息收入 5 万元，全年税前利润总额为 150 万元，所得税税率为 25%，不考虑其他因素，2016 年该企业的净利润为（　　）万元。

A. 112.5　　　　　B. 113.75　　　　　C. 116.75　　　　　D. 111.25

【答案】B

【点拨】2016 年该企业的净利润 = 150 − (150 − 5)×25% = 113.75（万元）。

第四节　所有者权益变动表

一、所有者权益变动表的概念

所有者权益变动表是指反映构成所有者权益各组成部分当期增减变动情况的报表。

【判断题】（2017）所有者权益变动表是反映构成所有者权益各组成部分当期增减变动情况的报表。（　　）

【答案】√

二、所有者权益变动表的作用

通过所有者权益变动表，既可以为财务报表使用者提供所有者权益总量增减变动的信息，也能为其提供所有者权益增减变动的结构性信息，特别是能够让财务报表使用者理解所有者权益增减变动的根源。

【判断题】所有者权益变动表能够反映所有者权益各组成部分当期增减变动情况，有助于报表使用者理解所有者权益增减变动的原因。（　　）

【答案】√

三、所有者权益变动表的结构

在所有者权益变动表上，企业至少应当单独列示反映下列信息的项目：

（1）综合收益总额。

（2）会计政策变更和差错更正的累积影响金额。

（3）所有者投入资本和向所有者分配利润等。

（4）提取的盈余公积。

（5）实收资本、其他权益工具或资本公积、盈余公积、未分配利润的期初和期末余额及其调节情况。

所有者权益变动表以矩阵的形式列示：一方面，列示导致所有者权益变动的交易或事项，即所有者权益变动的来源，对一定时期所有者权益的变动情况进行全面反映；另一方面，按照所有者权益各组成部分（即实收资本、其他权益工具、资本公积、其他综合收益、盈余公积、未分配利润和库存股）列示交易或事项对所有者权益各部分的影响。

【多项选择题】所有者权益变动表中至少应当单独列示的项目有（　　）。

A. 所有者投入资本和向所有者分配利润　　　B. 提取的盈余公积

C. 综合收益总额　　　　　　　　　　　　　D. 会计政策变更的累积影响金额

【答案】ABCD

【点拨】在所有者权益变动表上，企业至少应当单独列示反映下列信息的项目：

（1）综合收益总额。

（2）会计政策变更和前期差错更正的累积影响金额。

（3）所有者投入资本和向所有者分配利润等。

（4）按规定提取的盈余公积。

（5）所有者权益各组成部分的期初和期末余额及其调节情况。

【单项选择题】下列信息项目中，不属于所有者权益变动表中单独填列的是（　　）。

A. 会计政策变更　　　　　　　　　　　　　B. 所有者投入资本

C. 净利润　　　　　　　　　　　　　　　　D. 综合收益总额

【答案】C

【点拨】净利润是利润表中列示的项目。

财政部对一般企业财务报表格式进行修订后的格式（2018 年 6 月 15 日，财会〔2018〕15 号）如表 6-8、表 6-9 所示。必须注意的是，2019 年考试辅导教材对于收入的介绍是按老收入准则，但是，对于本章财务报表的介绍采用的是适用于已执行新金融准则或新收入准则企业的报表格式。

四、所有者权益变动表的编制

（一）所有者权益变动表项目的填列方法

所有者权益变动表各项目均需填列"本年金额"和"上年金额"两栏。

所有者权益变动表"上年金额"栏内各项数字，应根据上年度所有者权益变动表"本年金额"栏内所列数字填列。上年度所有者权益变动表规定的各个项目的名称和内容同本年度不一致的，应对上年度所有者权益变动表各项目的名称和数字按照本年度的规定进行调整，填入所有者权益变动表的"上年金额"栏内。

所有者权益变动表"本年金额"栏内各项数字一般应根据"实收资本（或股本）""资本公积""库存股""其他综合收益""盈余公积""利润分配""以前年度损益调整"科目的发生额分析填列。

企业的净利润及其分配情况作为所有者权益变动的组成部分，不需要单独编制利润分配表列示。

（二）所有者权益变动表主要项目说明

1. "上年年末余额"项目

反映企业上年资产负债表中实收资本（或股本）、其他权益工具、资本公积、库存股、其他综合收益、盈余公积、未分配利润的年末余额。

表 6-8 所有者权益变动表

(适用于已执行新金融准则或新收入准则的企业)

年 度

编制单位：　　　　　　　　　　　　　　　　　　　　　　　　　会企 04 表

单位：元

项目	本年金额									上年金额								
	实收资本(或股本)	其他权益工具			资本公积	减：库存股	其他综合收益	盈余公积	未分配利润	所有者权益合计	实收资本(或股本)	其他权益工具			资本公积	减：库存股	其他综合收益	盈余公积	未分配利润	所有者权益合计
		优先股	永续债	其他								优先股	永续债	其他						
一、上年年末余额																				
加：会计政策变更																				
前期差错更正																				
其他																				
二、本年年初余额																				
三、本年增减变动金额(减少以"-"号填列)																				
(一)综合收益总额																				
(二)所有者投入和减少资本																				
1. 所有者投入的普通股																				
2. 其他权益工具持有者投入资本																				
3. 股份支付计入所有者权益的金额																				
4. 其他																				
(三)利润分配																				
1. 提取盈余公积																				

续表

项目	本年金额									上年金额								
	实收资本(或股本)	其他权益工具			资本公积	减:库存股	其他综合收益	盈余公积	未分配利润	所有者权益合计	实收资本(或股本)	其他权益工具			资本公积	减:库存股	其他综合收益	盈余公积	未分配利润	所有者权益合计
		优先股	永续债	其他								优先股	永续债	其他						
2. 对所有者(或股东)的分配																				
3. 其他																				
(四)所有者权益内部结转																				
1. 资本公积转增资本(或股本)																				
2. 盈余公积转增资本(或股本)																				
3. 盈余公积弥补亏损																				
4. 设定受益计划变动额结转留存收益																				
5. 其他综合收益结转留存收益																				
6. 其他																				
四、本年末余额																				

修订新增项目说明:

"其他综合收益结转留存收益"行项目,主要反映:

(1)企业以公允价值计量且其变动计入其他综合收益的非交易性权益工具投资终止确认时,之前计入其他综合收益的累计利得或损失从其他综合收益中转入留存收益的金额。

(2)企业以公允价值计量且其变动计入当期损益的金融负债终止确认时,之前由企业自身信用风险变动引起而计入其他综合收益的累计利得或损失从其他综合收益中转入留存收益的金额等。该项目应根据"其他综合收益"科目相关明细科目的发生额分析填列。

2."会计政策变更"项目、"前期差错更正"项目

分别反映企业采用追溯调整法处理的会计政策变更的累积影响金额和采用追溯重述法处理的会计差错更正的累积影响金额。

3."本年增减变动金额"项目

"本年增减变动金额"项目如表 6-9 所示。

表 6-9 "本年增减变动金额"项目

项目	内容阐释说明
"综合收益总额"项目	反映净利润和其他综合收益扣除所得税影响后的净额相加后的合计金额。
"所有者投入和减少资本"项目	反映企业当年所有者投入的资本和减少的资本。 ①"所有者投入的普通股"项目，反映企业接受投资者投入形成的实收资本（或股本）和资本溢价或股本溢价。 ②"其他权益工具持有者投入资本"项目，反映企业接受其他权益工具持有者投入资本。 ③"股份支付计入所有者权益的金额"项目，反映企业处于等待期中的权益结算的股份支付当年计入资本公积的金额。
"利润分配"项目	反映企业当年的利润分配金额。
"所有者权益内部结转"项目	反映企业构成所有者权益的组成部分之间当年的增减变动情况。 ①"资本公积转增资本（或股本）"项目 反映企业当年以资本公积转增资本或股本的金额。 ②"盈余公积转增资本（或股本）"项目 反映企业当年以盈余公积转增资本或股本的金额。 ③"盈余公积弥补亏损"项目 反映企业当年以盈余公积弥补亏损的金额。 ④"设定受益计划变动额结转留存收益"项目，反映企业因重新计量设定受益计划净负债或净资产所产生的变动计入其他综合收益，结转至留存收益的金额。 ⑤"其他综合收益结转留存收益"项目，主要反映：第一，企业指定为以公允价值计量且其变动计入其他综合收益的非交易性权益工具投资终止确认时，之前计入其他综合收益的累计利得或损失从其他综合收益中转入留存收益的金额；第二，企业指定为以公允价值计量且其变动计入当期损益的金融负债终止确认时，之前由企业自身信用风险变动引起而计入其他综合收益的累计利得或损失从其他综合收益中转入留存收益的金额等。

第五节 附 注

一、附注的概念

附注是对资产负债表、利润表、现金流量表和所有者权益变动表等报表中列示项目的文字描述或明细资料，以及对未能在这些报表中列示项目的说明等。

二、附注的作用

（1）附注的披露，是对资产负债表、利润表、现金流量表和所有者权益变动表列示项目含义的补充说明，以帮助财务报表使用者更准确地把握其含义。

例如，通过阅读附注中披露的固定资产折旧政策的说明，使用者可以掌握报告企业与其他企业在固定资产折旧政策上的异同，以便进行更准确的比较。

（2）附注提供了对资产负债表、利润表、现金流量表和所有者权益变动表中未列示项目的详细或明细说明。

例如，通过阅读附注中披露的存货增减变动情况，财务报表使用者可以了解资产负债表中未单列的存货分类信息。

通过附注与资产负债表、利润表、现金流量表和所有者权益变动表列示项目的相互参照关系，以及对未能在财务报表中列示项目的说明，可以使财务报表使用者全面了解企业的财务状况、经营成果和现金流量以及所有者权益的情况。

三、附注的主要内容

企业应当按照如下顺序披露附注的内容：

（一）企业的基本情况

（1）企业注册地、组织形式和总部地址。

（2）企业的业务性质和主要经营活动。

（3）母公司以及集团最终母公司的名称。

（4）财务报告的批准报出者和财务报告批准报出日。

（5）营业期限有限的企业，还应当披露有关营业期限的信息。

（二）财务报表的编制基础

财务报表的编制基础是指财务报表是在持续经营基础上还是非持续经营基础上编制的。

企业一般是在持续经营基础上编制财务报表，清算、破产属于非持续经营基础。

（三）遵循企业会计准则的声明

企业应当声明编制的财务报表符合企业会计准则的要求，真实、完整地反映了企业的财务状况、经营成果和现金流量等有关信息，以此明确企业编制财务报表所依据的制度基础。

（四）重要会计政策和会计估计

企业应当披露采用的重要会计政策和会计估计，不重要的会计政策和会计估计可以不披露。在披露重要会计政策和会计估计时，企业应当披露重要会计政策的确定依据和财务报表项目的计量基础，以及会计估计中所采用的关键假设和不确定因素。

会计政策的确定依据主要是指企业在运用会计政策过程中所作的对报表中确认的项目金额最具影响的判断，有助于财务报表使用者理解企业选择和运用会计政策的背景，增加财务报表的可理解性。

财务报表项目的计量基础是指企业计量该项目采用的是历史成本、重置成本、可变现净值、现值还是公允价值，这直接影响财务报表使用者对财务报表的理解和分析。

在确认财务报表中资产和负债账面价值的过程中，企业有时需要在资产负债表日对不确定的未来事项的影响加以估计，如企业预计固定资产未来现金流量采用的折现率和假设。这类假设的变动对这些资产和负债项目金额的确定影响很大，有可能会在下一个会计年度内作出重大调整，因此，强调这一披露要求，有助于提高财务报表的可理解性。

（五）会计政策和会计估计变更以及差错更正的说明

企业应当按照会计政策、会计估计变更和差错更正会计准则的规定，披露会计政策和会计估计变更以及差错更正的有关情况。

（六）报表重要项目的说明

企业对报表重要项目的说明，应当按照资产负债表、利润表、现金流量表、所有者权益变动表及其项目列示的顺序，采用文字和数字相结合的方式进行披露。报表重要项目的明细金额合计应当与报表项目金额相衔接，主要包括以下重要项目：

1. 应收款项

应当披露应收款项的账龄结构和客户类别以及期初、期末账面余额等信息。

2. 存货

存货应当披露下列信息：

（1）各类存货的期初和期末账面价值。

（2）确定发出存货成本所采用的方法。

（3）存货可变现净值的确定依据，存货跌价准备的计提方法，当期计提的存货跌价准备的金额，当期转回的存货跌价准备的金额，以及计提和转回的有关情况。

（4）用于担保的存货账面价值。

3. 长期股权投资

长期股权投资应当披露下列信息：

（1）对控制、共同控制、重大影响的判断。

（2）对投资性主体的判断及主体身份的转换。

（3）企业集团的构成情况。

（4）重要的非全资子公司的相关信息。

（5）对使用企业集团资产和清偿企业集团债务的重大限制。

（6）纳入合并财务报表范围的结构化主体的相关信息。

（7）企业中其子公司的所有者权益份额发生变化的情况。

（8）投资性主体的相关信息。

（9）合营安排和联营企业的基础信息。

（10）重要的合营企业和联营企业的主要财务信息。

（11）不重要的合营企业和联营企业的汇总财务信息。

（12）与企业在合营企业和联营企业中权益相关的风险信息。

（13）未纳入合并财务报表范围的结构化主体的基础信息。

（14）与权益相关资产负债的账面价值和最大损失敞口。

（15）企业是结构化主体的发起人但在结构化主体中没有权益的情况。

（16）向未纳入合并财务报表范围的结构化主体提供支持的情况。

（17）未纳入合并财务报表范围结构化主体的额外信息披露。

4. 投资性房地产

投资性房地产应当披露下列信息：

（1）投资性房地产的种类、金额和计量模式。

（2）采用成本模式的，应披露投资性房地产的折旧或摊销，以及减值准备的计提情况。

（3）采用公允价值模式的，应披露公允价值的确定依据和方法，以及公允价值变动对损益的影响。

（4）房地产转换情况、理由，以及对损益或所有者权益的影响。

（5）当期处置的投资性房地产及其对损益的影响。

5. 固定资产

固定资产应当披露下列信息：

（1）固定资产的确认条件、分类、计量基础和折旧方法。

（2）各类固定资产的使用寿命、预计净残值和折旧率。

（3）各类固定资产的期初和期末原价、累计折旧额及固定资产减值准备累计金额。

（4）当期确认的折旧费用。

（5）对固定资产所有权的限制及金额和用于担保的固定资产账面价值。

（6）准备处置的固定资产名称、账面价值、公允价值、预计处置费用和预计处置时间等。

6. 无形资产

无形资产应当披露下列信息：

（1）无形资产的期初和期末账面余额、累计摊销额及减值准备累计金额。

（2）使用寿命有限的无形资产，其使用寿命的估计情况；使用寿命不确定的无形资产，其使用寿命不确定的判断依据。

（3）无形资产的摊销方法。

（4）用于担保的无形资产账面价值、当期摊销额等情况。

（5）计入当期损益和确认为无形资产的研究开发支出金额。

7. 职工薪酬

应当披露短期职工薪酬相关的下列信息：

（1）应当支付给职工的工资、奖金、津贴和补贴及其期末应付未付金额。

（2）应当为职工缴纳的医疗保险费、工伤保险费和生育保险费等社会保险费及其期末应付未付金额。

（3）应当为职工缴存的住房公积金及其期末应付未付金额。

（4）为职工提供的非货币性福利及其计算依据。

（5）依据短期利润分享计划提供的职工薪酬金额及其计算依据。

（6）其他短期薪酬。

企业应当披露所设立或参与的设定提存计划的性质、计算缴费金额的公式或依据，当期缴费金额以及应付未付金额。

企业应当披露与设定受益计划有关的下列信息：

（1）设定受益计划的特征及与之相关的风险。

（2）设定受益计划在财务报表中确认的金额及其变动。

（3）设定受益计划对企业未来现金流量金额、时间和不确定性的影响。

（4）设定受益计划义务现值所依赖的重大精算假设及有关敏感性分析的结果。

企业应当披露支付的因解除劳动关系所提供辞退福利及其期末应付未付金额。

企业应当披露提供的其他长期职工福利的性质、金额及其计算依据。

8. 应交税费

企业应当披露应交税费的构成及期初、期末账面余额等信息。

9. 短期借款和长期借款

企业应当披露短期借款、长期借款的构成及期初、期末账面余额等信息。对于期末逾期借款，应披露贷款单位、借款金额、逾期时间、年利率、逾期未偿还原因和预期还款期等信息。

10. 应付债券

企业应当披露应付债券的构成及期初、期末账面余额等信息。

11. 长期应付款

企业应当披露长期应付款的构成及期初、期末账面余额等信息。

12. 营业收入

企业应当披露营业收入的构成及本期、上期发生额等信息。

13. 公允价值变动收益

企业应当披露公允价值变动收益的来源及本期、上期发生额等信息。

14. 投资收益

企业应当披露投资收益的来源及本期、上期发生额等信息。

15. 资产减值损失

企业应当披露各项资产的减值损失及本期、上期发生额等信息。

16. 营业外收入

企业应当披露营业外收入的构成及本期、上期发生额等信息。

17. 营业外支出

企业应当披露营业外支出的构成及本期、上期发生额等信息。

18. 所得税费用

所得税费用应当披露下列信息：

（1）所得税费用（收益）的主要组成部分。

（2）所得税费用（收益）与会计利润关系的说明。

19. 其他综合收益

其他综合收益应当披露下列信息：

（1）其他综合收益各项目及其所得税影响。

（2）其他综合收益各项目原计入其他综合收益、当期转出计入当期损益的金额。

（3）其他综合收益各项目的期初和期末余额及其调节情况。

20. 政府补助

政府补助应当披露下列信息：

（1）政府补助的种类、金额和列报项目。

（2）计入当期损益的政府补助金额。

（3）本期退回的政府补助金额及原因。

21. 借款费用

借款费用应当披露下列信息：

（1）当期资本化的借款费用金额。

（2）当期用于计算确定借款费用资本化金额的资本化率。

（七）或有和承诺事项、资产负债表日后非调整事项、关联方关系及其交易等需要说明的事项

（八）有助于财务报表使用者评价企业管理资本的目标、政策及程序的信息

第七章　管理会计基础

第一节　管理会计综述

一、管理会计的概念

管理会计主要服务于单位（包括企业和行政事业单位，下同）内部管理需要，是通过利用相关信息，有机融合财务与业务活动，在单位规划、决策、控制和评价等方面发挥重要作用的管理活动。

二、管理会计的特点

与财务会计相比，管理会计有以下三个特点，如表7-1所示。

小知识

管理会计的特点

与财务会计相比，管理会计有以下三个特点（见表7-1）：

表7-1　管理会计的特点

项目	管理会计	财务会计
在服务对象方面	管理会计主要是为强化单位内部经营管理、提高经济效益服务，属于"对内报告会计"。	而财务会计主要侧重于对外部相关单位和人员提供财务信息，属予"对外报告会计"。
在职能定位方面	管理会计侧重在"创造价值"，其职能是分析过去、控制现在与筹划未来的有机结合。	而财务会计侧重在"记录价值"，通过确认、计量、记录和报告等程序提供并解释历史信息。
在程序与方法方面	管理会计采用的程序与方法灵活多样，具有较大的可选择性。	而财务会计有填制凭证、登记账簿、编制报表等较固定的程序与方法。

【判断题】财务会计属于"对外报告会计"。（　　）

【答案】√

【点拨】管理会计主要是为强化单位内部经营管理、提高经济效益服务，属于"对内报告会计"，财务会计侧重于为外部相关单位和人员提供财务信息，属于"对外报告会计"。

【判断题】管理会计属于对内报告会计。采用的程序与方法较为固定。（   ）

【答案】×

【点拨】财务会计侧重于为外部相关单位和人员提供财务信息，属于对外报告会计；管理会计侧重于强化单位内部经营管理，属于对内报告会计。财务会计程序与方法较为固定，管理会计采用的程序与方法灵活多样。

三、管理会计的目标

管理会计的目标是通过运用管理会计工具方法，参与单位规划、决策、控制、评价活动并为之提供有用信息，推动单位实现战略规划。

四、相关法规

为全面贯彻落实党的十八大和党的十八届三中全会精神，全面提升会计工作总体水平，推动经济更有效率、更加公平、更可持续发展，根据《会计改革与发展"十二五"规划纲要》，财政部于2014年10月印发了《关于全面推进管理会计体系建设的指导意见》（以下简称《指导意见》），明确提出了全面推进管理会计体系建设的指导思想、基本原则、主要目标、主要任务和措施及工作要求，为我国管理会计发展规划了蓝图、指明了方向。

2016年6月，财政部印发了《管理会计基本指引》（以下简称《基本指引》），总结提炼了管理会计的目标、原则、要素等内容，以指导单位管理会计实践。

第二节　管理会计指引

一、管理会计指引体系的概念

管理会计指引体系是在管理会计理论研究成果的基础上，形成的可操作性的系列标准。

二、我国管理会计体系建设的任务和措施

中国特色的管理会计体系是一个由理论、指引、人才、信息化加咨询服务构成的"4+1"的管理会计有机系统。

建设我国管理会计体系的主要任务和措施如表7-2所示。

表7-2　建设我国管理会计体系的主要任务和措施

项目	内容阐释说明
推进管理会计理论体系建设	推动加强管理会计基本理论、概念框架和工具方法研究，形成中国特色的管理会计理论体系。 （1）整合科研院校、单位等优势资源，推动形成管理会计产学研联盟，协同创新，支持管理会计理论研究和成果转化。 （2）加大科研投入，鼓励科研院校、国家会计学院等建立管理会计研究基地，在系统整合理论研究资源、总结提炼实践做法经验、研究开发管理会计课程和案例、宣传推广管理会计理论和先进做法等方面，发挥综合示范作用。 （3）推动改进现行会计科研成果评价方法，切实加强管理会计理论和实务研究。 （4）充分发挥有关会计团体在管理会计理论研究中的具体组织、推动作用，及时宣传管理会计理论研究成果，提升我国管理会计理论研究的国际影响力。

续表

项目	内容阐释说明
推进管理会计指引体系建设	形成以管理会计基本指引为统领、以管理会计应用指引为具体指导、以管理会计案例示范为补充的管理会计指引体系。 （1）在课题研究的基础上，组织制定管理会计指引体系，推动其有效应用。 （2）建立管理会计专家咨询机制，为管理会计指引体系的建设和应用等提供咨询。 （3）鼓励单位通过与科研院校合作等方式，及时总结、梳理管理会计实践经验，组织建立管理会计案例库，为管理会计的推广、应用提供示范。
推进管理会计人才队伍建设	推动建立管理会计人才能力框架，完善现行会计人才评价体系。 （1）将管理会计知识纳入会计人员和注册会计师继续教育、大中型企事业单位总会计师素质提升工程和会计领军（后备）人才培养工程。 （2）推动改革会计专业技术资格考试和注册会计师考试内容，适当增加管理会计专业知识的比重。 （3）鼓励高等院校加强管理会计课程体系和师资队伍建设，加强管理会计专业方向建设和管理会计高端人才培养，与单位合作建立管理会计人才实践培训基地，不断优化管理会计人才培养模式。 （4）探索管理会计人才培养的其他途径。 （5）推动加强管理会计国际交流与合作。
推进面向管理会计的信息系统建设	指导单位建立面向管理会计的信息系统，以信息化手段为支撑，实现会计与业务活动的有机融合，推动管理会计功能的有效发挥。 （1）鼓励单位将管理会计信息化需求纳入信息化规划，从源头上防止出现"信息孤岛"，做好组织和人力保障，通过新建或整合、改造现有系统等方式，推动管理会计在本单位的有效应用。 （2）鼓励大型企业和企业集团充分利用专业化分工和信息技术优势，建立财务共享服务中心，加快会计职能从重核算到重管理决策的拓展，促进管理会计工作的有效开展。 （3）鼓励会计软件公司和有关中介服务机构拓展管理会计信息化服务领域。

小知识
"4+1"的管理会计有机系统

"4+1"的管理会计有机系统如表7-3所示。

表7-3　"4+1"的管理会计有机系统

项目		内容阐释
基础	理论体系	"理论体系"是基础，解决目前对管理会计认识不一、缺乏公认的定义和框架等问题。
保障	指引体系	"指引体系"是保障，与时俱进地拓展和开发管理会计工具方法，为管理会计的实务应用提供指导示范。
关键	人才队伍	"人才队伍"是关键，是该体系中发挥主观能动性的核心，是体现"坚持人才带动，整体推进"原则的重点。
支撑	信息系统	"信息系统"是支撑，通过现代化的信息化手段，充分实现会计和业务的有机融合，支撑管理会计的应用和发展。
外部支持	咨询服务	"咨询服务"是确保四大任务顺利实施推进的外部支持，为单位提供更科学、更规范的管理会计实务解决方案。

上述体系各部分既相互独立，又彼此关联；既自成一体，又彼此促进。

三、管理会计指引体系的构成

管理会计指引体系包括基本指引、应用指引和案例库，用以指导单位管理会计实践（见表7-4）。

表7-4　管理会计指引体系的构成

项目	内容阐释说明
基本指引	管理会计指引体系中，基本指引是对管理会计普遍规律的总结提炼，解决对管理会计的基本认识问题。
应用指引	管理会计既有普遍规律，又具差异化特点，需要考虑不同性质、特殊行业等的需求，因此，有必要形成应用指引，依据基本指引，明确管理会计的多种工具方法，具体指导实务操作。
案例库	管理会计为单位内部管理服务，制定案例标准，建立管理会计案例库，大量总结实践中好的经验、做法，提炼为典型案例，将更好地为单位提供具体示范。

四、管理会计基本指引

（一）基本指引的定位和作用

管理会计基本指引在管理会计指引体系中起统领作用，是制定应用指引和建设案例库的基础。

基本指引将管理会计普遍规律上升到标准，是对管理会计基本概念、基本原则、基本方法、基本目标等内容的总结、提炼。

但是，不同于《企业会计准则——基本准则》，管理会计基本指引只是对管理会计普遍规律和基本认识的总结升华，并不为应用指引中未作出描述的新问题提供处理依据。

（二）管理会计应用原则和应用主体

单位应用管理会计应当遵循的原则见表7-5。

表7-5　管理会计应用原则

原则	内容阐释说明
战略导向原则	管理会计的应用应以战略规划为导向，以持续创造价值为核心，促进单位可持续发展。
融合性原则	管理会计应嵌入单位相关领域、层次、环节，以业务流程为基础，利用管理会计工具方法，将财务和业务等有机融合。
适应性原则	管理会计的应用应与单位应用环境和自身特征相适应。单位自身特征包括单位性质、规模、发展阶段、管理模式、治理水平等。
成本效益原则	管理会计的应用应权衡实施成本和预期效益，合理、有效地推进管理会计应用。 管理会计应用主体视管理决策主体确定，可以是单位整体，也可以是单位内部的责任中心。

【判断题】管理会计应用主体视管理决策主体确定，可以是单位整体，也可以是单位内部的责任中心（　　）。

【答案】√

【多项选择题】单位应用管理会计，应当遵循的原则有（　　）。

A. 战略导向原则　　　　　　　　　　B. 融合性原则

C. 适应性原则　　　　　　　　　　　D. 成本效益原则

【答案】ABCD

【点拨】单位应用管理会计应当遵循四个原则，分别是战略导向原则、融合性原则、适应性原则、成本效益原则。

（三）管理会计要素

单位应用管理会计，应包括应用环境、管理会计活动、工具方法、信息与报告四项管理会计要素。

这四项要素构成了管理会计应用的有机体系，单位应在分析管理会计应用环境的基础上，合理运用管理会计工具方法，全面开展管理会计活动，并提供有用信息，生成管理会计报告，支持单位决策，推动单位实现战略规划。

1. 应用环境

管理会计应用环境是单位应用管理会计的基础。

单位应用管理会计，首先应充分了解和分析其应用环境，包括外部环境和内部环境。外部环境主要包括国内外经济、社会、文化、法律、技术等因素，内部环境主要包括与管理会计建设和实施相关的价值创造模式、组织架构、管理模式、资源、信息系统等因素（见表7-6）。

表7-6 管理会计应用的内部环境

项目	内容阐释说明
价值创造模式	单位应准确分析和把握价值创造模式，推动财务与业务等的有机融合。
组织架构	单位应根据组织架构特点，建立健全能够满足管理会计活动所需的由财务、业务等相关人员组成的管理会计组织体系。有条件的单位可以设置管理会计机构，组织开展管理会计工作。
管理模式	单位应根据管理模式确定责任主体，明确各层级以及各层级内的部门、岗位之间的管理会计责任权限，制定管理会计实施方案，以落实管理会计责任。
资源	单位应从人力、财力、物力等方面做好资源保障工作，加强资源整合，提高资源利用效率效果，确保管理会计工作顺利开展。单位应注重管理会计理念、知识培训，加强管理会计人才培养。
信息系统	单位应将管理会计信息化需求纳入信息系统规划，通过信息系统整合、改造或新建等途径，及时、高效地提供和管理相关信息，推进管理会计实施。

2. 管理会计活动

管理会计活动是单位管理会计工作的具体开展，是单位利用管理会计信息，运用管理会计工具方法，在规划、决策、控制、评价等方面服务于单位管理需要的相关活动。

在了解和分析其应用环境的基础上，单位应将管理会计活动嵌入规划、决策、控制、评价等环节，形成完整的管理会计闭环（见表7-7）。

表7-7 管理会计活动环节

环节	内容阐释说明
在规划环节	单位应用管理会计，应做好相关信息支持，参与战略规划拟定，从支持其定位、目标设定、实施方案选择等方面，为单位合理制定战略规划提供支撑。
在决策环节	单位应用管理会计，应融合财务和业务等活动，及时充分提供和利用相关信息，支持单位各层级根据战略规划做出决策。
在控制环节	单位应用管理会计，应设定定量定性标准，强化分析、沟通、协调、反馈等控制机制，支持和引导单位持续高质高效地实施单位战略规划。

续表

环节	内容阐释说明
在评价环节	单位应用管理会计，应合理设计评价体系，基于管理会计信息等，评价单位战略规划实施情况，并以此为基础进行考核，完善激励机制；同时，对管理会计活动进行评估和完善，以持续改进管理会计应用。

3. 工具方法

管理会计工具方法是实现管理会计目标的具体手段，是单位应用管理会计时所采用的战略地图、滚动预算管理、作业成本管理、本量利分析、平衡计分卡等模型、技术、流程的统称。

管理会计工具方法具有开放性，随着实践发展不断丰富完善。

管理会计工具方法及主要应用领域见表7-8。

表7-8　管理会计工具方法及主要应用领域

领域	内容阐释说明
战略管理领域	应用的管理会计工具方法包括但不限于战略地图、价值链管理等；
预算管理领域	应用的管理会计工具方法包括但不限于全面预算管理、滚动预算管理、作业预算管理、零基预算管理、弹性预算管理等；
成本管理领域	应用的管理会计工具方法包括但不限于目标成本管理、标准成本管理、变动成本管理、作业成本管理、生命周期成本管理等；
营运管理领域	应用的管理会计工具方法包括但不限于本量利分析、敏感性分析、边际分析、标杆管理等；
投融资管理领域	应用的管理会计工具方法包括但不限于贴现现金流法、项目管理、资本成本分析等；
绩效管理领域	应用的管理会计工具方法包括但不限于关键指标法、经济增加值、平衡计分卡等；
风险管理领域	应用的管理会计工具方法包括但不限于单位风险管理框架、风险矩阵模型等。

单位应用管理会计，应结合自身实际情况，根据管理特点和实践需要选择适用的管理会计工具方法，并加强管理会计工具方法的系统化、集成化应用。

【多项选择题】应用于营运管理领域的管理会计工具方法有（　　　）。

A. 杠杆管理　　　　　B. 价值链管理　　　　　C. 本量利分析　　　　　D. 平衡计分卡

【答案】AC

【点拨】B选项，价值链管理属于战略管理领域的管理会计工具方法；D选项，平衡计分卡属于绩效管理领域的管理会计工具方法。

4. 信息与报告

（1）信息。管理会计信息包括管理会计应用过程中所使用和生成的财务信息和非财务信息，是管理会计报告的基本元素。

单位应充分利用内外部各种渠道，通过采集、转换等多种方式，获得相关、可靠的管理会计基础信息。单位应有效利用现代信息技术，对管理会计基础信息进行加工、整理、分析和传递，以满足管理会计应用需要。单位生成的管理会计信息应相关、可靠、及时、可理解。

（2）报告。管理会计报告是管理会计活动成果的重要表现形式，旨在为报告使用者提供满足管理需要的信息，是管理会计活动开展情况和效果的具体呈现。

管理会计报告按期间可以分为定期报告和不定期报告，按内容可以分为综合性报告和专项报告等类别。

单位可以根据管理需要和管理会计活动性质设定报告期间。一般应以公历期间作为报告期间，也可以根据特定需要设定报告期间。

【判断题】在管理会计指引体系中，基本指引发挥着统领作用，是制定应用指引和建设案例库的基础。（ ）

【答案】√

【点拨】题干表述正确。

五、管理会计应用指引

在管理会计指引体系中，应用指引居于主体地位，是对单位管理会计工作的具体指导。

为切实提高科学性和可操作性，管理会计应用指引既要遵循基本指引，也要体现实践特点；既要形成一批普遍适用、具有广泛指导意义的基本工具方法，如经济增加值（EVA）、本量利分析、平衡计分卡、作业成本法等，也要针对一些在管理会计方面可能存在独特要求的行业和部门，研究制定特殊行业的应用指引；在企业层面，还要兼顾不同行业、不同规模、不同发展阶段等特征，坚持广泛的代表性和适用性；既考虑企业的情况，也考虑行政事业单位的情况。

应用指引是开放性的，随实践发展而不断发展完善。应用指引的实施更重指导性，由各单位根据管理特点和实践需要选择相应的工具方法。财政部将在充分征求意见基础上，科学总结我国先进企业管理会计实务，充分借鉴发达市场经济国家或地区的有效做法，研究确定一系列应用指引，本着先急后缓、先一般业务后特殊业务、"成熟一批，发布一批"等原则，逐步发布系列管理会计应用指引，并随着实践的发展而不断丰富完善。

六、管理会计案例库

案例库是对国内外管理会计经验的总结提炼，是如何运用管理会计应用指引的实例示范。建立管理会计案例库，为单位提供直观的参考借鉴，是管理会计指引体系指导实践的重要内容和有效途径，也是管理会计体系建设区别于企业会计准则体系建设的一大特色。

在国外，管理会计在发展过程中，历来强调案例的重要示范作用。如美国管理会计师协会发布的《管理会计公告》中就包含了系列案例，为企业应用该公告提供了借鉴。在我国，总结实践经验、形成典型案例、予以宣传推广是推动管理会计应用的有效方式。将单位的成功经验上升为案例并嵌入指引体系，能够帮助单位更好地理解和掌握应用指引，增强管理会计指引体系的应用效果，达到提升单位价值创造力的目标。

案例库建设将坚持典型性和广泛性相结合的原则，在统一框架结构、基本要素、质量特征等案例标准，形成案例规范格式文本的基础上，区分不同性质、不同行业、不同规模、不同发展阶段等情况，逐步提炼若干管理会计案例，并不断予以丰富和完善。同时，既提炼总结管理会计整体应用案例，也针对管理会计的某些领域和应用指引中的相关工具方法提炼专项应用案例。争取通过 5~10 年的时间，通过经验交流、调研座谈、案例单位自主梳理等有效方式，总结、提炼一批覆盖多领域、多行业、多种工具方法的案例，构建内容丰富、示范性强的管理会计案例库。

第三节 货币时间价值

一、货币时间价值的概念

货币时间价值是指一定量货币在不同时点上的价值量差额。

货币的时间价值来源于货币进入社会再生产过程后的价值增值。通常情况下，它是指没有风险也没有通货膨胀情况下的社会平均利润率，是利润平均化规律发生作用的结果。根据货币具有时间价值的理论，可以将某一时点的货币价值金额折算为其他时点的价值金额。

二、终值和现值

终值又称将来值，是现在一定量的货币折算到未来某一时点所对应的金额。

现值是指未来某一时点上一定量的货币折算到现在所对应的金额。

现值和终值是一定量货币在前后两个不同时点上对应的价值，其差额即为货币的时间价值。现实生活中计算利息时所称本金、本利和的概念相当于货币时间价值理论中的现值和终值，利率可视为货币时间价值的一种具体表现；现值和终值对应的时点之间可以划分为 n 期 （n≥1）。

单利和复利是计息的两种不同方式。

单利是指按照固定的本金计算利息的一种计息方式。按照单利计算的方法，只有本金在贷款期限中获得利息，不管时间多长，所生利息均不加入本金重复计算利息。

复利是指不仅对本金计算利息，还对利息计算利息的一种计息方式。

根据经济人假设，人们都是理性的，会用赚取的收益进行再投资，企业的资金使用也是如此。因此，财务估值中一般都按照复利方式计算货币的时间价值。

为计算方便，假定有关字母符号的含义如下：I 为利息；F 为终值；P 为现值；A 为年金值；i 为利率（折现率）；n 为计算利息的期数。

（一）复利的终值和现值

单利和复利是计息的两种不同方式。单利是指按照固定的本金计算利息的一种计息方式。按照单利计算的方法，只有本金在贷款期限中获得利息，不管时间多长，所生利息均不加入本金重复计算利息。复利是指不仅对本金计算利息，还对利息计算利息的一种计息方式。根据经济人假设，人们都是理性的，会用赚取的收益进行再投资，企业的资金使用也是如此。因此，财务估值中一般都按照复利方式计算货币的时间价值。

1. 复利终值

复利终值指一定量的货币，按复利计算的若干期后的本利总和。复利终值的计算公式如下：

$$F=P(1+i)^n$$

其中，$(1+i)^n$ 为复利终值系数，记作 (F/P, i, n)；n 为计算利息的期数。

2. 复利现值

复利现值是指未来某期的一定量的货币，按复利计算的现在价值。复利现值的计算公式如下：

$$P=F/(1+i)^n$$

其中，$1/(1+i)^n$ 为复利现值系数，记作 (P/F, i, n)；n 为计算利息的期数。

通过计算可知：复利终值和复利现值互为逆运算，复利终值系数和复利现值系数互为倒数。

【单项选择题】某人存入一笔钱，想 5 年后得到 10 万元，若银行存款利率为 5%，要求计算按照复利计息，现在应存入银行（　　）万元 (P/F, 5%, 5) =0.783，(P/F, 5%, 10 = (0.614)

A. 3.92　　　　　　B. 12.77　　　　　　C. 7.83　　　　　　D. 6.14

【答案】C

【点拨】此题是已知 5 年后本利和为 10 万元，求 10 万元的现值，考察复利现值计算公式：P=F×(P/F, i, n) 即 P=10×(P/F, 5%, 5)=10×0.783=7.83（万元）。

【单项选择题】2018 年 1 月 1 日，某企业的投资项目正式投入运营，从运营之日起，该企业每年年末可从该项目中获得利益 200000 元，预计收益期为 4 年。假设年利率 6%，已知 (P/A, 6%, 4)=3.4651。不考虑其他因素，2018 年 1 月 1 日该项目预期 4 年总收益的现值为（　　）元。

A. 693020　　　　　B. 2772080　　　　　C. 800000　　　　　D. 200000

【答案】A

【点拨】2018 年 1 月 1 日该项目预期 4 年总收益的现值=200000×(P/A, 6%, 4)=200000×3.4651=693020（元）。

（二）年金终值和年金现值

年金是指间隔期相等的系列等额收付款。年金包括普通年金（后付年金）、预付年金（先付年金）、递延年金、永续年金等形式（见表 7-9）。

普通年金是年金的最基本形式，它是指从第一期起，在一定时期内每期期末等额收付的系列款项，又称为后付年金。

预付年金是指从第一期起，在一定时期内每期期初等额收付的系列款项，又称先付年金或即付本金。预付年金与普通年金的区别仅在于收付款时间的不同，普通年金发生在期末，而预付年金发生在期初。

递延年金是指隔若干期后才开始发生的系列等额收付款项。

永续年金是指无限期收付的年金，即一系列没有到期日的等额现金流。

表 7-9 年金的形式

项目	类别	概念	内容阐释
年金终值	普通年金终值	普通年金终值是指普通年金最后一次收付时的本利和，它是每次收付款项的复利终值之和。	根据复利终值的方法，计算年金终值的公式为： $F_A = A + A(1+i) + A(1+i)^2 + A(1+i)^3 + \cdots + A(1+i)^{n-1}$ $F_A = A \times \dfrac{(1+i)^n - 1}{i}$ 其中，$\dfrac{(1+i)^n - 1}{i}$ 称为"年金终值系数"，记作 (F/A, i, n)。
	预付年金终值	预付年金终值是指一定时期内每期期初等额收付的系列款项的终值。	预付年金终值的计算公式为： $F_A = A \times \dfrac{(1+i)^n - 1}{i} \times (1+i) = A/(F/A, \ i, \ n)(1+i)$ 或者： $F_A = A\left[(F/A, \ i, \ n+1) - 1\right]$ 计算公式如下： $F_A = A \ (F/A, \ i, \ n)$ 注意式中"n"表示的是 A 的个数，与递延期无关。
年金现值	普通年金现值	普通年金现值是指将在一定时期内按相同时间间隔在每期期末收付的相等金额折算到第一期期初的现值之和。	根据复利现值的方法计算年金现值的公式为： $P_A = A(1+i)^{-1} + A(1+i)^{-2} + \cdots + A(1+i)^{-n} = A \times \dfrac{(1+i)^n}{i}$ 其中，$\dfrac{1-(1+i)^n}{i}$ 称为"年金现值系数"，记作 (P/A, i, n)。
	预付年金现值	预付年金现值是指将在一定时期内按相同时间间隔在每期期初收付的相等金额折算到第一期期初的现值之和。	预付年金现值的计算公式如下： $P_A = A + A(1+i)^{-1} + A(1+i)^{-2} + A(1+i)^{-3} + \cdots + A(1+i)^{-(n-1)}$ $= A \times (P/A, \ i, \ n)(1+i)$ $= A \times \left[(P/A, \ i, \ n-1) + 1\right]$
	永续年金现值	永续年金现值是指无限期地每期期末等额收付系列款项的复利现值之和。	永续年金现值可以看成是一个 n 无穷大时普通年金的现值，永续年金现值计算公式如下： $P_A(n \to \infty) = A \times \dfrac{1-(1+i)^{-n}}{i} = A/i$

在年金中，系列等额收付的间隔期间只需要满足"相等"的条件即可，间隔期间可以不是一年，例如每季末等额支付的债务利息也是年金。

【单项选择题】王先生打算从今年起每年末都把工资剩余的 20000 元存入银行，如果银行的存款利率为 3%，银行采用复利计算，10 年后王先生的银行账户有（ ）元（F/A，3%，10）=11.4639，（P/A，3%，10）=8.5302）。

A. 170604   B. 229278   C. 237575   D. 228738

【答案】B

【点拨】每年年末支付年金，求 10 年后的复利和，典型的普通年金终值计算题型。根据公式：F=A×（F/A，i，n）=20000×（F/A，3%，10）=20000×11.4639=229278（元）。

【多项选择题】下列属于普通年金形式的项目有（ ）。

A. 定期定额支付养老金   B. 偿债基金
C. 零存整取储蓄存款的零存额   D. 年资本回收额

【答案】ABCD

【单项选择题】X 公司借得 1000 万元的贷款，在 10 年内以年利率 8% 等额偿还，已知（P/A，8%，10）=6.7101。则每年应付的金额为（ ）万元。

A. 100 　　　 B. 149.03 　　　 C. 80 　　　 D. 180

【答案】B

【点拨】每年应付的金额=1000×1/6.7101=149.03（万元）。

【单项选择题】某公司采用分期付款的方式购入房产一套，每年年初付款 20000 元，分 10 年付清，在银行利率为 6%的情况下，则该项分期付款相当于企业现在一次性付款（　　）元。已知（P/A，6%，9）=6.8017，（P/A，6%，10）=7.3601，（P/A，6%，11）=7.8869。

A. 96034 　　　 B. 116034 　　　 C. 136034 　　　 D. 156034

【答案】D

【点拨】根据题目可知，该题考察预付年金现值的知识。由于题目给出的参考数值是预付年金系数，所以只能采用公式 $P_A = A \times [(P/A, i, n-1)+1]$，即期数-1，系数+1。$P_A = 20000 \times [(P/A, 6\%, 9)+1] = 156034$（元）。

【判断题】企业年金分为普通年金和预付年金两种形式。（　　）

【答案】×

【点拨】年金包括普通年金（后付年金）、预付年金（先付年金）、递延年金、永续年金等形式。

【判断题】在有关资金时间价值指标的计算过程中，普通年金现值与普通年金终值是互为逆运算的关系。（　　）

【答案】×

【点拨】普通年金现值与年资本回收额互为逆运算；普通年金终值和年偿债基金互为逆运算。

【单项选择题】A 方案在三年中每年年初付款 100 元，B 方案在三年中每年年末付款 100 元，若利率为 10%，则二者在第三年年末时的终值相差（　　）元。已知（F/A，10%，3）=3.31。

A. 33.1 　　　 B. 31.3 　　　 C. 133.1 　　　 D. 13.31

【答案】A

【点拨】题目考察内容为普通年金终值和预付年金终值的差异。二者差值为 100×（F/A，10%，3）×（1+10%）-100×（F/A，10%，3）=100×3.31×0.1=33.1（元），所以选项 A 正确。

第四节 产品成本核算

一、产品成本核算的概念

产品成本是指企业在生产产品（包括提供劳务）过程中所发生的材料费用、职工薪酬等，以及不能直接计入而按一定标准分配计入的各种间接费用。

产品成本核算是对生产经营过程中实际发生的成本、费用进行计算，并进行相应的账务处理。

【判断题】产品成本是由费用构成的，因此，企业发生的费用就是产品成本。（ ）

【答案】×

【点拨】本题考查成本与费用的区别。费用和产品成本之间既有联系又有区别。费用中的产品生产费用是构成产品成本的基础，而期间费用直接计入当期损益，不计入产品成本。期间费用是按时期归集的，而产品成本是按产品对象归集的。一种产品成本可能包括几个时期的费用，一个时期的费用可能分配给几个时期完工的产品。

二、产品成本核算的作用

企业通过产品成本核算，一方面，可以审核各项生产费用和经营管理费用的支出，分析和考核产品成本计划的执行情况，促使企业降低成本和费用；另一方面，还可以为计算利润进行成本和利润预测提供数据，有助于提高企业生产技术和经营管理水平。

三、产品成本核算对象

（一）产品成本核算对象的概念

产品成本核算对象是指确定归集和分配生产费用的具体对象，即生产费用承担的客体。

成本核算对象的确定是设立成本明细分类账户、归集和分配生产费用以及正确计算产品成本的前提。

（二）成本核算对象的确定

由于产品工艺、生产方式、成本管理等要求不同，产品项目不等同于成本核算对象。企业应当根据生产经营特点和管理要求来确定成本核算对象。一般情况下，对制造企业而言，大批大量单步骤生产产品或管理上不要求提供有关生产步骤成本信息的，以产品品种为成本核算对象；小批单件生产产品的，以每批或每件产品为成本核算对象；多步骤连续加工产品且管理上要求提供有关生产步骤成本信息的，以每种产品及各生产步骤为成本核算对象；产品规格繁多的，可将产品结构、耗用原材料和工艺过程基本相同的各种产品，适当合并作为成本核算对象。成本核算对象确定后，各种会计、技术资料的归集应当与此一致，一般不应中途变更，以免造成成本核算不实、结算漏账和经济责任不清的弊端。

企业内部管理有相关要求的，还可以按照现代企业多维度、多层次的管理要求，确定多元化的产品成本核算对象。

多维度是指以产品的最小生产步骤或作业为基础，按照企业有关部门的生产流程及其相应的成本管理要求，利用现代信息技术，组合出产品维度、工序维度、车间班组维度、生产设备维度、客户订单维度、变动成本维度和固定成本维度等不同的成本核算对象。

多层次是指根据企业成本管理需要，划分为企业管理部门、工厂、车间和班组等成本管理层次。

四、产品成本项目

(一) 产品成本项目的概念

为具体反映计入产品生产成本的生产费用的各种经济用途,还应将其进一步划分为若干个项目,即产品生产成本项目,简称产品成本项目或成本项目。

设置成本项目可以反映产品成本的构成情况,满足成本管理的目的和要求,有利于了解企业生产费用的经济用途,便于企业分析和考核产品成本计划的执行情况。

(二) 产品成本项目的设置

企业应当根据生产经营特点和管理要求,按照成本的经济用途和生产要素内容相结合的原则或者成本性态等设置成本项目。

对于制造企业而言,一般可设置"直接材料""燃料及动力""直接人工"和"制造费用"等项目(见表 7-10)。

表 7-10 产品成本项目的设置

项目	内容阐释说明
直接材料	直接材料指构成产品实体的原材料以及有助于产品形成的主要材料和辅助材料。 包括原材料、辅助材料、备品配件、外购半成品、包装物、低值易耗品等。
燃料及动力	燃料及动力是指直接用于产品生产的外购和自制的燃料和动力。
直接人工	直接人工指直接从事产品生产的工人的薪酬。 上述直接费用根据实际发生数进行核算,并按照成本核算对象进行归集,根据原始凭证或原始凭证汇总表直接计入成本。
制造费用	制造费用指企业为生产产品和提供劳务而发生的各项间接费用,如企业生产部门(如生产车间)发生的水电费、固定资产折旧、无形资产摊销、管理人员的职工薪酬、劳动保护费、国家规定的有关环保费用、季节性和修理期间的停工损失等不能根据原始凭证或原始凭证汇总表直接计入成本的费用,需要按一定标准分配计入成本核算对象。

由于生产的特点、各种生产费用支出的比重及成本管理和核算的要求不同,企业可根据具体情况,适当增加一些项目,如"废品损失"等成本项目。企业内部管理有相关要求的,还可以按照现代企业多维度、多层次的成本管理要求,利用现代信息技术对有关成本项目进行组合,输出有关成本信息。

【多项选择题】下列各项中,属于制造业企业设置的成本项目的有( )。

A. "制造费用"项目

B. "直接材料"项目

C. "直接人工"项目

D. "废品损失"项目

【答案】ABC

【点拨】对于制造企业而言,一般可设置"直接材料""燃料及动力""直接人工"和"制造费用"等项目。

【多项选择题】下列各项中,应计入当期产品成本的有( )。

A. 生产车间机器设备的日常维修费用

B. 生产产品耗用的材料成本

C. 生产车间固定资产折旧

D. 生产人员的薪酬

【答案】BCD

【点拨】生产车间机器设备的日常维修费用计入"管理费用"科目。

【多项选择题】下列各项中，不应计入产品成本的有（　　）。

A. 支付的矿产资源补偿费　　　　　B. 生产产品消耗的材料费用

C. 预计产品质量保证损失　　　　　D. 基本生产车间设备计提的折旧费

【答案】AC

【点拨】选项 A 计入管理费用；选项 C 计入销售费用；选项 B 直接材料、选项 D 制造费用计入生产成本。

【单项选择题】根据科目内容计入成本类账户的是（　　）。

A. 主营业务成本　　　　　　　　　B. 制造费用

C. 管理费用　　　　　　　　　　　D. 其他业务成本

【答案】B

【点拨】成本类科目是对可归属于产品生产成本、劳务成本等的具体内容进行分类核算的项目，主要有"生产成本""制造费用""劳务成本""研发支出"等科目。

五、产品成本核算的程序

产品成本核算的一般程序是指对企业在生产经营过程中发生的各项生产费用和期间费用，按照成本核算的要求，逐步进行归集和分配，最后计算出各种产品的生产成本和各项期间费用的过程。

成本核算的一般程序如下：

（1）根据生产特点和成本管理的要求，确定成本核算对象。

（2）确定成本项目。

企业计算产品生产成本，一般应当设置"原材料""燃料和动力""职工薪酬""车间经费"四个成本项目。

（3）设置有关成本和费用明细账。如生产成本明细账、制造费用明细账、产成品和自制半成品明细账等。

（4）收集确定各种产品的生产量、入库量、在产品盘存量以及材料、工时、动力消耗等，并对所有已发生费用进行审核。

（5）归集所发生的全部生产费用，并按照确定的成本计算对象予以分配，按成本项目计算各种产品的在产品成本、产成品成本和单位成本。

（6）结转产品销售成本。

为了进行产品成本和期间费用核算，企业一般应设置"生产成本""制造费用""主营业务成本""税金及附加""销售费用""管理费用""财务费用"等科目。如果需要单独核算废品损失和停工损失，还应设置"废品损失"科目和"停工损失"科目。

六、产品成本核算的要求

产品成本核算的要求如表 7-11 所示。

表7-11　产品成本核算的要求

要求	内容阐释说明
做好各项基础工作	为进行成本核算，企业应当建立健全各项原始记录，并做好各项材料物资的计量、收发、领退、转移、报废和盘点工作，包括材料物资收发领用、劳动用工和工资发放、机器设备交付使用以及水、电、暖等消耗的原始记录，并做好相应的管理工作以及定额的制定和修订工作等。同时，产品成本计算，往往需要以产品原材料和工时的定额消耗量和定额费用作为分配标准，因此，也需要制定或修订材料、工时、费用的各项定额，使成本核算具有可靠的基础。 企业应当充分利用现代信息技术，编制、执行企业产品成本预算，对执行情况进行分析、考核，落实成本管理责任制，加强对产品生产事前、事中、事后的全过程控制，加强产品成本核算与管理各项基础工作。
正确划分各种费用支出的界限	费用着重于按会计期间进行归集，一般以生产过程中取得的各种原始凭证为计算依据；成本着重于按产品进行归集，一般以成本计算单或成本汇总表及产品入库单等为计算依据，不包括期间费用。 为正确计算产品成本，必须正确划分以下方面的费用界限： （1）正确划分收益性支出和资本性支出的界限。 （2）正确划分成本费用、期间费用和营业外支出的界限。 （3）正确划分本期费用与以后期间费用的界限。 （4）正确划分各种产品成本费用的界限。 （5）正确划分本期完工产品与期末在产品成本的界限。 上述五方面费用的划分应当遵循受益原则，即谁受益谁负担、何时受益何时负担、负担费用应与受益程度成正比。上述费用划分的过程，也是产品成本的计算过程。
根据生产特点和管理要求选择适当的成本计算方法	产品成本的计算，关键是选择适当的产品成本计算方法。产品成本计算的方法必须根据产品的生产特点、管理要求及工艺过程等予以确定。否则，产品成本就会失去真实性，无法进行成本分析和考核。 目前，企业常用的产品成本计算方法有品种法、分批法、分步法、分类法、定额法、标准成本法等。
遵守一致性原则	企业产品成本核算采用的会计政策和会计估计一经确定，不得随意变更。 在成本核算中，各种处理方法要前后一致，使前后各项的成本资料相互可比。例如，企业应根据企业会计准则的规定正确确定固定资产的折旧方法、使用年限、预计净残值、无形资产的摊销方法、摊销期限等。各种方法一经确定，应保持相对稳定，不能随意变更。
编制产品成本报表	企业一般应当按月编制产品成本报表，全面反映企业生产成本、成本计划执行情况、产品成本及其变动情况等。 企业可以根据自身管理要求，确定成本报表的具体格式和列报方式。

七、产品成本的归集和分配

(一) 产品成本归集和分配的基本原则

　　企业所发生的生产费用，能确定由某一成本核算对象负担的，应当按照所对应的产品成本项目类别，直接计入产品成本核算对象的生产成本；由几个成本核算对象共同负担的，应当选择合理的分配标准分配计入。企业应当根据生产经营特点，以正常生产能力水平为基础，按照资源耗费方式确定合理的分配标准。具体如表7-12所示。

　　企业应当按照权责发生制的原则，根据产品的生产特点和管理要求结转成本。企业不得以计划成本、标准成本、定额成本等代替实际成本。企业采用计划成本、标准成本、定额成本等类似成本进行直接材料日常核算的，期末应当将耗用直接材料的计划成本或定额成本等类似成本调整为实际成本。

表 7-12　产品成本归集和分配的基本原则

原则	内容阐释说明
受益性原则	谁受益、谁负担，负担多少视受益程度而定。
及时性原则	要及时将各项成本费用分配给受益对象，不应将本应在上期或下期分配的成本费用分配给本期。
成本效益性原则	即成本分配所带来的效益要远大于分配成本。
基础性原则	即成本分配要以完整、准确的原始记录为依据。
管理性原则	即成本分配要有助于企业加强成本管理。

企业内部管理有相关要求的，还可以利用现代信息技术，在确定多维度、多层次成本核算对象的基础上，对有关费用进行归集、分配和结转。

【多项选择题】下列各项属于产品成本归集与分配的基本原则的有（　　）。

A. 及时性原则　　　　　　　　　　B. 准确性原则

C. 成本效益原则　　　　　　　　　D. 基础性原则

【答案】ACD

【点拨】产品成本归集和分配的基本原则有五个，分别为受益性原则、及时性原则、成本效益原则、基础性原则和管理性原则。

（二）要素费用的归集和分配

制造业企业的生产费用按照经济内容可划分为以下要素费用，即外购材料、外购燃料、外购动力、职工薪酬、折旧费、利息、税金和其他费用。按照要素费用分类核算制造业企业的费用，反映了制造业企业在一定时期内发生了哪些费用及其金额，可以用于分析各时期费用的构成和各要素费用所占的比重，进而分析考核各时期各种要素费用计划的执行情况。

1. 成本核算的科目设置

（1）"生产成本"科目。该科目核算企业进行工业性生产发生的各项生产成本，包括生产各种产品（产成品、自制半成品等）、自制材料、自制工具、自制设备等。该科目借方反映所发生的各项生产费用，贷方反映完工转出的产品成本，期末借方余额反映尚未加工完成的各项在产品的成本。该科目应按产品品种等成本核算对象设置基本生产成本和辅助生产成本明细科目。

基本生产成本应当分别按照基本生产车间和成本核算对象（产品的品种、类别、订单、批别、生产阶段等）设置明细账（或成本计算单），并按规定的成本项目设置专栏（见表 7-13）。

辅助生产是为基本生产服务而进行的产品生产和劳务供应。该科目按辅助生产车间和提供的产品、劳务分设辅助生产成本明细账，按辅助生产的成本项目分设专栏。期末，将共同负担的生产费用按照一定的分配标准分配给各受益对象。

（2）"制造费用"科目。制造费用是指制造业企业为生产产品（或提供劳务）而发生的，应计入产品成本但没有专设成本项目的各项间接生产费用。

本科目核算企业生产车间（部门）为生产产品和提供劳务而发生的各项间接生产

表 7–13　基本生产成本明细账
(产品成本明细账)

车间：第一车间

产品：A
单位：元

月	日	摘要	产量（件）	直接材料	直接人工	制造费用	成本合计
5	31	在产品费用		35000	4000	7500	46500
6	30	本月生产费用		420000	23000	47000	490000
6	30	生产费用累计		455000	27000	54500	536500
6	30	本月完工产品成本	200	400000	20000	40000	460000
6	30	完工产品单位成本		2000	100	200	2300
6	30	在产品费用		55000	7000	14500	76500

费用，以及虽然直接用于产品生产但管理上不要求或不便于单独核算的生产费用。企业可按不同的生产车间、部门和费用项目进行明细核算。期末，将共同负担的制造费用按照一定的标准分配计入各成本核算对象，除季节性生产外，本科目期末应无余额。

对小型制造企业而言，也可以将"生产成本"和"制造费用"两个会计科目合并为"生产费用"会计科目，下设"基本生产成本""辅助生产成本""制造费用"三个二级明细科目。单独核算废品损失和停工损失的企业，还可以另外增设相应的明细科目。

2. 材料、燃料、动力的归集和分配

(1)材料、燃料、动力的归集和分配。

制造业企业发生的直接材料，能够直接计入成本核算对象的，应当直接计入成本核算对象的生产成本，否则应当按照合理的分配标准分配计入。

制造业企业外购燃料和动力的，应当根据实际耗用数量或者合理的分配标准对燃料和动力费用进行归集分配，生产部门直接用于生产的燃料和动力，直接计入生产成本。生产部门间接用于生产（如照明、取暖）的燃料和动力，计入制造费用。

无论是外购的，还是自制的，发生材料、燃料和动力等各项要素费用时，对于直接用于产品生产、构成产品实体的原材料，一般分产品领用，应根据领退料凭证直接计入相应产品成本的"直接材料"项目。

对于不能分产品领用的材料，如化工生产中为几种产品共同耗用的材料，需要采用适当的分配方法，分配计入各相关产品成本的"直接材料"成本项目。分配标准的选择可依据材料消耗与产品的关系，对于材料、燃料耗用量与产品重量、体积有关的，按其重量或体积分配，如以生铁为原材料生产各种铁铸件，应以生产的铁铸件的重量比例为分配依据，燃料也可以按照所耗用的原材料作为分配标准，动力一般按用电（或水）度（或吨）数，也可按产品的生产工时或机器工时进行分配。相应的计算公式为：

$$\text{材料、燃料、动力费用分配率} = \frac{\text{材料、燃料、动力消耗总额}}{\text{分配标准（如产品重量、耗用的原材料、生产工时等）}}$$

某种产品应负担的材 该产品的重量、耗用的 材料、燃料、
料、燃料、动力费用 $=$ 原材料、生产工时等 $\times$ 动力费用分配率

在消耗定额比较准确的情况下，原材料、燃料也可按照产品的材料定额消耗量比例或材料定额费用比例进行分配。

按材料定额消耗量比例分配材料费用的计算公式如下：

某种产品材料定额消耗量 $=$ 该种产品实际产量 $\times$ 单位产品材料消耗定额

$$材料消耗量分配率 = \frac{材料实际消耗量}{各种产品材料定额消耗量之和}$$

某种产品应分配的材料费用 $=$ 该产品的材料定额消耗量 $\times$ 材料消耗量分配率 $\times$ 材料单价

【单项选择题】 某工业企业某月生产甲、乙两种产品，共同耗用 A 原材料，耗用量无法按产品直接划分。甲产品投产 100 件，原材料消耗定额为 5 千克；乙产品投产 150件，原材料消耗定额为 2 千克。甲、乙两种产品实际消耗 A 原材料总量为 320 千克，单价为 20 元/千克。则甲产品应分配的材料费用为（　　）元。

A. 4000　　　　B. 2400　　　　C. 200　　　　D. 120

【答案】 A

【点拨】 甲产品的材料消耗定额 $=100 \times 5 = 500$（千克），乙产品的材料消耗定额 $=150 \times 2 = 300$（千克），原材料费用分配率 $=320 \times 20 \div (500 + 300) = 8$（元/千克），甲产品分配的材料费用 $=8 \times 500 = 4000$（元）。

【单项选择题】（2017）某企业本月投产甲产品 50 件，乙产品 100 件，生产甲、乙两种产品共耗用材料 4500 千克，单价为 20 元/千克，每件甲、乙两种产品材料消耗定额分别为 50 千克和 15 千克，按材料定额消耗量比例分配材料费用，甲产品分配的材料费用为（　　）元。

A. 50000　　　　B. 30000　　　　C. 33750　　　　D. 56250

【答案】 D

【点拨】 甲产品应分配的材料费用 $=4500 \times 20 \div (50 \times 50 + 100 \times 15) \times 50 \times 50 = 56250$（元）。

（2）材料、燃料、动力分配的账务处理。材料、燃料、动力费用的分配，一般通过材料、燃料、动力分配表进行，这种分配表应根据领退料凭证和有关资料编制，其中，退料凭证的数额可以从相应的领料凭证的数额中扣除；对外购电力而言，应根据有关的转账凭证或付款凭证等资料编制。

【单项选择题】 某企业生产 A、B 两种产品的外购动力消耗定额分别为 4 工时和 6.5工时。6 月生产 A 产品 500 件，B 产品 400 件，共支付动力费 11040 元。该企业按定额消耗量比例分配动力费，当月 A 产品应分配的动力费为（　　）元。

A. 3840　　　　B. 4800　　　　C. 61343　　　　D. 6240

【答案】 B

【点拨】 动力消耗定额分配率 $=11040 \div (500 \times 4 + 400 \times 6.5) = 2.4$（元/工时）

A 产品应分配的动力费 $=2.4 \times 500 \times 4 = 4800$（元）

3. 职工薪酬的归集和分配

职工薪酬是企业在生产产品或提供劳务活动过程中所发生的各种直接和间接人工费用的总和。

对于职工薪酬的分配，实务中通常有两种处理方法：①按本月应付金额分配本月职工薪酬费用，该方法适用于月份之间职工薪酬差别较大的情况。②按本月支付职工薪酬金额分配本月职工薪酬费用，该方法适用于月份之间职工薪酬差别不大的情况。

（1）职工薪酬的归集和分配。

职工薪酬的归集必须有一定的原始记录作为依据：计时工资，以考勤记录中的工作时间记录为依据；计件工资，以产量记录中的产品数量和质量记录为依据；计时工资和计件工资以外的各种奖金、津贴、补贴等，按照国家和企业的有关规定计算。

工资结算和支付的凭证为工资结算单或工资单，为便于成本核算和管理，一般按车间、部门分别填制，是职工薪酬分配的依据。直接进行产品生产的生产工人的职工薪酬，直接计入产品成本的"直接人工"成本项目；不能直接计入产品成本的职工薪酬，按工时、产品产量、产值比例等方式进行合理分配，计入各有关产品成本的"直接人工"项目。相应的计算公式为：

生产职工薪酬费用分配率＝各种产品生产职工薪酬总额÷各种产品生产工时之和

某种产品应分配的生产职工薪酬＝该种产品生产工时×生产职工薪酬费用分配率

如果取得各种产品的实际生产工时数据比较困难，而各种产品的单件工时定额比较准确，也可按产品的定额工时比例分配职工薪酬，相应的计算公式如下：

某种产品耗用的定额工时＝该种产品投产量×单位产品工时定额

生产职工薪酬费用分配率＝各种产品生产职工薪酬总额÷各种产品定额工时之和

某种产品应分配的生产职工薪酬＝该种产品定额工时×生产职工薪酬费用分配率

【单项选择题】某企业本月生产完工甲产品200件，乙产品300件，月初月末均无在产品；该企业本月发生直接人工成本6万元，按定额工时比例在甲、乙产品之间进行分配；甲、乙产品的单位工时分别为7小时、2小时，本月甲产品应分配的直接人工成本为（ ）万元。

A. 2.4   B. 1.8   C. 3.6   D. 4.2

【答案】D

【点拨】甲产品应分配的直接人工成本＝$6 \times [(200 \times 7) \div (200 \times 7 + 300 \times 2)] = 4.2$（万元）。

（2）职工薪酬的账务处理。职工薪酬的分配应通过职工薪酬分配表进行。该表根据职工薪酬结算单和有关的分配标准等资料编制。

【单项选择题】生产产品工人的职工薪酬应计入（ ）科目。

A. 生产成本   B. 管理费用

C. 制造费用   D. 营业外支出

【答案】A

【点拨】生产工人的职工薪酬应直接计入"生产成本"科目。

【单项选择题】企业以现金支付行政管理人员生活困难补助 2000 元，应作的账务处理是（ ）。

A. 借：管理费用　　　　　　　　　　2000
　　　贷：库存现金　　　　　　　　　　　　2000

B. 借：其他业务成本　　　　　　　　2000
　　　贷：库存现金　　　　　　　　　　　　2000

C. 借：应付职工薪酬——福利　　　　2000
　　　贷：库存现金　　　　　　　　　　　　2000

D. 借：营业外支出　　　　　　　　　2000
　　　贷：库存现金　　　　　　　　　　　　2000

【答案】C

【点拨】以现金支付行政管理人员生活困难补助属于职工福利，会计处理为：
计提时：

借：管理费用　　　　　　　　　　　2000
　　贷：应付职工薪酬——福利　　　　　　　2000

支付时：

借：应付职工薪酬——福利　　　　　2000
　　贷：库存现金　　　　　　　　　　　　　2000

故本题答案为选项 C。

【判断题】如果带薪缺勤属于长期带薪缺勤的，企业应当作为其他长期职工福利处理。（ ）

【答案】√

【单项选择题】某纺织企业为增值税一般纳税人，适用的增值税税率为 16%。该企业以其生产的服装作为福利发放给 100 名生产车间管理人员，每人一套。每套服装不含税售价为 350 元，成本为 280 元。不考虑其他因素，下列各项中该企业关于非货币性福利的会计处理结果正确的是（ ）。

A. 确认管理费用 40600 元　　　　　B. 确认增值税销项税额 4480 元

C. 确认主营业务收入 40600 元　　　D. 确认应付职工薪酬 40600 元

【答案】D

【点拨】计提时：

借：制造费用　　　　　　　　　　　40600
　　贷：应付职工薪酬　　　　　　　　　　　40600

发放时：

借：应付职工薪酬　　　　　　　　　40600
　　贷：主营业务收入　　　　　　　　　　　35000
　　　　应交税费——应交增值税（销项税额）　5600

借：主营业务成本　　　　　　　　　28000
　　贷：库存商品　　　　　　　　　　　　　28000

4. 辅助生产费用的归集和分配

（1）辅助生产费用的归集。辅助生产费用的归集通过辅助生产成本总账及明细账进行。一般按车间及产品和劳务设立明细账。当辅助生产发生各项生产费用时计入"辅助生产成本"科目及其明细科目。一般情况下，辅助生产的制造费用，与基本生产的制造费用一样，先通过"制造费用"科目进行单独归集，然后再转入"辅助生产成本"科目。对于辅助生产车间规模很小、制造费用很少且辅助生产不对外提供产品和劳务的，为简化核算工作，辅助生产的制造费用也可以不通过"制造费用"科目，而直接计入"辅助生产成本"科目。

（2）辅助生产费用的分配及账务处理。辅助生产费用的分配应通过辅助生产费用分配表进行。辅助生产费用的分配方法很多，通常采用直接分配法、交互分配法、计划成本分配法、顺序分配法和代数分配法等（见表7-14）。

表 7-14　辅助生产费用的分配方法

方法	特点	内容阐释说明
直接分配法	直接分配法不考虑各辅助生产车间之间相互提供劳务或产品的情况，而是将各种辅助生产费用直接分配给辅助生产以外的各受益单位。	采用此方法，各辅助生产费用只进行对外分配，分配一次，计算简单，但分配结果不够准确。此方法适用于辅助生产内部相互提供产品和劳务不多、不进行费用的交互分配、对辅助生产成本和企业产品成本影响不大的情况。
交互分配法	交互分配法是指辅助生产费用通过两次分配完成，首先将辅助生产明细账上的合计数根据各辅助生产车间、部门相互提供的劳务或产品数量计算分配率，在辅助生产车间进行交互分配；然后将各辅助生产车间交互分配后的实际费用（即交互前的费用加上交互分配转入的费用，减去交互分配转出的费用），再按提供的劳务量或产品量在辅助生产车间以外的各受益单位之间进行分配。	这种分配方法的优点是提高了分配的正确性，但同时加大了分配的工作量。
计划成本分配法	计划成本分配法是指辅助生产为各受益单位提供的劳务或产品，都按劳务或产品的计划单位成本进行分配，辅助生产车间实际发生的费用与按计划单位成本分配转出的费用之间的差额采用简化计算方法全部计入管理费用。	这种方法便于考核和分析各受益单位的成本，有利于分清各单位的经济责任，但成本分配不够准确。 这种分配方法适用于辅助生产劳务或产品计划单位成本比较准确的企业。
顺序分配法	顺序分配法也称梯形分配法是指按照辅助生产车间受益多少的顺序分配生产费用，受益少的先分配，受益多的后分配，先分配的辅助生产车间不负担后分配的辅助生产车间的生产费用。	此种分配方法适用于各辅助生产车间之间相互受益程度有明显顺序的企业。
代数分配法	代数分配法是指先根据解联立方程的原理，计算辅助生产劳务或产品的单位成本，然后根据各受益单位耗用的数量和单位成本分配辅助生产费用。	此方法有关费用的分配结果最正确，但在辅助生产车间较多的情况下，未知数也较多，计算工作比较复杂，因此，本方法适用于已经实现会计电算化的企业。

【单项选择题】下列属于辅助生产费用分配方法的是（　　）。

A. 约当产量法　　　　　　　　　　B. 交互分配法

C. 定额成本法　　　　　　　　　　D. 定额比例法

【答案】 B

【点拨】选项 A、C、D 属于生产成本在在产品与完工产品之间分配的方法。

【单项选择题】下列各项中，属于辅助生产费用分配方法的是（　　）。

A. 计划成本分配法　　　　　　　　B. 在产品按定额成本计价法

C. 在产品按所耗直接材料成本计价法　D. 在产品按固定成本计算法

【答案】 A

【点拨】辅助生产费用的分配方法主要有直接分配法、交互分配法、计划成本分配法、顺序分配法和代数分配法等。

【多项选择题】下列各种方法中，属于辅助生产成本分配方法的有（　　）。

A. 交互分配法　　　　　　　　　　B. 直接分配法

C. 约当产量法　　　　　　　　　　D. 机器工时比例法

【答案】 AB

【点拨】选项 C，约当产量法属于生产成本在完工产品和在产品成本之间的分配；选项 D 项，机器工时比例法属于制造费用的分配方法。

【单项选择题】下列各项中，不属于辅助生产费用分配方法的是（　　）。

A. 售价法　　　　　　　　　　　　B. 交互分配法

C. 直接分配法　　　　　　　　　　D. 计划成本分配法

【答案】 A

【点拨】售价法是关联产品成本的分配方法，选项 A 错误。

【多项选择题】下列关于辅助生产费用分配方法的表述，不正确的有（　　）。

A. 采用顺序分配法，辅助生产车间受益多的先分配，受益少的后分配

B. 采用计划成本分配法，辅助生产费用需进行对外和对内的分配

C. 采用直接分配法，实际发生的费用与分配转出的计划费用之间的差额计入制造费用

D. 采用交互分配法，辅助生产费用需要经过两次分配完成

【答案】 AC

【点拨】顺序分配法下，受益少的先分配，受益多的后分配，选项 A 错误；直接分配法下不会出现实际发生的费用和计划费用之分，选项 C 描述的是计划成本分配法，其差额应该计入"管理费用"科目。

【判断题】交互分配法下，交互分配后的费用等于交互分配前的费用加上交互分配转出的费用，减去交互分配转入的费用。（　　）

【答案】 ×

【点拨】在交互分配法下，交互分配后的费用等于交互分配前的费用加上交互分配转入的费用，减去交互分配转出的费用。

【单项选择题】 L 企业有供水和供电两个辅助生产车间。供电车间待分配费用

12000 元，供水车间待分配费用 2000 元。供电车间提供电力 60000 度，其中供水车间耗用 10000 度。供水车间提供水资源 8000 吨，其中供电车间耗用 4000 吨。基本生产车间和管理部门耗电分别为 38000 度和 12000 度；基本生产车间和管理部门耗水分别为 3000 吨和 1000 吨。L 企业采用交互分配法分配辅助生产费用。

则供水车间对外费用分配率和供电车间对外费用分配率分别为（ ）。

A. 0.2 　　　B. 0.22 　　　C. 0.25 　　　D. 0.75

【答案】BD

【点拨】（1）交互分配。

供电车间交互分配率=供电车间待分配费用÷供电车间提供的劳务总量=12000÷60000=0.2（元/度）

供水车间交互分配率=供水车间待分配费用÷供水车间提供的劳务总量=2000÷8000=0.25（元/吨）

供电车间应承担的交互费用=供电车间耗用供水车间的劳务量×供水车间交互分配率=4000×0.25=1000（元）

供水车间应承担的交互费用=供水车间耗用供电车间的劳务量×供电车间交互分配率=10000×0.2=2000（元）

供电车间交互分配后的实际辅助生产费用=供电车间待分配费用+供电车间交互转入费用−供电车间交互转出费用=12000+1000−2000=11000（元）

供水车间交互分配后的实际辅助生产费用=供水车间待分配费用+供水车间交互转入费用−供水车间交互转出费用=2000+2000−1000=3000（元）

（2）对外分配。

供电车间对外费用分配率=供电车间交互分配后的实际辅助生产费用÷供电车间对外提供的劳务总量=11000÷50000=0.22

供水车间对外费用分配率=供水车间交互分配后的实际辅助生产费用÷供水车间对外提供的劳务总量=3000÷4000=0.75

【判断题】交互分配法的特点是辅助生产费用通过一次分配即可完成，减轻分配工作量。（ ）

【答案】×

【点拨】交互分配法是对各辅助生产车间的成本费用进行交互分配和直接两次分配。

【单项选择题】某企业有甲、乙两个辅助生产车间，采用交互分配法分配辅助生产费用。某月交互分配前，甲、乙间归集的辅助生产费用分别为 89000 元和 90000 元。甲车间向乙车间交互分配辅助生产费用 3200 元，乙车间向甲车间交互分配辅助生产费用 2000 元。当月，甲车间向辅助生产车间以外的受益部门分配的辅助生产费用为（ ）元。

A. 85000 　　　B. 84000 　　　C. 85500 　　　D. 87800

【答案】D

【点拨】甲车间向辅助生产车间以外的受益部门分配的辅助生产费用=89000−3200+2000=87800（元）。

【单项选择题】某工业企业下设供水、供电两个辅助生产车间，采用交互分配法进行辅助生产费用的分配。2018 年 4 月，供水车间交互分配前实际发生的生产费用为 90000 元，应负担供电车间的电费为 27000 元；供水总量为 500000 吨（其中，供电车间耗用 50000 吨，基本生产车间耗用 350000 吨，行政管理部门耗用 100000 吨）。供水车间 2018 年 4 月对辅助生产车间以外的受益单位分配水费的总成本为（　　　）元。

　　A. 90000　　　　　　B. 117000　　　　　　C. 27000　　　　　　D. 108000

【答案】D

【点拨】本题考查交互分配法的核算。本题中交互分配前供水车间实际发生的费用为 90000 元；应负担供电车间的电费为 27000 元；供电车间耗用水 50000 吨，应负担的费用 = 90000 ÷ 500000 × 50000 = 9000（元），所以，供水车间对辅助生产车间以外的受益单位分配水费的总成本 = 90000 + 27000 - 9000 = 108000（元）。

【判断题】采用交互分配法分配辅助生产费用时，对外分配的辅助生产费用，应为交互分配前的费用加上交互分配时分配转入的费用。（　　　）

【答案】×

【点拨】采用交互分配法分配辅助生产费用时，对外分配的辅助生产费用，应为交互分配前的费用加上交互分配时分配转入的费用，减去交互分配转出的费用。

【判断题】顺序分配法中，受益多的先分配，受益少的后分配，先分配的辅助生产车间也要负担后分配的辅助生产车间的费用。（　　　）

【答案】×

【点拨】顺序分配法也称梯形分配法，按照辅助生产车间受益多少的顺序分配费用，受益少的先分配，受益多的后分配，先分配的辅助生产车间不负担后分配的辅助生产车间的费用。

【多项选择题】辅助生产费用按顺序分配法分配时下列说法正确的有（　　　）。

　　A. 应先分配受益少的，后分配受益多的

　　B. 应先分配受益多的，后分配受益少的

　　C. 受益少的辅助部门不负担受益多的部门的分配

　　D. 受益多的辅助部门不负担受益少的部门的分配

【答案】AC

【点拨】顺序分配法也称梯形分配法，按照辅助生产车间受益多少的顺序分配费用，受益少的先分配，受益多的后分配，先分配的辅助生产车间不负担后分配的辅助生产车间的费用。

【单项选择题】X 企业设有机修和供电两个辅助生产车间。2018 年 5 月在分配辅助生产费用以前，机修车间发生费用 1200 万元，按修理工时分配费用，提供修理工时 500 小时，其中，供电车间耗用 20 小时。供电车间发生费用 2400 万元，按耗电度数分配费用，提供供电度数 20 万度，其中，修理车间耗用 4 万度。采用顺序分配法分配辅助生产费用。机修车间待分配费用总额为（　　　）万元。

　　A. 2400　　　　　　B. 2480　　　　　　C. 1680　　　　　　D. 1920

【答案】C

【点拨】根据题目可知，由于供电车间耗用的劳务费用〔1200÷500×20＝48（万元）〕少于机修车间耗用的劳务费用（2400÷20×4＝480（万元）〕，因此，供电车间应先分配费用。所以供电车间分配的费用总额为当期5月发生的费用2400万元，分配时机修车间承担的费用＝2400÷20×4＝480（万元），即转入到机修车间的费用，所以机修车间在进行分配时，分配的费用总额＝1200＋480＝1680（万元）。

【多项选择题】顺序分配法也称梯形分配法，是指按照辅助生产车间受益多少的顺序分配费用。下列关于顺序分配法的说法中，正确的有（　　）。

A. 受益少的先分配，受益多的后分配

B. 受益多的先分配，受益少的后分配

C. 受益最少的辅助车间不接受其他辅助车间的分配

D. 受益最多的辅助车间要接受其他所有辅助车间的分配

【答案】ACD

【点拨】采用辅助生产费用的顺序分配法（梯形分配法）时，各种辅助生产车间之间的费用分配应按照辅助生产车间受益多少的顺序排列。受益少的排列在前，受益多的排列在后，并依次向后面各车间、部门分配，后面的辅助生产车间费用不再对前面的辅助生产车间进行分配。

【判断题】（2017）企业采用顺序分配法分配辅助生产费用时，受益多的辅助生产车间先分配，受益少的辅助生产车间后分配。（　　）

【答案】×

【点拨】企业采用顺序分配法分配辅助生产费用时，受益少的辅助生产车间先分配，受益多的辅助生产车间后分配。

【判断题】采用顺序分配法分配辅助生产费用时，应按辅助生产车间受益多少的顺序排列，受益少的排列在先，先将费用分配出去，受益多的排列在后，后将费用分配出去。（　　）

【答案】√

【判断题】在辅助生产费用的各种分配方法中，便于考核和分析各受益单位的成本、有利于分清各单位经济责任的是顺序分配法。（　　）

【答案】×

【点拨】便于考查和分析各受益单位的成本、有利于分清各单位经济责任的分配法是计划成本分配法。

【判断题】辅助生产费用按计划成本分配法分配计入基本生产成本的费用与其他分配方法分配计入本生产成本的费用总额相同。（　　）

【答案】×

【点拨】按计划成本分配法，辅助生产车间实际发生的费用与按计划单位成本分配转出的费用之间的差额全部计入管理费用。

【单项选择题】计划成本分配法的特点是。（　　）

A. 按照辅助生产车间受益多少的顺序分配费用

B. 辅助生产车间生产的产品或劳务按照计划单位成本计算、分配

C. 直接将辅助生产车间发生的费用分配给辅助生产车间以外的各个受益单位或产品

D. 根据各辅助生产车间相互提供的产品或劳务的数量和成本分配率，在各辅助生产车间之间进行一次交互分配

【答案】B

【点拨】计划成本分配法的特点是辅助生产车间生产的产品或劳务按照计划单位成本计算、分配。

【单项选择题】企业采用计划成本分配法分配辅助生产费用，辅助生产车间实际发生的生产费用与按计划成本分配转出的费用之间的差额，应计入（　　）科目。

A. 生产成本　　　　B. 制造费用　　　　C. 管理费用　　　　D. 销售费用

【答案】C

【点拨】辅助生产车间实际发生的费用（包括辅助生产内部交互分配转入的费用）与按计划单位成本分配转出的费用之间的差额采用简化计算方法全部计入管理费用。计划成本分配法便于考查和分析各受益单位的成本，有利于分清各单位的经济责任，但成本分配不够准确，适用于辅助生产劳务计划单位成本比较准确的企业。

【单项选择题】A 工业企业设有机修和供水两个辅助生产车间。2018 年 6 月，机修车间发生费用 2500 万元，提供修理工时 500 小时，其中供水车间耗用 30 小时；供水车间发生费用 1000 万元，供水总量为 50 万吨，其中机修车间耗用 6 万吨。假定机修车间每修理工时耗费 4.5 万元，供水车间每万吨水耗费 22 万元。A 企业采用计划成本分配法分配辅助生产费用，下列说法正确的是（　　）。

A. 机修车间的实际成本为 2632 万元

B. 供水车间分配机修车间的费用为 120 万元

C. 机修车间分配供水车间的费用为 150 万元

D. 机修车间实际成本与计划成本的差异为 250 万元

【答案】A

【点拨】按计划单位成本分配，机修车间分配给供水车间的费用 = 30×4.5 = 135（万元），供水车间分配给机修车间的费用 = 22×6 = 132（万元）。机修车间的实际成本 = 待分配费用 + 按计划分配率从供水车间分配转入的费用 = 2500 + 132 = 2632（万元），机修车间计划成本 = 500×4.5 = 2250（万元），机修车间实际成本与计划成本的差异 = 2632 - 2250 = 382（万元）。

【单项选择题】下列各项中，在不考虑各辅助生产车间相互提供劳务或产品的情况下，将各种辅助生产费用直接分配给辅助生产以外的各受益单位的分配方法是（　　）。

A. 交互分配法　　　　B. 计划成本分配法

C. 代数分配法　　　　D. 直接分配法

【答案】D

【点拨】直接分配法对辅助生产车间之间互相提供的劳务不进行费用分配，只分配给除辅助生产车间以外的各收益单位，是辅助生产费用最基本的分配方法。

【单项选择题】X 公司有供电和供水两个辅助生产车间，2018 年 1 月供电车间供电 80000 度，费用 120000 元，供水车间供水 6200 吨，费用 58000 元，供电车间耗用水

300 吨，供水车间耗用电 600 度，X 公司采用直接分配法进行核算，则 2018 年 1 月供水车间的分配率是（　　）。

A. 9.375　　　　　　　B. 9.625　　　　　　C. 9.2　　　　　　D. 9.83

【答案】D

【点拨】供水车间的分配率=供水车间待分配费用÷各辅助车间以外的受益对象接受该供水车间提供的劳务总量=58000÷（6200-300）=9.83（元/吨）。

【单项选择题】下列各项中，在不考虑各辅助生产车间之间相互提供劳务或产品的情况下，将各辅助生产费用直接分配给辅助生产以外的各受益单位的分配方法是（　　）。

A. 代数分配法　　　　　　　　　　B. 交互分配法

C. 直接分配法　　　　　　　　　　D. 计划成本分配法

【答案】C

【点拨】直接分配法不考虑各辅助生产车间之间相互提供劳务或产品的情况，而将各辅助生产费用直接分配给辅助生产以外的各受益单位。

5. 制造费用的归集和分配

（1）制造费用的归集。制造费用的内容比较复杂，包括物料消耗，车间管理人员的薪酬，车间管理用房屋和设备的折旧费、租赁费和保险费，车间管理用具摊销，车间管理用的照明费、水费、取暖费、劳动保护费、设计制图费、试验检验费、差旅费、办公费以及季节性和修理期间停工损失等。

为了减少费用项目，简化核算工作，可将性质相同的费用合并设立相应的费用项目，如将用于产品生产的固定资产的折旧费合并设立"折旧费"项目，也可根据费用比重大小和管理上的要求另行设立制造费用项目。但是，为了使各期成本、费用资料可比，制造费用项目一经确定，不应任意变更。

"制造费用"科目应当根据有关付款凭证、转账凭证和前述各种成本分配表登记；此外，还应按不同的车间设立明细账，账内按照成本项目设立专栏，分别反映各车间各项制造费用的发生情况和分配转出情况。基本生产车间和辅助生产车间发生的直接用于生产、但没有专设成本项目的各种材料成本以及用于组织和管理生产活动的各种材料成本，一般应借记"制造费用"及其明细科目（基本生产车间或辅助生产车间）的相关成本项目，贷记"原材料"等科目；基本生产车间和辅助生产车间管理人员的工资、福利费等职工薪酬，应计入"制造费用"科目和所属明细科目的借方，同时，贷记"应付职工薪酬"科目。月末，应按照一定的方法将通过"制造费用"科目归集的制造费用从贷方分配转入有关成本核算对象。

【判断题】企业归集制造费用经分配后，"制造费用"科目及其所属明细账都没有月末余额。（　　）

【答案】×

【点拨】制造费用归集和分配，除了采用年度计划分配率分配法的企业外，"制造费用"科目及其所属明细账都没有余额。

【多项选择题】（2017）某企业为生产多种产品的制造企业，下列各项中，通过"制造费用"科目核算的有（　　）。

A. 车间房屋和机器设备的折旧费　　B. 支付用于产品生产的材料费用
C. 生产工人的工资和福利费　　D. 季节性停工损失

【答案】AD

【点拨】选项 B、C 计入生产成本。

【多项选择题】下列各项中，属于制造费用的有（　　）。

A. 季节性停工损失　　B. 生产车间机器的日常修理费
C. 生产车间机物料消耗　　D. 生产车间机器的折旧费

【答案】ACD

【点拨】生产车间机器的日常修理费计入管理费用。

【判断题】车间管理人员的工资和福利费不属于直接工资，因而不能计入产品成本，应计入管理费用。（　　）

【答案】×

【点拨】车间管理人员的工资和福利费应计入制造费用，然后转入生产成本，最终分配计入相关产品的成本中。

【单项选择题】下列各项中，不应计入制造费用的是（　　）。

A. 生产工人工资　　B. 生产车间设备租赁费
C. 生产工人劳动保护费　　D. 生产车间财产保险费

【答案】A

【点拨】本题考查制造费用的核算内容。生产工人工资应计入"生产成本"科目。

（2）制造费用的分配。制造费用一般应先分配辅助生产的制造费用，将其计入辅助生产成本，然后再分配辅助生产费用，将其中应由基本生产负担的制造费用计入基本生产的制造费用，最后再分配基本生产的制造费用。制造费用应当按照车间分别进行，不应将各车间的制造费用汇总，在企业范围内统一分配。制造业企业发生的制造费用，应当按照合理的分配标准按月分配计入各成本核算对象的生产成本。制造业企业可以根据自身经营管理特点和条件，利用现代信息技术，采用作业成本法对不能直接归属于成本核算对象的成本进行归集和分配。

企业应当根据制造费用的性质合理选择分配方法。也就是说，企业所选择的制造费用分配方法，必须与制造费用的发生具有比较密切的相关性，并且使分配到每种产品上的制造费用金额基本合理，同时还应适当考虑计算手续的简便。制造费用的分配方法很多，通常采用生产工人工时比例法（或生产工时比例法）、生产工人工资比例法（或生产工资比例法）、机器工时比例法和按年度计划分配率分配法等。企业具体选用哪种分配方法，由企业自行决定。分配方法一经确定，不得随意变更。如需变更，应当在附注中予以说明。

制造费用常用计算公式概括如下：

制造费用分配率=制造费用总额÷各产品分配标准之和（如产品生产工时总数或生产工人定额工时总数、生产工人工资总和、机器工时总数、产品计划产量的定额工时总数）

某种产品应分配的制造费用=该种产品分配标准×制造费用分配率

其中，由于生产工时是分配间接费用的常用标准之一，因此，生产工人工时比例法较为常用；生产工人工资比例分配法适用于各种产品生产机械化程度相差不多的企业，如果生产工人工资是按生产工时比例分配，该方法实际上等同于生产工人工时比例法；机器工时比例法是按照各产品生产所用机器设备运转时间的比例分配制造费用的方法，适用于产品生产的机械化程度较高的车间；年度计划分配率分配法是按照年度开始前确定的全年度适用的计划分配率分配费用的方法，分配率计算公式的分母按定额工时计算，年度内如果发生的制造费用实际数与计划数差别较大，应及时调整计划分配率，该方法特别适用于季节性生产企业。

【判断题】采用年度计划分配率法分配制造费用，"制造费用"科目及所属明细账月末都应没有余额。（　　）

【答案】×

【点拨】本题考核制造费用的分配。采用年度计划分配率法分配制造费用，月末终了时不调整制造费用的实际数和计划数的差额，年度终了时再进行调整，所以月末制造费用明细科目很有可能有余额。

【单项选择题】某生产车间生产 A 和 B 两种产品，该车间共发生制造费用 60000 元，生产 A 产品生产工人工时为 3000 小时，生产 B 产品生产工人工时为 2000 小时。若按生产工人工时比例分配制造费用，A 和 B 两种产品应负担的制造费用分别为（　　）。

A. 36000 元和 24000 元　　　　　　B. 24000 元和 36000 元
C. 30000 元和 30000 元　　　　　　D. 40000 元和 20000 元

【答案】A

【点拨】制造费用分配 = 60000 ÷ (3000 + 2000) = 12（元/工时）；A 产品应负担的制造费用 = 3000 × 12 = 36000（元）；B 产品应负担的制造费用 = 2000 × 12 = 24000（元）。

【单项选择题】季节性生产企业特别适合的分配制造费用的分配标准是（　　）。

A. 生产产量比例分配法　　　　　　B. 生产工人工资比例分配法
C. 机器工时比例分配法　　　　　　D. 年度计划分配率法

【答案】D

【点拨】选项 A 项是常用的分配标准；选项 B 适用于各种产品生产机械化程度相差不多的企业；选项 C 适用于产品生产的机械化程度较高的车间；选项 D 特别适用于季节性生产企业。

【单项选择题】某企业本月发生车间管理人员工资 5 万元，产品生产人员工资 26 万元。本月生产 A 产品耗用机器工时 100 小时，生产 B 产品耗用机器工时 160 小时。该企业按机器工时比例分配制造费用。假设不考虑其他因素，本月 A 产品应分配的制造费用为（　　）万元。

A. 10　　　　　　B. 1.92　　　　　　C. 1.8　　　　　　D. 11.92

【答案】B

【点拨】产品生产人员工资 26 万元计入产品成本，因此本月制造费用总额为 5 万元，本月 A 产品应分配的制造费用 = 5 ÷ (100 + 160) × 100 = 1.92（万元）。

【单项选择题】某企业生产甲、乙两种产品，2018 年 10 月生产车间发生费用为：

产品直接耗用原材料 15 万元，车间管理人员薪酬 3 万元，车间生产设备折旧费 9 万元，该企业按生产工时比例在甲、乙产品之间分配制造费用，本月甲、乙产品耗用工时分别为 100 小时、50 小时，不考虑其他因素，甲产品应该分配的制造费用为（　　）万元。

A. 4　　　　　　　B. 8　　　　　　　C. 18　　　　　　　D. 9

【答案】B

【点拨】甲产品应分配的制造费用 = (3+9) ÷ (100+50) × 100 = 8（万元）。

【多项选择题】企业制造费用的分配方法通常包括（　　）。

A. 生产工人工时比例法　　　　　　B. 生产工人工资比例法

C. 机器工时比例法　　　　　　　　D. 年度计划分配率分配法

【答案】ABCD

【点拨】制造费用的分配方法很多，通常采用生产工人工时比例法（或生产工时比例法）、生产工人工资比例法（或生产工资比例法）、机器工时比例法和年度计划分配率分配法等。没有专设成本项目的各项生产费用，如车间管理人员的工资及提取的福利费、车间房屋建筑物和机器设备的折旧费、租赁费、修理费、机物料消耗、水电费、办公费以及停工损失、信息系统维护费等，生产车间耗用直接材料一律计入生产成本。

（3）制造费用的账务处理。制造费用的分配方法一经确定，不应任意变更。无论采用哪种分配方法，都应根据分配计算结果编制制造费用分配表，根据制造费用分配表进行制造费用分配的总分类核算和明细核算。相关会计分录如下：

借：生产成本

　　贷：制造费用

然后再将归集在辅助生产成本的费用按照辅助生产费用的方法进行分配，其中，分配给基本生产的制造费用在归集了全部基本生产车间的制造费用后，转入"基本生产成本"科目。

6. 废品损失和停工损失的核算

（1）废品损失的核算。废品损失是指在生产过程中发生的和入库后发现的不可修复废品的生产成本，以及可修复废品的修复费用，扣除回收的废品残料价值和应收赔款以后的损失。

经质量检验部门鉴定不需要返修、可以降价出售的不合格品，以及产品入库后由于保管不善等原因而损坏变质的产品和实行"三包"企业在产品出售后发现的废品均不包括在废品损失内。

为单独核算废品损失，企业应增设"废品损失"科目，在成本项目中增设"废品损失"项目。废品损失也可不单独核算，相应费用等体现在"生产成本——基本生产成本""原材料"等科目中。辅助生产一般不单独核算废品损失。

【多项选择题】应计入废品损失的有（　　）。

A. 生产过程中不可修复产品

B. 产品入库后发生的不可修复费用

C. 保管不善造成的产品毁坏

D. 经质量检查部门鉴定不需要返修、可以降价出售的不合格品

【答案】AB

【点拨】废品损失是指在生产过程中发生的和入库后发现的不可修复废品的生产成本，以及可修复废品的修复费用，扣除回收的废品残料价值和应收赔款以后的损失。经质量检验部门鉴定不需要返修、可以降价出售的不合格品，以及产品入库后由于保管不善等原因而损坏变质的产品和实行"三包"企业在产品出售后发现的废品均不包括在废品损失内。

【单项选择题】下列各项中，属于废品损失的是（　　）。

A. 可修复废品的修复费用

B. 可以降价出售的不合格品

C. 入库后由于保管不善而损坏变质的产品

D. 实行"三包"企业在产品出售后发现的废品

【答案】A

【点拨】废品损失是指在生产过程中发生的和入库后发现的不可修复废品的生产成本，以及可修复废品的修复费用，扣除回收的废品残料价值和应收赔款以后的损失。经质量检验部门鉴定不需要返修、可以降价出售的不合格品，以及产品入库后由于保管不善等原因而损坏变质的产品和实行"三包"企业在产品出售后发现的废品均不包括在废品损失内。

【多项选择题】下列各项中，应计入废品损失的有（　　）。

A. 不需要返修、可降价出售的不合格产品成本

B. 库存产成品因保管不善而损坏变质的产品成本

C. 产品入库后发现的不可修复废品的生产成本

D. 生产过程中发生的不可修复废品的生产成本

【答案】CD

【点拨】废品损失是指在生产过程中发生的和入库后发现的不可修复废品的生产成本以及可修复废品的修复费用，扣除回收的废品残料价值和应收赔款以后的损失。但是经质量检验部门鉴定不需要返修、可以降价出售的不合格品，以及产品入库后由于保管不善等原因而损坏变质的产品和实行"三包"企业在产品出售后发现的废品均不包括在废品损失内。选项A、B错误，选项C、D正确。

【判断题】废品损失包括生产过程中发生的和入库后发现的不可修复废品的生产成本，以及可修复废品的修复费用，扣除回收废品残料价值和应收赔偿款后的损失。（　　）

【答案】√

【判断题】不单独核算废品损失的企业，相应的费用直接反映在"制造费用"科目和"营业外支出"科目中。（　　）

【答案】×

【点拨】废品损失也可不单独核算，相应费用等体现在"基本生产成本""原材料"等科目中。

【单项选择题】结转废品净损失时，应借记的科目是（   ）。

A. 生产成本　　　　B. 制造费用　　　　　C. 废品损失　　　　D. 营业外支出

【答案】A

【点拨】结转废品净损失时，借记"生产成本——基本生产成本"科目，贷记"废品损失"科目。

【单项选择题】下列各项因素中，不影响企业废品净损失计算的是（   ）。

A. 可修复废品的修复费用　　　　　　B. 可修复废品返修前发生的生产费用

C. 不可修复废品的生产费用　　　　　D. 废品拆除后回收的残料价值

【答案】B

【点拨】可修复废品返修以前发生的费用，在"基本生产成本"总账科目及相应明细账中，不必转出，因为它不是废品损失；修复完成继续正常加工发生的费用也不是废品损失，应计入"基本生产成本"总账科目及相应明细账。

1) 不可修复废品损失。不可修复废品损失的生产成本，可按废品所耗实际费用计算，也可按废品所耗定额费用计算。废品损失采用按废品所耗实际费用计算时，要将废品报废前与合格品在一起计算的各项费用，采用适当的分配方法（见生产费用在完工产品和在产品之间的分配）在合格品与废品之间进行分配，计算出废品的实际成本，从"生产成本——基本生产成本"科目贷方转入"废品损失"科目借方。如果废品是在完工以后发现的，单位废品负担的各项生产费用应与单位合格产品完全相同，可按合格品产量和废品的数量比例分配各项生产费用，计算废品的实际成本。

废品损失采用按废品所耗定额费用计算不可修复废品成本时，废品的生产成本是按废品数量和各项费用定额计算的，不需要考虑废品实际发生的生产费用。

【判断题】不可修复废品损失的生产成本需要从"生产成本——基本生产成本"科目转出，而可修复废品返修以前发生的费用不需要从"生产成本——基本生产成本"科目转出。（   ）

【答案】√

【点拨】不可修复废品损失的生产成本需要从"生产成本——基本生产成本"科目转出，而可修复废品返修以前所发生的费用，不需要从"生产成本——基本生产成本"科目转出。题干叙述正确。

【单项选择题】某产品1月在生产过程中发现的不可修复废品的生产成本为800元，验收和入库后发现的不可修复废品的生产成本为400元，入库后存货发生损毁损失800元。可修复废品的修复费用为300元，回收废品残料的价值为100元。据此计算的该产品1月废品净损失是（   ）元。

A. 1000　　　　　B. 1100　　　　　C. 1400　　　　　D. 1500

【答案】C

【点拨】废品净损失 = 800 + 400 + 300 - 100 = 1400（元）。入库后存货发生损毁损失800元计入"管理费用"科目或"营业外支出"科目。

【单项选择题】某企业生产甲产品，完工入库后发现10件废品，其中3件为不可修复废品，7件为可修复废品。不可修复废品每件直接材料定额50元、直接人工20

元、制造费用 10 元、回收材料价值 120 元；修复 7 件可修复废品，共发生直接材料 140 元、直接人工 100 元、制造费用 80 元。假定废品净损失由当月同种产品负担，则应转入"生产成本——基本生产成本——甲产品"废品净损失的金额为（　　）元。

　　A. 120　　　　　　　B. 560　　　　　　　C. 280　　　　　　　D. 440

　　【答案】D

　　【点拨】不可修复废品的生产成本 = 3 × (50 + 20 + 10) = 240（元），因此，废品净损失 = 240 + 140 + 100 + 80 - 120 = 440（元）。

　　【单项选择题】某企业生产甲产品完工后发现 10 件废品，其中 4 件为不可修复废品，6 件为可修复废品，不可修复废品按定额成本计价，每件 250 元；回收材料价值 300 元，修复 6 件可修复废品，共发生直接材料 100 元，直接人工 120 元，制造费用 50 元，假定不可修复废品净损失由同种产品负担，应转入"生产成本——基本生产成本——甲产品"的废品净损失为（　　）元。

　　A. 700　　　　　　　B. 1000　　　　　　　C. 970　　　　　　　D. 270

　　【答案】C

　　【点拨】废品净损失 = 250 × 4 - 300 + 100 + 120 + 50 = 970（元）

　　2) 可修复废品损失。可修复废品返修以前发生的生产费用，不是废品损失，不需要计算其生产成本，而应留在"生产成本——基本生产成本"科目和所属有关产品成本明细账中，不需要转出。返修发生的各种费用，应根据各种费用分配表，借记"废品损失"科目。其回收的残料价值和应收的赔款，应从"废品损失"科目贷方分别转入"原材料"科目和"其他应收款"科目的借方。结转后"废品损失"的借方余额反映的是归集的可修复损失成本，应转入"生产成本——基本生产成本"科目的借方。

　　【单项选择题】某企业产品入库后发生可修复废品一批，生产成本 26 万元，返修过程中发生材料费 1.5 万元、人工费用 1 万元、制造费用 2.6 万元，废品残料作价 0.1 万元已回收入库。假定不考虑其他因素，该批可修复废品的净损失为（　　）万元。

　　A. 5.5　　　　　　　B. 31　　　　　　　C. 5　　　　　　　D. 21

　　【答案】C

　　【点拨】可修复废品的生产成本不属于废品损失，因此可修复产品净损失 = 可修复废品的修复费用 - 回收的废品残料价值 - 应收赔款 = (1.5 + 1 + 2.6) - 0.1 = 5（万元）。

　　【单项选择题】某企业产品入库后发现可修复废品一批，其生产成本为 3500 元。修复废品耗用直接材料 1000 元、直接人工 500 元、制造费用 800 元、回收残料计价 100 元、应收过失人赔款 100 元，假定不考虑其他因素，该批废品净损失为（　　）元。

　　A. 2100　　　　　　　B. 5600　　　　　　　C. 3600　　　　　　　D. 2300

　　【答案】A

　　【点拨】可修复废品返修以前发生的生产费用，不是废品损失，不需要计算其生产成本，而应留在"生产成本——基本生产成本"科目和所属有关产品成本明细账中，不需要转出。因此，该批废品净损失 = 1000（修复废品耗用直接材料）+ 500（直接人工）+ 800（制造费用）- 100（回收残料计价）- 100（过失人赔款）= 2100（元）。故选项 A 正确。

　　(2)停工损失的核算。停工损失是指生产车间或车间内某个班组在停工期间发生的各项生产费用，包括停工期间发生的原材料费用、人工费用和制造费用等。

　　应由过失单位或保险公司负担的赔款，应从停工损失中扣除。不满1个工作日的停工，一般不计算停工损失。企业的停工可以分为正常停工和非正常停工。正常停工包括季节性停工、正常生产周期内的修理期间的停工、计划内减产停工等；非正常停工包括原材料或工具等短缺停工、设备故障停工、电力中断停工、自然灾害停工等。季节性停工、修理期间的正常停工费用在产品成本核算范围内，应计入产品成本。非正常停工费用应计入企业当期损益。

　　单独核算停工损失的企业，应增设"停工损失"科目，在成本项目中增设"停工损失"项目，根据停工报告单和各种费用分配表、分配汇总表等有关凭证，将停工期内发生、应列作停工损失的费用计入"停工损失"科目的借方进行归集；应由过失单位及过失人员或保险公司负担的赔款，应从该科目的贷方转入"其他应收款"等科目的借方。期末，将停工净损失从该科目贷方转出，属于自然灾害部分转入"营业外支出"科目的借方；应由本月产品成本负担的部分，则转入"生产成本——基本生产成本"科目的借方，在停工的车间生产多种产品时，还要采用合理的分配标准，分配计入该车间各产品成本明细账"停工损失成本"项目。"停工损失"科目月末无余额。

　　不单独核算停工损失的企业，不设置"停工损失"科目，直接反映在"制造费用"和"营业外支出"等科目中。辅助生产一般不单独核算停工损失。

　　季节性生产企业在停工期间发生的制造费用，应当在开工期间进行合理分摊，连同开工期间发生的制造费用，一并计入产品的生产成本。

　　【判断题】计划内减产停工造成的损失应当计入企业当期损益。(　　)

　　【答案】×

　　【点拨】计划内减产停工属于正常停工损失，正常停工费用在产品成本核算范围内，应计入产品成本。非正常停工费用应计入当期损益。

　　【判断题】应由本期产品成本负担的停工损失，应计入生产成本。(　　)

　　【答案】√

　　【点拨】应由本期产品成本负担的停工损失，应计入生产成本。属于自然灾害造成的停工损失计入营业外支出。

　　【判断题】不单独核算停工损失的企业，应将发生的停工损失直接计入"制造费用"和"营业外支出"等科目中。(　　)

　　【答案】√

　　【点拨】不单独核算停工损失的，停工期间发生的费用直接在"制造费用"和"营业外支出"等科目中反映。

　　【单项选择题】某公司发生停工，停工期间发生的原材料损耗6000元，应分摊的人工费用2700元，应分摊的水电费500元，该停工损失应由保险公司赔偿1800元，经证实该停工由持续暴雨引起，假定不考虑其他因素，下列关于停工损失会计处理正确的是(　　)。

　　A.净停工损失7400元，计入营业外支出

B. 净停工损失 7400 元，计入基本生产成本

C. 净停工损失 11000 元，计入营业外支出

D. 净停工损失 11000 元，计入基本生产成本

【答案】A

【点拨】净停工损失 = 6000 + 2700 + 500 - 1800 = 7400（元），由于是持续暴雨导致停工损失，属于自然灾害导致的，计入"营业外支出"科目中。

【多项选择题】下列关于停工损失的说法中，正确的有（　　）。

A. 季节性停工在产品成本核算范围内，应计入产品成本

B. 非正常停工费用应计入产品成本

C. 停工损失属于自然灾害的部分转入"营业外支出"科目

D. 停工损失属于应由本月产品成本负担的部分计入"基本生产成本"科目

【答案】ACD

【点拨】非正常停工费用应计入当期损益，所以选项 B 错误。

【多项选择题】单独核算停工损失的企业，对于属于自然灾害导致的停工损失，应转入（　　）科目。

A. 生产成本——基本生产成本　　　B. 其他应收款

C. 营业外支出　　　　　　　　　　D. 制造费用

【答案】AC

【点拨】单独核算停工损失的企业，对于因自然灾害导致的停工损失转入"营业外支出"科目的借方，应由本月产品成本负担的部分转入"生产成本——基本生产成本"科目的借方。

【多项选择题】下列各项关于要素费用的归集和分配，表述正确的有（　　）。

A. 不满一个工作日的停工，一般不计算停工损失

B. 实行"三包"企业在产品出售后发现的废品应包括在废品损失内

C. 辅助生产成本采用计划成本分配，实际发生的费用与按计划成本分配转出的费用之间的差额应当全部计入当期损益

D. 制造费用分配的生产工人工时比例法适用于各种产品机械化程度差不多的企业

【答案】AC

【点拨】废品损失是指在生产过程中发生的和入库后发现的不可修复的生产成本，以及可修复废品的修复费用，扣除回收的废品残料价值和应收赔款以后的损失。经质量检验部门鉴定不需要返修、可以降价出售的不合格品，以及产品入库后由于保管不善等原因而损失变质的产品和实行"三包"企业在产品出售后发现的废品均不包括在废品损失内。选项 B 错误。生产工人工资比例法是按照计入各种产品成本的生产工人实际工资的比例分配制造费用的方法，这种方法适用于各种产品生产机械化程度相差不多的企业。选项 D 错误。

（三）生产费用在完工产品和在产品之间的归集和分配

1. 在产品数量的核算

在产品数量的核算是在产品成本的基础，在产品成本与完工产品成本之和就是产

品的生产费用总额。月末，产品成本明细账按照成本项目归集了相应的生产费用后，为确定完工产品总成本和单位成本，还应当将已经归集的产品成本在完工产品和月末在产品之间进行分配。为此，需要取得完工产品和在产品收发结存的数量资料。

在产品是指没有完成全部生产过程、不能作为商品销售的产品，包括正在车间加工中的在产品（包括正在返修的废品）和已经完成一个或几个生产步骤但还需要继续加工的半成品（包括未经验收入库的产品和等待返修的废品）两部分。不包括对外销售的自制半成品。对某个车间或生产步骤而言，在产品只包括该车间或该生产步骤正在加工中的那部分在产品。

为确定在产品结存的数量，企业需要做好两方面工作：①在产品收发结存的日常核算；②做好产品的清查工作。车间在产品收发结存的日常核算，通常通过在产品收发结存账进行。在产品清查工作应定期进行，也可以不定期轮流清查，车间没有建立在产品收发日常核算的，应当每月末清查一次在产品，以取得在产品的实际盘存资料，用来计算产品成本。清查结果，如在产品发生盘盈的，按盘盈在产品成本（一般按定额成本计算），借记"生产成本——基本生产成本"科目，贷记"待处理财产损溢——待处理流动资产损溢"科目，经批准后转入"制造费用"科目；如在产品发生盘亏和毁损的，借记"待处理财产损溢——待处理流动资产损溢"科目，贷记"生产成本——基本生产成本"科目，取得的残料，应借记"原材料"等科目，贷记"待处理财产损溢——待处理流动资产损溢"科目，经批准处理时，应分别转入相应科目，其中由于车间管理不善造成的损失，转入"制造费用"科目。因此，在产品盘存盈亏处理的核算，应在"制造费用"科目结账前进行。

2. 生产费用在完工产品和在产品之间的分配

每月末，当月"生产成本"明细账中按照成本项目归集了本月生产成本以后，这些成本就是本月发生的生产成本，并不是本月完工产品的成本。计算本月完工产品成本，还需要将本月发生的生产成本，加上月初在产品成本，然后再将其在本月完工产品和月末在产品之间进行分配，以求得本月完工产品成本。

完工产品、在产品成本之间的关系如下：

本月完工产品成本＝本月发生生产成本＋月初在产品成本－月末在产品成本

根据这一关系，结合生产特点，企业应当根据在产品数量的多少、各月在产品数量变化的大小、各项成本比重的大小，以及定额管理基础的好坏等具体条件，采用适当的分配方法将生产成本在完工产品和在产品之间进行分配。常用的分配方法有：不计算在产品成本法、在产品按固定成本计价法、在产品按所耗直接材料成本计价法、约当产量比例法、在产品按定额成本计价法、定额比例法、在产品按完工产品成本计价法等（见表7-15）。

表 7–15 生产费用在完工产品和在产品之间的分配方法

项目	内容阐释说明
不计算在产品成本法	采用不计算在产品成本法时，虽然月末有在产品，但不计算其成本。也就是说，这种产品每月发生的生产成本，全部由完工产品负担，其每月发生的成本之和即为每月完工产品成本。这种方法适用于各月末在产品数量很小的产品。
在产品按固定成本计价法	采用在产品按固定成本计价法，各月末在产品的成本固定不变。某种产品本月发生的生产成本就是本月完工产品的成本。但在年末，在产品成本不应再按固定不变的金额计价，否则会使按固定金额计价的在产品成本与其实际成本有较大差异，影响产品成本计算的正确性。因而在年末，应当根据实际盘点的在产品数量，具体计算在产品成本，据以计算 12 月产品成本。这种方法适用于月末在产品数量较多，但各月变化不大的产品或月末在产品数量很小的产品。
在产品按所耗直接材料成本计价法	采用在产品按所耗直接材料成本计价法，月末在产品只计算其所耗用的直接材料成本，不计算直接人工等加工成本，即产品的直接材料成本（月初在产品的直接材料成本与本月发生的直接材料成本之和）需要在完工产品和月末在产品之间进行分配，而生产产品本月发生的加工成本（如直接人工、制造费用）全部由完工产品成本负担。这种方法适用于各月末在产品数量较多，各月在产品数量变化也较大，直接材料成本在生产成本中所占比重较大且材料在生产开始时一次就全部投入的产品。
约当产量比例法	采用约当产量比例法，应将月末在产品数量按其完工程度折算为相当于完工产品的产量，即约当产量，然后将产品应负担的全部成本按照完工产品产量与月末在产品约当产量的比例分配计算完工产品成本和月末在产品成本。这种方法适用于产品数量较多，各月在产品数量变化也较大，且生产成本中直接材料成本和直接人工等加工成本的比重相差不大的产品。其计算公式如下： 在产品约当产量 = 在产品数量 × 完工程度 单位成本 =（月初在产品成本 + 本月发生生产成本）÷（完工产品产量 + 在产品约当产量） 完工产品成本 = 完工产品产量 × 单位成本 在产品成本 = 在产品约当产量 × 单位成本 有了各工序在产品完工程度和各工序在产品盘存数量，即可求得在产品的约当产量。各工序产品的完工程度可事先制定，产品工时定额不变时可长期使用。如果各工序在产品数量和单位工时定额都相差不多，在产品的完工程度也可按 50% 计算。 应当指出的是，在很多加工生产中，材料是在生产开始时一次性投入的。这时，在产品无论完工程度如何，都应和完工产品负担同样材料成本。如果材料是随着生产过程陆续投入的，则应按照各工序投入的材料成本在全部材料成本中所占的比例计算在产品的约当产量。
在产品按定额成本计价法	采用在产品按定额成本计价法，月末在产品成本按定额成本计算，该种产品的全部成本（如果有月初在产品，包括月初在产品成本在内）减去按定额成本计算的月末在产品成本，余额作为完工产品成本；每月生产成本脱离定额的节约差异或超支差异全部计入当月完工产品成本。这种方法是事先经过调查研究、技术测定或按定额资料，对各个加工阶段上的在产品直接确定一个单位定额成本。这种方法适用于各项消耗定额或成本定额比较准确、稳定，而且各月末在产品数量变化不是很大的产品。 这种方法的计算公式如下： 月末在产品成本 = 月末在产品数量 × 在产品单位定额成本 完工产品总成本 =（月初在产品成本 + 本月发生生产成本）– 月末在产品成本 完工产品单位成本 = 完工产品总成本 ÷ 产成品产量
定额比例法	采用定额比例法，产品的生产成本在完工产品和月末在产品之间按照两者的定额消耗量或定额成本比例分配。其中直接材料成本，按直接材料的定额消耗量或定额成本比例分配。直接人工等加工成本，可以按各该定额成本的比例分配，也可按定额工时比例分配。这种方法适用于各项消耗定额或成本定额比较准确、稳定，但各月末在产品数量变动较大的产品。 这种方法的计算公式如下（以按定额成本比例为例）：

续表

项目	内容阐释说明
定额比例法	直接材料成本分配率＝（月初在产品实际材料成本＋本月投入的实际材料成本）÷（完工产品定额材料成本＋月末在产品定额材料成本） 完工产品应负担的直接材料成本＝完工产品定额材料成本×直接材料成本分配率 月末在产品应负担的直接材料成本＝月末在产品定额材料成本×直接材料成本分配率 直接人工成本分配率＝（月初在产品实际人工成本＋本月投入的实际人工成本）÷（完工产品定额工时＋月末在产品定额工时） 完工产品应负担的直接人工成本＝完工产品定额工时×直接人工成本分配率 月末在产品应负担的直接人工成本＝月末在产品定额工时×直接人工成本分配率
在产品按完工产品成本计价法	将在产品视同完工产品计算、分配生产费用，适用于月末在产品已接近完工，或产品已经加工完毕但尚未验收或包装入库的产品。

【单项选择题】甲产品经过两道工序加工完成，采用约当产量比例法将直接人工成本在完工产品和月末在产品之间进行分配。甲产品月初在产品和本月发生的直接人工成本总计23200元。本月完工产品200件；月末第一工序在产品20件，完成全部工序的40%；第二工序在产品40件，完成全部工序的60%。月末在产品的直接人工成本为（　　）元。

A. 2400　　　　　　B. 3200　　　　　　C. 6000　　　　　　D. 20000

【答案】B

【点拨】月末在产品约当产量＝20×40%＋40×60%＝32（件）；直接人工分配率＝23200÷（200＋32）＝100（元/件）；月末在产品应负担的直接人工成本＝100×32＝3200（元）。

【单项选择题】某企业A产品经过两道工序加工完成，生产成本在完工产成品和在产品之间分配采用约当产量比例法。2018年2月与A产品有关的资料如下：A产品第一道工序定额60小时，第二道工序定额140小时，各工序内在产品完工程度平均为60%。A产品本月完工产成品800件。月末在产品数量为：第一道工序120件，第二道工序160件。2018年2月A产品在产品约当产量为（　　）件。

A. 136.8　　　　　　B. 105　　　　　　C. 96.8　　　　　　D. 187.2

【答案】A

【点拨】A产品在产品约当产量＝（60×60%÷200）×120＋[（60＋140×60%）÷200]×160＝21.6＋115.2＝136.8（件）。

【单项选择题】某企业只生产一种产品，采用约当产量比例法将生产费用在完工产品和在产品之间进行分配，材料在产品投产时一次投入。月初在产品直接材料成本为18万元，当月耗用材料成本为52万元，当月完工产品30件，月末在产品10件，完工程度60%，本月完工产品成本中直接材料成本为（　　）万元。

A. 30　　　　　　B. 52.5　　　　　　C. 25　　　　　　D. 58.3

【答案】B

【点拨】因材料在产品投产时一次投入，所以就材料费用而言，在产品数量与在产品约当产量一致。共耗用直接材料费用 $=18+52=70$（万元），分配率 $=70\div(30+10)=$ 1.75（万元/件），本月完工产品成本中直接材料成本 $=$ 完工产品数量×分配率 $=30\times 1.75=52.5$（万元）。

【单项选择题】某企业生产 A 产品，经两道工序制成，生产成本采用约当产量比例法在完工产品和在产品之间分配。A 产品单位定额工时 120 小时，各工序单位工时定额为：第一道工序 50 小时，第二道工序 70 小时。假定各工序内在产品完工程度平均为 50%，则下列说法中，正确的是（　　）。

A. 第一道工序在产品的完工程度为 50%

B. 第二道工序在产品的完工程度为 29.17%

C. 第一道工序在产品的完工程度为 41.67%

D. 第二道工序在产品的完工程度为 70.83%

【答案】D

【点拨】第一道工序在产品的完工程度 $=(50\times 50\%)\div 120\times 100\%=20.83\%$，第二道工序在产品完工程度 $=(50+70\times 50\%)\div 120\times 100\%=70.83\%$。

【多项选择题】某企业生产费用在完工产品和在产品之间采用约当产量比例法进行分配。该企业甲产品月初在产品和本月生产费用共计 900000 元。本月甲产品完工 400 台，在产品 100 台，且其平均完工程度为 50%，不考虑其他因素，下列各项中计算结果正确的有（　　）。

A. 甲产品的完工产品成本为 800000 元　　B. 甲产品的单位成本为 2250 元

C. 甲产品在产品的约当产量为 50 台　　D. 甲产品的在产品成本为 112500 元

【答案】AC

【点拨】在产品的约当产量 $=100\times 50\%=50$（台），所以甲产品的单位成本 $=900000\div(400+50)=2000$（元/台），甲产品完工产品的成本 $=2000\times 400=800000$（元），在产品成本 $=2000\times 50=100000$（元）。

【单项选择题】X 企业生产 B 产品，生产过程分为两道工序。生产成本采用约当产量比例法在完工产品和在产品之间分配。B 产品单位定额工时 150 小时，各工序单位定额工时为：第一道工序 60 小时，第二道工序 90 小时。12 月末第一道工序在产品 30 件，完成全部工序的 20%；第二道工序在产品 50 件，完成全部工序的 70%。月末在产品的约当产量为（　　）件。

A. 6　　　　　　B. 35　　　　　　C. 40　　　　　　D. 30

【答案】C

【点拨】第一道工序在产品的完工程度为 20%，在产品约当产量 $=25\times 20\%=5$（件）；第二道工序在产品的完工程度为 70%，在产品约当产量 $=50\times 70\%=35$（件）。所以，月末在产品的约当产量 $=5+35=40$（件）。

【单项选择题】如果企业月末在产品数量较大，各月末在产品数量变化也较大，产品成本中原材料费用和工资等其他费用所占比重相差不大，月末可采用的在产品和完工产品之间分配生产成本的方法是（　　）。

A. 交互分配法　　　　　　　B. 约当产量比例法

C. 在产品按年初固定成本计算　　D. 定额比例法

【答案】B

【点拨】交互分配法是辅助生产费用的分配方法之一，其特点是辅助生产费用通过两次分配完成；在产品按固定成本计算法适用于月末在产品数量较多，但各月变化不大的产品或月末在产品数量很小的产品；定额比例法适用于各项消耗定额或成本定额比较准确、稳定，但各月末在产品数量变动较大的产品。

【单项选择题】生产 A 产品有两道工序，第一道工序要 200 小时，第二道工序要 100 小时，已知第一道工序没有在产品，第二道工序在产品 210 件，平均完成进度是 10%，第二道工序在产品的约当产量是（　　）件。

A. 140　　　　B. 147　　　　C. 70　　　　D. 200

【答案】B

【点拨】第二道工序在产品的完工率 $=(200+100\times10\%)\div(200+100)\times100\%=70\%$；第二道工序在产品的约当产量 $=210\times70\%=147$（件）。

【单项选择题】某企业本月投产甲产品 50 件，乙产品 100 件，生产甲、乙两种产品共耗用材料 4500 千克，单价 20 元/千克，每件甲、乙产品材料消耗定额分别为 50 千克和 15 千克，按材料定额消耗量比例分配材料费用，甲产品分配的材料费用为（　　）元。

A. 50000　　　　B. 30000　　　　C. 33750　　　　D. 56250

【答案】D

【点拨】材料消耗量分配率 $=4500\times20\div(50\times50+100\times15)=22.5$；甲产品分配的材料费用 $=22.5\times50\times50=56250$（元）。

【单项选择题】已知第一道工序定额工时为 60 小时，第二道工序定额工时为 40 小时，两道工序平均完成 50%，则第二道工序完工率是（　　）。

A. 60%　　　　B. 50%　　　　C. 80%　　　　D. 30%

【答案】C

【点拨】第二道工序的完工率 $=(60+40\times50\%)\div(60+40)\times100\%=80\%$。

【多项选择题】采用在产品按定额成本计价法分配完工产品和月末在产品费用，应具备的条件有（　　）。

A. 定额管理基础较好　　　　B. 各项消耗定额变动较大

C. 各月末在产品数量变动较小　　D. 各月末在产品数量变动较大

【答案】AC

【点拨】采用在产品按定额成本计价法分配完工产品和月末在产品费用，应具备的条件是定额管理基础较好、各月末在产品数量变动较小。

【单项选择题】X 公司基本生产车间领用甲种材料 2000 千克，单价 12 元/千克，材料成本合计 24000 元，生产 A 产品 400 件，B 产品 100 件。A 产品消耗定额为 2 千克，B 产品消耗定额为 4 千克。采用定额比例法分配材料成本。A 产品应该分配的材料成本为（　　）元。

A. 16000　　　　　B. 8000　　　　　C. 4800　　　　　D. 9600

【答案】A

【点拨】材料消耗量分配率＝材料实际总消耗量÷各种产品材料定额消耗量之和＝24000÷（2×400＋4×100）＝20（元/千克）

A 产品应分配的材料成本＝400×2×20＝16000（元）。

【多项选择题】采用定额比例法分配完工产品和月末在产品费用，应具备的条件不包括（　　）。

A. 各月末在产品数量变化较大　　　　B. 各月末在产品数量变化不大

C. 消耗定额或成本定额比较稳定　　　D. 消耗定额或成本定额波动较大

【答案】BD

【点拨】定额比例法适用于各项消耗定额或成本定额比较准确、稳定，但各月末在产品数量变动较大的产品。

【单项选择题】某种产品各月末在产品数量较小，或者数量虽大但各月之间数量变化不大，其生产费用在完工产品与在产品之间分配应采用（　　）。

A. 在产品不计算成本　　　　　　B. 在产品按所耗原材料费用计价法

C. 在产品按固定成本计价法　　　D. 在产品按定额成本计价法

【答案】C

【单项选择题】某企业生产甲、乙两种产品，耗用直接原材料 15 万元，车间管理人员薪酬 3 万元，车间设备计提折旧 9 万元，各项生产费用按照工时在甲、乙之间分配，甲、乙耗费工时分别为 100 小时、50 小时，则甲产品应分配的生产费用为（　　）万元。

A. 4　　　　　B. 8　　　　　C. 9　　　　　D. 18

【答案】D

【点拨】生产甲、乙产品一共耗用生产费用＝15＋3＋9＝27（万元），按照工时进行分配，则甲产品应分配的生产费用＝27×100÷（100＋50）＝18（万元）。

【多项选择题】下列各项中，可用于将生产费用在完工产品和在产品之间进行分配的方法有（　　）。

A. 定额比例法　　　　　　B. 不计算在产品成本法

C. 约当产量比例法　　　　D. 在产品按固定成本计算法

【答案】ABCD

【点拨】生产费用在完工产品和在产品之间进行分配的方法有不计算在产品成本法、在产品按固定成本计算法、在产品按所耗直接材料成本计价法、约当产量比例法、在产品按定额成本计价法、定额比例法等。

【单项选择题】某企业生产甲、乙两种产品，耗用直接原材料 15 万元，车间管理人员薪酬 3 万元，车间设备计提折旧 9 万元，各项生产费用按照工时在甲、乙产品之间分配，甲、乙产品耗费工时分别为 100 小时、50 小时，则甲产品应分配的生产费用为（　　）万元。

A. 4　　　　　B. 8　　　　　C. 9　　　　　D. 18

【答案】D

【点拨】生产甲、乙产品一共耗用生产费用＝15＋3＋9＝27（万元），按照工时进行分配，则甲产品应分配的生产费用＝27×100÷（100＋50）＝18（万元）。

【多项选择题】下列各项中，关于生产费用在完工产品和在产品之间分配的表述正确的有（　　）。

A.月末在产品数量较多，但各月变化不大的产品，可以采用在产品按固定成本计价法

B.直接材料所占比重较大且在生产开始时一次全部投入的产品，可以采用在产品按所耗直接材料成本计价法

C.月末在产品数量较多的产品，可以采用不计算在产品成本法

D.各项消耗定额准确、稳定，各月末在产品数量变动较大的产品，可以采用定额比例法

【答案】ABD

【点拨】月末在产品数量很小的产品，在产品对成本影响很小，可以采用不计算在产品成本法。

【多项选择题】选择完工产品与在产品费用分配方法时，应考虑的条件包括（　　）。

A.在产品数量的多少　　　　B.各月在产品数量变化的大小
C.企业的性质和工人数量　　D.定额管理基础的好坏

【答案】ABD

【点拨】生产成品在完工产品与在产品之间的分配是一个重要而又比较复杂的问题，企业应当根据在产品数量的多少、各月在产品数量变化的大小、各项成本比重的大小以及定额管理基础的好坏等具体条件，选择既合理又简便的分配方法。

3.联产品和副产品的成本分配

（1）联产品成本的分配。联产品是指使用同种原料，经过同一生产过程同时生产出来的两种或两种以上的主要产品。

联产品的生产特点是：在生产开始时，各产品尚未分离，同一加工过程中对联产品进行联合加工。当生产过程进行到一定生产步骤时，产品才会分离。在分离点以前发生的生产成本，称为联合成本。

"分离点"是指在联产品生产中投入相同原料，经过同一生产过程，分离为各种联产品的时点。分离后的联产品，有的可以直接销售，有的还需进一步加工才可供销售。

【判断题】联产品是指使用同种原料，经过同一生产过程，在生产主产品的同时附带生产出的非主要产品。（　　）

【答案】×

【点拨】在生产主产品的同时附带生产出的非主要产品是副产品。联产品是指使用同种原料，经过同一生产过程同时生产出来的两种或两种以上的主要产品。

联产品成本的计算通常分为两个阶段进行：①联产品分离前发生的生产成本即联合成本，可按一个成本核算对象设置一个成本明细账进行归集，然后将其总额按一定分配方法，如相对销售价格分配法、实物量分配法等，在各联产品之间进行分配；②分

离后按各种产品分别设置明细账，归集其分离后所发生的加工成本。

联产品成本计算的一般程序如表 7-16 所示。

表 7-16 联产品成本计算的一般程序

程序	内容阐释说明
将联产品作为成本核算对象，设置成本明细账	联产品的特点决定了联产品在分离之前，不可能按各种产品分别计算成本，只能将联产品作为成本核算对象。
归集联产品成本，计算联合成本	联产品发生的成本为联合成本。 联产品的在产品一般比较稳定，可不计算期初、期末在产品成本，本期发生的生产成本全部为联产品的完工产品成本。
计算各种产品的成本	企业应当根据生产经营特点和联产品的工艺要求，选择系数分配法、实物量分配法、相对销售价格分配法等合理的方法分配联合生产成本。 （1）相对销售价格分配法。 在此方法下，联合成本是按分离点上每种产品的销售价格比例进行分配的。采用这种方法，要求每种产品在分离点时的销售价格可以可靠地计量。 如果联产品在分离点上即可供销售，则可采用销售价格进行分配。如果这些产品尚需要进一步加工后才可供销售，则需要对分离点上的销售价格进行估计。此时，也可采用可变现净值进行分配。 （2）实物量分配法。 采用实物量分配法时，联合成本是以产品的实物数量为基础分配的。这里的"实物数量"可以是数量或重量。实物量分配法通常适用于所生产的产品的价格很不稳定或无法直接确定。 单位数量（或重量）成本=联合成本÷各联产品的总数量（总重量）
计算联产品分离后的加工成本	联产品分离后继续加工的，按各种产品分别设置明细账，归集其分离后所发生的加工成本。

【多项选择题】联产品的联合成本在分离点后，应按照一定的方法在各联产品之间分配使用的分配方法有（　　）。

A. 相对销售价格分配法　　　　B. 工时分配法

C. 分类法　　　　　　　　　　D. 实务量分配法

【答案】AD

【点拨】联产品的联合产品在分离点后，可按一定分配方法，如相对销售价格分配法、实务量分配法、系数分配法等，在各联产品之前进行分配，分别确定各种产品的成本。

（2）副产品成本的分配。副产品是指在同一生产过程中，使用同种原料，在生产主产品的同时附带生产出来的非主要产品。

它的产量取决于主产品的产量，随主产品产量的变动而变动，如甘油是生产肥皂这个主产品的副产品。

在分配主产品和副产品的生产成本时，通常先确定副产品的生产成本，然后再确定主产品的生产成本。确定副产品成本的方法有：不计算副产品成本扣除法、副产品成本按固定价格或计划价格计算法、副产品只负担继续加工成本法、联合成本在主副产品之间分配法以及副产品作价扣除法等。副产品作价扣除法需要从产品售价中扣除继续加工成本、销售费用、销售税金及相应的利润，即：

副产品扣除单价＝单位售价 – （继续加工单位成本＋单位销售费用＋单位销售税金＋合理的单位利润）

如果副产品与主产品分离以后，还需要进一步加工，才能形成市场所需的产品，企业应根据副产品进一步加工生产的特点和管理要求，采用适当的方法单独计算副产品的成本。

主副产品的区分并不是绝对的，甚至可以相互转化。例如，焦炭与煤气就取决于企业的生产目标，以生产煤气为主的企业，煤气为主产品，焦炭为副产品；而以生产焦炭为主的企业，则焦炭为主产品，煤气为副产品。

【判断题】在分配主产品和副产品的生产成本时，通常先确定副产品的生产成本，然后确定主产品的生产成本。（　　）

【答案】√

【点拨】在分配主产品和副产品的生产成本时，一般可采用简化的方法确定副产品的成本，然后从总成本中扣除，其余额就是主产品的成本。

【单项选择题】下列有关联产品和副产品的成本分配说法中，不正确的是（　　）。

A. 联产品分离前发生的生产费用可按一个成本核算对象进行归集

B. 在联产品价格不稳定的情况下，可以采用实物量分配法分配联合成本

C. 在分配主产品和副产品的加工成本时，通常应先确定副产品的加工成本，再确定主产品的加工成本

D. 如果联产品分离后需要进一步加工才可供销售，则不能采用相对销售价格分配法分配联合成本

【答案】D

【点拨】如果联产品在分离点上即可供销售，则采用销售价格进行分配；如果这些产品尚需进一步加工后才可供销售，则需要对分离点上的销售价格进行估计，并非不能采用此方法。

4. 完工产品成本的结转

企业完工产品经产成品仓库验收入库后，其成本应从"生产成本——基本生产成本"科目及所属产品成本明细账的贷方转出，转入"库存商品"科目的借方，"生产成本——基本生产成本"科目的月末余额，就是基本生产在产品的成本，也就是在基本生产过程中占用的生产资金，应与所属各种产品成本明细账中月末在产品成本之和核对相符。

【单项选择题】2018 年 4 月初，甲产品在产品成本为 5 万元。4 月发生如下费用：生产耗用材料 4 万元，生产工人工资 3 万元，行政管理部门人员工资 2 万元，制造费用 0.5 万元。月末在产品成本 3 万元。请问该企业 4 月完工甲产品的生产成本为（　　）万元。

A. 9.5　　　　　　　B. 12.5　　　　　　　C. 11　　　　　　　D. 9

【答案】A

【点拨】完工产品成本＝期初在产品成本＋本期生产成本–期末在产品成本，该企业 4 月完工甲产品的生产成本＝5＋4＋3＋0.5–3＝9.5（万元），行政管理部门人员的工

资应该计入"管理费用"科目，不在"生产成本"科目中进行归集。

八、产品成本计算方法

生产类型不同、管理要求不同，对产品成本计算的影响也不同，这一不同主要体现在产品成本核算对象的确定上。根据成本核算程序，成本核算对象的确定是产品成本计算的前提，在这些基础上，在各成本核算对象之间分配和归集费用，然后在一个成本核算对象的完工产品和月末在产品之间分配和归集费用，计算各个成本核算对象的完工产品成本和月末在产品成本。

（一）生产特点对产品成本计算的影响

根据生产工艺过程的特点，工业企业的生产可分为单步骤生产和多步骤生产两种。根据生产组织的特点，工业企业生产可分为大量生产、成批生产和单件生产三种。结合两者考虑，工业企业的生产可分为大量大批单步骤生产、大量大批连续式多步骤生产、大量大批平行式加工多步骤生产、单件小批平行式加工多步骤生产。不同的生产工艺和生产组织，形成不同的生产类型，从而对成本管理的要求也不同。

确定产品成本计算方法的主要因素有成本计算对象、成本计算期及生产费用在完工产品与在产品之间的分配。上述三方面是相互联系、相互影响的，其中生产类型对成本计算对象的影响是主要的。不同的成本计算对象决定了不同的成本计算期和生产费用在完工产品与在产品之间的分配。因此，成本计算对象的确定，既是正确计算产品成本的前提，也是区别各种成本计算方法的主要标志。

【判断题】根据生产工艺过程的特点，工业企业的生产可分为单步骤生产和多步骤生产2种。根据生产组织的特点，工业企业生产可分为大量生产、成批生产和单件生产3种。（　）

【答案】√

（二）产品成本计算的主要方法

适应各种类型生产的特点和管理要求，产品成本计算方法主要包括以下三种：以产品品种为成本计算对象，简称品种法；以产品批别为成本计算对象，简称分批法；以产品生产步骤为成本计算对象，简称分步法。

各种产品成本计算方法的适用范围如表7-17所示。

表7-17 产品成本计算的基本方法

产品成本计算方法	成本计算对象	生产类型		
		生产组织特点	生产工艺特点	成本管理
品种法	产品品种	大量大批生产	单步骤生产	
			多步骤生产	不要求分步计算成本
分批法	产品批别	单件小批生产	单步骤生产	
			多步骤生产	不要求分步计算成本
分步法	生产步骤	大量大批生产	多步骤生产	要求分步计算成本

除上述方法外，在产品的品种、规格繁多的工业企业中，为简化成本计算，可采用分类法；在定额管理工作有一定基础的工业企业中，为配合和加强生产费用和产品成本的定额管理，还可以采用定额法。

【多项选择题】产品成本计算的方法有（　　　）。

A. 品种法　　　　　　B. 分批法　　　　　　C. 分步法　　　　　　D. 总括法

【答案】ABC

【点拨】本题考查产品成本计算的方法。

【判断题】同一企业的不同车间由于其生产特点和管理要求不同，可分别采用不同的成本计算方法。（　　　）

【答案】√

【点拨】在一个工业企业中，不同的生产车间由于生产特点和管理要求不同，可能同时采用不同的成本计算方法，即使是同一车间的不同产品，企业也可能采用不同的成本计算方法。简单理解为：一切皆有可能。

（三）产品成本计算的品种法

1. 品种法概念

品种法是指以产品品种作为成本核算对象，归集和分配生产成本，计算产品成本的一种办法。

2. 品种法适用范围

这种方法适用于单步骤、大量生产的企业，如发电、供水、采掘等企业。

在这种类型的生产中，产品的生产技术过程不能从技术上划分为步骤，如企业或车间的规模较小，或者车间是封闭的，也就是从材料投入到产品产出的全部生产过程都是在一个车间内进行的，或者生产按流水线组织，管理上不要求按照生产步骤计算产品成本，都可以按照品种计算产品成本。

【多项选择题】下列企业中，适用品种法计算成本的有（　　　）。

A. 发电企业　　　　　B. 供水企业　　　　　C. 采掘企业　　　　　D. 造船企业

【答案】ABC

【点拨】品种法适用于单步骤、大量生产的企业。选项 A、B、C 三种类型的企业在生产中，产品的生产技术过程不能从技术上划分为步骤。生产按流水线组织的，管理上也不要求按照生产步骤计算产品成本，都可以按照品种计算产品成本。

【多项选择题】下列各项中，适宜采用品种法计算产品成本的有（　　　）。

A. 大量大批单步骤生产产品

B. 生产按流水线组织，大量生产产品，且管理上要求按生产步骤计算产品成本

C. 生产按流水线组织，大量生产产品，但管理上不要求按生产步骤计算产品成本

D. 小批或单件生产产品

【答案】AC

【点拨】因为多个生产步骤，才能组成一条生产流水线，所以，生产按流水线组织，就意味着多步骤生产。按流水线组织大量生产产品，且管理上要求按生产步骤计算产品成本，只能采用分步法计算产品成本。小批或单件生产产品，只能采用分批法

计算产品成本。

【单项选择题】在大量大批多步骤生产企业中，管理上不要求分步计算产品成本，其成本计算方法是（　）。

A. 品种法　　　　B. 分类法　　　　C. 分批法　　　　D. 分步法

【答案】A

【点拨】应采用品种法归集和分配生产成本。

3. 品种法特点

品种法计算成本的主要特点：

（1）成本核算对象是产品品种。如果企业只生产一种产品、全部生产成本都是直接成本，可直接计入该产品生产成本明细账的有关成本项目中，不存在各种成本核算对象之间分配成本的问题。如果间接生产多种产品，间接生产成本则要采用适当的方法，在各成本核算对象之间进行分配。

（2）品种法下一般定期（每月末）计算产品成本。

（3）月末一般不存在在产品，如果有在产品，数量也很少，所以一般不需要将生产费用在完工产品与在产品之间进行划分，当期发生的生产费用总和就是该种完工产品的总成本；如果企业月末有在产品，要将生产成本在完工产品和在产品之间进行分配。

【多项选择题】下列各项中，关于品种法的表述正确的有（　）。

A. 广泛适用于单步骤、大量大批生产的企业

B. 广泛适用于单件小批生产的企业

C. 定期计算产品成本

D. 成本核算对象是产品品种

【答案】ACD

【单项选择题】（2017）下列各项中，关于产品成本计算品种法的表述正确的是（　）。

A. 一般不定期计算产品成本　　　B. 以产品品种作为成本计算对象

C. 以产品批别作为成本计算对象　D. 广泛适用于小批或单件生产的企业

【答案】B

【点拨】品种法适用于单步骤、大量生产的企业，如发电、供水、采掘等企业，选项D错误。品种法计算成本的主要特点：一是成本核算对象是产品品种，选项B正确，选项C错误。二是品种法下一般定期（每月末）计算产品成本，选项A错误。三是月末一般不需要将生产费用在完工产品与在产品之间进行划分。

【单项选择题】下列各项中，关于产品成本计算品种法的表述正确的是（　）。

A. 成本计算期与财务报告期不一致　B. 以产品品种作为成本计算对象

C. 以产品批别作为成本计算对象　　D. 广泛适用于小批或单间生产的企业

【答案】B

【点拨】品种法也称简单法，是以产品品种为产品成本计算对象、归集和分配生产费用、计算产品成本的一种方法。它主要适用于大量大批的单步骤生产企业。品种法计算成本的主要特点包括三个方面：一是成本核算对象是产品品种；二是定期（每月

未）计算产品成本，成本计算期与财务报告期一致；三是月末一般不存在在产品，如果有在产品，数量也很少，所以一般不需要将生产费用在完工产品与在产品之间进行划分。

【判断题】品种法下，计算产品成本一般是不定期的，可以是月末，也可以是年末。（　　）

【答案】×

【点拨】品种法下一般定期计算产品成本。

【判断题】产品规格繁多的，可将产品结构、耗用原材料和工艺过程基本相同的各种产品，适当合并作为成本核算对象。（　　）

【答案】√

4. 品种法成本核算的一般程序

（1）按产品品种设立成本明细账，根据各项费用的原始凭证及相关资料编制有关记账凭证并登记有关明细账，并编制各种费用分配表分配各种要素费用。

（2）根据上述各种费用分配表和其他有关资料，登记辅助生产明细账、基本生产明细账、制造费用明细账等。

（3）根据辅助生产明细账编制辅助生产成本分配表，分配辅助生产成本。

（4）根据制造费用明细账编制制造费用分配表，在各种产品之间分配制造费用，并据以登记基本生产成本明细账。

（5）根据各产品基本生产明细账编制产品成本计算单，分配完工产品成本和在产品成本。

（6）编制产成品的成本汇总表，结转产成品成本。

【多项选择题】下列关于品种法的说法中，不正确的有（　　）。

A. 如果企业生产产品需要多个步骤，则应采用品种法计算产品成本

B. 如果是简单生产型企业，又是大量大批生产型企业，则应采用品种法计算产品成本

C. 品种法是指以产品品种作为成本核算对象，归集和分配生产费用，计算产品成本的一种方法

D. 品种法是指按照生产过程中各个加工步骤（分品种）为成本计算对象，归集生产费用，计算各步骤半成品和最后产成品成本的一种方法

【答案】AD

【点拨】如果企业生产产品需要多个步骤，则应采用分步法计算产品成本。按照生产过程中各个加工步骤（分品种）为成本核算对象，归集和分配生产成本，计算各步骤半成品和最后产成品成本是分步法的定义。

（四）产品成本计算的分批法

1. 分批法概念

分批法是指以产品的批别作为产品成本核算对象，归集和分配生产成本，计算产品成本的一种方法。

2. 分批法适用范围

这种方法主要适用于单件、小批生产的企业，如造船、重型机器制造、精密仪器制造等，也可用于一般企业中的新产品试制或试验的生产、在建工程以及设备修理作业等。

【单项选择题】 适用于小批单件生产的成本计算方法是（　　）。

A. 品种法　　　　　　B. 分类法　　　　　C. 分批法　　　　　D. 分步法

【答案】 C

【点拨】 对于单件、小批生产的企业应采用分批法计算成本。

【单项选择题】 下列各项中，适用于单件、小批生产企业的产品成本计算方法是（　　）。

A. 品种法　　　　　　　　　　　　B. 逐步结转分步法

C. 平行结转分步法　　　　　　　　D. 分批法

【答案】 D

【点拨】 分批法是以产品的批别作为产品成本核算对象，归集和分配生产成本，计算产品成本的一种方法。这种方法主要适用于单件、小批生产的企业。故选项D正确。

【单项选择题】 下列各生产类型中，适用分批法的是（　　）。

A. 单件大批　　　　　　　　　　　B. 单件小批

C. 大量大批单步骤　　　　　　　　D. 大量大批多步骤

【答案】 B

【点拨】 分批法主要适用于单件、小批生产的企业，如造船、重型机械制造等，也可用于一般企业中的新产品试制或试验的生产、在建工程以及修理作业等。

【单项选择题】 造船、重型机器制造、精密仪器制造、新产品试制适用的成本核算方法是（　　）。

A. 品种法　　　　　　　　　　　　B. 分批法

C. 逐步结转分步法　　　　　　　　D. 平行结转分步法

【答案】 B

【点拨】 造船、重型机器制造、精密仪器制造、新产品试制一般是单件小批生产，因此适用分批法。

3. 分批法特点

分批法计算成本的主要特点有：

（1）成本核算对象是产品的批别。由于产品的批别大多是根据销货订单确定的，因此，这种方法又称订单法。

成本核算对象是购买者事先订货或企业规定的产品批别。

（2）产品成本的计算是与生产任务通知单的签发和结束紧密配合的，因此，产品成本计算是不定期的。

成本计算期与产品生产周期基本一致，但与财务报告期不一致。

（3）由于成本计算期与产品的生产周期基本一致，因此，在计算月末在产品成本时，一般不存在在完工产品和在产品之间分配成本的问题。

【判断题】分批法的成本计算期是固定的，与产品生产周期不一致。（　　）

【答案】×

【点拨】分批法下，产品成本计算期是不固定的，通常与生产周期一致。

【判断题】在分批法下，成本计算期与产品生产周期基本一致，也与财务报告期一致。（　　）

【答案】×

【点拨】在分批法下，成本计算期与产品生产周期基本一致，但与财务报告期不一致。

【判断题】分批法下，产品成本的计算是与生产任务通知单的签发和结束紧密结合的，因此，产品成本计算是不定期的。（　　）

【答案】√

【点拨】分批法下，产品成本的计算是与生产任务通知单的签发和结束紧密配合的，因此，产品成本计算是不定期的。成本计算期与产品生产周期基本一致，但与财务报告期不一致。

【多项选择题】下列表述中正确的有（　　）。

A. 企业采用分批法，产品成本计算期与财务报告期基本一致

B. 停工损失是指生产车间或车间内某个班组在停工期间发生的各项费用，包括停工期间的原材料费用、人工费用和制造费用等，不包括应由过失单位或保险公司负担的赔款、不满一个工作日的停工损失

C. 直接材料、直接人工、燃料和动力、制造费用是现行制度明确规定的四个成本项目，企业不能增加或减少

D. 某企业的燃料按工时定额来分配，本月燃料费为 16000 元，甲产品生产工时为 200 小时，乙产品的生产工时为 600 小时，其中甲、乙产品应分配的燃料费为 4000 元、12000 元

【答案】BD

【点拨】选项 A，企业采用分批法，产品成本计算期与产品生产周期基本一致，但与财务报告期不一致；选项 C，由于生产的特点、各费用支出的比重及成本管理和核算的要求不同，各企业可根据具体情况，增设"废品损失""直接燃料和动力"等成本项目。

【多项选择题】下列各项中，关于分批法的表述正确的有（　　）。

A. 成本计算期与产品生产周期基本一致

B. 一般不需要在完工产品和在产品之间分配成本

C. 以产品的批别作为成本核算对象

D. 需要计算和结转各步骤产品的生产成本

【答案】ABC

【点拨】分批法计算产品成本时，其特点为：以产品的批别作为成本核算对象；成本计算期与产品生产周期基本一致；一般不需要在完工产品和在产品之间分配成本。需要计算和结转各步骤产品的生产成本，是分步法核算产品成本的特点。

【多项选择题】产品成本计算的分批法的特点有（　　）。

A. 产品成本计算期与产品生产周期基本一致，产品成本计算是不定期的

B. 月末无须进行在产品与完工产品之间的费用分配

C. 比较适用于冶金、纺织、机械制造行业企业

D. 适用于单件、小批生产的企业

【答案】AD

【点拨】分批法下，产品成本的计算与生产周期相关联，因此产品成本计算是不定期的，所以选项A正确；在计算产品成本时，一般不存在完工产品与在产品之间费用的分配问题。但在某些特殊情况下，如在批内产品跨月陆续完工的时候，就要在完工产品与在产品之间分配费用，以便计算完工产品成本和月末在产品成本，故并非分批法下，月末都无须进行在产品与完工产品之间的费用分配，选项B错误；由于冶金、纺织、机械并不是单件小批生产，因此适合的方法是分步法，选项C错误、选项D正确。

【单项选择题】产品成本计算不定期，一般也不存在完工产品与在产品之间费用分配问题的成本计算方法是（　　）。

A. 平行结转分步法　　　　B. 逐步结转分步法

C. 分批法　　　　　　　　D. 品种法

【答案】C

【点拨】本题考点是各种成本计算方法的特点比较。分批法亦称订单法，它适用于小批单件生产。在此法下，成本计算期与产品的生产周期基本一致，与会计报告期不一致。如果是单件生产，产品完工以前，产品成本明细账所记录的生产费用都是在产品成本；产品完工时，产品成本明细账所记录的生产费用就是完工产品成本。如果是小批生产，批内产品一般都能同时完工。在月末计算成本时，或是全部已经完工，或是全部没有完工，因而一般也不存在完工产品与在产品之间分配费用的问题。

【多项选择题】成本计算分批法的特点有（　　）。

A. 产品成本计算期与产品生产周期基本一致，成本计算不定期

B. 月末无须进行在产品与完工产品之间的费用分配

C. 比较适用于冶金、纺织、机械制造行业企业

D. 以成本计算品种法原理为基础

【答案】AD

【点拨】分批法下，产品成本的计算与生产周期相关联，因此产品成本计算是不定期的，所以选项A正确。

在计算产品成本时，一般不存在完工产品与在产品之间费用的分配问题。但在某些特殊情况下，如在批内产品跨月陆续完工的时候，就要在完工产品与在产品之间分配费用，以便计算完工产品成本和月末在产品成本，故并非分批法下，月末都无须进行在产品与完工产品之间的费用分配，故项选B错误。

由于冶金、纺织、机械并不是单件小批生产，适合的方法是分步法，故选项C与题意不符，不可选取。

产品成本计算的品种法，是按照产品品种计算产品成本的一种方法，是产品成本计算中最一般、最起码的要求，品种法是最基本的成本计算方法，其他成本计算方法都是以品种法为基础的，故选项D正确。

4. 分批法成本核算的一般程序

（1）按产品批别设置产品基本生产成本明细账、辅助生产成本明细账。账内按成本项目设置专栏，按车间设置制造费用明细账。同时，设置待摊费用、预提费用等明细账。

（2）根据各生产费用的原始凭证或原始凭证汇总表和其他有关资料，编制各种要素费用分配表，分配各要素费用并登账。

对于直接计入费用，应按产品批别列示并直接计入各个批别的产品成本明细账；对于间接计入费用，应按生产地点归集，并按适当的方法分配计入各个批别的产品成本明细账。

（3）月末根据完工批别产品的完工通知单，将计入已完工的该批产品的成本明细账所归集的生产费用，按成本项目加以汇总，计算出该批完工产品的总成本和单位成本，并转账。

分批法条件下，月末完工产品与在产品之间的费用分配有以下几种情况：

（1）如果是单件生产，产品完工以前，产品成本明细账所记的生产费用都是在产品成本；产品完工时，产品成本明细账所记的生产费用就是完工产品成本，因而在月末计算成本时，不存在在完工产品与在产品之间分配费用的问题。

（2）如果是小批生产，批内产品一般都能同时完工，在月末计算成本时，或是全部已经完工，或是全部没有完工，因而一般也不存在在完工产品与在产品之间分配费用的问题。

（3）如果批内产品跨月陆续完工，这时就要在完工产品与在产品之间分配费用。具体可以采取简化的方法处理：如按计划单位成本、定额单位成本、最近一期相同产品的实际单位成本计算完工产品成本；从产品成本明细账中转出完工产品成本后，各项费用余额之和即为在产品成本。也可根据具体条件采用前述的分配方法。

【判断题】简化分批法适用于月末未完工产品的批数不多的情况。（　　）

【答案】×

【点拨】简化分批法在各月间接费用水平相差悬殊的情况下不宜采用，月末未完工产品的批数不多的情况下也不宜采用；否则，影响计算的正确性。

【多项选择题】某企业采用简化分批法计算产品成本，下列表述中，正确的有（　　）。

A. 该企业采用的是不分批计算在产品成本的分批法

B. 该企业各批产品之间分配间接费用以及完工与在产之间分配费用，均利用累计间接费用分配率

C. 该企业各月间接费用相差悬殊，利用此法可以提高成本分配精确性

D. 产品完工前，成本明细账内只按月登记直接计入的费用和生产工时，只有在有完工产品的月份，才分配间接计入的费用，计算、登记各该批完工产品成本

【答案】ABD

【点拨】在各月间接费用相差悬殊以及月末未完工产品的批数不多的情况下，不适用简化分批法，会影响成本计算的正确性。

【判断题】简化分批法在各月间接费用水平相差悬殊的情况下可以采用，在月末未完工产品的批数不多的情况下也可以采用，不会影响计算的正确性。（　　）

【答案】×

【点拨】简化分批法在各月间接费用水平相差悬殊的情况下不宜采用，月末未完工产品的批数不多的情况下也不宜采用，否则会影响计算的正确性。

（五）产品成本计算的分步法

1. 分步法概念

分步法是指按照生产过程中各个加工步骤（分品种）为成本核算对象，归集和分配生产成本，计算各步骤半成品和最后产成品成本的一种方法。

2. 分步法适用范围

这种方法适用于大量大批的多步骤生产，如冶金、纺织、机械制造等。

在这类企业中，产品生产可以分为若干个生产步骤的成本管理，通常不仅要求按照产品品种计算成本，而且还要求按照生产步骤计算成本，以便为考核和分析各种产品及各生产步骤的成本计划的执行情况提供资料。

【单项选择题】下列各种产品成本计算方法中，适用于大量大批多步骤生产，且需要计算半成品成本的是（　　）。

A. 品种法　　　　　　　　　　B. 分批法

C. 逐步结转分步法　　　　　　D. 平行结转分步法

【答案】C

【点拨】分步法适用于大量大批的多步骤生产，根据是否需要计算半成品成本，分为逐步结转分步法和平行结转分步法，其中逐步结转分步法需要计算半成品成本。

3. 分步法特点

分步法计算成本的主要特点有：

（1）成本核算对象是各种产品的生产步骤。

（2）月末为计算完工产品成本，还需要将归集在生产成本明细账中的生产成本在完工产品和在产品之间进行分配。

（3）除了按品种计算和结转产品成本外，还需要计算和结转产品的各步骤成本。其成本核算对象，是各种产品及其所经过的各个加工步骤。如果企业只生产一种产品，则成本核算对象就是该种产品及其所经过的各个生产步骤。其成本计算期是固定的，与产品的生产周期不一致。

【判断题】分步法核算下，月末为计算完工产品成本，还需要将归集在生产成本明细账中的生产成本在完工产品和在产品之间进行分配。（　　）

【答案】√

【点拨】分步法计算成本的主要特点：

（1）成本核算对象是各种产品的生产步骤。

（2）月末为计算完工产品成本，还需要将归集在生产成本明细账中的生产成本在完工产品和在产品之间进行分配。

（3）除了按品种计算和结转产品成本外，还需要计算和结转产品的各步骤成本。

4. 分步法成本核算的一般程序

在实际工作中，根据成本管理对各生产步骤成本资料的不同要求（如是否要求计算半成品成本）和简化核算的要求，各生产步骤成本的计算和结转，一般采用逐步结转和平行结转两种方法，称为逐步结转分步法和平行结转分步法。

（1）逐步结转分步法。

1）概念。逐步结转分步法是为了分步计算半成品成本而采用的一种分步法，也称计算半成品成本分步法。它是按照产品加工的顺序，逐步计算并结转半成品成本，直到最后加工步骤完成才能计算产成品成本的一种方法。它是按照产品加工顺序先计算第一个加工步骤的半成品成本，然后结转给第二个加工步骤，这时，第二个步骤把第一个步骤结转来的半成品成本加上本步骤耗用的材料成本和加工成本，即可求得第二个加工步骤的半成品成本。

逐步结转分步法需要在完工产品和在产品之间分配生产成本，即在各步骤完工产品和在产品之间进行分配。

【判断题】逐步结转分步法是为了计算半成品成本而采用的一种分步法。（　）

【答案】√

【点拨】逐步结转分步法是为了分步计算半成品成本而采用的一种分步法，也称计算半成品成本分步法。

【单项选择题】下列各项中，关于逐步结转分步法特点的表述不正确的是（　）。

A. 适用于大量大批连续式复杂性生产的企业

B. 成本计算期与产品的生产周期一致

C. 月末生产费用要在各步骤完工产品和在产品之间进行分配

D. 成本核算对象是各种产品的生产步骤

【答案】B

【点拨】分步法计算成本的主要特点：一是成本核算对象是各种产品的生产步骤。二是月末为计算完工产品成本，还需要将归集在生产成本明细账中的生产成本在完工产品和在产品之间进行分配。三是除了按品种计算和结转产品成本外，还需要计算和结转产品的各步骤成本。其成本计算期是固定的，与产品的生产周期不一致。分步法分为逐步结转分步法和平行结转分步法，其中逐步结转分步法用于大量大批连续式复杂性生产的企业。

2）适用范围。这种方法用于大量大批连续式复杂性生产的企业。这种类型的企业，有的不仅将产成品作为商品对外销售，而且生产步骤所产半成品也经常作为商品对外销售。例如，钢铁厂的生铁、钢锭，纺织厂的棉纱等，都需要计算半成品成本。

3）优缺点。

优点：①能提供各个生产步骤的半成品成本资料；②为各生产步骤的在产品实物管理及资金管理提供资料；③能够全面地反映各生产步骤的生产耗费水平，更好地满足各生产步骤成本管理的要求。

缺点：成本结转工作量较大，各生产步骤的半成品成本如果采用逐步综合结转方法，还要进行成本还原，增加了核算的工作量。

4）分类。逐步结转分步法按照成本在下一步骤成本计算单中的反映方式，还可以分为综合结转和分项结转两种方法。

综合结转法是指上一步骤转入下一步骤的半成品成本，以"直接材料"项目或专设的"半成品"项目综合列入下一步骤的成本计算单中。如果半成品通过半成品库收发，由于各月所生产的半成品的单位成本不同，因而所耗半成品的单位成本可以如同材料核算一样，采用先进先出法或加权平均法计算。

分项结转法是指按产品加工顺序，将上一步骤半成品成本按原始成本项目分别转入下一步骤成本计算单中相应的成本项目内，逐步计算并结转半成品成本，直到最后加工步骤计算出产成品成本的一种逐步结转分步法。

【单项选择题】（2016）下列各项中，需要进行成本还原的成本计算方法是（　　）。

A. 逐步结转分步法的综合结转法　　　B. 逐步结转分步法的分项结转法

C. 平行结转分步法　　　D. 简化的分批法

【答案】A

【点拨】只有逐步结转分步法下的综合结转法需要进行成本还原，选项 A 正确。

【单项选择题】L 企业生产甲产品，共分为三个生产步骤，采用逐步结转分步法计算产品成本。2018 年 12 月，第二生产步骤领用第一生产步骤生产的半成品 5000 元，第三生产步骤领用第二生产步骤生产的半成品 12000 元。第三生产步骤月初在产品 2500 元，本月发生生产费用 7300 元，月末在产品成本为 2400 元。本月甲产品的完工产成品成本是（　　）元。

A. 19400　　　B. 19300　　　C. 24300　　　D. 24400

【答案】A

【点拨】逐步结转分步法，按照产品加工顺序，逐步计算并结转半成品成本。本月甲产品完工产成品的成本=完工前一个加工步骤转来的半成品成本+本步骤月初在产品成本+本月本步骤发生的生产费用−本步骤月末在产品成本 = 12000 + 2500 + 7300 − 2400 = 19400（元）。

（2）平行结转分步法。

1）概念。

平行结转分步法也称不计算半成品成本分步法。它是指在计算各步骤成本时，不计算各步骤所产半成品的成本，也不计算各步骤所耗上一步骤的半成品成本，而只计算本步骤发生的各项其他成本，以及这些成本中应计入产成品的份额，将相同产品的各步骤成本明细账中的这些份额平行结转、汇总，即可计算出该种产品的产成品成本。

①成本核算对象和成本结转程序。采用平行结转分步法的成本核算对象是各种产成品及其经过的各生产步骤中的成本份额。

而各步骤的产品生产成本并不伴随着半成品实物的转移而结转，各生产步骤均不计算本步骤的半成品成本，尽管半成品的实物转入下一生产步骤继续加工，但其成本并不结转到下一生产步骤的成本计算单中去，只是在产品最后完工入产成品库时，才将各步骤生产成本中应由完工产品负担的份额，从各步骤成本计算单中转出，平行汇总计算产成品的成本。

②产品生产成本在完工产品和在产品之间的分配采用平行结转分步法，每一生产步骤的生产成本也要在其完工产品与月末在产品之间进行分配。但是完工产品是指企业最后完成的产成品；在产品是指各步骤尚未加工完成的在产品和各步骤已完工但尚未最终完成的产品。

【多项选择题】 在平行结转分步法下，只计算（　　　）。

A. 各步骤半成品的成本

B. 本步骤发生的费用应计入产品成本中的份额

C. 上一步骤转入的费用

D. 本步骤发生的各项其他费用

【答案】 BD

【点拨】 平行结转分步法只计算本步骤发生的各项其他费用，以及这些费用中应计入产成品成本的份额，将相同产品的各步骤成本明细账中的这些份额平行结转、汇总，即可计算出该种产品的产成品成本。

2）优缺点。

优点：①各步骤可以同时计算产品成本，平行汇总计入产成品成本，不必逐步结转半成品成本；②能够直接提供按原始成本项目反映的产成品成本资料，不必进行成本还原，因而能够简化和加速成本计算工作。

【单项选择题】 半成品成本流转与实物流转一致，又不需要成本还原的方法是（　　　）。

A. 平行结转分步法　　　　　B. 综合结转分步法

C. 逐步结转分步法　　　　　D. 分项结转分步法

【答案】 D

【点拨】 平行结转分步法也不需要成本还原，但是成本流转与实物流转不一致。

【判断题】 分步法分为逐步结转分步法和平行结转分步法，采用平行结转分步法不需要进行成本还原。（　　　）

【答案】 √

【点拨】 分步法分为逐步结转分步法和平行结转分步法，采用平行结转分步法不需要进行成本还原。

缺点：①不能提供各个步骤的半成品成本资料；②在产品的费用在产品最后完成以前，不随实物转出而转出，即不按其所在的地点登记，而按其发生的地点登记，因而不能为各个生产步骤在产品的实物和资金管理提供资料；③各生产步骤的产品成本不包括所耗半成品费用，因而不能全面地反映各该步骤产品的生产耗费水平（第一步骤除外），不能更好地满足这些步骤成本管理的要求。

【判断题】 平行结转分步法的主要缺点是需要进行成本还原。（　　　）

【答案】 ×

【点拨】本题考查平行结转分步法。平行结转分步法不需要进行成本还原。

【单项选择题】下列关于成本计算平行结转分步法的表述中，不正确的是（　　）。

A. 各步骤产品生产成本不随实物转移而结转

B. 各步骤可以同时计算产品成本

C. 能提供各个步骤半成品的成本资料

D. 能直接提供按原始成本项目反映的产成品成本资料

【答案】C

【点拨】选项C属于逐步结转分步法的优点。

【多项选择题】在采用平行结转分步法计算成本时，以下表述中，正确的有（　　）。

A. 上一步骤的生产费用不进入下一步骤的成本计算单

B. 不计算各步骤所产半成品成本

C. 不计算各步骤所耗上一步骤的半成品成本

D. 除最后一步骤外，其余步骤不用划分完工产品与在产品

【答案】ABC

【点拨】平行结转分步法在计算各步骤成本时，不计算各步骤所产半成品成本，也不计算各步骤所耗上一步骤的半成品成本，而只计算本步骤发生的各项其他费用，以及这些费用中应计入产成品成本的份额。采用平行结转分步法，每一生产步骤的生产费用都要在其完工产品与月末在产品之间进行分配。

【多项选择题】下列关于逐步结转分步法和平行结转分步法的说法中，正确的有（　　）。

A. 采用逐步结转分步法，需要进行成本还原

B. 采用平行结转分步法，不必进行成本还原

C. 逐步结转分步法能提供各生产步骤的半成品成本资料

D. 平行结转分步法下，各步骤的产品生产成本伴随着半成品实物的转移而结转

【答案】BC

【点拨】采用逐步结转分步法，能提供各生产步骤的半成品成本资料。逐步综合结转分步法需要进行成本还原，逐步分项结转分步法不需要进行成本还原。平行结转分步法下，各步骤的产品生产成本并不伴随着半成品实物的转移而结转。平行结转分步法能直接提供按原始成本项目反映的产成品成本资料，不必进行成本还原。

【多项选择题】以下关于成本计算方法分步法的说法中，正确的有（　　）。

A. 分步法分为逐步结转分步法和平行结转分步法

B. 逐步结转分步法还可以分为综合结转法和分项结转法两种方法

C. 逐步结转分步法不计算半成品成本，平行结转分步法可以计算半成品成本

D. 综合结转法需要进行成本还原

【答案】ABD

【点拨】平行结转分步法不计算半成品成本，逐步结转分步法可以计算半成品成本，选项C错误。

第八章　政府会计基础

第一节　政府会计综合知识

一、政府会计的概念

政府会计是指运用会计专门方法对政府及其组成主体（包括政府所属的行政事业单位等）的财务状况、运行情况（含运行成本，下同）、现金流量、预算执行等情况进行全面核算、监督和报告。

小知识

政府会计改革

1. 政府会计改革的背景

长期以来，我国政府领域实施的主要是以收付实现制为基础的预算会计，主要涵盖财政总预算会计、行政单位会计与事业单位会计，包括《财政总预算会计制度》《行政单位会计制度》《事业单位会计准则》《事业单位会计制度》，以及医院、基层医疗卫生机构、高等学校、中小学校、科学事业单位、彩票机构等行业事业单位会计制度和《国有建设单位会计制度》等有关专项会计制度等。

随着公共财政体制的建立和完善，为了适应财政改革需要，财政部于 2010 年率先从医疗卫生行业入手，修订发布了《基层医疗卫生机构会计制度》《医院会计制度》；2012 年为配合事业单位财务管理改革的需要，适时修订发布了《事业单位会计准则》《事业单位会计制度》；在此基础上，又于 2013 年修订发布了《行政单位会计制度》《高等学校会计制度》《中小学校会计制度》《科学事业单位会计制度》，制定发布了《彩票机构会计制度》；于 2015 年修订发布了《财政总预算会计制度》。

我国目前的政府财政报告制度实行以收付实现制政府会计核算为基础的决算报告制度，包括财政总决算和部门决算，主要反映政府年度预算执行情况的结果，对准确反映预算收支情况、加强预算管理和监督发挥了重要作用。但随着经济社会发展，仅实行决算报告制度，无法科学、全面、准确反映政府资产负债和成本费用，不利于强化政府资产管理、降低行政成本、提升运行效率、有效防范财政风险，难以满足建立现代财政制度、促进财政长期可持续发展和推进国家治理现代化的要求。因此，必须推进政府会计改革，建立全面反映政府资产负债、收入费用、运行成本、现金流量等财务信息的权责发生制政府综合财务报告制度。

2013 年 11 月，党的十八届三中全会通过的《中共中央关于全面深化改革若干重大问题的决定》做出了"建立权责发生制的政府综合财务报告制度"的重要战略部署。2014 年 8 月，新修正的《预算法》要求"各级政府财政部门应当按年度编制以权责发生制为基础的政府综合财务报告，报告政府整体财务状况、运行情况和财政中长期可持续性，报本级人民代表大会常务委员会备案"。2014 年 12 月，国务院批转了财政部《权责发生制政府综合财务报告制度改革方案》（国发〔2014〕63 号，以下简称《改革方案》），正式确立了我国权责发生制政府综合财务报告制度改革的指导思想、总体目标、基本原则、主要任务、具体内容、配套措施、实施步骤和组织保障。《改革方案》提出，要认真贯彻落实党的十八届二中、三中、四中全会精神，高举中国特色社会主义伟大旗帜，以邓小平理论、"三个代表"重要思想、科学发展观为指导，按照党中央、国务院决策部署，加快推进政府会计改革，逐步建立以权责发生制政府会计核算为基础，以编制和报告政府资产负债表、收入费用表等报表为核心的权责发生制政府综合财务报告制度，提升政府财务管理水平，促进政府会计信息公开，推进国家治理体系和治理能力现代化。

2. 政府会计改革的目标

权责发生制政府综合财务报告制度改革是基于政府会计规则的重大改革，总体目标是通过构建统一、科学、规范的政府会计准则体系，建立健全政府财务报告编制办法，适度分离政府财务会计与预算会计、政府财务报告与决算报告功能，全面、清晰反映政府财务信息和预算执行信息，为开展政府信用评级、加强资产负债管理、改进政府绩效监督考核、防范财政风险等提供支持，促进政府财务管理水平提高和财政经济可持续发展。

3. 政府会计改革的基本原则

《改革方案》确立了权责发生制政府综合财务报告改革的基本原则（即新时期我国政府会计改革的基本原则），如表 8-1 所示。

表 8-1　政府会计改革的基本原则

原则	内容阐释说明
立足中国国情，借鉴国际经验	在充分考虑我国政府财政财务管理特点的基础上，积极借鉴我国企业会计改革的成功做法，吸收国际公共部门会计准则、有关国家政府财务报告制度改革的有益经验，构建具有中国特色的政府综合财务报告制度。
坚持继承发展，注重改革创新	积极吸收近年来完善现行政府会计制度、行政事业单位会计改革以及政府综合财务报告试编中取得的经验，注重制度创新，强化信息技术支撑，准确反映政府资产负债状况和运行成本，促进政府规范管理和有效监督。
坚持公开透明，便于社会监督	按照政府信息公开要求，规范公开内容和程序，促进公开常态化、规范化和法制化，满足各有关方面对政府财务状况信息的需求，进一步增强政府透明度。
做好总体规划，稳妥有序推进	科学合理设计改革总体框架和目标，指导改革有序推进。充分考虑改革的复杂性和艰巨性，先行试点，由易到难，分步实施，积极稳妥地推进改革。

4. 政府会计改革的任务

新时期我国政府会计改革的主要任务如表 8-2 所示。

表 8-2　政府会计改革的任务

任务	内容阐释说明
建立健全政府会计核算体系	推进财务会计与预算会计适度分离并相互衔接，在完善预算会计功能的基础上，增强政府财务会计功能，夯实政府财务报告核算基础，为中长期财政发展、宏观调控和政府信用评级服务。为此，要建立政府会计准则体系，健全完善政府会计制度。
建立健全政府财务报告体系	政府财务报告主要包括政府部门财务报告和政府综合财务报告。政府部门编制部门财务报告，反映本部门的财务状况和运行情况；财政部门编制政府综合财务报告，反映政府整体的财务状况、运行情况和财政中长期可持续性。为此，要制定政府财务报告编制办法和操作指南。政府财务报告编制办法应当对政府财务报告的主要内容、编制要求、报送流程、数据质量审查、职责分工等作出规定。政府财务报告编制操作指南应当对政府财务报告编制和财务信息分析的具体方法等作出规定。
建立健全政府财务报告审计和公开机制	政府综合财务报告和部门财务报告按规定接受审计。审计后的政府综合财务报告与审计报告依法报本级人民代表大会常务委员会备案，并按规定向社会公开。为此，要建立健全政府财务报告审计和公开制度。政府财务报告审计制度应当对审计的主体、对象、内容、权限、程序、法律责任等作出规定。政府财务报告公开制度应当对政府财务报告公开的主体、对象、内容、形式、程序、时间要求、法律责任等作出规定。
建立健全政府财务报告分析应用体系	以政府财务报告反映的信息为基础，采用科学方法，系统分析政府的财务状况、运行成本和财政中长期可持续发展水平。充分利用政府财务报告反映的信息，识别和管理财政风险，更好地加强政府预算、资产和绩效管理，并将政府财务状况作为评价政府受托责任履行情况的重要指标。

小知识
政府会计改革任务间的关系

政府会计改革的任务包括：①建立健全政府会计核算体系；②建立健全政府财务报告体系；③建立健全政府财务报告审计和公开机制；④加强政府财务报告分析应用。四项改革任务是相辅相成的，如表 8-3 所示。

表 8-3　政府会计改革任务间的关系

项目		内容阐释
前提和基础	建立健全政府会计核算体系	在会计核算环节引入权责发生制，完善政府财务会计功能，为政府财务报告编制提供坚实的数据支撑。
关键	建立健全政府财务报告体系	各级政府和部门需要编制资产负债表、收入费用表等财务报表，分别反映一级政府整体财务状况及各部门的财务状况。
保障	建立健全政府财务报告审计和公开机制	政府综合财务报告和部门财务报告编制后，都要按规定接受审计，审计后的政府综合财务报告与审计报告依法报本级人民代表大会常务委员会备案，并按规定向社会公开，以保证财务信息的真实可靠、公开透明。
目的	加强政府财务报告分析应用	以政府财务报告反映的信息为基础，系统分析政府的财务状况、运行成本和财政中长期可持续发展水平，促进政府预算、资产、负债和绩效管理加强，尤其是为地方政府发债提供一套可靠的信用评级依据，有利于地方债市场的持续健康发展。

【单项选择题】新时期我国政府会计改革任务中的关键是（　　　）。

A. 建立健全政府会计核算体系

B. 建立健全政府财务报告体系

C. 建立健全政府财务报告审计和公开机制

D. 建立健全政府财务报告分析应用体系

【答案】B

【点拨】政府会计改革的四项任务相辅相成，其中建立健全政府财务报告体系是关键。

二、政府会计标准体系

（一）政府会计标准体系的组成

我国政府会计标准体系由政府会计基本准则、具体准则及应用指南和政府会计制度等组成（见表 8-4）。

表 8-4　政府会计标准体系的组成

项目	内容阐释说明
政府会计基本准则	政府会计基本准则用于规范政府会计目标、政府会计主体、政府会计信息质量要求、政府会计核算基础，以及政府会计要素定义、确认和计量原则、列报要求等原则事项。 基本准则指导具体准则和制度的制定，并为政府会计实务问题提供处理原则。 2015 年 10 月，财政部印发了《政府会计准则——基本准则》，自 2017 年 1 月 1 日起施行。
政府会计具体准则及应用指南	政府会计具体准则依据基本准则制定，用于规范政府发生的经济业务或事项的会计处理原则，详细规定经济业务或事项引起的会计要素变动的确认、计量、记录和报告。应用指南是对具体准则的实际应用作出的操作性规定。 2016 年以来，财政部相继出台了存货、投资、固定资产、无形资产、公共基础设施、政府储备物资 6 项政府会计具体准则和固定资产准则应用指南。
政府会计制度	政府会计制度依据基本准则制定，主要规定政府会计科目及账务处理、报表体系及编制说明等，与政府会计具体准则及应用指南相互协调、相互补充。 《改革方案》指出，政府会计科目设置要实现预算会计和财务会计双重功能。预算会计科目应准确完整反映政府预算收入、预算支出和预算结余等预算执行信息，财务会计科目应全面准确反映政府的资产、负债、净资产、收入、费用等财务信息。 条件成熟时，推行政府成本会计，规定政府运行成本归集和分摊方法等，反映政府向社会提供的公共服务支出和机关运行成本等财务信息。

【判断题】政府会计标准体系中，用于规范政府会计目标、会计主体、会计信息质量要求、会计核算基础等原则事项的是政府会计基本准则。（　　）

【答案】√

（二）政府会计基本准则

在会计标准体系中，基本准则是"顶层设计"，重点在于明确基本原则和方法，构建会计核算的框架体系。针对当前政府会计领域标准、规范不一，制度、办法繁多，部门、行业差异较大的问题，《政府会计准则——基本准则》从政府会计主体、会计目标、核算体系、核算基础、会计信息质量、会计要素的确认、计量、记录和报告等多个角度，明确了政府会计标准体系中需要解决的基本问题、基本原则和方法，构建起了统一、科学、规范的政府会计概念体系，为建立国家统一的政府会计标准体系奠定了基础。

从会计规则角度而言，《政府会计准则——基本准则》为在政府会计具体准则和政府会计制度层面规范政府发生的经济业务或事项的会计处理提供了基本原则，保证了政府会计标准体系的内在一致性。

从会计主体而言，《政府会计准则——基本准则》适用于各级政府、各部门、各单位（以下统称政府会计主体），有利于消除各级政府、部门、行业和单位执行不同会计规范所导致的信息差异，打破不同部门、行业的藩篱，各政府会计主体都以统一规范的会计概念体系处理会计事务、参与政府治理，提高了政府会计信息的可比性和有用性。

1. 政府会计主体

《政府会计准则——基本准则》适用于各级政府、各部门、各单位（即政府会计主体）。

各级政府指各级政府财政部门，具体负责财政总（预算）会计的核算。

各部门、各单位是指与本级政府财政部门直接或者间接发生预算拨款关系的国家机关、军队、政党组织、社会团体、事业单位和其他单位。

小知识
不适用《政府会计准则——基本准则》的单位

军队、已纳入企业财务管理体系的单位和执行《民间非营利组织会计制度》的社会团体，不适用《政府会计准则——基本准则》（见表8-5）。

表8-5 不适用《政府会计准则——基本准则》的单位

项目	内容阐释说明
关于军队	军队属于部门预算范围，但《会计法》第8条已明确军队适用会计制度的具体办法由中国人民解放军总后勤部根据《会计法》和国家统一的会计制度制定，报国务院财政部门备案。因此，《政府会计准则——基本准则》没有将军队纳入适用范围。
关于纳入企业财务管理体系的单位	目前，实务中有纳入企业财务管理体系的事业单位，虽然在核定其单位性质时确定为事业单位，属于部门预算范围，但这些单位的业务活动以生产经营为主，资金运动方式与企业相似，因此，应执行《企业会计准则》或《小企业会计准则》。
执行《民间非营利组织会计制度》的社会团体	在我国，社会团体的管理体制和性质比较复杂，符合《民间非营利组织会计制度》所规定的"民间非营利组织特征"的社会团体应执行《民间非营利组织会计制度》，不适用本准则。

【判断题】军队属于部门预算范围，核算时适用政府会计基本准则。（　　　）

【答案】×

【点拨】军队属于部门预算范围但不适用政府会计基本准则。

另外，还需强调的是，政府会计准则的适用范围和政府综合财务报告的合并范围是两个不同的概念。前者是指哪些主体适用政府会计准则进行会计核算，而后者是指政府综合财务报告应当涵盖哪些主体的会计信息，除了政府会计主体，可能还会包括国有企业（执行《企业会计准则》）、社会团体（执行《民间非营利组织会计制度》）等主体。

2. 政府会计核算体系及目标

通过"双功能""双基础""双报告"的政府会计核算体系，使公共资金管理中预算管理、财务管理和绩效管理相互联结、融合，全面提高管理水平和资金使用效率，对于规范政府会计行为，夯实政府会计主体预算和财务管理基础，强化政府绩效管理具有深远的影响（见表8-6）。

表8-6　政府会计核算体系及目标

项目		类别	内容阐释
"双功能"	政府会计由预算会计和财务会计构成。	预算会计	通过预算收入、预算支出与预算结余三个要素，对政府会计主体预算执行过程中发生的全部预算收入和全部预算支出进行会计核算，主要反映和监督预算收支执行情况。
		财务会计	通过资产、负债、净资产、收入和费用五个要素，对政府会计主体发生的各项经济业务或者事项进行会计核算，主要反映和监督政府会计主体财务状况、运行情况和现金流量等。
"双基础"	这是兼顾了当前实际情况和长远改革方向的制度安排，使得政府会计核算既能反映预算收支等流量信息，又能反映资产、负债等存量信息。	收付实现制	预算会计实行收付实现制，国务院另有规定的，从其规定。收付实现制是指以现金的实际收付为标志来确定本期收入和支出的会计核算基础。凡在当期实际收到的现金收入和支出，均应作为当期的收入和支出；凡是不属于当期的现金收入和支出，均不应当作为当期的收入和支出。
		权责发生制	财务会计实行权责发生制。权责发生制是指以取得收取款项的权利或支付款项的义务为标志来确定本期收入和费用的会计核算基础。凡是当期已经实现的收入和已经发生的或应当负担的费用，不论款项是否收付，都应当作为当期的收入和费用；凡是不属于当期的收入和费用，即使款项已在当期收付，也不应当作为当期的收入和费用。
"双报告"	政府会计主体应当编制决算报告和财务报告。	政府决算报告	政府决算报告的编制主要以收付实现制为基础，以预算会计核算生成的数据为准。政府财务报告的编制主要以权责发生制为基础，以财务会计核算生成的数据为准。决算报告的目标是向决算报告使用者提供与政府预算执行情况有关的信息，综合反映政府会计主体预算收支的年度执行结果，有助于决算报告使用者进行监督和管理，并为编制后续年度预算提供参考和依据。政府决算报告使用者包括各级人民代表大会及其常务委员会、各级政府及其有关部门、政府会计主体自身、社会公众和其他利益相关者。
		政府财务报告	财务报告的目标是向财务报告使用者提供与政府财务状况、运行情况和现金流量等有关的信息，反映政府会计主体公共受托责任履行情况，有助于财务报告使用者做出决策或者进行监督和管理。政府财务报告使用者包括各级人民代表大会常务委员会、债权人、各级政府及其有关部门、政府会计主体自身和其他利益相关者。

【单项选择题】政府会计中的"双报告"指的是（　　）。

A. 预算报告和财务报告　　　　　B. 预算报告和决算报告

C. 决算报告和财务报告　　　　　D. 预算报告和审计报告

【答案】C

【点拨】政府会计主体应当编制决算报告和财务报告。政府决算报告，以预算会计核算生成的数据为准；政府财务报告，以财务会计核算生成的数据为准。

【多项选择题】下列体现政府会计核算体系"双基础"要求的有（　　）。

A. 政府会计由预算会计和财务会计构成，前者反映和监督预算收支执行情况，后者反映和监督政府会计主体财务状况、运行情况和现金流量等

B. 预算会计实行收付实现制

C. 财务会计实行权责发生制

D. 政府会计主体应当编制决算报告和财务报告

【答案】BC

【点拨】选项 A，体现的是"双功能"；选项 D，体现的是"双报告"。

【多项选择题】下列关于政府会计核算体系说法正确的有（　　）。

A. 财务会计主要反映和监督预算收支执行情况

B. 预算会计实行收付实现制

C. 财务会计实行权责发生制

D. 政府会计主体应当编制决算报告和财务报告，其中决算报告的编制主要以收付实现制为基础

【答案】BCD

【点拨】选项 A，财务会计主要反映和监督政府会计主体财务状况、运行情况和现金流量等。

3. 政府会计核算的一般要求

（1）政府会计主体应当对其自身发生的经济业务或者事项进行会计核算。

（2）政府会计核算应当以政府会计主体持续运行为前提。

（3）政府会计核算应当划分会计期间，分期结算账目，按规定编制决算报告和财务报告。会计期间至少分为年度和月度。会计年度、月度等会计期间的起讫日期采用公历日期。

（4）政府会计核算应当以人民币作为记账本位币。

发生外币业务时，应当将有关外币金额折算为人民币金额计量，同时登记外币金额。

（5）政府会计核算应当采用借贷记账法记账。

【多项选择题】下列满足政府会计核算一般要求的有（　　）。

A. 以政府会计主体持续运行为前提

B. 应当划分会计期间，会计期间至少分为年度和月度

C. 外币业务发生较多的单位，可根据需要以外币作为记账本位币

D. 采用借贷记账法记账

【答案】ABD

【点拨】选项 C，政府会计核算应当以人民币作为记账本位币。发生外币业务时，应当将有关外币金额折算为人民币金额计量，同时登记外币金额。

4. 政府会计信息的质量要求

政府会计信息的质量要求如表8-7所示。

在 7 个信息质量要求中，可靠性、全面性、相关性是对会计信息质量的实质性要求，是会计信息应具备的基本质量特征，及时性、可比性、可理解性是对会计信息质量的形式性要求，是对可靠性、全面性、相关性等首要质量要求的补充和完善，实质重于形式是对会计信息的约束性要求，在对某些特殊经济业务或者事项进行处理时，需要根据这一质量要求来把握其会计处理原则。

表 8-7　政府会计信息质量要求

项目	内容阐释说明
可靠性	政府会计主体应当以实际发生的经济业务或者事项为依据进行会计核算，如实反映各项会计要素的情况和结果，保证会计信息真实可靠。 可靠性是高质量会计信息的重要基础和关键所在，要求政府会计主体应当以实际发生的经济业务或者事项为依据进行确认、计量、记录和报告，如实反映符合确认和计量要求的各项会计要素及其他相关信息，保证会计信息真实可靠、内容完整。 如果会计主体以虚假的业务或事项进行确认、计量、报告，属于违法行为，不仅会严重损害会计信息质量，而且会误导报告使用者，导致会计秩序混乱。
全面性	政府会计主体应当将发生的各项经济业务或者事项统一纳入会计核算，确保会计信息能够全面反映政府会计主体预算执行情况和财务状况、运行情况、现金流量等。 例如，按照全面性要求，单位会计核算的资产不仅要包括单位占有、使用的资产，还要包括受托管理的资产，以及负责经管责任的公共基础设施、政府储备物资、文物文化资产、保障性住房和自然资源资产等。 另外，对于单位的基本建设投资业务，应统一纳入单位会计核算。在符合重要性和成本效益原则的前提下，政府会计主体应保证会计信息的完整性，其中包括应当编报的报表及其附注内容等应当保持完整，不能随意遗漏或者减少应予披露的信息，与报告使用者决策相关的有用信息都应当充分披露。
相关性	政府会计主体提供的会计信息，应当与反映政府会计主体公共受托责任履行情况以及报告使用者决策或者监督、管理的需要相关，有助于报告使用者对政府会计主体过去、现在或者未来的情况作出评价或者预测。 会计信息是否有用，是否具有价值，关键是看其与报告使用者的决策需要是否相关，是否有助于决策或者提高决策水平。相关的会计信息应当能够有助于报告使用者评价政府会计主体过去的决策，证实或者修正过去的有关预测，因而具有反馈价值。相关的会计信息还应当具有预测价值，有助于报告使用者根据财务报告所提供的会计信息预测政府会计主体未来的财务状况、运行情况和现金流量。
及时性	政府会计主体对已经发生的经济业务或者事项，应当及时进行会计核算，不得提前或者延后。 会计信息的价值在于帮助报告使用者做出经济决策，具有时效性。即使是可靠的、全面的、相关的会计信息，如果不及时提供，就失去了时效性，对于使用者的效用就大大降低，甚至不再具有实际意义。 在会计确认、计量、记录和报告过程中贯彻及时性：①要求及时收集会计信息，即在经济业务或者事项发生后，及时收集整理各种原始单据或者凭证；②要求及时处理会计信息，即按照国家统一的会计制度的规定，及时对经济业务或者事项进行确认或者计量，并编制报告；③要求及时传递会计信息，即按照国家规定的有关时限，及时地将编制的报告传递给报告使用者，便于其及时使用和决策。
可比性	政府会计主体提供的会计信息应当具有可比性。 同一政府会计主体不同时期发生的相同或者相似的经济业务或者事项，应当采用一致的会计政策，不得随意变更。确需变更的，应当将变更的内容、理由及其影响在附注中予以说明。不同政府会计主体发生的相同或者相似的经济业务或者事项，应当采用一致的会计政策，确保政府会计信息口径一致，相互可比。
可理解性	政府会计主体提供的会计信息应当清晰明了，便于报告使用者理解和使用。 政府会计主体编制决算报告和财务报告、提供会计信息的目的在于使用，而要使报告使用者有效使用会计信息，应当能让其了解会计信息的内涵，弄懂会计信息的内容，这就要求决算报告和财务报告所提供的会计信息应当清晰明了，易于理解。只有这样，才能提高会计信息的有用性，实现决算报告和财务报告的目标，满足向报告使用者提供决策有用信息的要求。
实质重于形式	政府会计主体应当按照经济业务或者事项的经济实质进行会计核算，不限于以经济业务或者事项的法律形式为依据。 政府会计主体发生的经济业务或事项在多数情况下其经济实质和法律形式是一致的，但在有些情况下也会出现不一致。例如，单位通过融资租赁取得一项设备，尽管从法律上讲该项设备的所有权不属于本单位，但从经济实质讲已经将与该设备所有权有关的全部或绝大部分风险和报酬转移给单位，因此应当将该设备确认为本单位的资产。

尽管上述 7 个信息质量要求中的每一项都是整体不可或缺的一部分，并相互配合共同帮助实现会计核算的目标，但是在实践中，并非所有的质量要求都能够完全达到，可能需要在一些要求之间达成平衡或做出权衡。

【判断题】同一政府会计主体不同时期发生的相同的经济业务，应当采用一致的会计政策，不得随意变更，体现了可比性政府会计信息质量要求。（　　）

【答案】√

【判断题】政府会计主体将基本建设投资业务统一纳入单位会计核算，体现了会计信息全面性的质量要求。（　　）

【答案】√

【点拨】题干表述正确。

【多项选择题】在政府会计信息质量要求中，属于对会计信息质量的实质性要求的有（　　）。

A. 可靠性　　　　　B. 全面性　　　　　C. 相关性　　　　　D. 及时性

【答案】ABC

【点拨】可靠性、全面性、相关性是对会计信息质量的实质性要求，是会计信息应具备的基本质量特征，及时性、可比性、可理解性是对会计信息质量的形式性要求。

【单项选择题】下列各项中属于对政府会计信息的约束性要求的是（　　）。

A. 可靠性　　　　　B. 全面性　　　　　C. 相关性　　　　　D. 实质重于形式

【答案】D

【点拨】选项 A、B、C，属于对会计信息质量的实质性要求。

5. 政府财务会计要素

政府财务会计要素包括资产、负债、净资产、收入和费用。

【多项选择题】下列各项属于政府财务会计要素的有（　　）。

A. 净资产　　　　　B. 所有者权益　　　　　C. 收入　　　　　D. 预算结余

【答案】AC

【点拨】政府财务会计要素包括资产、负债、净资产、收入和费用。

（1）资产。

1）资产的定义。资产是指政府会计主体过去的经济业务或者事项形成的，由政府会计主体控制的，预期能够产生服务潜力或者带来经济利益流入的经济资源。

服务潜力是指政府会计主体利用资产提供公共产品和服务以履行政府职能的潜在能力。经济利益流入表现为现金及现金等价物的流入，或者现金及现金等价物流出的减少。

2）资产类别。政府会计主体的资产按照流动性，分为流动资产和非流动资产。

①流动资产。流动资产是指预计在 1 年内（含 1 年）耗用或者可以变现的资产，包括货币资金、短期投资、应收及预付款项、存货等。

②非流动资产。非流动资产是指流动资产以外的资产，包括固定资产、在建工程、无形资产、长期投资、公共基础设施、政府储备资产、文物文化资产、保障性住房和自然资源资产等。

【多项选择题】下列各项属于政府财务会计要素中非流动资产的有（   ）。

A. 预付款项   B. 应付政府债券

C. 文物文化资产   D. 自然资源资产

【答案】CD

【点拨】选项 A，属于流动资产；选项 B，属于非流动负债。

3）资产的确认条件。符合政府资产定义的经济资源，在同时满足以下条件时，确认为资产：①与该经济资源相关的服务潜力很可能实现或者经济利益很可能流入政府会计主体；②该经济资源的成本或者价值能够可靠地计量。

4）资产的计量属性。政府资产的计量属性主要包括历史成本、重置成本、现值、公允价值和名义金额（见表 8-8）。

表 8-8　资产的计量属性

属性	内容阐释说明
历史成本	在历史成本计量下，资产按照取得时支付的现金金额或者支付对价的公允价值计量。
重置成本	在重置成本计量下，资产按照现在购买相同或者相似资产所需支付的现金金额计量。
现值	在现值计量下，资产按照预计从其持续使用和最终处置中所产生的未来净现金流入量的折现金额计量。
公允价值	在公允价值计量下，资产按照市场参与者在计量日发生的有序交易中，出售资产所能收到的价格计量。
名义金额	无法采用历史成本、重置成本、现值和公允价值计量属性的，采用名义金额（即人民币 1 元）计量。

【多项选择题】下列各项中，属于政府资产计量属性的有（   ）。

A. 现值   B. 可变现净值

C. 公允价值   D. 名义金额（即人民币 1 元）计量

【答案】ACD

【点拨】本题主要考查的是政府财务会计要素。政府资产的计量属性主要包括历史成本、重置成本、现值、公允价值和名义金额，故本题选项 A、C、D 均属于政府资产的计量属性。

（2）负债。

1）负债的定义。负债是指政府会计主体过去的经济业务或者事项形成的，预期会导致经济资源流出政府会计主体的现时义务。

现时义务是指政府会计主体在现行条件下已承担的义务。未来发生的经济业务或者事项形成的义务不属于现时义务，不应当确认为负债。

2）负债的分类。政府会计主体的负债按照流动性，分为流动负债和非流动负债。

①流动负债。流动负债是指预计在 1 年内（含 1 年）偿还的负债，包括应付及预收款项、应付职工薪酬、应缴款项等。

②非流动负债。非流动负债是指流动负债以外的负债，包括长期应付款、应付政府债券和政府依法担保形成的债务等。

3）负债的确认条件。符合政府负债定义的义务，在同时满足以下条件时，确认为负债：①履行该义务很可能导致含有服务潜力或者经济利益的经济资源流出政府会计主体；②该义务的金额能够可靠地计量。

4）负债的计量属性。政府负债的计量属性主要包括历史成本、现值和公允价值（见表8-9）。

表8-9 政府负债的计量属性

属性	内容阐释说明
历史成本	在历史成本计量下，负债按照因承担现时义务而实际收到的款项或者资产的金额，或者承担现时义务的合同金额，或者按照为偿还负债预期需要支付的现金计量。
现值	在现值计量下，负债按照预计期内需要偿还的未来净现金流出量的折现金额计量。
公允价值	在公允价值计量下，负债按照市场参与者在计量日发生的有序交易中，转移负债所需支付的价格计量。

政府会计主体在对负债进行计量时，一般应当采用历史成本。采用现值、公允价值计量的，应当保证所确定的负债金额能够持续、可靠计量。

【单项选择题】下列选项中，不属于政府负债计量属性的是（　　）。

A. 历史成本　　　　B. 名义金额　　　　C. 现值　　　　D. 公允价值

【答案】B

【点拨】本题主要考查的是政府财务会计的要素。政府负债的计量属性主要包括历史成本、现值和公允价值；选项B，名义金额属于政府资产的计量属性。

【判断题】政府会计主体对负债进行计量时，一般应当采用历史成本。当无法采用历史成本、现值、公允价值计量时，采用名义金额（即人民币1元）计量。（　　）

【答案】×

【点拨】对于负债不会采用名义金额计量。对于资产，如果无法采用历史成本、重置成本、现值和公允价值计量属性的，应当采用名义金额计量。

（3）净资产。净资产是指政府会计主体资产扣除负债后的净额，其金额取决于资产和负债的计量。

（4）收入。

1）收入的定义。收入是指报告期内导致政府会计主体净资产增加的、含有服务潜力或者经济利益的经济资源的流入。

2）收入的确认条件。

收入的确认应当同时满足以下条件：①与收入相关的含有服务潜力或者经济利益的经济资源很可能流入政府会计主体；②含有服务潜力或者经济利益的经济资源流入会导致政府会计主体资产增加或者负债减少；③流入金额能够可靠地计量。

（5）费用。

1）费用的定义。费用是指报告期内导致政府会计主体净资产减少的、含有服务潜力或者经济利益的经济资源的流出。

2）费用的确认条件。

费用的确认应当同时满足以下条件：①与费用相关的含有服务潜力或者经济利益的经济资源很可能流出政府会计主体；②含有服务潜力或者经济利益的经济资源流出

会导致政府会计主体资产减少或者负债增加；③流出金额能够可靠地计量。

6. 政府预算会计要素

政府预算会计要素包括预算收入、预算支出与预算结余（见表8-10）。

表 8-10 政府预算会计要素

构成	概念	内容阐释说明
预算收入	预算收入是指政府会计主体在预算年度内依法取得的并纳入预算管理的现金流入。	预算收入一般在实际收到时予以确认，以实际收到的金额计量。
预算支出	预算支出是指政府会计主体在预算年度内依法发生并纳入预算管理的现金流出。	预算支出一般在实际支付时予以确认，以实际支付的金额计量。
预算结余	预算结余是指政府会计主体预算年度内预算收入扣除预算支出后的资金余额，以及历年滚存的资金余额。	预算结余包括结余资金和结转资金。结余资金是指年度预算执行终了，预算收入实际完成数扣除预算支出和结转资金后剩余的资金。结转资金是指预算安排项目的支出年终尚未执行完毕或者因故未执行，且下年需要按原用途继续使用的资金。

【多项选择题】下列各项中，属于预算会计要素的有（　　）。

A. 预算收入　　　　　B. 净资产　　　　　C. 预算支出　　　　　D. 预算结余

【答案】ACD

【点拨】本题主要考查的是政府预算会计要素。政府预算会计要素包括预算收入、预算支出和预算结余，故本题选项 A、C、D 均属于预算会计要素。

【判断题】政府预算会计要素包括预算收入、预算支出与预算结余。（　　）

【答案】√

【多项选择题】下列关于政府会计要素及其确认和计量的说法正确的有（　　）。

A. 预算结余包括结余资金，不包括结转资金

B. 政府预算会计要素包括预算收入、预算支出与预算结余

C. 政府财务会计要素包括资产、负债、净资产、收入和费用

D. 预算收入一般在实际收到时予以确认，以实际收到的金额计量

【答案】BCD

【点拨】选项 A，预算结余是指政府会计主体预算年度内预算收入扣除预算支出后的资金余额，以及历年滚存的资金余额，预算结余包括结余资金和结转资金。

7. 政府财务报告

（1）政府财务报告的构成和内容。政府财务报告是反映政府会计主体某一特定日期的财务状况和某一会计期间的运行情况和现金流量等信息的文件。

1）从内容上讲，政府财务报告应当包括财务报表和其他应当在财务报告中披露的相关信息和资料。

财务报表是对政府会计主体财务状况、运行情况和现金流量等信息的结构性表述，包括会计报表和附注。

会计报表至少应当包括资产负债表、收入费用表和现金流量表（见表8-11）。

表8-11 会计报表的构成

项目	类别		内容阐释
财务报表	会计报表	资产负债表	资产负债表是反映政府会计主体在某一特定日期的财务状况的报表。
		收入费用表	收入费用表是反映政府会计主体在一定会计期间运行情况的报表。
		现金流量表	现金流量表是反映政府会计主体在一定会计期间现金及现金等价物流入和流出情况的报表。
	附注		附注是对在资产负债表、收入费用表、现金流量表等报表中列示项目所作的进一步说明，以及对未能在这些报表中列示项目的说明。
其他应当在财务报告中披露的相关信息和资料			

2）从编制主体讲。政府财务报告主要包括政府部门财务报告和政府综合财务报告。

①政府部门编制政府部门财务报告，反映本部门的财务状况和运行情况。

②财政部门编制政府综合财务报告，反映政府整体的财务状况、运行情况和财政中长期可持续性。

（2）政府财务报告编报。

1）政府部门财务报告编报如表8-12所示。

表8-12 政府部门财务报告编报

项目	内容阐释说明
清查核实资产负债	各部门、各单位要按照统一要求有计划、有步骤清查核实固定资产、无形资产以及代表政府管理的储备物资、公共基础设施、企业国有资产、应收税款等资产，按规定界定产权归属、开展价值评估；分类清查核实部门负债情况。清查核实后的资产负债统一按规定进行核算和反映。
编制政府部门财务报告	各单位应在政府会计准则体系和政府财务报告制度框架体系内，按时编制以资产负债表、收入费用表等财务报表为主要内容的财务报告。各部门应合并本部门所属单位的财务报表，编制政府部门财务报告。
开展政府部门财务报告审计	政府部门财务报告应保证报告信息的真实性、完整性及合规性，接受审计。
报送并公开政府部门财务报告	政府部门财务报告及其审计报告应报送本级政府财政部门，并按规定向社会公开。
加强部门财务分析	各部门应充分利用财务报告反映的信息，加强对资产状况、债务风险、成本费用、预算执行情况的分析，促进预算管理、资产负债管理和绩效管理有机衔接。

2）政府综合财务报告编报如表8-13所示。

表8-13 政府综合财务报告编报

项目	内容阐释说明
清查核实财政直接管理的资产负债	财政部门要清查核实代表政府持有的相关国际组织和企业的出资人权益；代表政府发行的国债、地方政府债券，举借的国际金融组织和外国政府贷款、其他政府债务以及或有债务。清查核实后的资产负债统一按规定进行核算和反映。

续表

项目	内容阐释说明
编制政府综合财务报告	各级政府财政部门应合并各部门和其他纳入合并范围主体的财务报表，编制以资产负债表、收入费用表等财务报表为主要内容的本级政府综合财务报告。县级以上政府财政部门要合并汇总本级政府综合财务报告和下级政府综合财务报告，编制本行政区政府综合财务报告。
开展政府综合财务报告审计	政府综合财务报告应保证报告信息的真实性、完整性及合规性，接受审计。
报送并公开政府综合财务报告	政府综合财务报告及其审计报告，应依法报送本级人民代表大会常务委员会备案，并按规定向社会公开。
应用政府综合财务报告信息	政府综合财务报告中的相关信息可作为考核地方政府绩效、分析政府财务状况、开展地方政府信用评级、编制全国和地方资产负债表以及制定财政中长期规划和其他相关规划的重要依据。

【判断题】政府综合财务报告的编制基础是权责发生制。（　　）

【答案】√

8. 政府决算报告

政府决算报告是综合反映政府会计主体年度预算收支执行结果的文件。

政府决算报告应当包括决算报表和其他应当在决算报告中反映的相关信息和资料。

符合预算收入、预算支出和预算结余定义及其确认条件的项目应当列入政府决算报表。

政府决算报告的具体内容及编制要求等由财政部另行规定。

政府决算报告与财务报告的主要区别如表 8-14 所示。

表 8-14　政府决算报告与政府综合财务报告的主要区别

项目	政府决算报告	政府综合财务报告
	各级政府财政部门、各部门、各单位	各级政府财政部门、各部门、各单位
反映的对象	一级政府年度预算收支执行情况的结果	一级政府整体财务状况、运行情况和财政中长期可持续性
编制基础	收付实现制	权责发生制
数据来源	以预算会计核算生成的数据为准	以财务会计核算生成的数据为准
编制方法	汇总	合并
报送要求	本级人民代表大会常务委员会审查和批准	本级人民代表大会常务委员会备案

9.《政府会计准则——基本准则》的重大制度理论创新

《政府会计准则——基本准则》继承了多年来我国行政事业单位和财政总预算会计改革的有益经验，反映了当前政府会计改革发展的内在需要和发展方向，是政府会计领域的一次重要制度创新（见表 8-15）。

表 8-15 《政府会计准则——基本准则》的重大制度理论创新

项目	内容阐释说明
构建了政府预算会计和财务会计适度分离并相互衔接的政府会计核算体系	相对于实行多年的预算会计核算体系,《政府会计准则——基本准则》强化了政府财务会计核算,即政府会计由预算会计和财务会计构成,前者一般实行收付实现制,后者实行权责发生制。 通过预算会计核算形成决算报告,通过财务会计核算形成财务报告,全面、清晰反映政府预算执行信息和财务信息。
确立了"3+5要素"的会计核算模式	《政府会计准则——基本准则》规定预算收入、预算支出和预算结余 3 个预算会计要素和资产、负债、净资产、收入和费用 5 个财务会计要素。 其中,首次提出收入、费用两个要素,有别于现行预算会计中的收入和支出要素,主要是为了准确反映政府会计主体的运行成本,科学评价政府资源管理能力和绩效。同时,按照政府会计改革最新理论成果对资产、负债要素进行了重新定义。
科学界定了会计要素的定义和确认标准	《政府会计准则——基本准则》针对每个会计要素,规范了其定义和确认标准,为在政府会计具体准则和政府会计制度层面规范政府发生的经济业务或事项的会计处理提供了基本原则,保证了政府会计标准体系的内在一致性。 特别是,《政府会计准则——基本准则》对政府资产和负债进行界定时,充分考虑了当前财政管理的需要,如在界定政府资产时,特别强调了"服务潜力",除了自用的固定资产等以外,将公共基础设施、政府储备资产、文化文物资产、保障性住房和自然资源资产等纳入政府会计核算范围;对政府负债进行界定时,强调了"现时义务",将政府因承担担保责任而产生的预计负债也纳入会计核算范围。
明确了资产和负债的计量属性及其应用原则	《政府会计准则——基本准则》提出,资产的计量属性主要包括历史成本、重置成本、现值、公允价值和名义金额,负债的计量属性主要包括历史成本、现值和公允价值。 同时,《政府会计准则——基本准则》强调了历史成本计量原则,即政府会计主体对资产和负债进行计量时,一般应当采用历史成本。采用其他计量属性的,应当保证所确定的金额能够持续、可靠计量。这样规定,既体现了资产负债计量的前瞻性,也充分考虑了政府会计实务的现状。
构建了政府财务报告体系	《政府会计准则——基本准则》要求政府会计主体除按财政部要求编制决算报表外,至少还应编制资产负债表、收入费用表和现金流量表,并按规定编制合并财务报表。 同时强调,政府财务报告包括政府综合财务报告和政府部门财务报告,构建了满足现代财政制度需要的政府财务报告体系。

【多项选择题】下列关于政府会计的表述中正确的有（　　）。

A. 政府会计应当实现预算会计和财务会计双重功能

B. 政府会计主体应当编制决算报告和财务报告

C. 政府会计实行收付实现制

D. 政府会计主体分别建立预算会计和财务会计两套账

【答案】AB

【点拨】本题主要考查的是政府会计标准体系。本题选项 A、B 表述正确;选项 C,预算会计实行收付实现制,财务会计实行权责发生制;选项 D,政府预算会计和财务会计"适度分离",并不是要求政府会计主体分别建立预算会计和财务会计两套账,对同一笔经济业务或事项进行会计核算,而是要求政府预算会计要素和财务会计要素相互协调,决算报告和财务报告相互补充,共同反映政府会计主体的预算执行信息和财务信息。

【多项选择题】关于政府会计,下列表述中正确的有（　　）。

A. 政府会计实行收付实现制

B. 政府会计主体应当编制决算报告和财务报告

C. 政府会计应当实现预算会计和财务会计双重功能

D. 政府会计主体分别建立预算会计和财务会计两套账

E. 年末预算收支结转

【答案】AB

【点拨】预算会计实行收付实现制，财务会计实行权责发生制，选项 C 错误。政府预算会计和财务会计"适度分离"，并不是要求政府会计主体分别建立预算会计和财务会计两套账，对同一笔经济业务或事项进行会计核算，而是要求政府预算会计要素和财务会计要素相互协调，决算报告和财务报告相互补充，共同反映政府会计主体的预算执行信息和财务信息，选项 D 错误。

第二节　行政事业单位会计核算

行政事业单位财务会计的原理和方法与企业会计基本一致，但与企业会计不同的是，行政事业单位会计核算应当具备财务会计与预算会计双重功能，实现财务会计与预算会计适度分离并相互衔接，全面、清晰反映行政事业单位财务信息和预算执行信息。

一、行政事业单位会计核算一般原则

行政事业单位应当根据政府会计准则（包括基本准则和具体准则）规定的原则和政府会计制度的要求，对其发生的各项经济业务或事项进行会计核算。

（一）行政事业单位财务会计

财务会计实行权责发生制。

通过资产、负债、净资产、收入、费用五个要素，全面反映行政事业单位财务状况、运行情况和现金流量情况。

反映行政事业单位财务状况的等式为"资产−负债＝净资产"，反映运行情况的等式为"收入−费用＝本期盈余"，本期盈余经分配后最终转入净资产。

（二）行政事业单位预算会计

行政事业单位预算会计采用收付实现制，国务院另有规定的从其规定。

通过预算收入、预算支出和预算结余三个要素，全面反映行政事业单位预算收支执行情况。

预算会计恒等式为"预算收入−预算支出＝预算结余"。

为了保证行政事业单位预算会计要素单独循环，在日常核算时，行政事业单位应当设置"资金结存"科目，核算纳入部门预算管理的资金的流入、流出、调整和滚存等情况。根据资金支付方式及资金形态，"资金结存"科目应设置"零余额账户用款额度""货币资金""财政应返还额度"三个明细科目。年末预算收支结转后"资金结存"科目借方余额与预算结转结余科目贷方余额相等。

小知识

仅需进行财务会计处理，还是还需进行预算会计处理

行政事业单位对于纳入部门预算管理的现金收支业务，在采用财务会计核算的同时应当进行预算会计核算；对于其他业务，仅需进行财务会计核算。

这里的现金，是指行政事业单位的库存现金以及其他可以随时用于支付的款项，包括库存现金、银行存款、其他货币资金、零余额账户用款额度、财政应返还额度，以及通过财政直接支付方式支付的款项。

对于行政事业单位受托代理的现金以及应上缴财政的现金所涉及的收支业务，仅需要进行财务会计处理，不需要进行预算会计处理。

关于明细科目的设置及运用

为了满足决算报表的编制要求，行政事业单位应当在预算会计"行政支出"科目、"事业支出"科目下，分别按照"财政拨款支出""非财政专项资金支出""其他资金支出"、"基本支出"和"项目支出"等进行明细核算，并按照《政府收支分类科目》中"支出功能分类科目"的项级科目进行明细核算；"基本支出"和"项目支出"明细科目下应当按照《政府收支分类科目》中"部门预算支出经济分类科目"的款级科目进行明细核算，同时在"项目支出"明细科目下按照具体项目进行明细核算。

为了满足成本核算需要，行政事业单位可在财务会计"业务活动费用"和"单位管理费用"科目下，按照"工资福利费用""商品和服务费用""对个人和家庭的补助费用""对企业补助费用""固定资产折旧费""无形资产摊销费""公共基础设施折旧（摊销）费""保障性住房折旧费""计提专用基金"等成本项目设置明细科目，归集能够直接计入业务活动或采用一定方法计算后计入业务活动的费用。

行政事业单位财务会计核算中关于应交增值税的会计处理

行政事业单位财务会计核算中关于应交增值税的会计处理与企业会计基本相同，但是在预算会计处理中，预算收入和预算支出包含了销项税额和进项税额，实际缴纳增值税时计入预算支出。

二、收支业务

行政事业单位的收支业务除了国库集中收付业务之外，还包括事业活动、经营活动等形成的收支。

其中，对于纳入行政事业单位预算管理的现金收支业务，行政事业单位进行预算会计核算的同时要进行财务会计核算。

（一）国库集中支付业务

1. 国库集中收付的概念

国库集中收付是指以国库单一账户体系为基础，将所有财政性资金都纳入国库单一账户体系管理，收入直接缴入国库和财政专户，支出通过国库单一账户体系支付到商品和劳务供应者或用款单位的一项国库管理制度。

2. 国库集中支付下财政资金的支付方式

实行国库集中支付的行政事业单位，财政资金的支付方式包括财政直接支付和财政授权支付。

（1）财政直接支付的程序。在财政直接支付方式下，行政事业单位在需要使用财政资金时，按照批复的部门预算和资金使用计划，向财政国库支付执行机构提出支付申请。

财政国库支付执行机构根据批复的部门预算和资金使用计划及相关要求对支付申请审核无误后，向代理银行发出支付令，并通知中国人民银行国库部门，通过代理银行进入全国银行清算系统实时清算，财政资金从国库单一账户划拨到收款人的银行账户。

在这种支付方式下，行政事业单位提出支付申请，由财政部门发出支付令，再由代理银行经办资金支付。所以，对于财政直接支付的资金，行政事业单位应于收到"财政直接支付入账通知书"时，按入账通知书中标明的金额确认财政拨款收入，同时计入相关支出或增记相关资产。年度终了，行政事业单位依据本年度财政直接支付预算指标数与当年财政直接支付实际支出数的差额，确认财政拨款收入并增记财政应返还额度；下年度恢复财政直接支付额度后，行政事业单位在发生实际支出时，作冲减财政应返还额度的会计处理。

（2）财政授权支付的程序。在财政授权支付方式下，行政事业单位按照批复的部门预算和资金使用计划，向财政国库支付执行机构申请授权支付的月度用款限额，财政国库支付执行机构将批准后的限额通知代理银行和单位，并通知中国人民银行国库部门。行政事业单位在月度用款限额内，自行开具支付令，通过财政国库支付执行机构转由代理银行向收款人付款，并与国库单一账户清算。

在这种支付方式下，行政事业单位申请到的是用款限额而不是存入单位账户的实有资金，单位可以在用款限额内自行开具支付令，再由代理银行向收款人付款。所以行政事业单位应于收到"授权支付到账通知书"时，按照通知书标明的数额确认财政拨款收入，并增记零余额账户用款额度，支用额度时作冲减零余额账户用款额度的会计处理。年度终了，行政事业单位依据代理银行提供的对账单注销额度时，增记财政应返还额度，并冲减零余额账户用款额度；如果行政事业单位本年度财政授权支付预算指标数大于零余额账户用款额度下达数，根据两者的差额，确认财政拨款收入并增记财政应返还额度。下年年初恢复额度或下年度收到财政部门批复的上年末未下达零余额账户用款额度时，作冲减财政应返还额度的会计处理。

3. 国库集中支付业务的账务处理

行政事业单位核算国库集中支付业务，应当在进行预算会计核算的同时进行财务会计核算。

行政事业单位在财务会计中应当设置"财政拨款收入""零余额账户用款额度""财政应返还额度"等科目，在预算会计中应设置"财政拨款预算收入""资金结存——零余额账户用款额度""资金结存——财政应返还额度"科目。

（1）直接支付业务。在财政直接支付方式下，对财政直接支付的支出，行政事业单位收到"财政直接支付入账通知书"时，按照通知书中的直接支付入账金额，在预算会计中借记"行政支出""事业支出"等科目，贷记"财政拨款预算收入"科目；同时在财务会计中借记"库存物品""固定资产""应付职工薪酬""业务活动费用""单位管理费用"等科目，贷记"财政拨款收入"科目。

年末，根据本年度财政直接支付预算指标数与当年财政直接支付实际支出数的差额，在预算会计中借记"资金结存——财政应返还额度"科目，贷记"财政拨款预算收入"科目；同时在财务会计中借记"财政应返还额度"科目，贷记"财政拨款收入"科目。

下年度恢复财政直接支付额度后，行政事业单位以财政直接支付方式发生实际支出时，在预算会计中借记"行政支出""事业支出"等科目，贷记"资金结存——财政应返还额度"科目；同时在财务会计中借记"库存物品""固定资产""应付职工薪酬""业务活动费用""单位管理费用"等科目，贷记"财政应返还额度"科目。

（2）授权支付业务。在财政授权支付方式下，行政事业单位收到代理银行盖章的"授权支付到账通知书"时，根据通知书所列数额，在预算会计中借记"资金结存——零余额账户用款额度"科目，贷记"财政拨款预算收入"科目；同时在财务会计中借记"零余额账户用款额度"科目，贷记"财政拨款收入"科目。

按规定支用额度时，按照实际支用的额度，在预算会计中借记"行政支出""事业支出"等科目，贷记"资金结存——零余额账户用款额度"科目；同时在财务会计中借记"库存物品""固定资产""应付职工薪酬""业务活动费用""单位管理费用"等科目，贷记"零余额账户用款额度"。

年末，依据代理银行提供的对账单作注销额度的相关账务处理，在预算会计中借记"资金结存——财政应返还额度"科目，贷记"资金结存——零余额账户用款额度"科目；同时在财务会计中借记"财政应返还额度"科目，贷记"零余额账户用款额度"科目。

下年年初恢复额度时，在预算会计中借记"资金结存——零余额账户用款额度"科目，贷记"资金结存——财政应返还额度"科目；同时在财务会计中借记"零余额账户用款额度"科目，贷记"财政应返还额度——财政授权支付"科目。

年末，行政事业单位本年度财政授权支付预算指标数大于零余额账户用款额度下达数的，根据未下达的用款额度，在预算会计中借记"资金结存——财政应返还额度"科目，贷记"财政拨款预算收入"科目；同时在财务会计中借记"财政应返还额度"科目，贷记"财政拨款收入"科目。

下年度收到财政部门批复的上年末未下达零余额账户用款额度时，在预算会计中借记"资金结存——零余额账户用款额度"科目，贷记"资金结存——财政应返还额度"科目；同时在财务会计中借记"零余额账户用款额度"科目，贷记"财政应返还额度"科目。

【单项选择题】下列关于国库集中直接支付业务事项中正确的是（　　）。

A. 单位应设置"零余额账户用款额度"账户

B. 应当在进行预算会计核算的同时进行财务会计核算

C. 对财政应返还额度，下年度收到财政部门批复财政直接支付额度时进行会计处理

D. 收到代理银行盖章的"授权支付到账通知书"时，根据通知书所列数额进行会计处理

【答案】B

【点拨】授权支付业务下，设置"零余额账户用款额度"账户，选项 A 错误；对财政应返还额度，下年度恢复财政直接支付额度后，单位以财政直接支付方式发生实际支出时进行会计处理，选项 C 错误；直接支付业务，收到"财政直接支付入账通知书"时，按照通知书中标明的金额进行会计处理，选项 D 不正确。

（二）事业活动、经营活动等形成的收支/非财政拨款收支业务

1. 事业（预算）收入

事业收入是指事业单位开展专业业务活动及其辅助活动实现的收入，不包括从同级政府财政部门取得的各类财政拨款。

为了核算事业收入，行政事业单位在预算会计中应当设置"事业预算收入"科目，采用收付实现制核算；在财务会计中应当设置"事业收入"科目，采用权责发生制核算（见表 8-16）。

表 8-16　事业（预算）收入的构成

项目	内容阐释说明
对采用财政专户返还方式管理的事业（预算）收入	实现应上缴财政专户的事业收入时，按照实际收到或应收的金额，在财务会计中借记"银行存款""应收账款"等科目，贷记"应缴财政款"科目。向财政专户上缴款项时，按照实际上缴的款项金额，在财务会计中借记"应缴财政款"科目，贷记"银行存款"等科目。收到从财政专户返还的事业收入时，按照实际收到的返还金额，在财务会计中借记"银行存款"等科目，贷记"事业收入"科目；同时在预算会计中借记"资金结存——货币资金"科目，贷记"事业预算收入"科目。
对采用预收款方式确认的事业（预算）收入	实际收到预收款时，按照收到的款项金额，在财务会计中借记"银行存款"等科目，贷记"预收账款"科目；同时在预算会计中借记"资金结存——货币资金"科目，贷记"事业预算收入"科目。以合同完成进度确认事业收入时，按照基于合同完成进度计算的金额，借记"预收账款"科目，贷记"事业收入"科目。
对采用应收款方式确认的事业收入	根据合同完成进度计算本期应收的款项，在财务会计中借记"应收账款"科目，贷记"事业收入"科目。实际收到款项时，在财务会计中借记"银行存款"等科目，贷记"应收账款"科目；同时在预算会计中借记"资金结存——货币资金"科目，贷记"事业预算收入"科目。
对于其他方式下确认的事业收入	按照实际收到的金额，在财务会计中借记"银行存款""库存现金"等科目，贷记"事业收入"科目；同时在预算会计中借记"资金结存——货币资金"科目，贷记"事业预算收入"科目。
事业活动中涉及增值税业务的	事业收入按照实际收到的金额扣除增值税销项税额之后的金额入账，事业预算收入按照实际收到的金额入账。

【单项选择题】关于事业（预算）收入，下列表述中错误的是（　　）。

A. 事业收入是指事业单位开展专业业务活动及其辅助活动实现的收入

B. 在财务会计中应当设置"事业收入"科目，采用权责发生制核算

C. 单位在预算会计中应当设置"事业预算收入"科目，采用收付实现制核算

D. "事业收入"科目发生额与"事业预算收入"科目发生额一定相等

【答案】D

【点拨】本题主要考查的是事业（预算）收入。事业活动中涉及增值税业务的，事业收入按照实际收到的金额扣除增值税销项税额之后的金额入账，事业预算收入按照

实际收到的金额入账，"事业收入"科目发生额与"事业预算收入"科目发生额不相等，故本题选项 D 表述错误。

2. 债务预算收入和债务还本支出

债务预算收入是指事业单位按照规定从银行和其他金融机构等借入的、纳入部门预算管理的、不以财政资金作为偿还来源的债务本金。

债务还本支出是指事业单位偿还自身承担的纳入预算管理的从金融机构举借的债务本金的现金流出。

事业单位为了核算借款及债务预算收入，在预算会计下应设置"债务预算收入"科目和"债务还本支出"科目，在财务会计下设置"短期借款""长期借款""应付利息"等科目。

事业单位借入各种短期借款、长期借款时，按照实际借入的金额，在预算会计中借记"资金结存——货币资金"科目，贷记"债务预算收入"科目；同时在财务会计中借记"银行存款"科目，贷记"短期借款"科目、"长期借款"科目。

事业单位按期计提长期借款的利息时，按照计算确定应支付的利息金额，在财务会计中借记"其他费用"科目或"在建工程"科目，贷记"应付利息"科目或"长期借款——应付利息"科目。待实际支付利息时，在财务会计中借记"应付利息"科目，贷记"银行存款"等科目；同时在预算会计中借记"事业支出"等科目，贷记"资金结存——货币资金"科目。

事业单位偿还各项短期或长期借款时，按照偿还的借款本金，在预算会计中借记"债务还本支出"科目，贷记"资金结存——货币资金"科目；同时在财务会计中借记"短期借款""长期借款"科目，贷记"银行存款"科目。

3. 捐赠（预算）收入和支出

（1）捐赠（预算）收入。捐赠收入指行政事业单位接受其他单位或者个人捐赠取得的收入，包括现金捐赠和非现金捐赠收入。

捐赠预算收入指行政事业单位接受的现金资产。

行政事业单位接受捐赠的货币资金，按照实际收到的金额，在财务会计中借记"银行存款""库存现金"等科目，贷记"捐赠收入"科目；同时在预算会计中借记"资金结存——货币资金"科目，贷记"其他预算收入——捐赠预算收入"科目。

行政事业单位接受捐赠的存货、固定资产等非现金资产，按照确定的成本，在财务会计中借记"库存物品""固定资产"等科目，按照发生的相关税费、运输费等，贷记"银行存款"等科目，按照其差额，贷记"捐赠收入"科目；同时在预算会计中，按照发生的相关税费、运输费等支出金额，借记"其他支出"科目，贷记"资金结存——货币资金"科目。

（2）捐赠（支出）费用。行政事业单位对外捐赠现金资产的，按照实际捐赠的金额，在财务会计中借记"其他费用"科目，贷记"银行存款""库存现金"等科目；同时在预算会计中借记"其他支出"科目，贷记"资金结存——货币资金"科目。

行政事业单位对外捐赠库存物品、固定资产等非现金资产的，在财务会计中应当将资产的账面价值转入"资产处置费用"科目，如未支付相关费用，预算会计不作账务处理。

【单项选择题】下列关于捐赠（预算）收入和支出的表述中错误的是（　　）。

A. 捐赠预算收入包括现金捐赠和非现金捐赠收入

B. 在财务会计中，单位对外捐赠现金资产的，将实际捐赠的金额计入"其他费用"科目

C. 在财务会计中，对于单位接受捐赠非现金资产时，将发生的相关税费、运输费等支出金额计入非现金资产成本

D. 在预算会计中，对于单位接受捐赠非现金资产时，将发生的相关税费、运输费等支出金额计入"其他支出"科目

【答案】A

【点拨】捐赠收入包括现金捐赠和非现金捐赠收入；而捐赠预算收入指单位接受的现金资产，不包括非现金捐赠收入，选项 A 错误。

4. 投资支出

投资支出指事业单位以货币资金对外投资发生的现金流出。

为了核算投资支出，事业单位应当在预算会计下设置"投资支出"科目，在财务会计下设置"短期投资""长期股权投资""长期债权投资"等科目。

事业单位以货币资金对外投资时，按照投资金额和所支付的相关税费金额的合计数，在预算会计中借记"投资支出"科目，贷记"资金结存——货币资金"科目；同时在财务会计中借记"短期投资""长期股权投资""长期债券投资"等科目，贷记"银行存款"等科目。

事业单位收到取得投资时实际支付价款中包含的已到付息期但尚未领取的利息或股利时，按照实际收到的金额，在预算会计中借记"资金结存——货币资金"科目，贷记"投资支出"科目；同时在财务会计中借记"银行存款"科目，贷记"短期投资""应收股利""应收利息"等科目。

事业单位持有股权投资期间收到被投资单位发放的现金股利或分期付息的利息时，按照实际收到的金额，在预算会计中借记"资金结存——货币资金"科目，贷记"投资预算收益"科目；同时在财务会计中借记"银行存款"科目，贷记"应收股利"科目、"应收利息"科目。

事业单位出售、对外转让或到期收回本年度以货币资金取得的对外投资的，在预算会计中，按照实际收到的金额，借记"资金结存——货币资金"科目，按照取得投资时"投资支出"科目的发生额，贷记"投资支出"科目，按照其差额，贷记或借记"投资预算收益"科目（如果行政事业单位出售、对外转让或到期收回的是以前年度以货币资金取得的对外投资，应当将上述业务处理中的"投资支出"科目改为"其他结余"）。同时，在财务会计中，按照实际收到的金额，借记"银行存款"科目，按照对外投资的账面余额，贷记"短期投资""长期股权投资""长期债券投资"科目，按照尚未领取的现金股利、利润或尚未收取的利息，贷记"应收股利"科目或"应收利息"科目，按照发生的相关税费等支出，贷记"银行存款"等科目，按照借贷方差额，借记或贷记"投资收益"科目。

【单项选择题】下列关于非财政拨款收支业务处理不符合政府会计准则规定的是（　　）。

A. 事业收入在预算会计中采用收付实现制核算；在财务会计中采用权责发生制核算

B. 事业预算收入按照实际收到的金额扣除增值税销项税之后的金额入账

C. 对于纳入单位预算管理的现金收支业务进行预算会计核算的同时要进行财务会计核算

D. 债务预算收入是指事业单位按照规定从银行和其他金融机构等借入的、纳入部门预算管理的、不以财政资金作为偿还来源的债务本金

【答案】B

【点拨】事业收入按照实际收到的金额扣除增值税销项税之后的金额入账，事业预算收入按照实际收到的金额入账，选项 B 错误。

三、预算结转结余及分配业务

行政事业单位应当严格区分财政拨款结转结余和非财政拨款结转结余。

财政拨款结转结余不参与事业单位的结余分配，单独设置"财政拨款结转"科目和"财政拨款结余"科目核算。

非财政拨款结转结余通过设置"非财政拨款结转""非财政拨款结余""专用结余""经营结余""非财政拨款结余分配"等科目核算。

（一）财政拨款结转的核算

事业单位应当在预算会计中设置"财政拨款结转"科目，核算滚存的财政拨款结转资金。

本科目下应当设置"年初余额调整""归集调入""归集调出""归集上缴""单位内部调剂""本年收支结转""累计结转"等明细科目，反映财政拨款结转金额变动情况。

年末结转后，本科目除"累计结转"明细科目外，其他明细科目应无余额。

本科目还应当设置"基本支出结转""项目支出结转"两个明细科目，并在"基本支出结转"明细科目下按照"人员经费""日常公用经费"两个项目进行明细核算，在"项目支出结转"明细科目下按照具体项目进行明细核算；同时，本科目还应按照《政府收支分类科目》中"支出功能分类科目"的相关科目进行明细核算。

财政拨款结转的主要账务处理如下：

（1）年末，行政事业单位应当将财政拨款收入和对应的财政拨款支出结转入"财政拨款结转"科目。根据财政拨款收入本年发生额，借记"财政拨款收入"科目，贷记"财政拨款结转——本年收支结转"科目；根据各项支出中的财政拨款支出本年发生额，借记"财政拨款结转——本年收支结转"科目，贷记各项支出（财政拨款支出）科目。

（2）按照规定从其他单位调入财政拨款结转资金的，按照实际调增的额度数额或调入的资金数额，在预算会计中借记"资金结存——财政应返还额度、零余额账户用款额度、货币资金"科目，贷记"财政拨款结转——归集调入"；同时在财务会计中借记

"零余额账户用款额度""财政应返还额度"等科目，贷记"累计盈余"科目。

按规定上缴（或注销）财政拨款结转资金、向其他单位调出财政拨款结转资金，按照实际上缴资金数额、实际调减的额度数额或调出的资金数额，在预算会计中借记"财政拨款结转——归集上缴、归集调出"科目，贷记"资金结存——财政应返还额度、零余额账户用款额度、货币资金"科目；同时在财务会计中借记"累计盈余"科目，贷记"零余额账户用款额度""财政应返还额度"等科目。

因发生会计差错等事项调整以前年度财政拨款结转资金的，按照调整的金额，在预算会计中借记或贷记"资金结存——财政应返还额度、零余额账户用款额度、货币资金"科目，贷记或借记"财政拨款结转——年初余额调整"科目；同时在财务会计中借记或贷记"以前年度盈余调整"科目，贷记"零余额账户用款额度""银行存款"等科目。经财政部门批准对财政拨款结余资金改变用途，调整用于本单位基本支出或其他未完成项目支出的，按照批准调剂的金额，借记"财政拨款结余——单位内部调剂"科目，贷记"财政拨款结转——单位内部调剂"科目。

（3）年末，冲销有关明细科目余额。将"财政拨款结转——本年收支结转、年初余额调整、归集调入、归集调出、归集上缴、单位内部调剂"科目余额转入"财政拨款结转——累计结转"科目。

（4）年末，完成上述财政拨款收支结转后，应当对财政拨款各明细项目执行情况进行分析，按照有关规定将符合财政拨款结余性质的项目余额转入财政拨款结余，借记"财政拨款结转——累计结转"科目，贷记"财政拨款结余——结转转入"科目。

（二）非财政拨款结转的核算

非财政拨款结转资金是指事业单位除财政拨款收支、经营收支以外的各非同级财政拨款专项资金收入与其相关支出相抵后剩余滚存的、须按规定用途使用的结转资金。

行政事业单位应当在预算会计中设置"非财政拨款结转"科目，核算行政事业单位除财政拨款收支、经营收支以外各非同级财政拨款专项资金的调整、结转和滚存情况。"非财政拨款结转"科目应当设置"年初余额调整""缴回资金""项目间接费用或管理费""本年收支结转""累计结转"等明细科目，反映非财政拨款结转的变动情况。本科目还应当按照具体项目、《政府收支分类科目》中"支出功能分类科目"的相关科目等进行明细核算。

非财政拨款结转的主要账务处理如下：

（1）年末，将事业预算收入、上级补助预算收入、附属单位上缴预算收入、非同级财政拨款预算收入、债务预算收入、其他预算收入本年发生额中的专项资金收入转入本科目，借记"事业预算收入""上级补助预算收入""附属单位上缴预算收入""非同级财政拨款预算收入""债务预算收入""其他预算收入"科目下各明细科目，贷记"非财政拨款结转——本年收支结转"科目；将行政支出、事业支出、其他支出本年发生额中的非财政拨款专项资金支出转入本科目，借记"非财政拨款结转——本年收支结转"科目，贷记"行政支出""事业支出""其他支出"科目下各非财政拨款专项资金支出明细科目。

（2）按照规定从科研项目预算收入中提取项目管理费或间接费时，按照提取金额，在预算会计中借记"非财政拨款结转——项目间接费用或管理费"科目，贷记"非财政拨款结余——项目间接费用或管理费"科目；同时在财务会计中借记"单位管理费用"科目，贷记"预提费用——项目间接费或管理费"科目。

因会计差错更正等事项调整非财政拨款结转资金的，按照收到或支出的金额，在预算会计中借记或贷记"资金结存——货币资金"科目，贷记或借记"非财政拨款结转——年初余额调整"科目；同时在财务会计中借记或贷记"以前年度盈余调整"科目，贷记或借记"银行存款"等科目。

按照规定缴回非财政拨款结转资金的，按照实际缴回资金数额，在预算会计中借记"非财政拨款结转——缴回资金"科目，贷记"资金结存——货币资金"科目；同时在财务会计中借记"累计盈余"科目，贷记"银行存款"等科目。

(3) 年末，冲销有关明细科目余额。将"非财政拨款结转——年初余额调整、项目间接费用或管理费、缴回资金、本年收支结转"科目余额转入"非财政拨款结转——累计结转"科目。结转后，"非财政拨款结转"科目除"累计结转"明细科目外，其他明细科目应无余额。

(4) 年末，完成上述结转后，应当对非财政拨款专项结转资金各项目情况进行分析，将留归本单位使用的非财政拨款专项（项目已完成）剩余资金转入非财政拨款结余，借记"非财政拨款结转——累计结转"科目，贷记"非财政拨款结余——结转转入"科目。

(三) 财政拨款结余的核算

行政事业单位在预算会计中应当设置"财政拨款结余"科目，核算行政事业单位滚存的财政拨款项目支出结余资金。

本科目应当设置"年初余额调整""归集上缴""单位内部调剂""结转转入""累计结余"等明细科目，反映财政拨款结余金额变动情况。年末结转后，本科目除"累计结余"明细科目外，其他明细科目应无余额。

该科目还应当按照《政府收支分类科目》中"支出功能分类科目"的相关科目进行明细核算。

财政拨款结余的主要账务处理如下：

(1) 年末，对财政拨款结转各明细项目执行情况进行分析，按照有关规定将符合财政拨款结余性质的项目余额转入财政拨款结余，借记"财政拨款结转——累计结转"科目，贷记"财政拨款结余——结转转入"科目。

(2) 经财政部门批准对财政拨款结余资金改变用途，调整用于本单位基本支出或其他未完成项目支出的，按照批准调剂的金额，借记"财政拨款结余——单位内部调剂"科目，贷记"财政拨款结转——单位内部调剂"科目。

按照规定上缴财政拨款结余资金或注销财政拨款结余资金额度的，按照实际上缴资金数额或注销的资金额度数额，在预算会计中借记"财政拨款结余——归集上缴"科目，贷记"资金结存——财政应返还额度、零余额账户用款额度、货币资金"科目；同时在财务会计中借记"累计盈余"科目，贷记"零余额账户用款额度""财政应返还额度"等科目。

因发生会计差错等事项调整以前年度财政拨款结余资金的，按照调整的金额，在预算会计中借记或贷记"资金结存——财政应返还额度、零余额账户用款额度、货币资金"科目，贷记或借记"财政拨款结余——年初余额调整"科目；同时在财务会计中借记或贷记"以前年度盈余调整"科目，贷记或借记"零余额账户用款额度""银行存款"等科目。

（3）年末，冲销有关明细科目余额。将本科目（年初余额调整、归集上缴、单位内部调剂、结转转入）余额转入本科目（累计结余）。

（四）非财政拨款结余的核算

非财政拨款结余指行政事业单位历年滚存的非限定用途的非同级财政拨款结余资金，主要为非财政拨款结余扣除结余分配后滚存的金额。

行政事业单位应当在预算会计中设置"非财政拨款结余"科目，核算行政事业单位历年滚存的非限定用途的非同级财政拨款结余资金。本科目应当设置"年初余额调整""项目间接费用或管理费""结转转入""累计结余"等明细科目，反映非财政拨款结余的变动情况。本科目还应当按照《政府收支分类科目》中"支出功能分类科目"的相关科目进行明细核算。

非财政拨款结余的主要账务处理如下：

（1）年末，将留归本单位使用的非财政拨款专项（项目已完成）剩余资金转入本科目，借记"非财政拨款结转——累计结转"科目，贷记"非财政拨款结余——结转转入"科目。

（2）按照规定从科研项目预算收入中提取项目管理费或间接费时，按照提取金额，在预算会计中借记"非财政拨款结转——项目间接费用或管理费"科目，贷记"非财政拨款结余——项目间接费用或管理费"科目；同时在财务会计中借记"单位管理费用"科目，贷记"预提费用——项目间接费或管理费"科目。

有企业所得税缴纳义务的事业单位实际缴纳企业所得税时，按照缴纳金额，在预算会计中借记"非财政拨款结余——累计结余"科目，贷记"资金结存——货币资金"科目；同时在财务会计中借记"其他应缴税费——行政事业单位应交所得税"科目，贷记"银行存款"等科目。

因会计差错更正等调整非财政拨款结余资金的，按照收到或支出的金额，在预算会计中借记或贷记"资金结存——货币资金"科目，贷记或借记"非财政拨款结余——年初余额调整"科目；同时在财务会计中借记或贷记"以前年度盈余调整"科目，贷记或借记"银行存款"等科目。

（3）年末，冲销有关明细科目余额。将"非财政拨款结余——年初余额调整、项目间接费用或管理费、结转转入"科目余额结转入"非财政拨款结余——累计结余"科目。结转后，本科目除"累计结余"明细科目外，其他明细科目应无余额。

（4）年末，事业单位将"非财政拨款结余分配"科目余额转入"非财政拨款结余"科目。"非财政拨款结余分配"科目为借方余额的，借记"非财政拨款结余——累计结余"科目，贷记"非财政拨款结余分配"科目；"非财政拨款结余分配"科目为贷方余额的，借记"非财政拨款结余分配"科目，贷记"非财政拨款结余——累计结余"科目。

年末，行政单位将"其他结余"科目余额转入非财政拨款结余。"其他结余"科目为借方余额的，借记"非财政拨款结余——累计结余"科目，贷记"其他结余"科目；"其他结余"科目为贷方余额的，借记"其他结余"科目，贷记本科目"非财政拨款结余——累计结余"科目。

【单项选择题】 2018 年 7 月，某事业单位启动一项科研项目。当年收到上级主管部门拨付的非财政专项资金 1200 万元，为该项目发生事业支出 1190 万元。2018 年 12 月，项目结项，经上级主管部门批准，该项目的结余资金留归事业单位使用。假定不考虑其他因素，年末，该事业单位应转入"非财政拨款结余"科目金额为（　　）万元。

A. 1200　　　　　　　B. 1190　　　　　　　C. 10　　　　　　　D. 0

【答案】 C

【点拨】 本题主要考查的是非财政拨款结余的核算。本题中，该事业单位应转入"非财政拨款结余"科目金额＝1200－1190＝10（万元），故选项 C 正确。

（五）经营结余的核算

1. 科目设置

事业单位应当在预算会计中设置"经营结余"科目。

2. 主要账务处理

期末，事业单位应当结转本期经营收支。根据经营预算收入本期发生额，借记"经营预算收入"科目，贷记"经营结余"科目；根据经营支出本期发生额，借记"经营结余"科目，贷记"经营支出"科目。

年末，如"经营结余"科目为贷方余额，将余额结转入"非财政拨款结余分配"科目，借记"经营结余"科目，贷记"非财政拨款结余分配"科目；如为借方余额，为经营亏损，不予结转。

（六）其他结余的核算

1. 科目设置

行政事业单位应当在预算会计中设置"其他结余"科目，核算行政事业单位本年度除财政拨款收支、非同级财政专项资金收支和经营收支以外各项收支相抵后的余额。

2. 主要账务处理

年末，行政事业单位应将事业预算收入、上级补助预算收入、附属单位上缴预算收入、非同级财政拨款预算收入、债务预算收入、其他预算收入本年发生额中的非专项资金收入以及投资预算收益本年发生额转入本科目，借记"事业预算收入""上级补助预算收入""附属单位上缴预算收入""非同级财政拨款预算收入""债务预算收入""其他预算收入"科目下各非专项资金收入明细科目和"投资预算收益"科目，贷记"其他结余"科目（"投资预算收益"科目本年发生额为借方净额时，借记本科目，贷记"投资预算收益"科目）；将行政支出、事业支出、其他支出本年发生额中的非同级财政、非专项资金支出，以及上缴上级支出、对附属单位补助支出、投资支出、债务还本支出本年发生额转入本科目，借记"其他结余"科目，贷记"行政支出""事业支出""其他支出"科目下各非同级财政、非专项资金支出明细科目和"上缴上级支出""对附属单位补助支出""投资支出""债务还本支出"科目。年末，完成上述结转后，行政单位将本科目余额转入"非财政拨款结余——累计结余"科目；事业单位将本科目余额转入"非财政拨款结余分配"科目。

（七）非财政拨款结余分配的核算

1. 科目设置

事业单位应当在预算会计中设置"非财政拨款结余分配"科目，核算事业单位本年度非财政拨款结余分配的情况和结果。

2. 主要账务处理

年末，事业单位应将"其他结余"科目余额和"经营结余"科目贷方余额转入"非财政拨款结余分配"科目。根据有关规定提取专用基金的，按照提取的金额，借记"非财政拨款结余分配"科目，贷记"专用结余"科目；同时在财务会计中按照相同金额，借记"本年盈余分配"科目，贷记"专用基金"科目。然后将"非财政拨款结余分配"科目余额转入"非财政拨款结余"科目。

【单项选择题】以下关于预算结转结余及分配业务的处理，不符合政府会计准则的是（　　）。

A. 财政拨款结转结余不参与事业单位的结余分配

B. 单位应当严格区分财政拨款结转结余和非财政拨款结转结余

C. 年末，将"经营结余"科目余额结转入"非财政拨款结余分配"科目

D. "其他结余"科目核算单位本年度除财政拨款收支、非同级财政专项资金收支和经营收支以外各项收支相抵后的余额

【答案】C

【点拨】年末，"经营结余"科目如为贷方余额，将"经营结余"科目余额结转入"非财政拨款结余分配"科目，借记"经营结余"科目，贷记"非财政拨款结余分配"科目；如为借方余额，为经营亏损，不予结转。

【多项选择题】关于经营结余、其他结余及非财政拨款结余分配，下列项目中正确的有（　　）。

A. 年末，事业单位应将"其他结余"科目余额转入"非财政拨款结余分配"科目

B. 年末，事业单位应将"经营结余"科目余额转入"非财政拨款结余分配"科目

C. 根据有关规定提取专用基金的，按照提取的金额，在预算会计中通过"专用结余"科目核算

D. 根据有关规定提取专用基金的，按照提取的金额，在财务会计中通过"专用基金"科目核算

【答案】ACD

【点拨】年末，事业单位应将"经营结余"科目贷方余额转入"非财政拨款结余分配"科目，借方余额不得结转，选项B不正确。

四、资产业务

（一）行政事业单位资产的分类

行政事业单位资产按照流动性，分为流动资产和非流动资产。

1. *流动资产*

包括库存现金、银行存款、其他货币资金、零余额账户用款额度、财政应返还额度、短期投资、应收及预付款项、存货等。

2. *非流动资产*

包括固定资产、在建工程、无形资产、长期投资、公共基础设施、政府储备资产、文物文化资产、保障性住房等。

（二）资产取得

行政事业单位资产取得的方式包括外购、自行加工或自行建造、接受捐赠、无偿调入、置换换入、租赁等。

资产在取得时按照成本进行初始计量，并根据不同取得方式进行会计处理（见表8-17）。

表 8-17 行政事业单位资产取得的方式

项目	内容阐释说明
外购的资产	其成本通常包括购买价款、相关税费（不包括按规定可抵扣的增值税进项税额）以及使得资产达到目前场所和状态或交付使用前所发生的归属于该项资产的其他费用。
自行加工或自行建造的资产	其成本包括该项资产至验收入库或交付使用前所发生的全部必要支出。
接受捐赠的非现金资产	对于存货、固定资产、无形资产而言，其成本按照有关凭据注明的金额加上相关税费等确定；没有相关凭据可供取得，但按规定经过资产评估的，其成本按照评估价值加上相关税费等确定；没有相关凭据可供取得、也未经资产评估的，其成本比照同类或类似资产的市场价格加上相关税费等确定；没有相关凭据且未经资产评估、同类或类似资产的市场价格也无法可靠取得的，按照名义金额（人民币1元）入账。对于投资和公共基础设施、政府储备物资、保障性住房、文物文化资产等经管资产而言，其初始成本只能按照前三个层次进行计量，不能采用名义金额计量。盘盈资产的入账成本的确定参照上述规定。 行政事业单位对于接受捐赠的资产，其成本能够确定的，应当按照确定的成本减去相关税费后的净额计入捐赠收入。资产成本不能确定的，单独设置备查簿进行登记，相关税费等计入当期费用。
无偿调入的资产	其成本按照调出方账面价值加上相关税费等确定。行政事业单位对于无偿调入的资产，应当按照无偿调入资产的成本减去相关税费后的金额计入无偿调拨净资产。
置换换入的资产	其成本按照换出资产的评估价值，加上支付的补价或减去收到的补价，加上为换入资产发生的其他相关支出确定。

（三）资产处置

资产处置的形式按照规定包括无偿调拨、出售、出让、转让、置换、对外捐赠、报废、毁损以及货币性资产损失核销等。

行政事业单位应当按规定报经批准后对资产进行处置。通常情况下，行政事业单位应当将被处置资产账面价值转销计入资产处置费用，并按照"收支两条线"将处置净收益上缴财政。如按规定将资产处置净收益纳入行政事业单位预算管理的，应将净收益计入当期收入。

对于资产盘盈、盘亏、报废或毁损的，应当在报经批转前将相关资产账面价值转入"待处理财产损溢"科目，待报经批准后再进行资产处置。

对于无偿调出的资产，行政事业单位应当在转销被处置资产账面价值时冲减无偿调拨净资产。对于置换换出的资产，应当与换入资产一同进行相关会计处理。

（四）应收账款

行政事业单位的应收账款是指行政事业单位因出租资产、出售物资等应收取的款项以及事业单位提供服务、销售产品等应收取的款项。

行政事业单位应视应收账款收回后是否需要上缴财政进行不同的会计处理。

对于事业单位收回后应上缴财政的应收账款应当计提坏账准备，对于其他应收账款不计提坏账准备。

目前，我国政府会计核算中除了对事业单位收回后不需上缴财政的应收账款和其他应收款进行减值处理外，对于其他资产均未考虑减值。

1. 收回后不需上缴财政的应收账款

对于应收账款收回后不需上缴财政的，行政事业单位发生应收账款时，按照应收未收金额，借记"应收账款"科目，贷记"事业收入""经营收入""租金收入""其他收入"等科目；收回应收账款时，按照实际收到的金额，借记"银行存款"等科目，贷记"应收账款"科目；同时在预算会计中借记"资金结存——货币资金"科目，贷记"事业预算收入""经营预算收入"等科目。

年末，事业单位对收回后不需上缴财政的应收账款进行全面检查，分析其可收回性，对预计可能产生的坏账损失计提坏账准备、确认坏账损失。提取坏账准备时，借记"其他费用"科目，贷记"坏账准备"科目。

对于账龄超过规定年限并确认无法收回的应收账款，应当按照有关规定报经批准后，按照无法收回的金额，借记"坏账准备"科目，贷记"应收账款"科目。

已核销的应收账款在以后期间又收回的，按照实际收回金额，借记"应收账款"科目，贷记"坏账准备"科目；同时，借记"银行存款"等科目，贷记"应收账款"科目，并且在预算会计中借记"资金结存——货币资金"科目，贷记"非财政拨款结余"科目。

2. 收回后需上缴财政的应收账款

对于应收账款收回后需上缴财政的，行政事业单位发生应收账款时，按照应收未收金额，借记"应收账款"科目，贷记"应缴财政款"科目；收回应收账款时，按照实际收到的金额，借记"银行存款"等科目，贷记"应收账款"科目；将款项上缴财政时，借记"应缴财政款"科目，贷记"银行存款"科目。

年末，行政事业单位对收回后应当上缴财政的应收账款应进行全面检查。对于账龄超过规定年限、确认无法收回的应收账款，按照规定报经批准后予以核销。

按照核销金额，借记"应缴财政款"科目，贷记"应收账款"科目。已核销的应收账款在以后期间又收回的，按照实际收回金额，借记"银行存款"等科目，贷记"应缴财政款"科目。

（五）库存物品

库存物品是指行政事业单位在开展业务活动及其他活动中为耗用或出售而储存的各种材料、产品、包装物、低值易耗品，以及达不到固定资产标准的用具、装具、动植物等的成本。

行政事业单位应当设置"库存物品"科目对其库存物品进行核算。

已完成的测绘、地质勘查、设计成果等的成本，也通过本科目核算。行政事业单位随买随用的零星办公用品，可以在购进时直接列作费用，不通过本科目核算。行政事业单位控制的政府储备物资，应当通过"政府储备物资"科目核算，不通过本科目核算。行政事业单位受托存储保管的物资和受托转赠的物资，应当通过"受托代理资产"科目核算，不通过本科目核算。

行政事业单位为在建工程购买和使用的材料物资，应当通过"工程物资"科目核算，不通过本科目核算。

1. 库存物品的取得

库存物品的取得如表 8–18 所示。

表 8–18　库存物品的取得

项目	内容阐释说明
行政事业单位外购的库存物品验收入库	按照确定的成本，借记"库存物品"科目，贷记"财政拨款收入""零余额账户用款额度""银行存款""应付账款""在途物品"等科目；同时在预算会计中借记"行政支出""事业支出""经营支出"等科目，贷记"财政拨款预算收入""资金结存"科目。
行政事业单位自行加工的库存物品	其成本包括耗用的直接材料费用、发生的直接人工费用和按照一定方法分配的与库存物品加工有关的间接费用。行政事业单位委托加工的存货，其成本包括委托加工前存货成本、委托加工的成本以及使存货达到目前场所和状态所发生的归属于存货成本的其他支出。自制或委托加工的库存物品验收入库，按照确定的成本，借记"库存物品"科目，贷记"加工物品——自制物品、委托加工物品"科目。
行政事业单位接受捐赠的库存物品验收入库	按照确定的成本，借记"库存物品"科目，按照发生的相关税费、运输费等，贷记"银行存款"等科目，按照其差额，贷记"捐赠收入"科目。接受捐赠的库存物品按照名义金额入账的，按照名义金额，借记"库存物品"科目，贷记"捐赠收入"科目；同时，按照发生的相关税费、运输费等，借记"其他费用"科目，贷记"银行存款"等科目。对于捐赠过程中实际支付的相关税费、运输费等，在财务会计核算的同时，应当在预算会计中借记"其他支出"科目，贷记"资金结存"科目。
行政事业单位无偿调入的库存物品验收入库	按照确定的成本，借记"库存物品"科目，按照发生的相关税费、运输费等，贷记"银行存款"等科目，按照其差额，贷记"无偿调拨净资产"科目。
行政事业单位置换换入的库存物品验收入库	按照确定的成本，借记"库存物品"科目，按照换出资产的账面余额，贷记相关资产科目（换出资产为固定资产、无形资产的，还应当借记"固定资产累计折旧""无形资产累计摊销"科目），按照置换过程中发生的其他相关支出，贷记"银行存款"等科目，按照借贷方差额，借记"资产处置费用"科目或贷记"其他收入"科目。涉及补价的，还应考虑补价对处置损益的影响。对于置换过程中实际支付的相关支出，在财务会计核算的同时，应当在预算会计中借记"其他支出"科目，贷记"资金结存"科目。

其他资产置换业务参照上述规定进行会计处理。

2. 库存物品的发出

库存物品的发出如表 8–19 所示。

表 8–19 库存物品的发出

项目	内容阐释说明
行政事业单位开展业务活动等领用、按照规定自主出售发出或加工发出库存物品	按照领用、出售等发出物品的实际成本，借记"业务活动费用""单位管理费用""经营费用""加工物品"等科目，贷记"库存物品"科目。
经批准对外出售的库存物品（不含可自主出售的库存物品）发出时	按照库存物品的账面余额，借记"资产处置费用"科目，贷记"库存物品"科目；同时，按照收到的价款，借记"银行存款"等科目，按照处置过程中发生的相关费用，贷记"银行存款"等科目，按照其差额，贷记"应缴财政款"科目。
经批准对外捐赠的库存物品发出时	按照库存物品的账面余额和对外捐赠过程中发生的归属于捐出方的相关费用合计数，借记"资产处置费用"科目，按照库存物品账面余额，贷记"库存物品"科目，按照对外捐赠过程中发生的归属于捐出方的相关费用，贷记"银行存款"等科目，同时在预算会计中按照实际支出金额借记"其他支出"科目，贷记"资金结存"科目。
经批准无偿调出的库存物品发出时	按照库存物品的账面余额，借记"无偿调拨净资产"科目，贷记"库存物品"科目；按照无偿调出过程中发生的归属于调出方的相关费用，借记"资产处置费用"科目，贷记"银行存款"等科目，同时在预算会计中借记"其他支出"科目，贷记"资金结存"科目。

【单项选择题】2018 年 1 月 5 日，某行政单位经批准以一辆公务轿车置换另一单位的办公用品（不符合固定资产确认标准）一批，办公用品已验收入库。该轿车账面余额为 40 万元，已计提折旧 20 万元，公允价值为 25 万元。置换过程中该单位收到对方支付的补价 2 万元已存入银行，另外以现金支付运输费 1 万元。换入库存物资的入账价值为（　　）万元。

A. 19　　　　　　B. 26　　　　　　C. 28　　　　　　D. 24

【答案】D

【点拨】本题主要考查的是库存物品的核算。换入库存物资的入账价值 = 25 − 2 + 1 = 24（万元），故本题正确答案为选项 D。

（六）固定资产

固定资产是指行政事业单位为满足自身开展业务活动或其他活动需要而控制的、使用年限超过 1 年（不含 1 年）、行政事业单位价值在规定标准以上，并在使用过程中基本保持原有物质形态的资产。

固定资产一般分为六类：房屋及构筑物，专用设备，通用设备，文物和陈列品，图书、档案，家具、用具、装具及动植物。一般包括房屋及构筑物、专用设备、通用设备等。行政事业单位价值虽未达到规定标准，但是使用年限超过 1 年（不含 1 年）的大批同类物资，如图书、家具、用具、装具等，应当确认为固定资产。

为了核算固定资产，行政事业单位应当设置"固定资产""固定资产累计折旧"等科目。购入需要安装的固定资产时，应当先通过"在建工程"科目核算，安装完毕交付使用时再转入"固定资产"科目核算。以借入、经营租赁租入方式取得的固定资产，不通过"固定资产"科目核算，应当设置备查簿进行登记。采用融资租入方式取得的固定资产，通过本科目核算，并在"固定资产"科目下设置"融资租入固定资产"明细科目。经批准在境外购买具有所有权的土地作为固定资产，通过"固定资产"科目核算；行政事业单位应当在"固定资产"科目下设置"境外土地"明细科目，进行相应明细核算。

1. 取得固定资产

取得固定资产的内容如表 8-20 所示。

表 8-20 取得固定资产

项目	内容阐释说明
购入不需安装的固定资产验收合格时	按照确定的固定资产成本，借记"固定资产"科目，贷记"财政拨款收入""零余额账户用款额度""应付账款""银行存款"等科目；同时按照实际支付的款项，在预算会计中借记"行政支出""事业支出""经营支出"等科目，贷记"财政拨款预算收入""资金结存"科目。购入需要安装的固定资产，在安装完毕交付使用前通过"在建工程"科目核算，安装完毕交付使用时再转入"固定资产"科目。
自行建造的固定资产交付使用时	按照在建工程成本，借记"固定资产"科目，贷记"在建工程"科目。已交付使用但尚未办理竣工决算手续的固定资产，按照估计价值入账，待办理竣工决算后再按照实际成本调整原来的暂估价值。
融资租赁取得的固定资产	其成本按照租赁协议或者合同确定的租赁价款、相关税费以及固定资产交付使用前所发生的可归属于该项资产的运输费、途中保险费、安装调试费等确定。融资租入的固定资产，按照确定的成本，借记"固定资产"科目（不需安装）或"在建工程"科目（需安装），按照租赁协议或者合同确定的租赁付款额，贷记"长期应付款"科目，按照支付的运输费、途中保险费、安装调试费等金额，贷记"财政拨款收入""零余额账户用款额度""银行存款"等科目；同时在预算会计中按照实际支付的税费等金额，借记"行政支出""事业支出""经营支出"等科目，贷记"财政拨款预算收入""资金结存"科目。
接受捐赠的固定资产	按照确定的固定资产成本，借记"固定资产"科目（不需安装）或"在建工程"科目（需安装），按照发生的相关税费、运输费等，贷记"零余额账户用款额度""银行存款"等科目，按照其差额，贷记"捐赠收入"科目；同时在预算会计中按照实际支付的税费、运输费等金额，借记"其他支出"科目，贷记"资金结存"科目。接受捐赠的以名义金额计量的固定资产，其会计处理参照库存物品。
无偿调入的固定资产	按照确定成本，借记"固定资产"科目（不需安装）或"在建工程"科目（需安装），按照发生的相关税费、运输费等，贷记"零余额账户用款额度""银行存款"等科目，按照其差额，贷记"无偿调拨净资产"科目；同时在预算会计中按照实际支付的税费、运输费等金额，借记"其他支出"科目，贷记"资金结存"科目。

2. 固定资产后续支出

通常情况下，将固定资产转入改建、扩建时，按照固定资产的账面价值，借记"在建工程"科目，按照固定资产已计提折旧，借记"固定资产累计折旧"科目，按照固定资产的账面余额，贷记"固定资产"科目。为增加固定资产使用效能或延长其使用年限而发生的改建、扩建等后续支出，计入在建工程；为保证固定资产正常使用发生的日常维修等支出，计入当期费用。

3. 对固定资产计提折旧

行政事业单位应当按月对固定资产计提折旧，下列固定资产除外：

（1）文物和陈列品。

（2）动植物。

（3）图书、档案。

（4）单独计价入账的土地。

（5）以名义金额计量的固定资产。

行政事业单位应当根据相关规定以及固定资产的性质和使用情况，合理确定固定资产的使用年限。因改建、扩建等原因而延长固定资产使用年限的，应当重新确定固定资产的折旧年限。行政事业单位盘盈、无偿调入、接受捐赠以及置换的固定资产，应当考虑该项资产的新旧程度，按照其尚可使用的年限计提折旧。

固定资产应当按月计提折旧，当月增加的固定资产，当月开始计提折旧；当月减少的固定资产，当月不再计提折旧。固定资产提足折旧后，无论能否继续使用，均不再计提折旧；提前报废的固定资产，也不再补提折旧。已提足折旧的固定资产，可以继续使用的，应当继续使用，规范实物管理。

行政事业单位按月计提固定资产折旧时，按照应计提折旧金额，借记"业务活动费用""单位管理费用""经营费用""加工物品""在建工程"等科目，贷记"固定资产累计折旧"科目。

4. 处置固定资产

处置固定资产的内容如表 8-21 所示。

表 8-21 处置固定资产

项目	内容阐释说明
报经批准出售、转让固定资产	按照被出售、转让固定资产的账面价值，借记"资产处置费用"科目，按照固定资产已计提的折旧，借记"固定资产累计折旧"科目，按照固定资产账面余额，贷记"固定资产"科目；同时，按照收到的价款，借记"银行存款"等科目，按照处置过程中发生的相关费用，贷记"银行存款"等科目，按照其差额，贷记"应缴财政款"科目。
报经批准对外捐赠固定资产	按照固定资产已计提的折旧，借记"固定资产累计折旧"科目，按照被处置固定资产账面余额，贷记"固定资产"科目，按照捐赠过程中发生的归属于捐出方的相关费用，贷记"银行存款"等科目，按照其差额，借记"资产处置费用"科目；同时，在预算会计中按照实际支付的相关费用金额，借记"其他支出"科目，贷记"资金结存"科目。
报经批准无偿调出固定资产	按照固定资产已计提的折旧，借记"固定资产累计折旧"科目，按照被处置固定资产账面余额，贷记本科目，按照其差额，借记"无偿调拨净资产"科目。按照无偿调出过程中发生的归属于调出方的相关费用，借记"资产处置费用"科目，贷记"银行存款"等科目；同时在预算会计中借记"其他支出"科目，贷记"资金结存"科目。

（七）自行研发取得的无形资产

行政事业单位自行研究开发项目的支出，应当区分研究阶段支出与开发阶段支出。研究阶段的支出，应当于发生时计入当期费用。开发阶段的支出，先按合理方法进行归集，如果最终形成无形资产的，应当确认为无形资产；如果最终未形成无形资产的，应当计入当期费用。自行研究开发项目尚未进入开发阶段，或者确实无法区分研究阶段支出和开发阶段支出，但按法律程序已申请取得无形资产的，应当将依法取得时发生的注册费、聘请律师费等费用确认为无形资产。

行政事业单位应当设置"研发支出"科目，核算自行研发项目研究阶段和开发阶段发生的各项支出。对于研究阶段的支出，应当先在"研发支出"科目归集。期（月）末，应当将本科目归集的研究阶段的支出金额转入当期费用，借记"业务活动费用"

等科目，贷记"研发支出——研究支出"科目。对于开发阶段的支出，先通过本科目进行归集，待自行研究开发项目完成，达到预定用途形成无形资产的，按照本科目归集的开发阶段的支出金额，借记"无形资产"科目，贷记"研发支出——开发支出"科目。行政事业单位应于每年年度终了评估研究开发项目是否能达到预定用途，如预计不能达到预定用途（如无法最终完成开发项目并形成无形资产的），应当将已发生的开发支出金额全部转入当期费用。

（八）公共基础设施和政府储备物资

公共基础设施和政府储备物资属于行政事业单位控制的经管类资产。

经管类资产是政府会计主体控制的、供社会公众使用的经济资源，主要包括公共基础设施、政府储备物资、文物文化资产、保障性住房等。

这里主要以公共基础设施和政府储备物资为例介绍经管资产的会计核算。

1. 公共基础设施

公共基础设施是指行政事业单位为满足社会公共需求而控制的，同时具有以下特征的有形资产：

（1）是一个有形资产系统或网络的组成部分。

（2）具有特定用途。

（3）一般不可移动。

公共基础设施主要包括市政基础设施（如城市道路、桥梁、隧道、公交场站、路灯、广场、公园绿地、室外公共健身器材，以及环卫、排水、供水、供电、供气、供热、污水处理、垃圾处理系统等）、交通基础设施（如公路、航道、港口等）、水利基础设施（如大坝、堤防、水闸、泵站、渠道等）和其他公共基础设施。独立于公共基础设施、不构成公共基础设施使用不可缺少组成部分的管理维护用房屋建筑物、设备、车辆等，应当确认为固定资产。

通常情况下，公共基础设施应当由按规定对其负有管理维护职责的政府会计主体予以确认。多个政府会计主体共同管理维护的公共基础设施，应当由对该资产负有主要管理维护职责或者承担后续主要支出责任的政府会计主体予以确认。分为多个组成部分由不同政府会计主体分别管理维护的公共基础设施，应当由各个政府会计主体分别对其负责管理维护的公共基础设施的相应部分予以确认。负有管理维护公共基础设施职责的政府会计主体通过政府购买服务方式委托企业或其他会计主体代为管理维护公共基础设施的，该公共基础设施应当由委托方予以确认。

公共基础设施的各组成部分具有不同使用年限或者以不同方式提供公共产品或服务，适用不同折旧率或折旧方法且可以分别确定各自原价的，应当分别将各组成部分确认为该类公共基础设施的一个单项公共基础设施。在购建公共基础设施时，能够分清购建成本中的构筑物部分与土地使用权部分的，应当将其中的构筑物部分和土地使用权部分分别确认为公共基础设施；不能分清购建成本中的构筑物部分与土地使用权部分的，应当整体确认为公共基础设施。

为了核算公共基础设施，行政事业单位应当设置"公共基础设施"和"公共基础设施累计折旧（摊销）"科目。在取得公共基础设施时，应当按照其成本入账，其账务处理与固定资产基本相同。按月计提公共基础设施折旧时，按照应计提的折旧额，借记"业务活动费用"科目，贷记"公共基础设施累计折旧（摊销）"科目。处置公共基础设施时，按照所处置公共基础设施的账面价值，借记"资产处置费用""无偿调拨净资产""待处理财产损溢"等科目，按照已提取的折旧和摊销，借记"公共基础设施累计折旧（摊销）"科目，按照公共基础设施账面余额，贷记"公共基础设施"科目。

2. 政府储备物资

政府储备物资是指行政事业单位为满足实施国家安全与发展战略、进行抗灾救灾、应对公共突发事件等特定公共需求而控制的，同时具有下列特征的有形资产：

（1）在应对可能发生的特定事件或情形时动用。

（2）其购入、存储保管、更新（轮换）动用等由政府及相关部门发布的专门管理制度规范。

政府储备物资包括战略及能源物资、抢险抗灾救灾物资、农产品、医药物资和其他重要商品物资，通常情况下由政府会计主体委托承储单位存储。

通常情况下，政府储备物资应当由按规定对其负有行政管理职责的政府会计主体予以确认。行政管理职责主要是提出或拟定收储计划、更新（轮换）计划、动用方案等。相关行政管理职责由不同政府会计主体行使的政府储备物资，由负责提出收储计划的政府会计主体予以确认。对政府储备物资不负有行政管理职责但接受委托具体负责执行其存储保管等工作的政府会计主体，应当将受托代储的政府储备物资作为受托代理资产核算。

为了核算政府储备物资，行政事业单位应当设置"政府储备物资"科目。在取得政府储备物资时，应当按照其成本入账，会计处理与库存物品基本一致。因动用而发出无须收回的政府储备物资的，按照发出物资的账面余额，计入业务活动费用；因动用而发出需要收回或者预期可能收回的政府储备物资的，行政事业单位应当在按规定的质量验收标准收回物资时，将未收回物资的账面余额予以转销计入业务活动费用；因行政管理主体变动等原因而将政府储备物资调拨给其他主体的，按照无偿调出政府储备物资的账面余额冲减无偿调拨净资产；对外销售政府储备物资并将销售收入纳入行政事业单位预算统一管理的，应当将发出物资的账面余额计入业务活动费用，将实现的销售收入计入当期收入；对外销售政府储备物资并按照规定将销售净收入上缴财政的，应当将取得销售价款时大于所承担的相关税费后的差额确认为应缴财政款。

（九）受托代理资产

受托代理资产是指行政事业单位接受委托方委托管理的各项资产，包括受托指定转赠的物资、受托存储保管的物资等。

为了核算受托代理资产，行政事业单位应当设置"受托代理资产"科目。行政事业单位管理的罚没物资也应当通过本科目核算。行政事业单位收到的受托代理资产为现金和银行存款的，不通过本科目核算，应当通过"库存现金""银行存款"科目进行核算。

行政事业单位接受委托人委托存储保管或需要转赠给受赠人的物资，其成本按照有关凭据注明的金额确定。接受委托的物资验收入库，按照确定的成本，借记"受托代理资产"科目，贷记"受托代理负债"科目。将受托转赠物资交付受赠人或按委托人要求发出委托存储保管的物资时，作相反会计分录。转赠物资的委托人取消了对捐赠物资的转赠要求，且不再收回捐赠物资的，应当将转赠物资转为行政事业单位的存货、固定资产等，同时确认其他收入。

行政事业单位取得罚没物资时，其成本按照有关凭据注明的金额确定。罚没物资验收（入库），按照确定的成本，借记"受托代理资产"科目，贷记"受托代理负债"科目。罚没物资成本无法可靠确定的，行政事业单位应当设置备查簿进行登记。按照规定处置或移交罚没物资时，按照罚没物资的成本，借记"受托代理负债"科目，贷记"受托代理资产"科目。处置时取得款项的，按照实际取得的款项金额，借记"银行存款"等科目，贷记"应缴财政款"等科目。

五、负债业务

（一）行政事业单位负债的分类

行政事业单位的负债按照流动性，分为流动负债和非流动负债。

流动负债包括应付及预收款项、应缴税费、应付职工薪酬、应缴款项等；非流动负债包括长期应付款、预计负债等。

（二）行政事业单位负债的财务会计核算

行政事业单位负债的财务会计核算与企业会计核算基本相同。

1. 应付职工薪酬

行政事业单位的应付职工薪酬是指按照有关规定应付给职工（含长期聘用人员）及为职工支付的各种薪酬，包括基本工资、国家统一规定的津贴补贴、规范津贴补贴（绩效工资）、改革性补贴、社会保险费（如职工基本养老保险费、职业年金、基本医疗保险费等）、住房公积金等。

为核算应付职工薪酬业务，行政事业单位应当设置"应付职工薪酬"科目。该科目应当根据国家有关规定按照"基本工资"（含离退休费）"国家统一规定的津贴补贴""规范津贴补贴（绩效工资）""改革性补贴""社会保险费""住房公积金""其他个人收入"等进行明细核算。其中，"社会保险费""住房公积金"明细科目核算内容包括行政事业单位从职工工资中代扣代缴的社会保险费、住房公积金，以及行政事业单位为职工计算缴纳的社会保险费、住房公积金。

行政事业单位计算确认当期应付职工薪酬时，根据职工提供服务的受益对象，借记"业务活动费用""单位管理费用""在建工程""加工物品""研发支出"等科目，贷记"应付职工薪酬"科目。按照税法规定代扣职工个人所得税时，借记"应付职工薪酬——基本工资"科目，贷记"其他应交税费——应交个人所得税"科目；从应付职工薪酬中代扣社会保险费和住房公积金，按照代扣的金额，借记"应付职工薪酬——基本工资"科目，贷记"应付职工薪酬——社会保险费、住房公积金"科目；从应付职工薪酬中代扣为职工垫付的水电费、房租等费用时，按照实际扣除的金额，借记"应付职工薪酬——基本工资"科目，贷记"其他应收款"等科目。

行政事业单位向职工支付工资、津贴补贴等薪酬，或按照国家有关规定缴纳职工社会保险费和住房公积金时，按照实际支付的金额，借记"应付职工薪酬"科目，贷记"财政拨款收入""零余额账户用款额度""银行存款"等科目，同时在预算会计中借记"行政支出""事业支出""经营支出"等科目，贷记"财政拨款预算收入""资金结存"科目。

2. 应缴财政款

行政事业单位应缴财政款是指行政事业单位取得或应收的按照规定应当上缴财政的款项，包括应缴国库的款项和应缴财政专户的款项。

为核算应缴财政的各类款项，行政事业单位应当设置"应缴财政款"科目。行政事业单位按照国家税法等有关规定应当缴纳的各种税费，通过"应交增值税""其他应交税费"科目核算，不通过本科目核算。

行政事业单位取得或应收按照规定应缴财政的款项时，借记"银行存款""应收账款"等科目，贷记"应缴财政款"科目。行政事业单位上缴应缴财政的款项时，按照实际上缴的金额，借记"应缴财政款"科目，贷记"银行存款"科目。由于应缴财政的款项不属于纳入部门预算管理的现金收支，因此不进行预算会计处理。

【单项选择题】下列关于资产和负债业务的会计处理不正确的是（　　）。

A. 单位管理的罚没物资应当通过"受托代理资产"科目核算

B. 经批准在境外购买具有所有权的土地作为固定资产核算

C. 单位按照国家税法等有关规定应当缴纳的各种税费，通过"应缴财政款"科目核算

D. 按法律程序已申请取得无形资产的，应当将依法取得时发生的注册费、聘请律师费等费用确认为无形资产

【答案】C

【点拨】单位按照国家税法等有关规定应当缴纳的各种税费，通过"应交增值税""其他应交税费"科目核算，不通过"应缴财政款"科目核算，因此选项C错误。

六、净资产业务

（一）行政事业单位财务会计中净资产的来源
主要包括累计实现的盈余和无偿调拨的净资产。

（二）会计科目
在日常核算中，行政事业单位应当在财务会计中设置"累计盈余""专用基金""无偿调拨净资产""权益法调整"和"本期盈余""本期盈余分配""以前年度盈余调整"等科目。

（三）账务处理
1. 累计盈余

累计盈余反映行政事业单位历年实现的盈余扣除盈余分配后滚存的金额，以及因无偿调入调出资产产生的净资产变动额。

年末，将"本年盈余分配"科目的余额转入累计盈余，借记或贷记"本年盈余分配"科目，贷记或借记"累计盈余"科目；将"无偿调拨净资产"科目的余额转入累

计盈余，借记或贷记"无偿调拨净资产"科目，贷记或借记"累计盈余"科目。

按照规定上缴、缴回、行政事业单位间调剂结转结余资金产生的净资产变动额，以及对以前年度盈余的调整金额，也通过"累计盈余"科目核算。

2. 专用基金

专用基金是指事业单位按照规定提取或设置的具有专门用途的净资产，主要包括职工福利基金、科技成果转换基金等。

事业单位在财务会计下应当设置"专用基金"科目，核算专用基金的取得和使用情况。事业单位从本年度非财政拨款结余或经营结余中提取专用基金的，在财务会计"专用基金"科目核算的同时，还应在预算会计"专用结余"科目进行核算。

（1）专用基金的取得。事业单位根据有关规定从预算收入中提取专用基金并计入费用的，一般按照预算会计下基于预算收入计算提取的金额，借记"业务活动费用"等科目，贷记"专用基金"科目。

行政事业单位根据有关规定设置的其他专用基金（如留本基金），按照实际收到的基金金额，借记"银行存款"等科目，贷记"专用基金"科目。

年末，事业单位根据有关规定从本年度非财政拨款结余或经营结余中提取专用基金的，按照预算会计下计算的提取金额，在财务会计中借记"本年盈余分配"科目，贷记"专用基金"科目，同时在预算会计中借记"非财政拨款结余分配"科目，贷记"专用结余"科目。

（2）专用基金的使用。事业单位按照规定使用提取的专用基金时，在财务会计中借记"专用基金"科目，贷记"银行存款"等科目，同时在预算会计中借记"专用结余"科目（使用从非财政拨款结余或经营结余中提取的专用基金）或"事业支出"等科目（使用从预算收入中提取并计入费用的专用基金），贷记"资金结存——货币资金"科目。

行政事业单位使用提取的专用基金购置固定资产、无形资产的，按照固定资产、无形资产成本金额，借记"固定资产""无形资产"科目，贷记"银行存款"等科目（预算会计处理同上）；同时，按照专用基金使用金额，借记"专用基金"科目，贷记"累计盈余"科目。

3. 权益法调整

"权益法调整"科目核算事业单位持有的长期股权投资采用权益法核算时，按照被投资单位除净损益和利润分配以外的所有者权益变动份额调整长期股权投资账面余额而计入净资产的金额。

年末，按照被投资单位除净损益和利润分配以外的所有者权益变动应享有（或应分担）的份额，借记或贷记"长期股权投资——其他权益变动"科目，贷记或借记"权益法调整"科目。

处置长期股权投资时，按照原计入净资产的相应部分金额，借记或贷记"权益法调整"科目，贷记或借记"投资收益"科目。

4. 本期盈余

本期盈余反映行政事业单位本期各项收入、费用相抵后的余额。

期末，行政事业单位应当将各类收入科目的本期发生额转入本期盈余，借记"财政拨款收入""事业收入""上级补助收入""附属单位上缴收入""经营收入""非同级财政拨款收入""投资收益""捐赠收入""利息收入""租金收入""其他收入"科目，贷记"本期盈余"科目；将各类费用科目本期发生额转入本期盈余，借记"本期盈余"科目，贷记"业务活动费用""单位管理费用""经营费用""所得税费用""资产处置费用""上缴上级费用""对附属单位补助费用""其他费用"科目。

年末，行政事业单位应当将"本期盈余"科目余额转入"本年盈余分配"科目。

5. 本年盈余分配

行政事业单位设置"本年盈余分配"科目，反映行政事业单位本年度盈余分配的情况和结果。

年末，行政事业单位应当将"本期盈余"科目余额转入本科目，借记或贷记"本期盈余"科目，贷记或借记"本年盈余分配"科目。

根据有关规定从本年度非财政拨款结余或经营结余中提取专用基金的，按照预算会计下计算的提取金额，借记"本年盈余分配"科目，贷记"专用基金"科目。然后，将"本年盈余分配"科目余额转入"累计盈余"科目。

6. 以前年度盈余调整

"以前年度盈余调整"科目核算行政事业单位本年度发生的调整以前年度盈余的事项，包括本年度发生的重要前期差错更正涉及的调整以前年度盈余的事项。

行政事业单位对相关事项调整后，应当及时将"以前年度盈余调整"科目余额转入累计盈余，借记或贷记"累计盈余"科目，贷记或借记"以前年度盈余调整"科目。

7. 无偿调拨净资产

按照行政事业单位资产管理相关规定，经批准政府单位之间可以无偿调拨资产。

通常情况下，无偿调拨非现金资产不涉及资金业务，因此不需要进行预算会计核算（除非以现金支付相关费用等）。从本质上讲，无偿调拨资产业务属于政府间净资产的变化，调入调出方不确认相应的收入和费用。行政事业单位应当设置"无偿调拨净资产"科目，核算无偿调入或调出非现金资产所引起的净资产变动金额。

行政事业单位按照规定取得无偿调入的非现金资产等，按照相关资产在调出方的账面价值加相关税费、运输费等确定的金额，借记"库存物品""长期股权投资""固定资产""无形资产""公共基础设施""政府储备物资""文物文化资产""保障性住房"等科目，按照调入过程中发生的归属于调入方的相关费用，贷记"零余额账户用款额度""银行存款"等科目，按照其差额，贷记"无偿调拨净资产"科目，同时在预算会计中按照调入方实际发生的费用金额，借记"其他支出"科目，贷记"资金结存"科目。

行政事业单位按照规定经批准无偿调出非现金资产等，按照调出资产的账面余额或账面价值，借记"无偿调拨净资产"科目，按照相关资产已计提的累计折旧或累计摊销金额，借记"固定资产累计折旧""无形资产累计摊销""公共基础设施累计折旧（摊销）""保障性住房累计折旧"科目，按照调出资产的账面余额，贷记"库存物品""长期股权投资""固定资产""无形资产""公共基础设施""政府储备物资""文物文化资产""保障性住房"等科目。按照调出过程中发生的归属于调出方的相关费用，借记

"资产处置费用"科目，贷记"零余额账户用款额度""银行存款"等科目，同时在预算会计中借记"其他支出"科目，贷记"资金结存"科目。

年末，行政事业单位应将"无偿调拨净资产"科目余额转入累计盈余，借记或贷记"无偿调拨净资产"科目，贷记或借记"累计盈余"科目。

七、财务报表和预算会计报表的编制要求

单位应当按照下列规定编制财务报表和预算会计报表：

（一）财务报表的编制主要以权责发生制为基础，以单位财务会计核算生成的数据为准；预算会计报表的编制主要以收付实现制为基础，以单位预算会计核算生成的数据为准。

（二）财务报表由会计报表及其附注构成

会计报表一般包括资产负债表、收入费用表和净资产变动表。单位可根据实际情况自行选择编制现金流量表。

（三）预算会计报表至少包括预算收入支出表、预算结转结余变动表和财政拨款预算收入支出表。

（四）单位应当至少按照年度编制财务报表和预算会计报表。

（五）单位应当根据《政府会计制度》规定编制财务报表和预算会计报表，不得违反《政府会计制度》规定随意改变财务报表和预算会计报表的编制基础、编制依据、编制原则和方法，不得随意改变《政府会计制度》规定的财务报表和预算会计报表有关数据的会计口径。

（六）财务报表和预算会计报表应当根据登记完整、核对无误的账簿记录和其他有关资料编制，做到数字真实、计算准确、内容完整、编报及时。

（七）财务报告和预算会计报表应当由单位负责人和主管会计工作的负责人、会计机构负责人（会计主管人员）签名并盖章。

第三部分　全真模拟预测试卷

全真模拟预测试卷（一）

一、单项选择题（本类题共 24 小题，每小题 1.25 分，共 30 分。每小题备选答案中，只有一个符合题意的正确答案。多选、错选、不选均不得分）

1. 企业在进行会计确认、计量、记录和报告时，应当做到既不高估企业的资产或收益，也不低估负债或费用，在有足够证据时充分估计各种风险和损失。上述体现的是（　　）原则。

A. 重要性　　　　　B. 谨慎性　　　　　C. 相关性　　　　　D. 可靠性

2. 企业无法查明原因的现金溢余，应做的处理是（　　）。

A. 冲减管理费用　　　　　　　　　　　B. 增加营业外收入

C. 冲减财务费用　　　　　　　　　　　D. 增加其他业务收入

3. X 公司 2018 年 12 月 31 日应收账款的账面余额为 100 万元，应收账款的未来现金流量现值为 95 万元，期初坏账准备科目余额为 20 万元（借方），则 X 公司应编制的会计分录是（　　）。

A. 无须计提坏账准备

B. 借：管理费用　　　　　　　　　5

　　贷：应收账款　　　　　　　　　　　5

C. 借：坏账准备　　　　　　　15

　　贷：资产减值损失　　　　　　　　15

D. 借：资产减值损失　　　　　25

　　贷：坏账准备　　　　　　　　　　25

4. 某企业原材料按照月末一次加权平均法计算发出材料的成本。2018 年 3 月 1 日结存甲材料 300 千克，每千克成本为 20 元。3 月 15 日购入甲材料 200 千克，每千克实际成本为 24 元，3 月 31 日发出甲材料 400千克，则 3 月 31 日结存的甲材料成本为（　　）元。

A. 8640　　　　　　B. 2160　　　　　　C. 8400　　　　　　D. 2400

5. 下列有关联产品和副产品的成本分配说法中，不正确的是（　　）。

A. 联产品分离前发生的生产费用可按一个成本核算对象进行归集

B. 在联产品价格不稳定的情况下，可以采用实物量分配法分配联合成本

C. 再分配主产品和副产品的加工成本时，通常应先确定副产品的加工成本，再确定主产品的加工成本

D. 如果联产品分离后需要进一步加工才可供销售，则不能采用相对销售价格分配法分配联合成本

6. 某企业产品入库后发现可修复废品一批，其生产成本为 3500 元。修复废品耗用直接材料 1000 元，直接人工 500 元，制造费用 800 元，回收残料计价 100 元，应收过失人赔款 100 元。不考虑其他因素，该批废品净损失为（ ）元。

A. 2100　　　　　B. 5600　　　　　C. 3600　　　　　D. 2300

7. 下列关于企业辅助生产费用分配方法的表述中，正确的是（ ）。

A. 采用直接分配法，辅助生产费用需要进行对外和对内分配

B. 采用计划成本分配法，辅助生产车间实际发生的费用与分配转出的计划费用之间的差额计入制造费用

C. 采用顺序分配法，辅助生产车间受益多的先分配，受益少的后分配

D. 采用交互分配法，辅助生产费用需要经过两次分配完成

8. X 公司为增值税一般纳税人，适用的增值税税率为 16%。2018 年 1 月，X 公司决定将本公司生产的 500 件产品作为福利发放给管理人员。该批产品的成本为每件 28 万元，市场销售价格为每件 30 万元（不含增值税）。假定不考虑其他相关税费。X 公司在 2018 年因该项业务应计入管理费用的金额为（ ）万元。

A. 15000　　　　B. 17400　　　　C. 16950　　　　D. 16050

9. 某企业盈余公积年初余额为 50 万元，年末结转损益类科目后，"本年利润"科目贷方余额为 600 万元，所得税费用为 150 万元。若按净利润的 10% 提取法定盈余公积（暂不考虑任意盈余公积），并将盈余公积 10 万元转增资本。则该企业盈余公积年末余额为（ ）万元。

A. 40　　　　　　B. 85　　　　　　C. 95　　　　　　D. 110

10. 下列业务，应该填制银行存款收款凭证的是（ ）。

A. 出售材料一批，款未收　　　　B. 将现金存入银行

C. 出租设备，收到一张转账支票　　D. 报废一台电脑，出售残料收到现金

11. 下列关于无形资产的说法中，不正确的是（ ）。

A. 企业自行研究开发的无形资产，发生的支出应区分研究阶段支出和开发阶段支出

B. 企业自行研究开发的无形资产，应当将开发阶段的支出全部资本化计入无形资产成本

C. 企业自行研究开发的使用寿命有限的无形资产，在无形资产达到预定用途的当月开始计提摊销

D. 外购取得的无形资产成本包括购买价款、相关税费以及直接归属于使该无形资产达到预定用途所发生的其他支出

12. 某公司向行政管理人员发放自产的吸尘器作为福利，该产品的成本每台为 350 元，共有行政管理人员 20 人，每台计税价格为 500 元，增值税税率为 16%，计入该公司应付职工薪酬的金额为（ ）元。

A. 11600　　　　B. 7000　　　　C. 75000　　　　D.10000

13. X 公司 2018 年 12 月发生如下事项：提取盈余公积 200 万元，宣告分配现金股利 100 万元，宣告分配股票股利 50 万元，盈余公积转增股本 20 万元，发生业务招待

费支出 30 万元，假定不考虑企业所得税纳税调整事项及其他因素，则 X 公司留存收益总额将（　　）。

A. 不变

B. 增加 200 万元

C. 减少 150 万元

D. 减少 130 万元

14. 下列各项中，制造业企业应计入其他业务成本的是（　　）。

A. 公益性捐赠支出

B. 经营性出租固定资产的折旧费

C. 存货盘亏净损失

D. 台风造成的财物净损失

15. 下列各项中，企业应作为销售费用核算的是（　　）。

A. 采购存货发生的运费

B. 筹建期间的开办费

C. 售后服务费

D. 商业汇票贴现时发生的贴现息

16. X 公司 2018 年 12 月 25 日支付价款 2040 万元（含已宣告但尚未发放的现金股利 60 万元）取得一项股权投资，另支付交易费用 10 万元，划分为可供出售金额资产，2018 年 12 月 28 日，收到现金股利 60 万元。2018 年 12 月 31 日，该项股权投资的公允价值为 2105 万元。假定不考虑所得税等其他问题，X 公司 2018 年因该项股权投资应直接计入其他综合收益的金额为（　　）万元。

A. 115

B. 125

C. 55

D. 65

17. 下列资产负债表项目中，可以直接根据有关总账科目余额填列的是（　　）。

A. 货币资金

B. 短期借款

C. 长期借款

D. 应收账款

18. X 企业 2018 年 12 月 31 日"发出商品"科目余额为 20 万元，"原材料"科目余额为 35 万元，"委托加工物资"科目余额 20 万元，"材料成本差异"科目贷方余额为 8 万元，"工程物资"科目余额为 80 万元。假定不考虑其他因素，X 企业 2018 年资产负债表"存货"项目填列金额为（　　）万元。

A. 67

B. 147

C. 75

D. 155

19. 2018 年 10 月，某企业销售应税消费品确认应交增值税 20 万元、消费税 30 万元、应交城市维护建设税 3.5 万元。不考虑其他因素，该企业 2018 年 10 月利润表"税金及附加"项目本期金额为（　　）万元。

A. 23.5

B. 50

C. 33.5

D. 53.5

20. 下列各项中，影响企业当期营业利润的是（　　）。

A. 处置房屋的净损失

B. 经营出租设备的折旧费

C. 向灾区捐赠商品的成本

D. 火灾导致原材料毁损的净损失

21. 为给儿子上大学准备资金，王先生连续 10 年于每年年初存入银行 10000 元。若银行存款年利率为 2%，则王先生在第 10 年年末能一次取出本利和（　　）元。已知（F/A，2%，10）= 10.950。

A. 111690

B. 109500

C. 102000

D. 100000

22. 对国库集中直接支付业务，下列各项中正确的是（　　）。

A. 应设置"零余额账户用款额度"账户

B. 收到代理银行盖章的"授权支付到账通知书"时，根据通知书所列数额进行会计处理

C. 对财政应返还额度，下年度收到财政部门批复财政直接支付额度时进行会计处理

D. 应当在进行预算会计核算的同时进行财务会计核算

23. 一笔经济业务需要填制两张以上（含两张）记账凭证时，可以采用（　　）编号。

A. 分数编号法   B. 整数编号法

C. 原始凭证分割单法   D. 凭证复制法

24. 下列关于出纳的表述中，不正确的是（　　）。

A. 反映付款业务的会计凭证不得由出纳人员编号，收款和付款记账凭证应当由出纳人员签名或者盖章

B. 出纳人员一般不得兼管会计档案；未设立档案机构而指定由出纳人员专人保管的，必须定期稽查

C. 出纳人员在办理收款或付款业务后，应在原始凭证上加盖"收讫"或"付讫"戳记，以免重收重付

D. 对于库存现金，每日终了，应由出纳人员进行清点核对。对库存现金进行盘点时，出纳人员必须在场，有关业务必须在库存现金日记账中全部登记完毕

二、多项选择题（本类题共 15 小题，每小题 2 分，共 30 分。每小题备选答案中，有两个或两个以上符合题意的正确答案。多选、少选、错选、不选均不得分）

1. 所有者权益通常由（　　）构成。

A. 股本（或实收资本）

B. 资本公积（含股本溢价或资本溢价、其他资本公积)

C. 其他综合收益

D. 盈余公积

E. 未分配利润

2. 下列各项中，企业必须进行财产全面清查的有（　　）。

A. 股份制改造   B. 清产核资

C. 单位主要领导人离任交接前   D. 单位改变隶属关系

3. 下列各项中，企业应确认为其他货币资金的有（　　）。

A. 向银行申请银行本票划转的资金   B. 为开立信用证而存入银行专户的资金

C. 汇向外地开立临时采购专户的资金 D. 为购买股票向证券公司划出的资金

4. 下列说法中，关于"预付账款"账户，正确的有（　　）。

A. "预付账款"属于资产性质的账户

B. 预付货款不多的企业，可以不单独设置"预付账款"账户，将预付的货款计入"应付账款"账户的借方

C. "预付账款"账户贷方余额反映的是应付供应单位的款项

D. "预付账款"账户只核算企业因销售业务产生的往来款项

5. "固定资产清理"科目的核算内容包括（　　）。

A. 固定资产报废   B. 固定资产出售

C. 固定资产盘盈　　　　　　　　　　　　D. 固定资产改扩建

6. 对于"应付职工薪酬"科目，下列表述中正确的有（　　　）。

A. 当期实际发生额大于预计金额的，应当补提应付职工薪酬

B. 当期实际发生额大于预计金额的，应当冲回多提的应付职工薪酬

C. 当期实际发生额小于预计金额的，应当补提应付职工薪酬

D. 当期实际发生额小于预计金额的，应当冲回多提的应付职工薪酬

7. 下列各项交易或事项中，不应作视同销售处理的有（　　　）。

A. 自产的货物用于集体福利和个人消费　　B. 购买的货物用于对外投资

C. 购买的货物用于非应税项目　　　　　　D. 购买的货物用于集体福利

8. 下列各项中，应计入"税金及附加"账户的有（　　　）。

A. 自用办公楼应交的城镇土地使用税　　　B. 销售应税矿产品应缴纳的资源税

C. 自用房产应缴纳的房产税　　　　　　　D. 销售应税消费品应缴纳的消费税

9. 下列支出中，应当作为营业外支出的有（　　　）。

A. 对外捐赠支出　　　　　　　　　　　　B. 处理无形资产净损失

C. 税务罚款支出　　　　　　　　　　　　D. 固定资产非常损失

10. 下列项目中，属于政府资产计量属性的有（　　　）。

A. 历史成本　　　　　　　　　　　　　　B. 可变现净值

C. 重置价值　　　　　　　　　　　　　　D. 名义金额（即人民币 1 元）

11. 营运管理领域应用的管理会计工具方法包括（　　　）。

A. 本量利分析　　　　　　　　　　　　　B. 敏感性分析

C. 边际分析　　　　　　　　　　　　　　D. 标杆管理

12. 视同销售需要缴纳增值税的事项有（　　　）。

A. 企业将自产或委托加工的货物用于集体福利或个人消费

B. 将自产、委托加工或购买的货物作为投资，提供给其他单位或个体工商户

C. 将自产、委托加工或购买的货物分配给股东或投资者

D. 将自产、委托加工或购买的货物对外捐赠

13. 逐步结转分步法的优点有（　　　）。

A. 能提供各个生产步骤的半成品成本资料

B. 为各生产步骤的在产品实物管理及资金管理提供资料

C. 能够全面地反映各生产步骤的生产耗费水平，更好地满足各生产步骤成本管理
的要求

D. 能够直接提供按原始成本项目反映的产成品成本资料，不必进行成本还原，因
而能够简化和加速成本计算工作

14. 影响固定资产折旧的主要因素有（　　　）。

A. 固定资产原价　　　　　　　　　　　　B. 预计净残值

C. 固定资产减值准备　　　　　　　　　　D. 固定资产的使用寿命

15. 我国《企业会计准则》中允许在实际成本核算方式下企业采用的发出存货成本
的计价方法有（　　　）。

A. 个别计价法   B. 后进先出法

C. 月末一次加权平均法   D. 移动加权平均法

三、判断题（本类题共 10 小题，每小题 1 分，共 10 分。请判断每小题的表述是否正确。每小题答题正确的得 1 分，答题错误的扣 0.5 分，不答题的不得分也不扣分。本类题最低得分为零分）

1. 企业预期在未来发生的交易或者事项应按照重要性原则确认资产。（   ）

2. 采用可变现净值计量时，资产按照其正常对外销售所能收到现金或者现金等价物的金额，扣减该资产至完工时估计将要发生的成本、估计的销售费用以及相关税费后的金额计量。（   ）

3. 需要结计本年累计发生额的某些明细账户，全年累计发生额下通栏划单红线。（   ）

4. 我国企业职工休婚假、产假、丧假、探亲假、病假期间的工资通常属于非累积带薪缺勤。由于职工提供服务本身不能增加其能够享受的福利金额，企业在职工未缺勤时不应当计提相关费用和负债。为此，企业应当在职工实际发生缺勤的会计期间确认与非累积带薪缺勤相关的职工薪酬。（   ）

5. 小规模纳税人购进货物、服务、无形资产或不动产，按照应付或实际支付的全部款项（包括支付的增值税额），借记"材料采购""在途物资""原材料""库存商品"等科目，贷记"应付账款""应付票据""银行存款"等科目；销售货物、服务、无形资产或不动产，应按全部价款（包括应交的增值税额），借记"银行存款"等科目，按含税的销售额，贷记"主营业务收入"等科目，按应交增值税额，贷记"应交税费——应交增值税"科目。（   ）

6. 管理会计基本指引只是对管理会计普遍规律和基本认识的总结升华，并不为应用指引中未做出描述的新问题提供处理依据。（   ）

7. 商品流通企业管理费用不多的，可不设"管理费用"科目，相关核算内容可并入"销售费用"科目核算。（   ）

8. 不能归属于使存货达到目前场所和状态的其他支出，应在发生时计入存货成本。（   ）

9. 利润分配会计科目应分别"提取法定盈余公积""提取任意盈余公积""应付现金股利或利润""盈余公积补亏""未分配利润"等进行明细核算。企业未分配利润通过"利润分配——未分配利润"明细科目进行核算。（   ）

10. 企业对被投资单位的长期股权投资采用权益法核算的，在持股比例不变的情况下，对因被投资单位除净损益、其他综合收益和利润分配以外的所有者权益的其他变动，应按持股比例计算其应享有或应分担被投资单位所有者权益的增减数额，调整长期股权投资的账面价值和所有者权益（资本公积——其他资本公积）。在处置长期股权投资时，应转销与该笔投资相关的其他资本公积。（   ）

四、不定项选择题（本类题共 15 小题，每小题 2 分，共 30 分。每小题备选答案中，有一个或一个以上符合题意的正确答案，每小题全部选对得满分，少选得相应分值，多选、错选、不选均不得分）

1. 2018 年 5 月 3 日，A 公司以 960 万元购入 B 公司股票 120 万股作为交易性金融资产，另支付交易费用 20 万元，增值税进项税额 1.2 万元。

（1）2018 年 6 月 30 日，该股票每股市价为 7.5 元。

（2）2018 年 8 月 10 日，B 公司宣告分派现金股利，每股 0.20 元。

（3）2018 年 8 月 20 日，A 公司收到分派的现金股利。

（4）2018 年 12 月 31 日，A 公司仍持有该交易性金融资产，期末每股市价为 8.2 元。

（5）2019 年 1 月 3 日，以 1030 万元出售该交易性金融资产，转让金融商品增值税税率为 6%。

要求：根据上述资料，回答下列问题。

（1）下列说法中，正确的有（　　）。

A. 交易性金融资产的入账价值是 980 万元

B. 购入交易性金融资产时发生的交易费用计入投资收益

C. 交易性金融资产的入账价值是 960 万元

D. 购入交易性金融资产时发生的交易费用计入其成本

（2）关于 A 公司 2018 年的处理，下列说法正确的是（　　）。

A. 2018 年 6 月 30 日，确认公允价值变动收益 60 万元

B. 2018 年 6 月 30 日，该交易性金融资产的账面价值是 900 万元

C. 2018 年 8 月 10 日，B 公司宣告发放现金股利，A 公司确认为投资收益

D. 2018 年 6 月 30 日，确认公允价值变动损失 60 万元

（3）交易性金融资产业务对 A 公司 2018 年投资收益的影响金额为（　　）万元。

A. −4　　　　　　B. 4　　　　　　C. 24　　　　　　D. 20

（4）2018 年 12 月 31 日，A 公司每股市价为 8.2 元，下列处理正确的是（　　）。

A. 借：公允价值变动损益　　　　　　　　　　840000

　　　贷：交易性金融资产——公允价值变动　　　　　　840000

B. 借：交易性金融资产——公允价值变动　　840000

　　　贷：公允价值变动损益　　　　　　　　　　　　840000

C. 借：公允价值变动损益　　　　　　　　　　240000

　　　贷：交易性金融资产——公允价值变动　　　　　　240000

D. 借：交易性金融资产——公允价值变动　　240000

　　　贷：公允价值变动损益　　　　　　　　　　　　240000

（5）2019 年 1 月 3 日以 1030 万元出售该交易性金融资产，对 A 公司投资收益的影响额为（　　）。

A. 70　　　　　　B. 46　　　　　　C. 66.04　　　　　　D. 50

2. 智董公司为增值税一般纳税人，适用的增值税税率为 16%，该公司只生产 X 产品一种产品，采用实际成本法核算。2018 年 12 月初在产品资料如下表所示，该产品于当月末全部完工，当月未投产新产品，该公司单独核算制造费用。

产品成本计算单
2018 年 12 月 单位：元

月	日	摘要	产量（件）	直接材料	直接人工	制造费用	合计
12	1	在产品费用	100	500000	300000	100000	900000

2018 年 12 月该公司发生与 X 产品有关的业务资料如下：

（1）本月发出材料 100000 元，其中，X 产品耗用 60000 元，车间管理耗用 15000元，翻建仓库耗用 25000 元（尚未完工）。

（2）根据上月"职工薪酬结算分配汇总表"，以银行存款发放职工薪酬 400000 元，代扣垫付的职工房租 20000 元，代扣代缴个人所得税 35000 元。分配本月职工薪酬460000 元，其中，生产 X 产品职工的薪酬为 320000 元，车间管理人员的薪酬为 40000元，行政管理人员的薪酬为 100000 元。

（3）因职工操作失误，生产 X 产品发生 5 件不可修复废品，废品实际生产成本为67550 元，残料估价 10000 元，已经验收入库，由责任者赔偿 30000 元。

（4）计提生产设备折旧 12000 元，行政管理办公楼折旧 15000 元，销售部门运输车辆折旧 6000 元，车间管理用设备折旧 4000 元。

要求：根据上述资料，不考虑其他因素，分析回答下列问题（答案中的金额单位用元表示）。

（1）根据资料（1），下列各项中，关于该公司发出材料会计处理结果正确的是（ ）。

A. 制造费用增加 25000 元　　　　　B. 制造费用增加 15000 元
C. 生产成本增加 60000 元　　　　　D. 在建工程增加 25000 元

（2）根据资料（2），下列各项中，关于该公司职工薪酬会计处理正确的是（ ）。

A. 分配行政管理人员薪酬：
借：管理费用　　　　　　　　　100000
　　贷：应付职工薪酬　　　　　　　　　　100000

B. 分配车间管理人员薪酬：
借：管理费用　　　　　　　　　40000
　　贷：应付职工薪酬　　　　　　　　　　40000

C. 分配生产 X 产品职工薪酬：
借：生产成本　　　　　　　　　320000
　　贷：应付职工薪酬　　　　　　　　　　320000

D. 发放上月职工薪酬：
借：应付职工薪酬　　　　　　　455000

　　　　贷：银行存款　　　　　　　　　　　　400000

　　　　　　其他应收款　　　　　　　　　　　 20000

　　　　　　应交税费　　　　　　　　　　　　 35000

（3）根据资料（3），下列各项中，关于不可修复废品会计处理正确的是（　　）。

A. 结转废品净损失：

借：生产成本　　　　　　　　　　　27550

　　贷：废品损失　　　　　　　　　　　　　27550

B. 结转废品生产成本：

借：废品损失　　　　　　　　　　　67550

　　贷：生产成本　　　　　　　　　　　　　67550

C. 收回废品残料：

借：原材料　　　　　　　　　　　　10000

　　贷：废品损失　　　　　　　　　　　　　10000

D. 确认应收的赔款：

借：其他应收款　　　　　　　　　　30000

　　贷：废品损失　　　　　　　　　　　　　30000

（4）根据资料（4），下列各项中，关于该公司计提固定资产折旧表述正确的是（　　）。

A. 计提的车间管理用设备折旧费 4000 元计入管理费用

B. 计提的生产车间设备折旧费 12000 元计入制造费用

C. 计提的专设销售部门运输车辆折旧费 6000 元计入销售费用

D. 计提的行政管理办公楼折旧费 15000 元计入管理费用

（5）根据资料（1）~资料（4），下列各项中，X 产品生产成本计算结果正确的是（　　）。

A. 完工 X 产品总成本为 1271000 元　　　B. 完工 X 产品总成本为 1311000 元

C. 完工 X 产品的单位产品成本为 13800 元　　D. 完工 X 产品的单位成本为 13110 元

3. 智董工厂大量生产 A 产品，生产费用在完工产品与在产品之间的分配采用约当产量法。本月有关成本资料如下：

A 产品本月完工 4800 件，月末在产品 1000 件，原材料在开工时一次投入，在产品的完工程度为 50%。

月初在产品成本和本月生产费用合计为 1563000 元。其中，直接材料 720000 元，直接人工 282000 元，制造费用 561000 元。

要求：根据上述资料，回答下列问题。

（1）采用约当产量比例法分配完工产品和月末在产品费用，适用的情况是（　　）。

A. 生产成本中直接材料成本和直接人工等加工成本的比重相差不大

B. 在产品数量较多

C. 各月完工产品数量变化不大

D. 各月末在产品数量变化较大

（2）完工产品负担的直接材料费是（　　）元。

A. 624400　　　　　　B. 589090　　　　　　C. 595862.07　　　　　D. 540000

（3）完工产品负担的制造费用是（　　）元。

A. 508075.47　　　　B. 206250.48　　　　C. 225000　　　　　D. 225009.67

（4）本月完工产品成本是（　　）元。

A. 960340　　　　　　B. 1359333.77　　　　C. 934750　　　　　D. 925750

（5）月末在产品成本是（　　）元。

A. 148500　　　　　　B. 133000　　　　　　C. 203666.23　　　　D. 168500

参考答案及点拨

一、单项选择题（本类题共 24 小题，每小题 1.25 分，共 30 分。每小题备选答案中，只有一个符合题意的正确答案。多选、错选、不选均不得分）

1.【答案】B

【点拨】谨慎性要求企业对交易或事项进行确认、计量、记录和报告时保持应有的谨慎，不应高估资产或收益、低估负债或者费用。

2.【答案】B

【点拨】无法查明原因的现金溢余，计入营业外收入。

3.【答案】D

【点拨】X 公司应计提的坏账准备 =（100 - 95）+ 20 = 25（万元）。

4.【答案】B

【点拨】该原材料按月末一次加权平均法计算的单位成本 =（300×20 + 200×24）÷（300 + 200）= 21.6（元/千克），所以发出材料成本 = 21.6×400 = 8640（元），结存材料成本 = 21.6×100 = 2160（元）。

5.【答案】D

【点拨】如果联产品在分离点上即可供销售，则采用销售价格进行分配；如果这些产品尚需进一步加工后才可供销售，则需要对分离点上的销售价格进行估计，并非不能采用此方法。

6.【答案】A

【点拨】可修复废品返修以前发生的生产费用，不是废品损失，不需要计算其生产成本，而应留在"基本生产成本"科目和所属有关产品成本明细账中，不需要转出。因此，该批废品净损失 = 1000（修复废品耗用直接材料）+ 500（直接人工）+ 800（制造费用）- 100（回收残料计价）- 100（过失人赔款）= 2100（元）。故选项 A 正确。

7.【答案】D

【点拨】采用直接分配法，辅助生产费用直接进行对外分配，无须对内进行分配，选项 A 错误；采用计划成本分配法，辅助生产车间实际发生的费用与分配转出的计划费用之间的差额计入管理费用，选项 B 错误；采用顺序分配法，辅助生产车间受益少的先分配，受益多的后分配。选项 C 错误；采用交互分配法，辅助生产费用需要经过对内和对外两次分配完成，选项 D 正确。

8.【答案】B

【点拨】X 公司应计入管理费用的金额 = 500×30×（1+16%）= 17400（万元）。相关会计分录如下（单位：万元）：

计提职工薪酬：

借：管理费用 17400

　　贷：应付职工薪酬 17400

实际发放时：

借：应付职工薪酬 17400

　　贷：主营业务收入 15000

　　　　应交税费——应交增值税（销项税额） 2400

借：主营业务成本 14000

　　贷：库存商品 14000

9.【答案】B

【点拨】该企业盈余公积年末余额 = 50+（600-150）×10%-10 = 85（万元）。

10.【答案】C

【点拨】收到银行存款填制银行存款收款凭证，但涉及银行存款与库存现金之间对转业务的只填制付款凭证。选项 A，应填制转账凭证；选项 B，应填制现金付款凭证；选项 D，应填制现金收款凭证。

11.【答案】B

【点拨】企业内部研究开发无形资产开发阶段发生的支出应该区分资本化支出和费用化支出，资本化支出计入无形资产的成本。

12.【答案】A

【点拨】本题的分录如下：

借：管理费用 11600

　　贷：应付职工薪酬 11600

借：应付职工薪酬 11600

　　贷：主营业务收入（500×20） 10000

　　　　应交税费——应交增值税（销项税额） 1600

借：主营业务成本 7000

　　贷：库存商品 7000

13.【答案】C

【点拨】宣告分配现金股利 100 万元使留存收益减少 100 万元；盈余公积转增股本 20 万元使留存收益减少 20 万元；发生业务招待费支出 30 万元减少净利润，使留存收益减少 30 万元。所以留存收益减少 150（100+20+30）万元。

14.【答案】B

【点拨】公益性捐赠支出通过"营业外支出"科目核算；经营性出租固定资产的折旧费属于主营业务活动以外的其他日常经营活动所发生的支出，通过"其他业务成本"

核算；存货盘亏净损失属于一般经营损失的部分，计入"管理费用"科目，属于非常损失的部分，计入"营业外支出"科目；台风造成的财物净损失属于非常损失，通过"营业外支出"科目核算。

15.【答案】C

【点拨】选项 A 计入相关存货成本；选项 B 计入管理费用；选项 C 计入销售费用；选项 D 计入财务费用。故答案为选项 C。

16.【答案】A

【点拨】X 公司 2018 年因该项股权投资应直接计入其他综合收益的金额 = 2105 - (2040 + 10 - 60) = 115（万元）

17.【答案】B

【点拨】"货币资金"项目，需根据"库存现金""银行存款""其他货币资金"三个总账科目的期末余额的合计数填列；"长期借款"项目，需要根据"长期借款"总账科目余额扣除"长期借款"科目所属的明细科目中将在一年内到期且企业不能自主地将清偿义务展期的长期借款后的金额计算填列；"应收账款"项目，需要根据"应收账款"和"预收账款"两个科目所属的相关明细科目的期末借方余额减去应收账款计提的坏账准备计算填列。故本题答案为选项 B。

18.【答案】A

【点拨】"工程物资"项目在资产负债表中单独列示，所以 X 企业 2018 年资产负债表"存货"项目填列金额 = 20 + 35 + 20 - 8 = 67（万元）。

19.【答案】C

【点拨】该企业 2018 年 10 月利润表"税金及附加"项目本期金额 = 30 + 3.5 = 33.5（万元）。

20.【答案】B

【点拨】选项 A 计入营业外收入，不影响营业利润；选项 B 计入其他业务成本，影响营业利润；选项 C、D 计入营业外支出，不影响营业利润。

21.【答案】A

【点拨】本题考查递延年金终值的计算。

$F_A = A$（F/A，i，n）$(1 + i) = 10000 \times$（F/A，2%，10）$\times (1 + 2\%)$

$= 10000 \times 10.950 \times 1.02 = 111690$（元）

22.【答案】D

【点拨】本题主要考查的是国库集中支付业务。授权支付业务下，设置"零余额账户用款额度"账户，故选项 A 错误；直接支付业务，收到"财政直接支付入账通知书"时，按照通知书中标明的金额进行会计处理，故选项 B 错误；对财政应返还额度，下年度恢复财政直接支付额度后，单位以财政直接支付方式发生实际支出时进行会计处理，故选项 C 错误。本题答案为选项 D。

23.【答案】A

【点拨】如果一项经济业务需要填制两张以上（含两张）记账凭证，可以采用"分数编号法"编号。

24.【答案】B

【点拨】每年装订成册的会计凭证，在年度终了时可暂由单位会计机构保管一年，期满后应当移交本单位档案机构统一保管；未设立档案机构的，应在会计机构内部指定专人保管。出纳人员不得兼管会计档案。

二、多项选择题（本类题共 15 小题，每小题 2 分，共 30 分。每小题备选答案中，有两个或两个以上符合题意的正确答案。多选、少选、错选、不选均不得分）

1.【答案】ABCDE

【点拨】所有者权益的来源包括所有者投入的资本、其他综合收益、留存收益等，通常由股本（或实收资本）、资本公积（含股本溢价或资本溢价、其他资本公积）、其他综合收益、盈余公积和未分配利润等构成。

2.【答案】ABCD

【点拨】需要进行全面清查的情况通常有：年终决算前，企业在合并、撤销或改变隶属关系前，中外合资、国内合资前，企业股份制改造前，开展全面的资产评估、清产核资前，单位主要领导调离工作前等。

3.【答案】ABCD

【点拨】其他货币资金是指企业除现金、银行存款以外的其他各种货币资金，主要包括银行汇票存款、银行本票存款、信用卡存款、信用证保证金存款、存出投资款和外埠存款等。选项 A、B、C、D 分别属于银行本票存款、信用证保证金存款、外埠存款和存出投资款，所以均属于其他货币资金。

4.【答案】ABC

【点拨】选项 D，企业提前支付的款项都可以计入"预付账款"科目。

5.【答案】AB

【点拨】本题考查固定资产清理的核算内容。固定资产盘盈应作为前期差错，通过"以前年度损益调整"科目处理，固定资产改扩建通过"在建工程"科目核算。

6.【答案】AD

【点拨】当期实际发生额大于预计金额的，应当补提应付职工薪酬；当期实际发生额小于预计金额的，应当冲回多提的应付职工薪酬。

7.【答案】CD

【点拨】购买的货物用于非应税项目、集体福利不视同销售，作进项税额转出处理。

8.【答案】BD

【点拨】城镇土地使用税和房产税一般应计入"管理费用"科目，选项 A、C 错误。

9.【答案】ACD

【点拨】营业外支出是指企业发生的与其日常活动无直接关系的各项损失，主要包括公益性捐赠支出、盘亏损失、罚款支出、非货币性资产交换损失、债务重组损失等。故选项 A、B、C、D 正确。

10.【答案】ACD

【点拨】政府资产的计量属性主要包括历史成本、重置成本、现值、公允价值和名义金额。

11.【答案】ABCD

【点拨】营运管理领域应用的管理会计工具方法包括但不限于本量利分析、敏感性分析、边际分析、标杆管理等。

12.【答案】ABCD

【点拨】视同销售需要缴纳增值税的事项有：企业将自产或委托加工的货物用于集体福利或个人消费，将自产、委托加工或购买的货物作为投资，提供给其他单位或个体工商户，分配给股东或投资者，对外捐赠等。

13.【答案】ABC

【点拨】平行结转分步法能够直接提供按原始成本项目反映的产成品成本资料，不必进行成本还原，因而能够简化和加速成本计算工作。

14.【答案】ABCD

15.【答案】ACD

【点拨】我国《企业会计准则》中允许在实际成本核算方式下企业采用的发出存货成本的计价方法有个别计价法、先进先出法、月末一次加权平均法、移动加权平均法，不含后进先出法。

三、判断题（本类题共 10 小题，每小题 1 分，共 10 分。请判断每小题的表述是否正确。每小题答题正确的得 1 分，答题错误的扣 0.5 分，不答题的不得分也不扣分。本类题最低得分为零分）

1.【答案】×

【点拨】资产应当由企业过去的交易或者事项形成，过去的交易或者事项包括购买、生产、建造行为等。只有过去的交易或者事项才能产生资产，企业预期在未来发生的交易或者事项不形成资产。

2.【答案】√

3.【答案】×

【点拨】对于需要结计本年累计发生额的明细账户，12 月末的本年累计就是全年累计发生额，全年累计发生额下通栏划双红线。

4.【答案】√

5.【答案】×

【点拨】小规模纳税人购进货物、服务、无形资产或不动产，按照应付或实际支付的全部款项（包括支付的增值税额），借记"材料采购""在途物资""原材料""库存商品"等科目，贷记"应付账款""应付票据""银行存款"等科目；销售货物、服务、无形资产或不动产，应按全部价款（包括应交的增值税额），借记"银行存款"等科目，按不含税的销售额，贷记"主营业务收入"等科目，按应交增值税额，贷记"应交税费——应交增值税"科目。

6.【答案】√

【点拨】不同于企业会计准则基本准则，管理会计基本指引只是对管理会计普遍规律和基本认识的总结升华，并不为应用指引中未做出描述的新问题提供处理依据。

7.【答案】√

8.【答案】×

【点拨】不能归属于使存货达到目前场所和状态的其他支出，应在发生时计入当期损益，不得计入存货成本。

9.【答案】√

10.【答案】√

四、不定项选择题（本类题共 15 小题，每小题 2 分，共 30 分。每小题备选答案中，有一个或一个以上符合题意的正确答案，每小题全部选对得满分，少选得相应分值，多选、错选、不选均不得分）

1.（1）【答案】BC

【点拨】购入交易性金融资产的交易费用计入投资收益。

（2）【答案】BCD

【点拨】选项 B、D，2018 年 6 月 30 日，公允价值变动损益 = 960 - 120 × 7.5 = 60（万元）。

借：公允价值变动损益　　　　　　　　　600000

　　贷：交易性金融资产——公允价值变动　　　　600000

选项 C，2018 年 8 月 10 日，B 公司宣告发放现金股利：

借：应收股利　　　　　　　　　　　　240000

　　贷：投资收益　　　　　　　　　　　　240000

（3）【答案】B

【点拨】投资收益 = 购入环节（-20）+股利（24）= 4（万元）

（4）【答案】B

【点拨】公允价值 = 120 × 8.2 = 984（万元），公允价值变动损益 = 984 - 900 = 84（万元）。

借：交易性金融资产——公允价值变动　　840000

　　贷：公允价值变动损益　　　　　　　　840000

（5）【答案】C

【点拨】出售时：

借：其他货币资金　　　　　　　　　10300000

　　贷：交易性金融资产——成本　　　　　9600000

　　　　　　　　　　——公允价值变动　　240000

　　　　投资收益　　　　　　　　　　　460000

同时：

借：公允价值变动损益　　　　　　　　240000

　　贷：投资收益　　　　　　　　　　　240000

应交增值税 $= (1030 - 960) \div (1 + 6\%) \times 6\% = 3.96$（万元）

借：投资收益　　　　　　　　　　　39600

　　贷：应交税费——转让金融商品应交增值税　39600

合计 $= 46 + 24 - 3.96 = 66.04$（万元）

2.（1）【答案】BCD

【点拨】翻建仓库耗用材料成本 25000 元计入在建工程，选项 A 错误，选项 D 正确；车间管理耗用材料成本 15000 元计入制造费用，选项 B 正确；X 产品耗用材料成本 60000 元计入生产成本，选项 C 正确。

（2）【答案】AC

【点拨】车间管理人员薪酬计入制造费用，而不是管理费用，所以选项 B 错误。

（3）【答案】ABCD

【点拨】四个选项均正确。

结转废品净损失时：

借：生产成本　　　　　　　　　　　27550

　　贷：废品损失　　　　　　　　　　　　27550

结转废品生产成本时：

借：废品损失　　　　　　　　　　　67550

　　贷：生产成本　　　　　　　　　　　　67550

收回废品残料时：

借：原材料　　　　　　　　　　　　10000

　　贷：废品损失　　　　　　　　　　　　10000

确认应收的赔款时：

借：其他应收款　　　　　　　　　　30000

　　贷：废品损失　　　　　　　　　　　　30000

（4）【答案】BCD

【点拨】车间管理用设备折旧计入制造费用，而不是管理费用，所以选项 A 错误。

（5）【答案】BC

【点拨】因为产品在月末全部完工，所以月初和本月发生的成本就是完工 X 产品总成本，完工 X 产品总成本 $= 900000 + 60000 + 15000 + 320000 + 40000 - 67550 + 27550 + 12000 + 4000 = 1311000$（元），选项 B 正确，选项 A 错误；完工数量 $= 100 - 5 = 95$（件），所以完工 X 产品单位成本 $= 1311000 \div 95 = 13800$（元/件），选项 C 正确，选项 D 错误。

3.（1）【答案】AB

【点拨】约当产量比例法适用产品数量较多，各月在产品数量变化也较大，且生产成本中直接材料成本和直接人工等加工成本的比重相差不大的产品。

（2）【答案】C

【点拨】原材料开工时一次投入的，在产品数量 = 在产品约当产量，所以完工产品负担的直接材料费 = 耗用总的材料费用 ÷（完工产品数量 + 在产品数量）× 完工产品数量 = $720000 \div (4800 + 1000) \times 4800 = 595862.07$（元）。

（3）【答案】A

【点拨】在产品约当产量=1000×50%=500（件）

完工产品负担的制造费用=耗用总的制造费用÷（完工产品数量+在产品约当产量）×完工产品数量=561000÷（4800+1000×50%）×4800=508075.47（元）。

（4）【答案】B

【点拨】完工产品负担的直接人工=耗用总的直接人工÷（完工产品数量+在产品约当产量）×完工产品数量=282000÷（4800+1000×50%）×4800=255396.23（元）

本月完工产品成本=完工产品负担的直接材料+完工产品负担的直接人工+完工产品负担的制造费用=595862.07+255396.23+508075.47=1359333.77（元）。

（5）【答案】C

【点拨】在产品负担的直接材料费=720000-595862.07=124137.93（元）

在产品负担的直接人工费=耗用的总的直接人工÷（完工产品数量+在产品约当产量）×在产品约当产量=282000÷（4800+1000×50%）×（1000×50%）=26603.77（元）

在产品负担的制造费用=耗用的总的制造费用÷（完工产品数量+在产品约当产量）×在产品约当产量=561000÷（4800+1000×50%）×（1000×50%）=52924.53（元）

月末在产品成本=在产品负担的直接材料+在产品耗用的直接人工+在产品耗用的制造费用=124137.93+26603.77+52924.53=203666.23（元）。

全真模拟预测试卷（二）

一、单项选择题（本类题共 24 小题，每小题 1.25 分，共 30 分。每小题备选答案中，只有一个符合题意的正确答案。多选、错选、不选均不得分）

1. 在登账后，如果发现记账凭证中应借、应贷方向或会计科目发生错误，可用（   ）更正。

   A. 划线更正法   B. 红字更正法

   C. 补充登记法   D. 平行登记法

2. 2018 年 9 月 30 日，某企业银行存款日记账账面余额为 216 万元，收到银行对账单的余额为 212.3 万元。经逐笔核对，该企业存在以下记账差错及未达账项：从银行提取现金 6.9 万元，会计人员误记为 9.6 万元；银行为企业代付电话费 6.4 万元，但企业未接到银行付款通知，尚未入账。9 月 30 日调节后的银行存款余额为（   ）万元。

   A. 212.3   B. 225.1   C. 205.9   D. 218.7

3. 关于账证核对，以下说法中错误的是（   ）。

   A. 账证核对是指在登记账簿后，将账簿记录与会计凭证进行核对

   B. 核对的内容包括时间、凭证字号、内容、金额、记账方向等

   C. 账证核对只是核对账簿记录和记账凭证，与原始凭证无关

   D. 账证核对往往是在试算平衡发现记账错误后按照一定的线索进行的

4. 下列各项中，属于"其他应收款"科目核算内容的是（   ）。

   A. 应收的劳务款   B. 为职工垫付的房租

   C. 应收的销售商品款   D. 为购货单位垫付的运杂费

5. 某企业对材料采用计划成本核算。2018 年 12 月 1 日，结存材料的计划成本为 400 万元，材料成本差异贷方余额为 6 万元；本月入库材料的计划成本为 2000 万元，材料成本差异借方发生额为 12 万元；本月发出材料的计划成本为 1600 万元。该企业 2018 年 12 月 31 日结存材料的实际成本为（   ）万元。

   A. 798   B. 800   C. 802   D. 1604

6. 某商业企业采用售价金额核算法计算期末存货成本。2018 年 10 月初存货成本为 900 万元，售价总额为 1350 万元；本月购入存货成本为 4500 万元，相应的售价总额为 5400 万元；本月销售收入为 4500 万元。该企业本月销售成本为（   ）万元。

   A. 3600   B. 900   C. 2175   D. 45

7. 2017 年 12 月 31 日，X 公司购入一台设备并投入使用，其成本为 50 万元，预计使用年限 5 年，预计净残值 1 万元，采用双倍余额递减法计提折旧。假定不考虑其他因素，2018 年度该设备应计提的折旧额为（   ）万元。

A. 9.6   B. 16   C. 19.2   D. 20

8. 2018 年 3 月，X 公司在财产清查中，发现库存现金短缺 100 元；盘亏材料一批，成本为 3000 元，增值税进项税额为 510 元；盘盈机器设备一台，成本为 1 万元。其中短缺的库存现金无法查明原因；盘亏的材料经查属于保管员的过失造成的，按规定应由其个人赔偿 1000 元。假定不考虑其他因素，在按管理权限报经批准后，2018 年 3 月，X 公司应该确认管理费用的金额为（   ）元。

A. 2610   B. 3610   C. 2100   D. 2510

9. 下列各项中，说法正确的是（   ）。

A. 收入是指企业销售商品、提供劳务及让渡资产使用权等活动中形成的经济利益的总流入

B. 所有者权益增加一定表明企业获得了收入

C. 狭义的收入包括营业外收入

D. 收入按照企业从事日常活动的性质不同，分为销售商品收入、提供劳务收入和让渡资产使用权收入

10. 2018 年 12 月 15 日，X 公司与 L 公司签订一项设备安装合同。合同规定该设备安装总价款为 200 万元，于安装任务完成并验收合格后一次结清，12 月 31 日，该设备安装任务完成并经 L 公司验收合格。X 公司实际发生的安装费用为 60 万元（均为安装人员工资）。12 月 31 日，鉴于 L 公司发生重大财务困难，X 公司预计收到的安装款为 50 万元。假定不考虑相关税费，2018 年，X 公司应确认的劳务收入为（   ）万元。

A. 200   B. 60   C. 50   D. 0

11. 2018 年 1 月，某企业发生自用房地产应交房产税 2000 元，应交资源税 10000 元、车船税 3000 元、城镇土地使用税 1500 元、消费税 16000 元，支付印花税 800 元。不考虑其他因素，该企业当月应计入管理费用的税金为（   ）元。

A. 5800   B. 7300   C. 33300   D. 26000

12. 某公司生产甲产品和乙产品，甲产品和乙产品为联产品。6 月发生加工成本 900 万元。甲产品的销售价格总额为 350 万元，乙产品的销售价格总额为 250 万元。采用售价法分配联合成本，乙产品应分配的联合成本为（   ）万元。

A. 360   B. 240   C. 375   D. 450

13. 某企业生产甲产品，完工入库后发现 10 件废品，其中 3 件为不可修复废品，7 件为可修复废品。不可修复废品每件直接材料定额 50 元、直接人工 20 元、制造费用 10 元，回收材料价值 120 元；修复 7 件可修复废品，共发生直接材料 140 元、直接人工 100 元、制造费用 80 元。假定废品净损失由当月同种产品负担，则应转入"基本生产成本——甲产品"科目的废品净损失金额为（   ）元。

A. 120   B. 560   C. 280   D. 440

14. X 企业本月生产 A 产品的工人工资为 20 万元，生产 B 产品的工人工资为 80 万元。本月发生车间管理人员工资 30 万元。该企业按生产工人工资比例法分配制造费用。假设不考虑其他因素，本月 B 产品应分配制造的制造费用为（   ）万元。

A. 6   B. 0.6   C. 24   D. 2

15. 资产处置收益（损失）反映的内容，以下错误的是：（　　）

A. 企业出售划分为持有待售的非流动资产（金融工具、长期股权投资和投资性房地产）或处置组（子公司和业务除外）时确认的处置利得或损失

B. 处置未划分为持有待售的固定资产、在建工程、生产性生物资产及无形资产而产生的处置利得或损失

C. 债务重组中因处置非流动资产产生的利得或损失

D. 非货币性资产交换中换出非流动资产产生的利得或损失

16. 某纺织企业为增值税一般纳税人，适用的增值税税率为 16%。该企业以其生产的服装作为福利发放给 100 名生产车间管理人员，每人一套。每套服装不含税售价为 350 元，成本为 280 元。不考虑其他因素，下列各项中该企业关于非货币性福利的会计处理结果正确的是（　　）。

A. 确认管理费用 40600 元　　　　B. 确认增值税销项税额 4480 元

C. 确认主营业务收入 40600 元　　D. 确认应付职工薪酬 40600 元

17. 某工业企业某月生产甲、乙两种产品，共同耗用 A 原材料，耗用量无法按产品直接划分。甲产品投产 100 件，原材料消耗定额为 5 千克；乙产品投产 150 件，原材料消耗定额为 2 千克。甲、乙两种产品实际消耗 A 原材料总量为 320 千克，每千克 20 元。则甲产品应分配的材料费用为（　　）元。

A. 4000　　　　B. 2400　　　　C. 200　　　　D. 120

18. 下列各项中，不计入管理费用的是（　　）。

A. 租入厂房的租金　　　　B. 固定资产改扩建的支出

C. 业务招待费　　　　　　D. 审计咨询费

19. 某企业 2018 年度利润总额为 1000 万元，其中本年度国债利息收入 100 万元，已计入营业外支出的税收滞纳金 6 万元；企业所得税税率为 25%。年初递延所得税资产为 10 万元，年末递延所得税资产为 20 万元，年初递延所得税负债为 30 万元，年末递延所得税负债为 50 万元，该企业 2018 年度所得税费用为（　　）万元。

A. 250　　　　B. 226.5　　　　C. 236.5　　　　D. 251.5

20. 下列有关资产负债表中流动资产排列顺序，表述正确的是（　　）。

A. 应收票据、存货、其他应收款、应收账款

B. 应收票据、应收账款、其他应收款、存货

C. 应收账款、存货、其他应收款、应收票据

D. 存货、应收账款、其他应收款、应收票据

21. 某企业"应收账款"科目月末借方余额 60000 元，其中，"应收 L 公司账款"明细科目借方余额 40000 元，"应收 M 公司账款"明细科目借方余额 20000 元，贷方明细余额 20000 元；"预收账款"科目月末贷方余额 5000 元，其中，"预收 X 公司账款"明细科目贷方余额 30000 元，"预收 Y 公司账款"明细科目借方余额 25000 元。该企业月末资产负债表中"应收账款"项目的金额为（　　）元。

A. 50000　　　　B. 90000　　　　C. 45000　　　　D. 85000

22. 下列各项中，影响企业当期营业利润的是（　　）。

A. 处置房屋的净损失　　　　　　B. 经营出租设备的折旧费

C. 向灾区捐赠商品的成本　　　　D. 洪水导致原材料毁损的净损失

23. 2018 年 1 月，某事业单位启动一项科研项目。当年收到上级主管部门拨付的非财政专项资金 1000 万元，为该项目发生事业支出 960 万元。2018 年 12 月，项目结项，经上级主管部门批准，该项目的结余资金留归事业单位使用。假定不考虑其他因素，年末，该事业单位应转入"非财政拨款结余"科目金额为（　　）万元。

A. 0　　　　　　B. 40　　　　　　C. 960　　　　　　D. 1000

24. 下列关于事业单位资产和负债业务的会计处理不正确的是（　　）。

A. 单位管理的罚没物资应当通过"受托代理资产"科目核算

B. 经批准在境外购买具有所有权的土地作为固定资产核算

C. 单位按照国家税法等有关规定应当缴纳的各种税费，通过"应缴财政款"科目核算

D. 按法律程序已申请取得无形资产的，应当将依法取得时发生的注册费、聘请律师费等费用确认为无形资产

二、多项选择题（本类题共 15 小题，每小题 2 分，共 30 分。每小题备选答案中，有两个或两个以上符合题意的正确答案。多选、少选、错选、不选均不得分）

1. 共同类科目主要有（　　）。

A. 清算资金往来　　　　　　B. 货币兑换

C. 套期工具　　　　　　　　D. 被套期项目

2. 下列各项中，属于材料采购成本的有（　　）。

A. 材料采购运输途中发生的合理损耗

B. 材料入库前的挑选整理费用

C. 购买材料的价款

D. 购入材料的运杂费

3. 企业购入材料 6000 元，以银行存款支付 3000 元，余额未付，材料已入库。这一经济业务涉及的账户有（　　）。

A. 原材料　　　B. 应收账款　　　C. 应付账款　　　D. 银行存款

4. 下列各项中，应计入其他应付款的有（　　）。

A. 应付租入包装物的租金

B. 应付融资租入大型设备的租金

C. 应付经营租入车辆的租金

D. 应付由企业负担的职工社会保险费用

5. 某公司期初的所有者权益为：股本 5000 万元（面值为 1 元），资本公积 1000 万元（其中股本溢价 800 万元），盈余公积 500 万元，未分配利润 600 万元。本期经董事会批准以每股 7 元的价格回购本公司股票 200 万股并按期注销。下列各项中，该公司回购并注销股票的相关科目会计处理结果正确的有（　　）。

A. 注销时，借记"股本"科目 1400 万元

B. 回购时，借记"库存股"科目 1400 万元

C. 注销时，借记"盈余公积"科目 400 万元

D. 注销时，借记"资本公积——股本溢价"科目 800 万元

6. 下列说法正确的有 （　　）。

A. 一般而言，对于流动性较大的财产物资，如原材料、在产品、产成品，应根据需要随时轮流盘点或重点抽查

B. 对于贵重财产物资，每月都要进行清查盘点

C. 对于库存现金，每日终了，应由出纳人员进行清点核对

D. 对债权、债务，企业应每年至少同债权人、债务人核对 1~2 次

7. 下列各项中，能引起企业留存收益总额增减变动的有 （　　）。

A. 提取法定盈余公积　　　　　　B. 向投资者宣告分配现金股利

C. 本年度实现净利润　　　　　　D. 用盈余公积转增资本

8. 下列各项中，应计入"营业外收入"科目的有 （　　）。

A. 大型设备处置利得　　　　　　B. 存货收发计量差错形成的盘盈

C. 已丧失使用功能而报废非流动资产所产生的清理收益

D. 无法支付的应付账款

9. 下列资产负债表项目，应根据有关科目余额减去其备抵科目后的净额填列的有 （　　）。

A. 货币资金

B. 以公允价值计量且其变动计入当期损益的金融资产

C. 长期股权投资

D. 固定资产

10. 下列各项中，导致企业资产负债表"存货"项目期末余额发生变动的有 （　　）。

A. 计提存货跌价准备

B. 用银行存款购入的修理用备件 （备品备件）

C. 已经发出但不符合收入确认条件的商品

D. 收到受托代销的商品

11. 下列说法正确的有 （　　）。

A. 永续年金不需要计算终值

B. 递延年金终值的计算方法与普通年金终值的计算方法相同

C. 预付年金的系数是在普通年金系数的基础上进行调整的

D. 已知普通年金现值求年金，属于偿债基金问题

12. 新时期我国政府会计改革的主要任务包括 （　　）。

A. 建立健全政府会计核算体系

B. 建立健全政府财务报告体系

C. 建立健全政府财务报告审计和公开机制

D. 建立健全政府财务报告分析应用体系

13. 下列项目中，属于预算会计要素的有 （　　）。

A. 净资产　　　　　　B. 预算收入　　　　　C. 净算支出　　　　　D. 预算结余

14. 绩效管理领域应用的管理会计工具方法包括 （　　）。

A. 关键指标法　　　　B. 经济增加值　　　　C. 净值法　　　　　　D. 平衡计分卡

15. "应交增值税"明细账应设置的专栏有 （　　）。

A. "进项税额"专栏　　　　　　　　　　　　B. "销项税额"专栏

C. "出口抵减内销产品应纳税额"专栏　　　　D. "减免税款"专栏

三、判断题（本类题共 10 小题，每小题 1 分，共 10 分。请判断每小题的表述是否正确。每小题答题正确的得 1 分，答题错误的扣 0.5 分，不答题的不得分也不扣分。本类题最低得分为零分）

1. 采用现值计量时，资产按照预计从其持续使用和最终处置中所产生的未来净现金流入量的折现金额计量，负债按照预计期限内需要偿还的未来净现金流出量的折现金额计量。（　　）

2. 委托加工物资应负担的消费税，凡属于加工材料收回后直接用于销售的，应将代收代缴的消费税计入委托加工物资的成本。（　　）

3. 短期利润分享计划是指因职工提供服务而与职工达成的基于利润或其他经营成果提供薪酬的协议。长期利润分享计划属于其他长期职工福利。（　　）

4. 企业如有应交消费税的委托加工物资，一般应由受托方代收代缴税款。委托加工物资收回后，直接用于销售的，应将受托方代收代缴的消费税计入委托加工物资的成本，借记"委托加工物资"等科目，贷记"应付账款""银行存款"等科目；委托加工物资收回后用于连续生产应税消费品的，按规定准予抵扣的，应按已由受托方代收代缴的消费税，借记"应交税费——应交消费税"科目，贷记"应付账款""银行存款"等科目，待用委托加工的应税消费品生产出应纳消费税的产品销售时，再缴纳消费税。（　　）

5. 如果以前年度未分配利润有盈余（即年初未分配利润余额为正数），在计算提取法定盈余公积的基数时，不应包括企业年初未分配利润；如果以前年度有亏损（即年初未分配利润余额为负数），应先弥补以前年度亏损再提取盈余公积。（　　）

6. 在实物清查过程中，单位负责人、实物保管人员和盘点人员必须同时在场。（　　）

7. 以前减记无形资产价值的影响因素已经消失的，减记的金额应当予以恢复，并在原已计提的无形资产减值准备金额内转回，转回的金额计入当期损益。（　　）

8. 我国商业汇票的付款期限不超过 9 个月，因此，企业应将应付票据作为流动负债管理和核算。同时，由于应付票据的偿付时间较短，在会计实务中，一般均按照开出、承兑的应付票据的面值入账。（　　）

9. 长期待摊费用是指企业已经发生但应由本期和以后各期负担的分摊期限在一年以上的各项费用，如以融资租赁方式租入的固定资产发生的改良支出等。（　　）

10. 我国企业的资产负债表采用报告式结构。（　　）

四、不定项选择题（本类题共 15 小题，每小题 2 分，共 30 分。每小题备选答案中，有一个或一个以上符合题意的正确答案，每小题全部选对得满分，少选得相应分值，多选、错选、不选均不得分）

1. A 公司为增值税一般纳税人，2018 年发生如下与交易性金融资产相关的经济业务：

（1）4 月 12 日，从上海证券交易所购入 B 公司股票 20000 股，该股票的公允价值为 810000 元，另支付相关交易费用 2100 元，取得的增值税专用发票上注明的增值税税额假设为 160 元，发票已通过税务机关认证。A 公司将该股票划分为交易性金融资产。

（2）6 月 30 日，A 公司持有 B 公司股票的市价为 870000 元。

（3）7 月 6 日，B 公司宣告以每股 0.2 元发放上年度的现金股利。7 月 10 日，A 公司收到 B 公司向其发放的现金股利，假定股利不考虑相关税费。

（4）7 月 18 日，将持有的 B 公司股票全部出售，售价为 997100 元，转让该金融商品应交增值税假设为 3000 元。

要求：根据上述资料，不考虑其他因素，分析回答下列问题。

（1）根据资料（1），A 公司购入该交易性金融资产的初始入账金额是（　　）元。

　　A. 903160　　　　B. 810000　　　　C. 902820　　　　D. 902100

（2）根据资料（1）和资料（2），下列各项中，A 公司 6 月 30 日应计入公允价值变动损益的金额是（　　）元。

　　A. 17000　　　　B. 60000　　　　C. 16820　　　　D. 17160

（3）根据资料（1）和资料（3），下列各项中，关于 A 公司现金股利的会计处理结果表述正确的是（　　）。

　　A. 实际收到股利时，确认投资收益 4000 元

　　B. 实际收到股利时，冲减交易性金融资产成本 4000 元

　　C. 宣告发放股利时，确认公允价值变动损益 4000 元

　　D. 宣告发放股利时，确认投资收益 4000 元

（4）根据资料（1）~资料（4），下列各项中，A 公司出售 B 公司股票的会计处理正确的是（　　）。

　　A. 借：其他货币资金——存出投资款　　　　　　997100
　　　　　　贷：交易性金融资产——成本　　　　　　　　　　810000
　　　　　　　　交易性金融资产——公允价值变动　　　　　60000
　　　　　　　　投资收益　　　　　　　　　　　　　　　　127100

　　B. 借：公允价值变动损益　　　　　　　　　　60000
　　　　　　贷：投资收益　　　　　　　　　　　　　　　　60000

　　C. 借：投资收益　　　　　　　　　　　　　　60000
　　　　　　贷：公允价值变动损益　　　　　　　　　　　　60000

　　D. 借：投资收益　　　　　　　　　　　　　　3000
　　　　　　贷：应交税费——转让金融商品应交增值税　　　3000

（5）根据资料（1）~资料（4），该交易性金融资产业务引起 A 公司 2018 年营业利润

加的金额是（　　）元。　　　　　　　　　　　　　　　　　　　　　增

 A. 104000　　　　B. 186000　　　　C. 107000　　　　D. 81000

2. A公司属于工业企业，为增值税一般纳税人，适用的增值税税率为16%，售价中不含增值税。商品销售时，同时结转成本。本年利润采用表结法结转。其他资料如下：

（1）2018年11月30日各损益类科目的余额如下表所示。

各损益类科目余额

单位：万元

科目名称	借方余额	科目名称	贷方余额
主营业务成本	1690	主营业务收入	2160
税金及附加	21.8	其他业务收入	16
其他业务成本	10	投资收益	27
销售费用	35	营业外收入	30
管理费用	65		
财务费用	21		
营业外支出	27		

（2）2018年12月A公司发生如下经济业务：

1）销售商品一批，增值税专用发票上注明的售价370万元，增值税税额59.2万元。款项已收到并存入银行。该批商品的实际成本为280万元。

2）本月发生应付工资50万元，其中生产工人工资39.5万元，车间管理人员工资2.5万元，厂部管理人员工资7万元，销售人员工资1万元。假定不考虑当月其他职工薪酬项目。

3）计提长期借款利息9万元，该笔借款均用于公司日常经营活动。

4）计提已到付息期但尚未领取的债券利息10万元。

5）本月营业活动应交城市维护建设税4.14万元、教育费附加1.78万元。

6）按年计提所得税，公司适用所得税税率为25%。计提当年应交所得税110.06万元，公司无纳税差异事项。

要求：根据上述资料，不考虑其他因素，分析回答下列问题（"应交税费"科目要求写出明细科目及专栏；答案中的金额单位用万元表示）。

（1）根据资料（2），下列各项中，会计处理正确的是（　　）。

A. 借：银行存款　　　　　　　　　　429.2

  贷：主营业务收入　　　　　　　　　　370.0

   应交税费——应交增值税（销项税额）　　59.2

 借：主营业务成本　　　　　　　　280

  贷：库存商品　　　　　　　　　　　280

B. 借：生产成本　　　　　　　　　　39.5

  制造费用　　　　　　　　　　2.5

	管理费用	7.0	
	销售费用	1.0	
	贷：应付职工薪酬		50.0

C. 借：税金及附加 ... 5.92

  贷：应交税费——应交城市维护建设税 ... 4.14

       ——应交教育费附加 ... 1.78

D. 借：所得税费用 ... 110.06

  贷：应交税费——应交所得税 ... 110.06

（2）根据资料（1）和资料（2），下列各项中，A 公司 2018 年度利润表中"销售费用""管理费用"和"财务费用"三个项目的计算结果正确的是（　　）万元。

A. 65　　　　B. 36　　　　C. 72　　　　D. 30

（3）根据资料（1）和资料（2），下列各项中，A 公司 2018 年度利润表中"营业利润"和"利润总额"两个项目的计算结果正确的是（　　）万元。

A. 110.06　　B. 437.25　　C. 440.25　　D. 330

（4）根据资料（1）和资料（2），下列各项中，A 公司 2018 年度成本费用利润率的计算结果正确的是（　　）。

A. 22.22%　　B. 20.18%　　C. 20%　　D. 20.52%

（5）根据资料（2），长期借款利息和城市维护建设税应分别计入（　　）。

A. 财务费用　　B. 管理费用　　C. 税金及附加　　D. 在建工程

3. 智董工厂大量生产 X、Y 两种商品。该工厂采用品种法计算产品成本，适用的增值税税率为 16%。2018 年 7 月，该工厂发生的有关经济业务如下：

（1）7 月开始生产 X、Y 产品，当月投产 X 产品 270 件，耗用材料 4800 千克；投产 Y 产品 216 件，耗用材料 4000 千克。材料每千克成本为 40 元，原材料按生产进度陆续投入。

（2）7 月发生生产工人薪酬 100000 元，总部管理人员薪酬 30000 元，车间电话费用 80000 元。期末按生产工时比例在 X、Y 产品之间分配职工薪酬和制造费用，X、Y 产品的生产工时分别为 600 小时、400 小时。

（3）月末，按约当生产量法在完工产品和在产品之间分配材料费用、职工薪酬和制造费用。当月 X 产品完工 230 件，月末在产品 40 件，在产品完工进度为 50%；Y 产品完工 184 件，月末在产品 32 件，在产品完工进度为 50%。

（4）本月发出 X 产品 200 件，其中，销售 X 产品 150 件（符合收入确认条件），每件不含税售价为 1500 元，与计税价格一致；50 件用于企业仓库建设，该工程尚未完工。

要求：根据上述材料，假定不考虑其他因素，分析回答下列问题（答案中的金额用元表示）。

（1）根据资料（1），下列各项中，关于 X、Y 产品耗用材料会计处理表述正确的是（　　）。

A. Y 产品的材料费用为 160000 元

B. X 产品的材料费用为 192000 元

C. 生产产品领用材料时，借记"生产成本"科目，贷记"原材料"科目

D. 生产产品领用材料时，借记"制造费用"科目，贷记"原材料"科目

（2）根据资料（2），下列各项中，关于 X 产品分配职工薪酬和制造费用结果正确的是（　　）。

A. 职工薪酬为 60000 元   B. 制造费用为 48000 元

C. 制造费用为 66000 元   D. 职工薪酬为 78000 元

（3）根据资料（1）~资料（3），下列各项中，关于 X 完工产品成本计算正确的有（　　）。

A. 直接人工为 55200 元   B. 直接材料为 176640 元

C. 制造费用为 44160 元   D. 产品成本总额为 276000 元

（4）根据资料（3），该工厂确定是否采用约当产量比例法时，应考虑的因素有（　　）。

A. 各项成本比重大小   B. 在产品数量多少

C. 定额管理基础好坏   D. 各月在产品数量变化大小

（5）根据资料（1）至资料（4），下列各项中，关于企业的 7 月财务报表中的相关项目计算结果正确的是（　　）。

A. 资产负债表"固定资产"项目期末余额为 60000 元

B. 资产负债表"在建工程"项目期末余额为 72000 元

C. 利润表"营业收入"项目金额为 225000 元

D. 利润表"营业成本"项目金额为 180000 元

参考答案及点拨

一、单项选择题（本类题共 24 小题，每小题 1.25 分，共 30 分。每小题备选答案中，只有一个符合题意的正确答案。多选、错选、不选均不得分）

1.【答案】B

【点拨】红字更正法是会计核算中用红字冲销或冲减原记数额，以更正或调整账簿记录的一种方法。

其适用于更正两种错账情况：①在记账后发现记账凭证中应借、应贷方向或者会计科目发生错误时的情况。②在记账后发现记账凭证的应借、应贷方向和科目正确，而所记金额大于应记金额时的情况。

2.【答案】A

【点拨】本题可根据企业银行存款日记账逐笔调节，调节后的银行存款余额 = 216 + 9.6 - 6.9 - 6.4 = 212.3（万元）。也可根据银行对账单调节，调节后的银行存款余额 = 212.3（万元）。

3.【答案】C

【点拨】账证核对是指记完账后，要将账簿记录与会计凭证进行核对，核对账簿记录与原始凭证、记账凭证的时间、凭证字号、内容、金额等是否一致，记账方向是否相符。

4.【答案】B

【点拨】选项 A、C、D，属于"应收账款"科目核算的内容。选项 B，属于"其他应收款"科目核算的内容。

5.【答案】C

【点拨】材料成本差异率 =（期初结存材料的材料成本差异 + 本期验收入库材料的材料成本差异）÷（期初结存材料的计划成本 + 本期验收入库材料的计划成本）=（-6+12）÷（400 + 2000）= 0.25%；2018 年 12 月 31 日结存材料的实际成本 =（400 + 2000 - 1600）×（1 + 0.25%）= 802（万元）。

6.【答案】A

【点拨】本题考查售价金额法。

（1）进销差价率 =［（1350 - 900）+（5400 - 4500）］÷（1350 + 5400）= 20%

（2）已销商品的成本 = 4500 ×（1 - 20%）= 3600（万元）

7.【答案】D

【点拨】双倍余额递减法的年折旧率 = 2 ÷ 预计使用寿命 5 年 × 100%，所以，2018 年度该设备应计提的折旧额 = 50 × 2 ÷ 5 = 10（万元）。预计净残值在双倍余额法下，只有在最后两年，也即第 n-1 年和第 n 年转为直线法时才考虑减除。

8.【答案】A

【点拨】固定资产的盘盈应该计入以前年度损益调整，按管理权限报经批准后计入盈余公积或者未分配利润；2018 年 3 月，X 公司应该确认的管理费用的金额 = 100 +（3000 + 510 - 1000）= 2610（元）。

9.【答案】D

【点拨】收入是指企业在销售商品、提供劳务及让渡资产使用权等日常活动中形成的经济利益的总流入，选项 A 错误；能够引起所有者权益增加的原因很多，除企业取得收入外，如利得同样可以引起所有者权益增加，选项 B 错误；狭义的收入指的是企业的营业收入，不包括营业外收入，选项 C 错误。

10.【答案】C

【点拨】2018 年，X 公司应确认的劳务收入为很可能收到的安装款 50 万元。

11.【答案】B

【点拨】资源税、消费税应通过"税金及附加"账户进行核算，因此，该企业当月应计入管理费用的税金 = 2000（自用房地产应交房产税）+ 3000（车船税）+ 1500（城镇土地使用税）+ 800（印花税）= 7300（元）。故选项 B 正确。

12.【答案】C

【点拨】乙产品应分配的联合成本 = 900 ÷（350 + 250）× 250 = 375（万元）。

13.【答案】D

【点拨】不可修复废品的生产成本 = 3 ×（50 + 20 + 10）= 240（元），因此，废品净损失 = 240 + 140 + 100 + 80 - 120 = 440（元）。

14.【答案】C

【点拨】制造费用分配率 = 制造费用总额 ÷ 生产工人工资总和 = 30 ÷（20 + 80）= 0.3，

B 产品应分配的制造费用=B 产品生产工人工资×制造费用分配率=80×0.3=24（万元）。

15.【答案】A

【点拨】资产处置收益（–损失）反映企业出售划分为持有待售的非流动资产（金融工具、长期股权投资和投资性房地产除外）或处置组（子公司和业务除外）时确认的处置利得或损失，以及处置未划分为持有待售的固定资产、在建工程、生产性生物资产及无形资产而产生的处置利得或损失，还包括债务重组中因处置非流动资产产生的利得或损失和非货币性资产交换中换出非流动资产产生的利得或损失。

16.【答案】D

【点拨】计提时：

借：制造费用	40600	
贷：应付职工薪酬		40600

发放时：

借：应付职工薪酬	40600	
贷：主营业务收入		35000
应交税费——应交增值税（销项税额）		5600
借：主营业务成本	28000	
贷：库存商品		28000

17.【答案】A

【点拨】甲产品的材料消耗定额=100×5=500，乙产品的材料消耗定额=150×2=300，原材料费用分配率=320×20÷（500＋300）=8，甲产品分配的材料费用=8×500=4000（元）。

18.【答案】B

【点拨】固定资产发生的更新改造等后续支出，满足固定资产确认条件的，通过"在建工程"科目核算，计入固定资产成本。

19.【答案】C

【点拨】当期应交所得税=应纳税所得额×企业所得税税率=（税前会计利润＋纳税调整增加额–纳税调整减少额）×企业所得税税率=（1000–100＋6）×25%=226.5（万元）。所得税费用=当期应交所得税＋递延所得税费用=当期应交所得税＋（递延所得税负债期末余额–递延所得税负债期初余额）–（递延所得税资产期末余额–递延所得税资产期初余额）=226.5＋（50–30）–（20–10）=236.5（万元）。

20.【答案】B

【点拨】本题考核资产负债表中流动资产项目的排列顺序，选项 B 正确。

21.【答案】D

【点拨】本题考查资产负债表应收账款项目的列示。该企业月末资产负债表中"应收账款"项目的金额＝应收账款借方明细（40000＋20000）＋预收账款借方明细（25000）=85000（元）。

22.【答案】B

【点拨】选项 B 经营出租设备的折旧费计入"其他业务成本"科目，影响企业当期营业利润。选项 A、C 均计入营业外支出，不影响营业利润。选项 D 为自然灾害，计入营业外支出，不影响营业利润。

23.【答案】B

【点拨】该事业单位转入"非财政拨款结余"科目金额=1000−960=40（万元）。

24.【答案】C

【点拨】单位按照国家税法等有关规定应当缴纳的各种税费，通过"应交增值税""其他应交税费"科目核算，不通过"应缴财政款"科目核算，选项 C 错误。

二、多项选择题（本类题共 15 小题，每小题 2 分，共 30 分。每小题备选答案中，有两个或两个以上符合题意的正确答案。多选、少选、错选、不选均不得分）

1.【答案】ABCD

【点拨】共同类科目是既有资产性质又有负债性质的科目。主要有"清算资金往来""货币兑换""套期工具""被套期项目"等科目。

2.【答案】ABCD

3.【答案】ACD

【点拨】本题考核原材料的核算。该业务应该编制如下会计分录：

借：原材料　　　　　　　　　　　6000

　　贷：银行存款　　　　　　　　　　　　　　3000

　　　　应付账款　　　　　　　　　　　　　　3000

4.【答案】AC

【点拨】其他应付款主要有应付经营租赁固定资产租金、租入包装物租金、存入保证金等；应付融资租入大型设备的租金计入长期应付款；应付由企业负担的职工社会保险费计入应付职工薪酬。故本题答案为选项 A、C。

5.【答案】BCD

【点拨】回购时：

借：库存股　　　　　　　　　　　1400

　　贷：银行存款　　　　　　　　　　　　　　1400

注销时：

借：股本　　　　　　　　　　　　200

　　资本公积——股本溢价　　　　　800

　　盈余公积　　　　　　　　　　　400

　　贷：库存股　　　　　　　　　　　　　　1400

6.【答案】ABCD

7.【答案】BCD

【点拨】提取法定盈余公积是留存收益内部的增减变动，不会引起留存收益总额的增减变动。

8.【答案】ACD

【点拨】选项 C，非流动资产毁损报废收益，指因自然灾害等发生毁损、已丧失使用功能而报废非流动资产所产生的清理收益，属于营业外收入核算的内容；选项 D，计入"营业外收入"。选项 A，冲减"管理费用"科目。

9.【答案】CD

【点拨】选项 A，货币资金根据"库存现金""银行存款"和"其他货币资金"三个总账科目余额合计填列；选项 B，根据"以公允价值计量且其变动计入当期损益的金融资产"总账科目的余额直接填列；选项 C，长期股权投资项目应该根据"长期股权投资"科目的期末余额减去"长期股权投资减值准备"科目的余额后的净额填列；选项 D，固定资产项目应该根据"固定资产"科目的期末余额减去"固定资产减值准备"和"累计折旧"两个科目的余额后的净额填列。

10.【答案】AB

【点拨】选项 A，使"存货"项目期末余额减少；选项 B，使"存货"项目期末余额增加；选项 C，不影响"存货"项目期末余额；选项 D，不影响"存货"项目期末余额。

11.【答案】ABC

【点拨】已知普通年金终值，求年金，属于偿债基金问题；已知普通年金现值，求年金，属于投资回收额问题。选项 D 错误。

12.【答案】ABCD

13.【答案】BCD

【点拨】政府预算会计要素包括预算收入、预算支出与预算结余。

14.【答案】ABD

【点拨】绩效管理领域应用的管理会计工具方法包括但不限于关键指标法、经济增加值、平衡计分卡等。

15.【答案】ABCD

【点拨】"应交增值税"明细账应设置以下专栏："进项税额"专栏、"销项税额抵减"专栏、"已交税金"专栏、"转出未交增值税"和"转出多交增值税"专栏、"减免税款"专栏、"出口抵减内销产品应纳税额"专栏、"销项税额"专栏、"出口退税"专栏、"进项税额转出"专栏。

三、判断题（本类题共 10 小题，每小题 1 分，共 10 分。请判断每小题的表述是否正确。每小题答题正确的得 1 分，答题错误的扣 0.5 分，不答题的不得分也不扣分。本类题最低得分为零分）

1.【答案】√

2.【答案】√

【点拨】按规定，凡加工物资收回后直接出售的，其所负担的消费税应计入加工物资成本；如果收回的加工物资用于生产应税消费品的，应将所负担的消费税计入"应交税费——应交消费税"科目的借方，用以抵扣加工的消费品销售后所负担的消费税。

3. 【答案】√

4. 【答案】√

5. 【答案】√

6. 【答案】×

【点拨】在实物清查过程中，实物保管人员和盘点人员必须同时在场。

7. 【答案】×

【点拨】企业无形资产减值损失一经确认，在以后会计期间不得转回。

8. 【答案】×

【点拨】我国商业汇票的付款期限不超过 6 个月，因此，企业应将应付票据作为流动负债管理和核算。同时，由于应付票据的偿付时间较短，在会计实务中，一般均按照开出、承兑的应付票据的面值入账。

9. 【答案】×

【点拨】长期待摊费用是指企业已经发生但应由本期和以后各期负担的分摊期限在一年以上的各项费用，如以经营租赁方式租入的固定资产发生的改良支出等。

10. 【答案】×

【点拨】我国企业的资产负债表采用账户式结构。

四、不定项选择题（本类题共 15 小题，每小题 2 分，共 30 分。每小题备选答案中，有一个或一个以上符合题意的正确答案，每小题全部选对得满分，少选得相应分值，多选、错选、不选均不得分）

1.（1）【答案】B

【点拨】交易性金融资产按取得时公允价值入账，支付的相关交易费用计入投资收益。所以，A 公司购入该交易性金融资产的初始入账金额＝810000（元）。

（2）【答案】B

【点拨】A 公司 6 月 30 日的账务处理为：

借：交易性金融资产——公允价值变动　　　　　60000

　　贷：公允价值变动损益　　　　　　　　　　　　　60000

（3）【答案】D

【点拨】宣告发放股利时：

借：应收股利　　　　　　　　　　　　　　　4000

　　贷：投资收益　　　　　　　　　　　　　　　　4000

实际收到股利时：

借：其他货币资金　　　　　　　　　　　　　4000

　　贷：应收股利　　　　　　　　　　　　　　　　4000

（4）【答案】ABD

【点拨】出售时的账务处理为：

借：其他货币资金——存出投资款　　　　　997100

　　贷：交易性金融资产——成本　　　　　　　　810000

交易性金融资产——公允价值变动	60000
投资收益	127100

同时：

借：公允价值变动损益　　　　　　　　60000

　　贷：投资收益　　　　　　　　　　　　　　60000

确认应交增值税：

借：投资收益　　　　　　　　　　　　3000

　　贷：应交税费——转让金融商品应交增值税　　　3000

（5）【答案】B

【点拨】营业利润 = 营业收入 – 营业成本 – 税金及附加 – 销售费用 – 管理费用 – 财务费用 – 资产减值损失 + 公允价值变动收益（–公允价值变动损失）+ 投资收益（–投资损失）+ 其他收益 + 资产处置收益（–资产处置损失）= –2100（资料 1）+ 60000（资料 2）+ 4000（资料 3）+（127100 – 60000 + 60000 – 3000）（资料 4）= 186000（元）。

2.（1）【答案】ABCD

【点拨】2018 年 12 月有关业务的会计分录：

1）借：银行存款　　　　　　　　　　429.2

　　　　贷：主营业务收入　　　　　　　　　　370.0

　　　　　　应交税费——应交增值税（销项税额）　　59.2

　借：主营业务成本　　　　　　　　　280

　　　贷：库存商品　　　　　　　　　　　　　280

2）借：生产成本　　　　　　　　　　39.5

　　　　制造费用　　　　　　　　　　2.5

　　　　管理费用　　　　　　　　　　7.0

　　　　销售费用　　　　　　　　　　1.0

　　　　贷：应付职工薪酬　　　　　　　　　　50.0

3）借：财务费用　　　　　　　　　　9

　　　　贷：应付利息　　　　　　　　　　　　9

4）借：应收利息　　　　　　　　　　10

　　　　贷：投资收益　　　　　　　　　　　　10

5）借：税金及附加　　　　　　　　　5.92

　　　　贷：应交税费——应交城市维护建设税　　　4.14

　　　　　　　　　　——应交教育费附加　　　　1.78

6）借：所得税费用　　　　　　　　　110.06

　　　　贷：应交税费——应交所得税　　　　　110.06

（2）【答案】BCD

（3）【答案】BC

（4）【答案】D

【点拨】成本费用利润率=440.25÷(1980+27.75+36+72+30)×100%=20.52%。

(5)【答案】AC

3.(1)【答案】ABC

【点拨】生产领用的材料成本是计入生产成本的，车间管理部门领用的材料成本是计入制造费用的；X产品耗用材料费用=4800×40=192000（元）；Y产品耗用材料费用=4000×40=160000（元）。

(2)【答案】AB

【点拨】X产品分配职工薪酬=100000×600÷(600+400)=60000（元），X产品分配制造费用=80000×600÷(600+400)=48000（元）。

(3)【答案】ABCD

【点拨】由于X产品耗用直接材料192000元，负担直接人工60000元，负担制造费用48000元，当月X产品完工230件，月末在产品40件，完工进度50%，则当月X产品的约当产量=230+40×50%=250（件）。将各项成本费用在完工产品和在产品成本之间进行分配：由于原材料按进度陆续投入，则直接材料的分配率=192000÷250=768（元/件），X完工产品耗用的直接材料=768×230=176640（元），选项B正确；直接人工的分配率=60000÷250=240（元/件），X完工产品耗用的直接人工=240×230=55200（元），选项A正确；制造费用的分配率=48000-250=192（元/件），X完工产品耗用的制造费用=192×230=44160（元），选项D正确。X完工产品的成本总额=176640+55200+44160=276000（元），选项C正确。

(4)【答案】ABD

【点拨】采用约当产量比例法，应将月末在产品数量按照完工程度折算为相当于完工产品的产量，即约当产量，然后将产品应负担的全部成本按照完工产品产量和月末在产品约当产量的比例分配计算完工产品成本和月末在产品成本。这种方法适用于月末在产品数量较多，各月在产品数量变化也较大，且生产成本中直接材料成本和直接人工等加工成本的比重相差不大的产品。

(5)【答案】BCD

【点拨】X完工产品的单位成本=276000÷230=1200（元/件）

根据资料(4)，完工的X产品50件用于仓库建设，将自产或委托加工的货物用于非增值税应税项目视同销售，又由于该工程尚未完工，应作的会计分录为：

借：在建工程　　　　　　　　　　　72000
　　贷：库存商品（1200×50）　　　　　　　　60000
　　　　应交税费——应交增值税（销项税额）（1500×50×16%）　12000

选项B正确，选项A不正确。

销售X完工产品150件，确认销售收入，应作的会计分录为：

借：银行存款　　　　　　　　　　　261000
　　贷：主营业务收入（1500×150）　　　　　　225000
　　　　应交税费——应交增值税（销项税额）（1500×150×16%）　36000

结转销售成本：

借：主营业务成本（1200×150）　　　　　　　　180000

　　贷：库存商品　　　　　　　　　　　　　　　　　　180000

利润表"营业收入"项目增加225000元，"营业成本"项目增加180000元，选项C、D正确。